世界货币史

THE WORLD HISTORY OF MONEY

古 代 卷

石俊志 著

当代中国出版社
Contemporary China Publishing House
重庆出版集团 重庆出版社

图书在版编目(CIP)数据

世界货币史. 古代卷 / 石俊志著. -- 北京：当代中国出版社；重庆：重庆出版社, 2023.8
ISBN 978-7-5154-1273-3

Ⅰ. ①世… Ⅱ. ①石… Ⅲ. ①货币史—世界—古代 Ⅳ. ①F821.9

中国国家版本馆 CIP 数据核字(2023)第 117794 号

世界货币史：古代卷
SHIJIE HUOBISHI：GUDAI JUAN

出 版 人	冀祥德
责任编辑	邓颖君
特约编辑	陈　丽
责任校对	贾云华
印刷监制	白　珂
封面设计	马　帅　李默涵
出　　版	当代中国出版社　重庆出版社
发　　行	重庆出版集团图书发行公司
地　　址	北京市地安门西大街旌勇里 8 号
网　　址	http://www.ddzg.net
邮政编码	100009
编 辑 部	(010)66572744
市 场 部	(010)85869375
印　　刷	北京天恒嘉业印刷有限公司
开　　本	880 毫米×1230 毫米　1/32
印　　张	17.875 印张　495 千字
版　　次	2023 年 8 月第 1 版
印　　次	2023 年 8 月第 1 次印刷
定　　价	118.00 元

版权所有，翻版必究；如有印装质量问题，请拨打(010)85869375 联系调换。

谨以此书献给我的导师吴念鲁教授

绪　　言

　　人类在商品生产和商品交换的实践过程中发明了货币,用作商品生产的价值计量和商品交换的中间媒介。

　　最初的货币形态是称量货币,主要有三个种类:布帛称量货币、麦谷称量货币和金属称量货币。称量的方式主要也有三种:度、量、衡。度被用来称量布帛货币;量被用来称量麦谷货币;衡被用来称量金属货币。

　　称量货币诞生的条件,是在人类群居一定地域范围内完成了称量标准的统一。

　　金属称量货币的长期发展,产生出金属数量货币——钱币。钱币是货币家族中一个最为重要的成员,在世界货币史中表现为核心货币。

　　钱币诞生之前,人类社会已经经历了一个漫长的称量货币时代。称量货币不仅在社会实践中被用于商品生产的价值计量、商品交换的中间媒介,还在国家颁布的成文法律中,被广泛地用作奖罚轻重的量化尺度、商品和劳务的法定价格、租赁和借贷的收益标准等计量手段。在远古时代,东方的黄河流域、南亚的印度河流域、北非的尼罗河流域、西亚的幼发拉底和底格里斯两河流域,都经历过漫长的称量货币时代。

　　公元前9世纪,在黄河流域的晋国,以"孚"为单位的青铜称量货币转变为铲形农具形状的金属数量货币——钱币,人类最早的钱币由此诞生。公元前7世纪,在西亚地中海沿岸的小亚细亚半岛上的吕底亚王国,生产出椭圆形状、刻印图案、标准重量的斯塔特琥珀合金币,成为西方世界最早的钱币。此后,古印度的卡夏帕那方形银币、古希腊的德拉克马圆形银币、古罗马的阿斯圆形铜币,都是以标准重量的金属制成的钱币,并采用原重量单位名称作为这些钱币的货币名称。

最初的钱币是百姓自发制造的,目的是免去称量的烦琐,方便商品交换。此后,古代国家将铸币权收归国有,垄断了钱币的铸造,从而使钱币的名义价值与金属币材价值发生了脱离,出现了金属货币信用化。

金属货币信用化是指钱币从依靠本身币材金属价值向依靠发行者信用价值发挥货币职能的转化过程。金属货币信用化表现为:在钱币的名义价值中,币材金属价值占比的持续下降和发行者信用价值占比的持续上升。实现金属货币信用化,需要具备四个条件:(1)钱币的诞生;(2)国家垄断钱币的铸造;(3)实币与虚币并行流通;(4)专门的货币法律的建立。

实行金属货币信用化的方式主要有三种:(1)减少钱币的金属含量;(2)提高钱币的名义价值;(3)降低钱币的金属成色。

信用化的钱币被称作"虚币",未经信用化的钱币被称作"实币"。实币与虚币并行流通,需要法律规定两者之间的比价。如果没有实币的并行流通,市场上全部钱币一起信用化,商品以钱币计量的价格就会跟随钱币信用化的幅度出现上涨,从而冲销古代国家政府实行钱币信用化的政策效果。有了实币的并行流通,用实币保持各类商品价格的稳定,用虚币代表实币的价值发挥货币职能,金属货币信用化才能在商品价格大体稳定的情况下,节约使用金属,达到聚敛民财、扩大社会货币流通总量的目标。所以,金属货币信用化不是以流通中的全部钱币为对象,而是以部分钱币为对象,需要有实币和虚币并行流通的货币制度作为实现金属货币信用化的制度保障。

金属称量货币作为商品交换媒介,进行的交易遵循商品等价交换原则,通过市场本身的机制发挥货币职能。金属货币信用化导致部分钱币与商品之间的交换成为"非等价交换"。"非等价交换"需要有法律的支持才能进行。因此,古代诸国纷纷建立了专门的货币法律。

支持信用化钱币行使"非等价交换"的法律,至少要包括三个方面的内容:(1)禁止百姓铸造钱币,保障国家关于钱币的垄断铸造;(2)规定实币与虚币之间的比价,让实币与虚币并行流通,保障虚币能够代表实币的价值发挥货币职能;(3)禁止百姓在实币与虚币之间进行选择,强制百姓接受国家制造的虚币,以保障虚币的法定流通地位。

本书共分四编,每编讲述一个需要用历史实践活动来证明的命题:(1)称量货币时代;(2)钱币的诞生;(3)金属货币信用化;(4)货币法制的建立。

世界各文明古国在上述四个方面的历史实践上有着大体相同却又各具特色的表现,其所共同遵循的规律,正是货币发展、演化中的普遍规律。

世界货币史的探讨,目的在于摆脱过去我们对于货币只是进行截面分析、停滞于货币短期、局部现象上的桎梏,将货币研究的视角扩展到一个更为广阔的空间和时间,纵向几千年,横向全世界,从千千万万的历史实践活动中寻找货币的本质、货币的运行、货币的发展等方面的普遍性规律。

相信我们的探讨将有助于读者开阔眼界、增长知识、以史为鉴、展望未来。

目 录

第一编 称量货币时代

导 论 …………………………………………………………… 003
第一章 称量货币的基本概念 …………………………………… 006
　第一节 商品交换的起源和发展 ……………………………… 006
　第二节 一般等价物商品转化为称量货币 …………………… 010
　第三节 称量货币不同于数量货币 …………………………… 014
　第四节 称量货币与数量货币并行 …………………………… 018
第二章 苏美尔人的称量货币 …………………………………… 023
　第一节 人类最早的文明社会 ………………………………… 023
　第二节 人类最早的中央集权国家 …………………………… 028
　第三节 人类最早的成文法典 ………………………………… 036
　第四节 人类最早的称量货币 ………………………………… 040
第三章 两币并行的货币制度 …………………………………… 045
　第一节 埃什嫩那王国的大麦货币 …………………………… 045
　第二节 埃什嫩那王国的白银货币 …………………………… 049
　第三节 大麦货币和白银货币的借贷 ………………………… 054
　第四节 大麦货币相对白银货币逐步减少 …………………… 062

第四章 称量货币制度的传播 ·············· 070
第一节 赫梯王国的称量货币 ·············· 070
第二节 亚述王国的称量货币 ·············· 075
第三节 犹太王国的称量货币 ·············· 085

第五章 百姓生活中的称量货币 ·············· 092
第一节 拉尔萨王国的私法文书 ·············· 092
第二节 古巴比伦王国的私法文书 ·············· 098
第三节 亚述王国的私法文书 ·············· 103
第四节 新巴比伦王国的私法文书 ·············· 106

第六章 各文明古国的称量货币 ·············· 111
第一节 古代中国的称量货币 ·············· 111
第二节 古埃及的称量货币 ·············· 118
第三节 古印度的称量货币 ·············· 123

第二编 钱币的诞生

导　论 ·············· 133

第七章 钱币的基本概念 ·············· 135
第一节 钱币是货币的一个种类 ·············· 135
第二节 钱币名称的由来 ·············· 141
第三节 钱币最初的重量标准 ·············· 147
第四节 早期钱币的币文和图饰 ·············· 151

第八章 古代中国的钱币 ·············· 160
第一节 华夏民族布币的起源 ·············· 160
第二节 北狄民族刀币的起源 ·············· 165
第三节 南蛮楚人贝币的起源 ·············· 173
第四节 西戎秦人圜钱的起源 ·············· 180

第九章 吕底亚王国的琥珀合金币 ·············· 187
第一节 梅尔姆纳得斯王朝的兴亡 ·············· 187

第二节　琥珀合金币和金银分离术 192
　　第三节　出土的吕底亚王国钱币 196
　　第四节　钱币制度传入伊朗高原 201
第十章　古希腊的德拉克马钱币 209
　　第一节　德拉克马钱币制度的出现 209
　　第二节　钱币传入古希腊克里特岛 214
　　第三节　古希腊主要城邦的钱币 219
　　第四节　德拉克马钱币制度广泛传播 227
第十一章　古印度的方形银币 242
　　第一节　从列国时代到孔雀王朝 242
　　第二节　卡夏帕那银币的诞生 247
　　第三节　萨塔马纳银币的诞生 252
　　第四节　外来的德拉克马银币 257
第十二章　古罗马的阿斯青铜铸币 263
　　第一节　罗马共和国历史概况 263
　　第二节　青铜称量货币单位"阿斯" 269
　　第三节　青铜称量货币与外来钱币并行 277
　　第四节　阿斯青铜铸币的诞生 281

第三编　金属货币信用化

导　论 293
第十二章　减少金属含量的秦国半两钱 296
　　第一节　秦国最早出现的圜钱 296
　　第二节　国家垄断铸造半两钱 299
　　第三节　半两钱的信用化过程 305
　　第四节　半两钱信用化的法律支持 311
第十四章　减少金属含量的楚国巽字铜贝 315
　　第一节　楚人铸造铜贝的优势 316

第二节　国家垄断铸造巽字铜贝 …………………… 320
　　第三节　巽字铜贝信用化的时间 …………………… 325
第十五章　减少金属含量的罗马钱币 ………………………… 331
　　第一节　阿斯铜币金属含量的减少 ………………… 332
　　第二节　铜币的减重与银币的相对稳定 …………… 337
　　第三节　银币金属含量的减少 ……………………… 343
第十六章　提高名义价值的中国铜钱 ………………………… 350
　　第一节　隋朝以前出现的虚币大钱 ………………… 351
　　第二节　唐朝铸行以一当十的铜钱 ………………… 358
　　第三节　宋朝铸行以一当多的铜钱 ………………… 366
第十七章　提高名义价值的日本铜钱 ………………………… 374
　　第一节　日本封建皇朝的鼎盛时期 ………………… 374
　　第二节　日本历史上最早的铜钱 …………………… 380
　　第三节　奈良时代以一当十的铜钱 ………………… 386
　　第四节　平安时代以一当十的铜钱 ………………… 391
第十八章　降低金属成色的各国古代钱币 …………………… 399
　　第一节　罗马帝国银币成色的降低 ………………… 399
　　第二节　隋朝铸造的五铢白钱 ……………………… 404
　　第三节　日本平安时代铅制的"铜钱" ……………… 411
　　第四节　降低金属成色颠覆钱币制度 ……………… 416

第四编　货币法制的建立

导　论 …………………………………………………………… 423
第十九章　普通法中的量化尺度 ……………………………… 425
　　第一节　奖罚轻重的量化尺度 ……………………… 425
　　第二节　商品价格的量化尺度 ……………………… 430
　　第三节　劳务工资的量化尺度 ……………………… 436
　　第四节　租赁、借贷收益的量化尺度 ……………… 441

第二十章　国家垄断铸币权 ·············· 445
　第一节　雅典城邦垄断铸币的《钱币法令》 ········ 445
　第二节　秦国垄断铸币的《金布律》 ············ 451
　第三节　汉朝垄断铸币的《二年律令》 ··········· 455
　第四节　罗马共和国垄断铸造阿斯铜币 ··········· 462

第二十一章　虚币与实币之间的法定比价 ········ 466
　第一节　秦国的固定比价制度 ················ 467
　第二节　汉朝的浮动比价制度 ················ 472
　第三节　古罗马铜币与银币的比价 ·············· 476
　第四节　古代诸国金币与银币的比价 ············ 480

第二十二章　法律禁止百姓拒收虚币 ··········· 490
　第一节　秦律禁止百姓拒收虚币 ··············· 490
　第二节　汉律禁止百姓拒收虚币 ··············· 494
　第三节　日本天皇令百姓不得拒收虚币 ··········· 502

第二十三章　古代诸帝国的货币体系 ··········· 508
　第一节　大汉帝国的货币体系 ················ 508
　第二节　罗马帝国的货币体系 ················ 513
　第三节　安息帝国的货币体系 ················ 518
　第四节　贵霜帝国的货币体系 ················ 523

第二十四章　保障货币流通总量的法律措施 ······· 528
　第一节　法律禁止百姓销毁铜钱 ··············· 528
　第二节　法律禁止百姓挟带货币出境 ············ 535
　第三节　法律禁止百姓储藏铜钱 ··············· 541
　第四节　补充货币流通总量的法令 ·············· 545

附　录 ······························· 554
　一、世界货币史大事记 ···················· 554
　二、专业词汇表 ························ 556

第一编

称量货币时代

（公元前 21 世纪至公元前 9 世纪）

导　　论

　　传统货币学认为，钱币是人类最早使用的货币。在人类发明钱币之前，商品交换采用以物易物的原始交换方式。

　　本编要说明的是，在人类发明钱币之前的一千多年的漫长岁月里，人类社会的商品交换，采用的是以称量货币为媒介的方式。

　　称量货币是相对数量货币而言的货币种类，不同于数量货币，在交易使用时一般需要称量，依靠币材的价值发挥货币职能；数量货币在交易使用时则不需要称量，依靠发行者的信用发挥货币职能。直观地理解，中国明清时期的碎银子就是称量货币，称量单位主要采用"两"和"钱"；两河流域古巴比伦王国的碎银子也是称量货币，称量单位主要采用"弥那"、"舍客勒"和"乌得图"。而中国古代的铜钱和现代的纸币，则都是数量货币，交易使用时不需要称量，主要依靠发行者的信用发挥货币职能。

　　近代出土的两河流域楔形文字撰写的法典、契约文书中记载了大量关于古西亚人使用白银称量货币的法令和交易活动。这些记载发生的时间比人类发明钱币的时间早了一千多年。

　　国家法定统一称量单位和称量单位标准，是称量货币诞生的必要条件。当商品交换中充当一般等价物的特殊商品获得了国家法定统一的称量单位和称量单位标准的时候，充当一般等价物的特殊商品就转化为称量货币。

自称量货币诞生至人类发明钱币的整个时间过程,是称量货币时代。

称量货币时代是人类文明发展最为波澜壮阔的时代。在这个时代里,世界各文明古国创造了人类赖以进入文明的最基本的生产工具、交换手段、文化规范和社会组织。此时,钱币还没有出现,只有称量货币作为媒介的商品交换方式和以物易物的商品交换方式两者并行。

货币发展的历史是从充当一般等价物的特殊商品转化为称量货币,再从称量货币转化为原始数量货币,最后从原始数量货币转化为数量货币的演化过程。

古西亚人用楔形文字记载了远古时期人类使用称量货币的详细情况。世界其他各文明古国是否同样经历了称量货币时代,需要我们进行更为深入的研究考证。以四大文明古国为例,各国文明发展的途径,有着相当明显的相似性;各国文明发展的步伐,有着相当明显的同步性。

从世界历史的角度看,商品交换基于农耕文明的发展以及国家社会组织形式的建立。

农耕文明给人类带来了稳定的生活,促进了家庭和私有制的形成,产生出商品交换的必要条件。商品交换的兴起,带动了社会分工和劳动生产率的提高,导致贫富分化。商品交换的兴起和贫富分化的加深,促进人类社会组织从公社转向部落或城邦。日益激烈的财富争夺,推动了部落或城邦之间的兼并战争,将许多部落或城邦统一为国家。国家社会组织形式的出现,统一了各个部落或城邦传统的称量单位和称量单位标准,使商品交换中充当一般等价物的特殊商品转化为国家法定统一称量标准的称量货币。

黄河流域的中华民族在公元前8000年至公元前3000年是母系氏族公社的发展期,出现了农耕文明,发展到公元前2070年,产生了国家社会组织形式——夏朝。两河流域的苏美尔人在公元前4300年至公元前3500年,掌握了比较先进的农业灌溉技术,发展到公元前

2369年，产生了由"萨尔贡"建立的国家社会组织形式——阿卡德王国。尼罗河流域的古埃及人在公元前7000年至公元前4500年，出现了农耕文明，发展到公元前3050年，产生了由"那尔迈"建立的国家社会组织形式——古埃及第一王朝。印度河流域的古印度人在公元前2500年至公元前1750年出现了农耕文明、进入铜器时代，并建设了许多城镇。但是，古印度发展缓慢，长期处于分裂状况，直到约公元前324年，才逐步产生了由"旃陀罗·笈多"建立的印度历史上第一个统一的国家社会组织形式——孔雀王朝。

由此可见，世界四大文明古国在农耕文明的发展、国家社会组织形式的建立等方面，都有着明显的相似性和同步性。不同的是，古西亚人远古时代的文字载体采用了泥板，将当时的信息专递下来，而其他各文明古国远古时代的文字载体，都已经被时间朽化得无影无踪。

没有远古文字留传下来的详细记载，不等于没有远古文明的存在。我们根据古代中华民族、古埃及、古印度的文献，以及出土称量砝码传递的信息进行考证，四大文明古国有着几乎同步的称量货币时代。并且，四大文明古国的称量货币经历了大约千年的发展之后，又几乎同时地产生出金属数量货币——钱币。

钱币是在称量货币发展的基础上产生的，一般都继承了从前称量货币单位的名称和称量标准。人类发明钱币之后，以称量货币为媒介的商品交换方式依旧存在，并与以钱币为媒介的商品交换方式和以物易物的商品交换方式三者并行。

第一章

Chapter 1

称量货币的基本概念

家庭、私有制和国家的出现，为称量货币的诞生提供了必要的条件。

处于交换地位的商品，从各自表现为相对价值形态，发展为扩大的和一般的价值形态，终于产生出充当一般等价物的特殊商品，在商品交换中发挥价值尺度和流通手段的货币职能。

国家社会组织形式出现之后，将原有各部落或各城邦分散的商品价值量化单位统一起来，并法定称量单位标准之时，充当一般等价物的特殊商品就因获得了统一法定的称量标准，从而转化为称量货币。

第一节 商品交换的起源和发展

商品交换基于家庭和私有制的产生。商品交换的发展，促进了贫富分化、部落或城邦之间的战争，以及国家社会组织形式在世界各地的普遍出现。

一、家庭、私有制和国家的出现

从全世界的视角看，家庭、私有制和国家的普遍出现，大约发生在公元前3000年至公元前2000年。

中国古代黄河流域的社会发展是一个最好的例子。

据考古发现,170万年前至10万年前,中国古代的社会组织形式为原始群落,婚姻为群婚形态,劳动工具采用简单打制的石器。所以,这个时期被称为旧石器时期。10万年前至1万年前,是母系氏族公社初期,妇女居于支配地位,生产产品实行公有,婚姻从群婚转为族外婚。1万年前至5000年前(公元前8000年至公元前3000年),是母系氏族公社的发展期,婚姻实行配偶婚,生产产品仍然实行公有,出现农耕和畜牧业,劳动工具采用磨制石器。所以,这个时期被称为新石器时期。此时,人们已经开始使用陶器。公元前3000年至公元前2000年,是父系氏族公社时期。父系氏族公社产生了家庭和私有制。在私有制条件下,生产产品不再实行公有,社会分工逐步展开,从而产生了商品交换。

公元前2500年至公元前2000年,是黄河流域华夏民族社会大发展、大变革的时期,社会组织从公社转为部落,生产产品从公社公有转为家庭私有,部落联盟出现了区域性的领袖。在以家庭为单位的私有制条件下,商品交换的发展,立刻对商品价值产生了量化需求。财富的积累造成贫富分化,社会组织从部落联盟进一步转化为国家。公元前2070年,中国历史上第一个中央集权、君主专制的国家——夏王朝建立。

此时,遥远的西方,发生着类似的事情。

西亚地区幼发拉底河与底格里斯河之间的、被称为"两河流域"的土地上,生活着一个古老的民族——苏美尔人。

公元前4300年至公元前3500年,两河流域出现了农耕文明;公元前3500年至公元前3100年,两河流域出现了楔形文字。家庭、私有制逐步形成,促进了商品交换的繁荣;公元前3100年至公元前2700年,两河流域出现了许多城邦。公元前2369年,萨尔贡统一了两河流域诸城邦,建立了人类第一个中央集权、君主专制的国家——阿卡德王国。

二、世界文明发展的同步性

两河流域的苏美尔人与黄河流域的华夏民族几乎同时进入农耕文明,又几乎同时进入国家社会组织形式。

考古发现,尼罗河流域古埃及人国家社会组织形式的出现,略早于两河流域及黄河流域。

古埃及的前王朝时期(公元前5000年至公元前3100年),是新石器和铜石并用时期,考古发现石铲、石锄、石刀。这说明,此时古埃及已经进入农耕文明。在这个时期的后期,家庭、私有制逐步形成,商品交换日渐繁荣,由此产生了城邦。

公元前3050年,纳尔迈建立了古埃及历史上的第一个国家——古埃及第一王朝。

考古发现,印度河流域古印度人的农耕文明发展,与两河流域及黄河流域几乎同步。公元前2500年至公元前1750年,印度河流域的哈拉巴文明时期,出现了农耕、文字、铜器和众多城镇。但是,哈拉巴文明在古代悄悄地消失了,没有留下关于国家社会组织形式的有关文献及出土文物证据。

黄河流域、两河流域、尼罗河流域和印度河流域的世界古代四大文明,大约都在1万年前至5000年前先后产生了农耕文明。农耕文明为古代四大文明地区的人民带来了温饱和财富的积累,由此普遍产生了家庭和私有制,并在私有制基础上产生了广泛、繁荣的商品交换。世界古代四大文明各自兴起的商品交换,促进了贫富分化和财富争夺,使公社转为部落或城邦,并进而相继产生出国家社会组织形式。

三、商品的相对价值形态

公社公有制条件下,不存在广泛普遍的商品交换。家庭和私有制的出现,使人们不得不展开广泛普遍的商品交换,以实现社会分工、互通有无。

最初的商品交换,是一种商品对另一种商品的交换,各自表现为相对价值形态。

两种商品相互交换,每种商品都将自己的价值表现在对方的价值上,这种价值表现形态被称为"相对价值形态"。处于相对价值形态的商品,以对方商品为"等价物"。

处于相对价值形态的商品不仅表现出自己具有价值,而且还能表现出自己的价值量。譬如,我们假定,在远古的某个时候,1张牛皮可以换得5只陶罐。这就是说,1张牛皮的价值量是5只陶罐,或者说,5只陶罐的价值量是1张牛皮。一种商品的价值量的形成,取决于这种商品所需要的社会必要劳动。为了生产这件商品,人们付出的社会必要劳动越多,它的价值量就越高。

由于劳动生产率的变化,生产商品所需要的社会劳动也经常发生变化。这种变化必然引起相对价值形态的量的相应变化。

因此,相对价值形态是偶然的、不稳定的价值形态。

四、扩大的和一般的价值形态

随着社会分工的深化,一种商品的相对价值形态不再是一种简单的使用价值,而是扩展为一系列的使用价值,就出现了扩大的价值形态。在扩大的价值形态中,一种商品要表现自己的价值,会使多种商品成为其等价物。

这种扩大的价值形态是复杂的和有缺陷的,于是就出现了一般的价值形态。

所有商品同时用一种商品来表现自己的价值,就是一般的价值形态。在一般的价值形态中的等价物,就是一般等价物。

随着商品交换的继续发展,从交替地起着一般等价物作用的多种商品中必然会分离出一种或几种特殊商品,它们经常地起着一般等价物作用。这种或者这几种特殊商品就成为货币商品,或者执行货币职能。

以物易物的商品交换方式是相对以货币为媒介的商品交换方式而言的。在称量货币诞生之前,只有以物易物的商品交换方式。在称量货币诞生之后,以物易物的商品交换方式继续存在,与以称量货币为媒介的商品交换方式并行。

第二节　一般等价物商品转化为称量货币

一般等价物商品转化为称量货币,首先需要在品类众多的商品中筛选出公众普遍认可的一种或几种特殊商品,使其在商品交换中发挥交换媒介的职能。但是,这一种或几种作为一般等价物的特殊商品,仍不是完整意义上的称量货币,要成为完整意义上的称量货币,需要加上另一个必要条件,那就是需要有国家法定统一规范的称量标准。

一、一般等价物商品的确立

在偶然的商品交换中,人们很难对其所交换的商品的价值量进行评估。于是,人们越来越多地关注被大家广泛使用的商品的价值量,用熟悉的、常用的商品来计量多种商品中每个商品的价值量。这种作为衡量各种商品价值量的商品,便逐步地成为一般等价物商品,在商品交换中发挥交换媒介的职能。

随着商品交换的继续发展,人们从交替地使用各种商品作为交换媒介,转为从这些商品中选择出一种或几种商品作为一般等价物商品,使其在商品交换中发挥交换媒介的职能。到了这个时候,这种特殊商品就具备了一定程度的货币属性。

……从这个时候起,商品世界的统一的相对价值形式才获得客观的固定性和一般的社会效力。

等价形式同这种特殊商品的自然形式社会地结合在一起,这种特殊商品成了货币商品,或者执行货币的职能。[①]

[①] 《马克思恩格斯全集》第23卷,人民出版社1972年版,第85页。

将一种或几种被大家普遍使用的商品作为一般等价物商品,或者说是货币商品,执行货币职能,经历了一个演化过程。在这个演化过程中,这种商品或几种商品,逐步地减少它们的商品属性,增加它们的货币属性。

这一种或几种作为一般等价物的特殊商品,仍不是完整意义上的称量货币,要成为完整意义上的称量货币,需要有国家法定统一规范的称量标准。

二、商品价值量化的主要单位

一般等价物商品被确立,用来表示各种商品的价值量,需要有社会公众普遍认可的商品价值量化单位。

商品有动产和不动产之分。不动产譬如房屋、土地,难以作为交换媒介。动产适合作为交换媒介,无外乎穿、吃、用等物品。对穿、吃、用等物品的价值进行量化,可以归纳为三种类型:(1)衣料的价值量化采用度量;(2)粮食的价值量化采用容量;(3)金属等用品的价值量化采用衡量。所以说,度、量、衡是商品价值量化最基本的三种方式。

在大量的商品交换实践过程中,人们逐步为度、量、衡制定了相关的计量单位,穿的衣料采用度量单位,譬如中国的尺、寸;吃的粮食采用容量单位,譬如中国的升、斗;用的物品采用衡量单位,譬如中国的斤、两。

除了穿、吃、用等物品具有价值和使用价值,劳动力也是商品,也具有价值和使用价值,可以被用于交换。劳动力作为商品,价值量化单位是时间,譬如年、月、日、时等。当然,复杂程度不同的劳动,具有不同的价值。但是,无论是简单劳动还是复杂劳动,其价值总是与劳动时间成正比,可以用时间来计量。

三、商品价值量化单位标准的统一

有了商品价值量化单位,就需要对其进行规范,实现商品价值量化单位标准的统一。

商品价值量化单位的标准,经历了一个从分散到统一的过程,从古人聚居的个别群落扩展到多个群落,从一个个独立的城邦,普及到一定地区内的多个城邦,随着城邦之间兼并战争的进行,最后由国家推行法令来实现商品价值量化单位在全国范围内的统一。

国家统一的称量方法可以归纳为三种:布帛的称量方法是度;粮食的称量方法是量;金属的称量方法是衡。随着商品交换的发展,称量单位由粗简发展为精准,由分散发展为统一,由多元发展为三元。

准确地说,称量布帛多少的动作是"度";测量粮食多少的动作是"量";测量金属多少的动作是"衡"。人们习惯使用"称量"这个词汇作为测量金属多少的专用词汇,而货币逐步归集于金属,于是,"称量"就成为人们测量度、量、衡各种动作的习惯用语。因此,本书对粮食、布帛、金属的测量,都采用"称量"这个词语。

我们无从考证四大文明古国各自的商品价值量化单位标准统一的发展历程。但是,我们从古希腊各城邦分散各异的称量标准,及其被罗马共和国的称量标准逐步取代而归于统一的过程,可以理解四大文明古国各自商品价值量化单位标准从分散到统一的演化历程。

有文字记载的、人类最早的商品价值量化单位标准的统一过程,可以从古代西亚泥板上的楔形文字中发现其发展脉络。

公元前 3100 年至公元前 2700 年,两河流域出现了许多城邦。公元前 2378 年,两河流域南端的拉格什城邦,乌鲁卡基那推翻了卢加尔·安达的暴政,成为城主并颁布改革法令。这个法令现有出土,史称"乌鲁卡基那改革铭文",是迄今为止发现的人类最早的改革铭文。在这篇铭文中,多处提到白银的使用,并且已经出现了称量单位"舍客勒"。在苏美尔文字中,舍客勒的意思是"称量"。这个时候的"称量"单位,在各个城邦之间并不是统一的。

公元前 2369 年,萨尔贡消灭了许多城邦,统一了两河流域,建立了人类历史上第一个中央集权、君主专制的国家——阿卡德王国。据说,萨尔贡统一了两河流域的度量衡。公元前 2230 年,阿卡德王国灭亡,两河流域恢复了群雄并立、战乱频发的局面。因此,萨尔贡的度量衡标准没有流传下来。

对后世产生重大影响的是乌尔第三王朝国王舒尔基在两河流域推行的统一的度量衡标准。

四、全国统一标准的称量货币

公元前 2113 年,乌尔纳姆建立乌尔第三王朝。乌尔纳姆不仅再次统一了两河流域,还颁布了一部法典——《乌尔纳姆法典》。

《乌尔纳姆法典》是迄今所知的世界上最早的一部成文法典。这部法典的颁布,比公元前 1792 年古巴比伦王国《汉谟拉比法典》的颁布要早 300 多年。

让我们感到惊奇的是,在这部人类最早的成文法中,大部分条文讲到白银称量货币的使用:在目前我们见到出土的《乌尔纳姆法典》的 27 个残留法条中,使用白银货币的条文竟有 16 条之多。

公元前 2096 年,乌尔纳姆去世,他的儿子舒尔基即位。舒尔基做了 48 年国王,他东征西杀、开疆拓土,使周围的国家纷纷归附。同时,他改革历法,统一度量衡,为称量货币的诞生建立了国家法定统一的称量标准。

1. 大麦货币容量单位

舒尔基在两河流域统一规范了容量单位"古尔"(也译作库鲁)。1 古尔折合现代 121 公升。121 公升大麦的重量为 168 公斤,即 336 市斤。

2. 白银货币重量单位

舒尔基在两河流域还统一规范了重量单位"舍客勒"。1 舍客勒折合现代 8.33 克。60 舍客勒为 1 弥那(也译作咧那、米那),1 弥那折合现代 500 克。舒尔基将他的国家法定统一重量标准制造成石刻砝码,颁布天下,使其流传后世,影响至今。

乌尔第三王朝实行大麦称量货币和白银称量货币两币并行的货币制度。在其后的很长时期里,两河流域普遍实行这种两币并行的货币制度。

舒尔基度量衡的确立,实现了称量单位的国家法定统一标准,标志着完整意义上的称量货币的诞生。

第三节　称量货币不同于数量货币

按照性质来划分,货币可以分为两种:一种是称量货币,另一种是数量货币。

称量货币不同于数量货币,根本区别在于它依靠币材价值发挥商品交换媒介的职能,而数量货币则依靠发行者信用发挥商品交换媒介的职能。

称量货币可以分为两种:一种是交易时需要称量的称量货币,另一种是交易时不需要称量的称量货币。

一、交易时需要称量的称量货币

称量货币是货币的初级形态,依靠币材价值行使货币职能,典型的称量货币在交易时需要称量。

譬如,中国古代秦汉时期的黄金、明清时期的白银,是称量货币,交易使用时需要称量,依靠币材价值行使货币职能。古代两河流域的大麦和白银,也是称量货币,交易使用时也需要称量,依靠币材价值行使货币职能。

称量货币的种类主要有布帛、粮食、金属等。称量货币的称量工具主要是度量、容量和衡量。

数量货币是货币的高级形态,依靠发行者的信用发挥商品交换媒介的职能。因此,数量货币在交易时不需要称量,而是按照货币个数行使商品交换媒介的职能。

数量货币一般由具有信用的机构——通常是政府,制造和发行,依靠发行者的信用和法律的强制行使商品交换媒介的职能。既然有国家政府的信用和法律的强制,为了节约币材,政府发行数量货币时便经常减少币材投入,使数量货币的币材价值经常与数量货币的名义价值不符。因此,数量货币经常表现为具有一定信用成分的货币,或者说是不足值的货币。譬如,古希腊的德拉克马银币、古罗马的阿斯铜币、中国秦代的半两铜钱,以及当代世界上普遍流通的纸币,都经常表现为币材价值低于名义价值的货币。

数量货币的种类主要有金属钱币、纸币、电子货币等。

二、交易时不需要称量的称量货币

除了交易时需要称量的称量货币,还有交易时不需要称量的称量货币。

有些货币被制作成一定成色及一定称量的形制,使其在交易时不需要称量,便可以依靠币材价值发挥货币职能。譬如,中国明清时期钱庄铸造的标准形制的白银元宝,或按照银洋仿造的本土银元,都是事先称量、估值定价的白银称量货币。这些货币依靠币材价值而不是依靠制造者信用行使货币职能。

一种货币是称量货币还是数量货币,并不取决于它的币材,也不取决于它是由金、银、铜等何种金属制造,而是取决于它依靠币材价值,还是依靠发行者信用行使货币职能。譬如,白银可以是称量货币,也可以是数量货币。中国明清时期实行银两货币制度,银锭、银铤、元宝、碎银都是称量货币,交易使用时需要称量。外国银元、中国民间仿照外国银元制造的本土银元,甚至清朝晚期政府采用机器制造的银元,交易使用时不需要称量,而是各有标准形制,交易前由官估局或公估局认定各类银元的白银成色、含银量价值,使人们事先知道这些货币的价值,之后用来进行交易,所以仍属依靠币材价值行使货币职能的称量货币。1933年,中国实行废两改元,就是将白银货币从称量货币改成数量货币,其形态也从不规则的银锭、银铤、元宝、碎银等改变为由政府统一发行的、由法律赋予强制流通能力的、具有法定统一标准形制的银元。这种银元在交易使用时,不需要称量,依靠发行者的信用和法律的强制行使货币职能,政府有能力在需要的时候,随时减小币材金属投入，进行减重发行，所以这时的银元已经不是称量货币，而属于数量货币。

在国外的货币史研究中，有学者对于某些种类的货币采用"重量货币"的概念。"重量货币"指的是在货币表面标记重量的金属货币，或者是依照一定重量制造和命名的金属货币。譬如，中国古代的半两铜钱、五铢铜钱，古希腊的德拉克马银币，古罗马的阿斯铜币，等等。其实，这些种类的货币都可以归结为数量货币。因为，这些货币具有典型的数量货币特点，即在交易使用时不需要称量，依靠发行者的信用和法律的支持行使货币职能。并且，这些货币都是不足值的货币。这些货币的发行者——相关的国家政府，为了节约金属，对这些货币经常进行减重发行，使这些货币的币材价值与其名义价值经常不符。

称量货币经历了长期的发展和演化，产生出数量货币。在数量货币产生之前，往往会出现作为过渡形态的原始数量货币。

三、具有使用价值的原始数量货币

原始数量货币与数量货币之间的区别在于：原始数量货币具有货币之外的用途，而数量货币则专用于行使货币职能。

中国最早的青铜铸币的前身是一种铲形农具"钱"。"钱"在商品交换中作为一般等价物的特殊商品，充当交换媒介，便具备了原始数量货币的性质。

"钱"由青铜制造，安装上木柄用作农具，拆下木柄用作原始数量货币，充当商品交换媒介，以其青铜称量价值作为价值尺度和流通手段的货币职能。

从货币发展过程看，作为一般等价物的特殊商品转变为称量货币，称量货币转变为原始数量货币，原始数量货币转变为数量货币，从而完成货币起源的全部过程。其中，原始数量货币是具有生产、生活实用物品性质的数量货币，既可以用作生产、生活的实用物品，又可以用作商品交换的媒介，交易使用时不需要称量，按照个数进行支付。

在中国古代,这种原始数量货币主要有作为农业生产工具的"钱"、作为日常生活用具的"削"、作为随身佩饰的"贝"和作为礼品流转馈赠的"璧"。

四、原始数量货币发展为数量货币

以中国古代货币的发展历程为例:

自西周至春秋战国时期,各诸侯国拥有不同的文化,产生了不同的原始数量货币,又从原始数量货币转化出不同形制的数量货币。中原农耕文化的晋国,最早使用原始数量货币——农业生产工具"钱",以此转化为青铜数量货币——"空首布";北方白狄游牧文化的鲜虞国,最早使用原始数量货币——生活用具"削",以此转化为青铜数量货币——"鲜虞刀";南方蛮族青铜文化的楚国,效仿商周中原贵族时尚佩饰海贝,普遍使用原始数量货币——随身佩饰"铜贝",以此转化为青铜数量货币——"鬼脸钱";西戎秦国自我标榜为中原正统,采用原始数量货币——馈赠礼品"玉璧",以此转化为青铜数量货币——"圜钱"。

此种情形在古埃及也出现过。

古埃及有文字记载的白银称量货币出现在公元前14世纪。

苏联《古代世界史资料》第一卷刊载有两份古埃及文件,都出自法雍绿洲入口地点的牧人摩塞档案。摩塞生活的时间,属于古埃及新王朝法老阿蒙霍特普三世时期(公元前1386年至公元前1350年)。

两份古埃及文件属于牧人摩塞签署的买卖合同,其中支付对价多以白银称量货币作为价值尺度,称量单位是"得本",重量91克,并记载了使用银环支付。此时,在古埃及作为支付手段的银环是原始数量货币,既有首饰的功能,又有货币的功能,在商品交易中,可以不用称量,发挥价值尺度和流通手段的货币职能。

可以推定,古埃及此时流通的原始数量货币——银环,价值为1/10得本,重量为9.1克。

第四节　称量货币与数量货币并行

有文字记载的人类最早的称量货币的诞生,发生在公元前2096年西亚两河流域苏美尔人建立的乌尔第三王朝。

一、人类最早的称量货币的诞生

从世界货币史整体看,大体上可以分为两个时期:一是称量货币时期;二是数量货币时期。

称量货币的前身是作为一般等价物的特殊商品。作为一般等价物的特殊商品在商品交换中作为交换媒介,发挥货币职能,并不是完整意义上的称量货币。如前所述,作为完整意义上的称量货币,需要具备另一个必要条件,那就是要有国家法定统一规范的称量标准。

称量货币的诞生,可以视为世界货币史的开端。

公元前2096年,乌尔第三王朝的第二任国王舒尔基在两河流域统一度量衡,使商品价值量化单位实现了国家范围内的统一。舒尔基将他的称量单位标准制造成石刻砝码,颁布天下,使其流传后世,影响至今。

舒尔基的称量单位标准首先影响着古代西亚各国。

乌尔第三王朝衰败后,两河流域先后出现了古巴比伦王国和新巴比伦王国。公元前539年,波斯国王居鲁士消灭了新巴比伦王国,继承了两河流域的称量单位标准。

波斯帝国的版图横跨亚非欧三大洲,其中心处于两河流域和伊朗高原,东至印度河流域,西至北非埃及和欧洲色雷斯。舒尔基的称量单位标准,随着波斯帝国大军的脚步,传播到世界各地。

国家法定统一规范的称量标准,是称量货币产生的必要条件。舒尔基称量标准的确立,标志着称量货币的诞生。舒尔基统一两河流域度量衡,建立国家法定统一规范的称量标准,可以看作称量货币时代的开始。因此,我们把称量货币时代的起点,也就是世界货币史的开端,确定为公元前21世纪初期,即乌尔纳姆以及他的儿子舒尔基统治乌尔第三王朝的时期。

二、人类最早的数量货币的诞生

迄今为止,多数学者相信人类最早的数量货币,是诞生于公元前7世纪小亚细亚半岛吕底亚王国的琥珀合金币,而对于考古发现的公元前9世纪中国西周晚期晋国的青铜布币"空首布"不屑一顾。

吕底亚王国原本从赫梯王国中分裂产生,继承了赫梯王国的称量单位标准。赫梯王国的重量单位采用两河流域的弥那和舍客勒。从数量货币起源的一般规律来看,数量货币往往采用其前身称量货币的称量标准作为数量货币最初的标准。譬如,古希腊德拉克马银币名称及重量标准都源于古希腊白银称量货币单位"德拉克马";古罗马阿斯铜币名称及重量标准则源于古罗马青铜称量货币单位"阿斯";中国秦朝半两铜钱名称及重量标准源于战国时期秦国青铜称量货币单位"半两"。但是,吕底亚王国琥珀合金币的名称为"斯塔特",重量14克,很难找到其前身称量货币的痕迹。

然而,我们可以从中国西周晚期晋国青铜铸币的特征中找到其前身青铜称量货币的痕迹。

晋国早期青铜原始数量货币的形状是铲形的,上端有安装木柄的孔,所以被称为"空首布"。中国古代青铜称量货币的单位是"寽",重量为105.42克。王毓铨先生指出,纽约美洲古钱学会博物馆有1件重量为105.10克的中国古代晋国铸造的青铜钱币"空首布"。

黄锡全先生认为这种空首布属于原始布,估计是西周晚期(公元前862年至公元前771年)铸造的。这种青铜数量货币的制造时间要比吕底亚王国的琥珀合金币早一百多年。上海博物馆也收藏了这种空首布,重量是119克。

我们说,1寽的理论重量是105.42克。纽约所藏的空首布和上海博物馆所藏的空首布的重量正是1寽,体现了中国古代青铜称量货币1寽碎铜向青铜数量货币1寽空首布转化的过程。

从出土的晋国青铜铸币特征看,西周晚期的空首布符合商周时期青铜称量货币单位的重量标准,是最早的从青铜称量货币演化产生的数量货币。因此,我们将它的出现时间考定为西周晚期(公元前862年至公元前771年),取其中值,便是公元前816年。

中国西周晚期,即公元前9世纪,中国古代诸侯国晋国的青铜铸币空首布的诞生,标志着人类最早的数量货币的诞生。

自公元前21世纪,舒尔基在两河流域统一度量衡,称量货币诞生,至公元前9世纪,中国西周晚期空首布的诞生,这期间的1200多年,属于称量货币时代。

三、古代称量货币与数量货币并行

数量货币诞生之后,称量货币依旧存在,并与数量货币并行,这一情形在中国的秦朝和唐朝比较明显。

秦始皇统一货币,并不是将所有货币统一为铜钱,而是将其他诸侯国家的货币废除,只留下秦国三种类型的货币:一是黄金,是称量货币,交易时需要称量,称量单位是"溢";二是布币,是原始数量货币,可以用作货币,也可以用作衣料,交易时不需要称量,货币单位是"布",标准形制为"布袤八尺,福广二尺五寸";三是铜钱,铭文"半两",是数量货币,交易时不需要称量,货币单位是"枚"。

秦朝的半两钱,是中国古代第一种全国统一流通的铜钱,被后人称为"秦半两"。秦半两流通时期,法律规定有三种货币并行流通:称量货币"黄金"、原始数量货币"布"和数量货币"秦半两"。此时,称量货币与原始数量货币及数量货币三者并行。

到了唐朝,数量货币铜钱与布帛称量货币并行流通。金银主要是宝藏手段,而不是流通手段。

唐朝的黄金和白银作为财富宝藏,形制多种多样,有"铤"、"饼"、散碎金银和金银器皿、饰物等,用于宝藏、赏赐和大额支付。唐朝的铜钱和布帛作为商品交换媒介,铜钱是铭文"开元通宝"的数量货币,布帛是依靠币材价值行使货币职能的称量货币,称量单位为"尺""寸"。为方便交易,唐朝的布帛货币有法定的各种质的标准和量的标准,"凡绢、布出有方土,类有精粗。绢分为八等,布分为九等,所以迁有无,和利用也"。①

唐朝的铜钱数量货币与布帛称量货币并行流通,一起发挥价值尺度和流通手段的货币职能。

四、近代称量货币与数量货币并行

19世纪欧洲金本位货币制度下的金币属于称量货币,虽然在交易时不需要称量,但是,金币依靠币材价值发挥货币职能,仍然属于称量货币。

19世纪欧洲金本位制度的特点:

(1)金币由民间按照法定的成色和含金量自由铸造;

(2)辅币和银行券可以自由兑换成金币;

(3)黄金可以自由输出国境和输入国境。

在这种金本位货币制度下,金币依靠币材价值发挥货币职能,属于称量货币;辅币和银行券是数量货币,价值与黄金挂钩,依靠发行者的信用发挥货币职能。因此,19世纪欧洲金本位货币制度是称量货币与数量货币并行的货币制度。

中国明清时期的银两货币制度也是称量货币与数量货币并行的货币制度。银两货币制度下的银锭、银铤、银元宝、碎银等,属于典型的称量货币,交易使用时需要称量。银两货币制度下的银元,主要是外国银元、民间仿制银元以及晚清政府机制银元,虽然交易使用时不需要逐个称量,但其价值需要在交易前由官估局或者公估局根据其成色、含银量进行估值。所以,当时的银元也是依靠币材价值行使货币

---

① (唐)李林甫等:《唐六典》卷二〇《太府寺》,中华书局1992年版,第541页。

职能,也属于称量货币。除了白银称量货币,明清时期政府还发行铜钱,称为"制钱",属于数量货币。

所以说,中国明清时期的货币制度是白银称量货币与铜钱数量货币并行的货币制度。

第二章
Chapter 2

苏美尔人的称量货币

两河流域的苏美尔文明是西亚文明的源头,是世界文明的源头,也是人类最早使用货币的源头。

苏美尔人给我们留下了人类最早的文字——楔形文字。这种文字的首要特点是它的平民化。苏美尔人用两河的河水浇湿河边的土,揉成泥巴,用树枝或芦苇在上面戳记,就制成了泥板文书。古代西亚人在日常生活中使用楔形文字撰写泥板文书,为我们留下了大量关于当时社会生活的可靠资料。我们通过这些泥板文书可以了解和认识古代西亚社会,以及人类货币的产生、发展和演变过程。

正是文字、技术和货币的产生和发展,使古代西亚社会在世界上最早进入了中央集权国家形态。同时,货币经济的发展也造成了贫富分化和社会冲突。为了调节社会冲突,古代西亚许多王朝都确立了自己的法律。截至目前,已有古代西亚一些王朝的法典文物出土。通过研究分析这些法典的条文,我们可以得到很多关于当时社会形态、商品生产、商品交换以及货币制度的真实、可靠信息,使我们对货币本质、货币起源、货币发展演变的规律获得更为准确的知识。

第一节 人类最早的文明社会

希腊人称底格里斯河与幼发拉底河之间的地区为"美索不达米

亚",意思是两河之间的土地。这片地区又被人们称为"两河流域"。两河流域的大部分地区位于今天的伊拉克,小部分地区,即西部和北部,属于今天的叙利亚和土耳其。

公元前4300年至公元前3500年,苏美尔人已经掌握了比较先进的农业灌溉技术。公元前3500年至公元前3100年,苏美尔出现了逐步规范的楔形文字。公元前3100年至公元前2700年,两河流域南部出现了许多苏美尔城邦。此时,苏美尔人的阶级分化日益明显,社会矛盾越来越激烈。

一、波斯湾沿岸的苏美尔人

古代的两河流域大体上以今天的巴格达为中心,分为南北两部分,北部称亚述,南部称巴比伦尼亚。巴比伦尼亚又以古代的尼普尔为界,分为两部分,南部为苏美尔,北部为阿卡德。

两河流域最早的文明是南端靠近波斯湾的苏美尔文明,可以分为三个文化期。

> 根据考古学,大体上可分为三个文化期:埃利都·欧贝特文化期(约公元前4300年至公元前3500年)、乌鲁克文化期(公元前3500年至公元前3100年)和捷姆迭特·那色文化期(公元前3100年至公元前2700年)。①

公元前4300年至公元前3500年,史称埃利都·欧贝特文化期。根据考古在埃利都遗址和欧贝德遗址的发现,苏美尔人已经掌握了比较先进的农业灌溉技术,能够利用两河的定期泛滥,从事灌溉农业生产。此时,畜牧业和渔猎活动在苏美尔经济生活中仍然十分重要。苏美尔人的劳动工具,大部分是石器和骨器,但已开始出现铜器,如鱼叉等。此外,苏美尔人掌握了简单的制陶技术。苏美尔的氏族社会中出现了军事首领,还出现了庙宇。

公元前3500年至公元前3100年,史称乌鲁克文化期,两河流域

---

① 崔连仲:《世界史——古代史》,人民出版社1983年版,第94—95页。

出现文字并进入铜器时代。

在这个时期,苏美尔地区有大量铜器出现,居民中心持续发展,形成了小镇或城市。在从农村到城市的转化过程中,苏美尔人口增加,社会分工日益复杂,出现阶级分化,氏族贵族或祭司以神的代理人的身份出现,成为统治阶级,神庙的规模越来越大。

二、人类最早的文字——楔形文字

乌鲁克文化早期,苏美尔出现了文字。在出土的一块公元前3500年的石板上面,刻有图画符号和线形符号,这是迄今所知的人类最早的文字。至乌鲁克文化末期,苏美尔人已经有大约2000个文字符号。

苏美尔文字不仅逐步形成区域统一的楔形文字,还极大地影响了周边民族,阿卡德人、埃兰人、阿摩利人、亚述人和赫梯人都借用苏美尔楔形文字的音节符拼写自己的语言。因此,在古代西亚历史上,苏美尔语言文字是两河流域各国的通用语言文字。

苏美尔楔形文字的第一个特点是它的平民化。苏美尔人用两河的河水浇湿河边的土,揉成泥巴,用树枝或芦苇在上面戳记,就制成了泥板文书。而中国商至西周时期(公元前1600年至公元前770年)遗留至今的文字是贵族文字,这些文字被刻制在甲骨上、铜鼎上,都属于王侯贵族的文字。我们不能想象中国商代的平民百姓可以在龟甲上刻制甲骨文,西周时代的平民百姓可以在青铜鼎上铸造金文。然而,苏美尔人无论贫富贵贱,都可以用树枝或芦苇在泥巴上戳写楔形文字文书。

苏美尔人用木笔或芦苇笔在软泥板上刻画出一个个图画符号,创造出世界上最早的文字。每一片书写完的泥板要被晒干或烧制,于是这些有文字的泥板变得坚固,不能涂改,也不会腐烂,成为人类文字史中最有特色的、除非砸碎否则不会朽坏的"泥板文书"。[①]

[①] 吴宇虹等:《泥板上不朽的苏美尔文明》,北京大学出版社2013年版,第24页。

苏美尔楔形文字的第二个特点是它大多被用于记载百姓的日常生活：交易契约、租赁或借贷合同、私人信件、神庙活动，等等。中国古代龟甲上的甲骨文、青铜鼎上的金文，是不可能记载这些俗事的。近代考古发现了大量的两河流域楔形文字泥板，学者们对这些泥板进行了坚持不懈的研究，终于破解了一些主要种类的楔形文字，让我们能够通过阅读这些出土的楔形文字，了解远古时代两河流域百姓生活的真实情况。

三、挂在项链上的滚筒印章

为了提高经济生活中的信用度，有效防范欺诈和防范有人篡改泥板文书内容，苏美尔人创造了印章。苏美尔人的印章有平压印章和滚筒印章两种。早期的苏美尔印章是平压印章，到了公元前3200年的乌鲁克时期，滚筒印章出现了，并逐步取代了平压印章而成为两河流域的主要印章形式。

> 在乌鲁克时期，在这个地区的南部，出现了一种新型的印章，即圆柱印章。其形状像一个柱状珠，通常纵向穿孔并饰有一些场景。当印章在一块湿泥上滚动时，就能形成一个连续的壁缘。[①]

两河流域的文字是刻压在泥板上的，而滚筒印章也可以在泥板上滚印。所以，在泥土丰富、草木稀少的两河流域，滚筒印章就成为最佳的印章形式。

从功能上看，滚筒印章可以分为两类：一是实用性功能；二是非实用性功能。实用性功能是指印章的信用凭证功能，包括表明所有权、公证法律事务等；非实用功能是指印章所具有的护身符篆、趋吉避害等功能。

滚筒印章对于身份的标记既可以是私人性质的，也可以是非私人性质的，使用方式主要是加印封缄物品，其中包括泥板类公文和私人

---

① [英]哈里特·克劳福德：《神秘的苏美尔人》，张文立译，浙江人民出版社2000年版，第184页。

信件。通过加印普通物品、公文和私人信件，印章持有者就具有了对其储存、转运、分发和接受等约定的权力。非实用性功能表现在：印章常常被认为具有某种神秘的力量，具有护身符般平安驱邪、祛除邪恶力量及病魔的功能。

滚筒印章通常用精美的半宝石为质料，其色彩艳丽，有些镶嵌铜制饰帽，使其可以作为项链的坠物悬挂佩戴，或者用别针别在外套上作为装饰物。

四、以神庙为中心的苏美尔城邦

公元前3100年至公元前2700年，史称捷姆迭特·那色文化期。

在这个时期，苏美尔地区形成了许多城邦：埃利都、乌尔、拉尔萨、乌鲁克、拉格什、温马、苏鲁帕克、尼普尔、基什和西帕尔等。这些城邦相互攻伐，战争不断，战俘被作为奴隶。男奴隶称为"乌鲁"，意思是"劫掠的"；女奴隶称为"吉姆"，意思是"一个从山地来的女人"。这说明，奴隶产生于战俘或者是被劫掠人口的买卖。

在这些城邦中，埃利都被认为是最古老的城市。这些城邦大多以一个城市为中心，包括周围若干农村地区。城邦以神庙为中心，供奉城邦的主神。城邦中有王，称"恩西"，是城邦主神代理人的称号，其职责是代神理财，管理神庙经济，主持修建公共工程等。此外，恩西可能还有兵权和司法权。一些强大城邦的王被称为"卢加尔"，其原意是"大人"，后来有了"主人"或"王"的意思。

神庙地产在原始社会就出现了，它原本是氏族公社的共同财产。随着阶级分化和城邦的产生，神庙地产逐步落入贵族手里。城邦的工作为贵族的代表，主管神庙地产，并力图将这些地产变为王室财产。

捷姆迭特·那色文化之后，两河流域南部进入苏美尔早王朝时期（约公元前2800年至公元前2371年）。

苏美尔各邦之间为争夺土地、奴隶和霸权展开了长期战争。

早王朝后期,战争愈演愈烈,基什、乌鲁克等邦都曾先后称霸。①

苏美尔城邦早期,最强大的城邦是基什。基什位于巴比伦尼亚的北部,是塞姆人活动的地区。在基什的早期统治者中,许多国王拥有塞姆语名字,同时又拥有苏美尔语名字。在很长的一段时间里,基什是苏美尔诸城邦的霸主。公元前2660年,基什在与乌鲁克的争霸战争中失败。此后一百多年里,乌鲁克王获得了"基什王"的称号,对乌鲁克和基什实行统治。在以后的两河流域铭文中,"基什王"与"苏美尔和阿卡德之王"两者似乎有相同的含义。

苏美尔城邦时期存在着贵族会议和公民会议。史诗《吉尔伽美什》说,基什王阿伽遣使到乌鲁克,要吉尔伽美什派人去基什挖井修渠,否则将派兵攻打乌鲁克。吉尔伽美什先是召开贵族会议讨论,贵族会议同意派人去挖井修渠。然后,吉尔伽美什又召开公民会议,公民会议不同意派人去。

从这段故事看,由于当时苏美尔城邦有贵族会议和公民会议,所以遇到大事,国王要听取贵族会议和公民会议的意见。当时的国王还不是专制君主。

第二节 人类最早的中央集权国家

两河流域南部是苏美尔人居住的地方。苏美尔人的北面邻居,便是北方民族阿卡德人。苏美尔经济迅速发展的时候,阿卡德还比较贫穷。所以,长期以来,苏美尔人与阿卡德人的冲突不断。正如中国黄河流域的华夏民族,曾经先后面对北方匈奴、鲜卑、突厥、契丹、女真、蒙古等民族的边境侵扰。

公元前2371年,阿卡德首领萨尔贡率领军队攻入两河流域的南

---

① 姜秋华:《古巴比伦文明读本》,中国档案出版社2006年版,第12页。

部,消灭了苏美尔诸城邦,并于公元前2371年建立阿卡德王国。阿卡德王国采用中央集权、君主专制制度。与此前的城邦制度相比较,阿卡德王国的政治制度出现了后世的国家制度特征。

一、苏美尔城邦的危机

苏美尔城邦经济的发展,导致了日益严重的两极分化,社会矛盾越来越激烈。两河流域南部靠近波斯湾的拉格什城邦,发生了推翻卢加尔·安达的事件。

当时拉格什的城主是卢加尔·安达。卢加尔·安达代表强势贵族,压迫劳苦民众,实行许多弊政。人们推翻了卢加尔·安达的统治,推举乌鲁卡基那为恩西,代表神的旨意,将卢加尔·安达从神那里窃取的权力归还给神。

卢加尔·安达将神宁吉尔苏的田地划归恩西王宫管理,实际上是剥夺了百姓的公田。乌鲁卡基那将这些田地退还为公田,让神宁吉尔苏重新成为田地的主人。卢加尔·安达将女神巴乌的庙田划归恩西妻子的家族管理,也是剥夺了百姓的公田。乌鲁卡基那将这些田地退还为公田,让女神巴乌重新成为田地的主人。卢加尔·安达将神宁吉尔苏儿子的庙田划归恩西儿子的家族管理,同样也是在剥夺百姓的公田。乌鲁卡基那将这些田地也退还为公田,让神宁吉尔苏的儿子重新成为田地的主人。

公元前2378年,乌鲁卡基那成为拉格什城邦的恩西,实行了改革,废黜了卢加尔·安达的弊政,颁布了有利于百姓的法令,史称乌鲁卡基那改革。第二年,乌鲁卡基那改称"卢加尔",率领人民抵抗邻国温马的进攻。然而,邻国温马的卢加尔·扎吉西是个能征惯战的家伙。公元前2371年,卢加尔·扎吉西攻占了拉格什,并攻占了几乎整个苏美尔地区。结果,卢加尔·扎吉西搞得自己的军队精疲力竭。于是,北方民族阿卡德人乘虚而入,一举扫灭了卢加尔·扎吉西的势力,统一了两河流域,建立了阿卡德王国。

乌鲁卡基那铭文使我们能想象当时社会斗争的情景和恢复

公社对土地、牲畜等所有制的企图。这个企图结果完全失败。我们从别的文献里知道,乌鲁卡基那在位约6年,后来在与临城温马斗争中死去。①

二、改革铭文中的白银货币

我们从拉格什城邦城主乌鲁卡基那改革铭文中可以看到,大麦被用于计算价值,单位采用"容量";白银也被用于计算价值,单位采用"相当数目"。

林志纯先生从俄文《古代世界史资料》中翻译了乌鲁卡基那改革铭文,将其编入《世界通史资料选辑》一书中。在该书中,乌鲁卡基那改革铭文关于使用白银货币的记载共有五处:

  1. 看养专供取毛之羊的牧人,如果没有白羊毛,应该对监督交出相当数目的白银。②

  2. 收税人、司奠僧侣的首长、草房之长、酿酒房之长、兵士之长,应该交出相当数目的白银以代羔羊。③

由此可以看到,苏联学者从苏美尔楔形文字中没有译出白银的单位和具体数量,只是采用了"相当数目"这种模糊的描述。

这两条文字讲述的是卢加尔·安达的弊政。卢加尔·安达派出监督向百姓收取白银,这是一种弊政,是不利于百姓的。乌鲁卡基那的改革消除了这种弊政,具体措施是:

  3. 他免除在没有白羊或没有羔羊时征收白银的监督。④

当时的拉格什城邦,百姓采用实物的形式向城主缴纳贡赋,白银的使用似乎并不十分普遍。百姓向城主缴纳白羊毛和羔羊是约定俗成的惯例。百姓未能交出白羊毛或羔羊,城主便向百姓征收白银,这

---

① 《乌鲁卡基那改革》,载林志纯主编:《世界通史资料选辑》,商务印书馆1962年版,第37页。
② 同上书,第38页。
③ 同上书,第38页。
④ 同上书,第40页。

种做法具有暴敛民财的性质。所以,乌鲁卡基那要废除这种制度,取消了有关官员的设置。

除了使用白银代替实物缴纳贡赋的情况之外,拉格什城邦还采用白银支付大额交易款项。

4.倘若兵士有好驴子,他的长官对他说:"我要向你买驴子",假使他真要买,则(兵士)应该对他说:"给我好银子。"倘若买卖未成,则长官不应该使他[兵士]觉得自己是生气了。①

乌鲁卡基那的改革,提出不许长官对兵士强买强卖,兵士也要对自己的利益提出要求。双方的买卖没有成功时,长官不得对兵士发脾气。

5.倘若大人有房子和兵士的房子接连,而大人对他说:"我要向你买房子",假使他真要买,则兵士可以对大人说:"给我好银子。"倘若买卖未成,则大人不应该使兵士觉得自己是生气了。②

从这里可以看出,拉格什城邦的牲口交易和房屋交易是使用白银的。但是,这里仍然没有讲到白银的单位和数额。

关于乌鲁卡基那改革铭文,前文所述的是苏联学者将出土圆锥形黏土坨上的苏美尔楔形文字翻译成俄文,林志纯先生将其转译为中文。如上文所述,铭文中有五处讲到白银,用于贡赋或大额交易,但都没有说明白银的单位和具体的使用数额。

然而,法国学者 M. 朗贝尔将乌鲁卡基那改革铭文的楔形文字翻译成法文,马香雪老师将其转译为中文,其中却出现了白银的单位和具体使用的数额。

测量员们,监督们,工头们,歌手们,农夫们,酿造啤酒的人们,如果他们带来一只绵羊,[义]如果他们使人在[王]宫里剪它的毛,假使他们要使人在宫殿里洗羊,假使它的羊毛要放在水里

---

① 《乌鲁卡基那改革》,载林志纯主编:《世界通史资料选辑》,商务印书馆1962年版,第41页。

② 同上。

[去脂],他们就付[价格]为五舍客勒的款。①

法文译本所述,似乎与俄文译本所述并不是同一件事情。俄文译本说的是百姓没有合格的羊毛,所以朝廷向百姓征收白银。法文译本则是说百姓在王宫里洗羊毛,要交 5 舍客勒白银的洗羊毛费用。

在法文译本里,不仅出现了"舍客勒"这个白银单位,还出现了白银单位的具体数额——5 个舍客勒。

改革铭文的法文译本中,还有一些俄文译本里没有的内容。俄文译本可能只翻译了圆锥形黏土坨上的楔形文字,法文译本可能还翻译了椭圆石板上的楔形文字。在这些内容中,讲到了卢加尔·安达的另外一些弊政:

如果一个人休了[他的]妻子,王就取为数五舍客勒的一项[税]款;地方长官就取为数一舍客勒的一项[税]款。②

在这条规定中,白银也有了单位"舍客勒"和具体的数额。

改革铭文的法文译本中出现了关于离婚费的规定。关于离婚费的规定,大约 300 年后的乌尔第三王朝也有类似的法律规定,并且费用上涨到 60 舍客勒。这种变化说明,随着社会的发展和进步,婚姻的成本是上升的。不同的是,乌尔第三王朝规定离婚费交给女方,而卢加尔·安达时期的离婚费是交给城主和地方长官。

拉格什城邦时代,向百姓征收离婚费属于一种弊政,是盘剥百姓的行为。所以,乌鲁卡基那的改革要把这些弊政废除。

卢加尔·安达还对百姓征收美容费。

一个人使人在头上倒香水和油,王就取为数五舍客勒的一项[税]款;地方长官取为数一舍客勒的一项[税]款;贤士取为数一舍客勒的一项[税]款。③

---

① 东北师范大学历史系西亚北非欧洲上古研究室:《乌鲁卡基那的"改革"》,1983 年版,第 39—40 页。
② 同上书,第 45 页。
③ 同上。

在这条规定中,白银也有了单位"舍客勒"和具体的数额。

卢加尔·安达对于百姓美容征收白银税赋。乌鲁卡基那认为这也是盘剥百姓,所以给予废除。

在苏美尔文中,"舍客勒"的意思是称重。

比照苏联学者和法国学者的译文,我们相信法国学者不会无中生有地造出"舍客勒"这种货币单位,更不会无中生有地造出"五舍客勒"这样具体的数目来。因此,我们认为在公元前2378年,苏美尔人使用的白银,单位已经采用舍客勒。然而,在苏美尔诸多城邦中,当时的舍客勒重量单位的具体标准可能还不统一。

大约300年后,到了公元前2096年,乌尔第三王朝的国王舒尔基统一度量衡的时候,舍客勒的单位重量标准才在两河流域统一起来。

三、阿卡德王国中央集权制的建立

公元前2371年,萨尔贡建立了阿卡德王国。阿卡德王国是人类历史上最早的中央集权、君主专制国家。阿卡德王国的建立,标志着人类社会组织形态开始从城邦走向国家。

萨尔贡(约公元前2371年至公元前2316年在位),古代阿卡德王国的国王,他在历史上第一次统一两河流域。[1]

据说,萨尔贡出身贫苦,是个弃婴,被一个园丁收养。萨尔贡长大成人后,成为基什城主乌尔扎巴巴的侍者。

公元前2371年,在苏美尔各城邦混战最为激烈的时候,萨尔贡率领军队攻打卢加尔·扎吉西。尽管卢加尔·扎吉西有50个城邦的军队供其指挥,他还是挡不住萨尔贡的进攻。萨尔贡打败了卢加尔·扎吉西,用套狗圈将他掳走。

萨尔贡率领军队进攻乌尔、拉格什等城,所到之处,攻无不克;所进之城,"尽毁其城墙"。萨尔贡在波斯湾洗刷自己的武器,为世界首

---

[1] 朱庭光:《外国历史名人传——古代部分:萨尔贡》,中国社会科学出版社1982年版,第29页。

创了征服者的胜利姿态。

公元前 2371 年,萨尔贡推翻了基什城主的统治,自立为王,建立了阿卡德王国,统一了苏美尔和阿卡德地区。然后,他不断地发动战争,东征西杀,对伊朗高原的古国埃兰和叙利亚地区的埃勃拉用兵,军队一直打到地中海沿岸。萨尔贡自称"世界四方之王",统治了从地中海到波斯湾的广大地区。实际上,萨尔贡有效控制的地区只有苏美尔和阿卡德地区。

在占领两河流域南部之后,萨尔贡采用了中央集权、君主专制的统治形式。在萨尔贡的统治下,王权不再受贵族会议和公民会议的约束。

为了巩固君主专制,萨尔贡建立了一支常备军。铭文说:"每天有 5400 名士兵在他面前进食。"①萨尔贡任用阿卡德人为各地总督,同时也吸收苏美尔贵族参政。他以阿卡德度量衡为基础,统一了度量衡制度;他以阿卡德语代替苏美尔语成为官方语言;他重视苏美尔人的文化成就,采用他们的天文历法、数学和文学成果。

萨尔贡晚年,全国发生暴动。萨尔贡死后,他的儿子里木什即位。里木什对各地的反叛给予残酷的镇压。但是,胜利并没有使里木什的统治持续长久。就在镇压埃兰反叛取得胜利的时候,里木什被宫廷仆人刺杀身亡。于是,里木什的孪生兄弟曼尼什图苏即位。

这时候,萨尔贡原来征服的地区,由于没有设置行政机构,所以纷纷恢复独立。曼尼什图苏再次远征,到处设置官员,并且对不安分的人群进行大规模的迁徙。

四、"四方之王"——纳拉姆·辛

公元前 2255 年,纳拉姆·辛(也译作那拉姆·辛)继承他父亲曼尼什图苏的王位做了国王。纳拉姆·辛是两河流域第一个自称为神

---

① 齐世荣:《世界史(古代卷)》,高等教育出版社 2006 年版,第 44 页。

的国王。"辛"这个词的意思是神。纳拉姆·辛的意思就是纳拉姆·神。

纳拉姆·辛穷兵黩武,四处攻伐,他侵略并屠戮了叙利亚的古国阿尔曼(今叙利亚的阿勒颇)和古国埃勃拉。因此,他不再满足"阿卡德之王"的称号,自称"四方之王"。

由于那拉姆·辛的文治武功达到顶点,阿卡德的君权也随之扩大至最高。他不再称阿卡德王这城邦王衔和"基什之王"这一表达苏美尔城邦霸主的头衔,而改称为"四方之王"这一帝国王衔。①

在古代西亚的广大地区,纳拉姆·辛被当作传奇英雄传颂。阿卡德城的人民在城中为纳拉姆·辛修建了一座庙宇,他的名字被刻进神谱,人民永远朝拜他、祭祀他。阿卡德城的人民不断地为他竖立纪念碑,以纪念他为国家开疆拓土所取得的胜利。

纳拉姆·辛死后,他的儿子沙尔卡利沙继承王位,埃兰王国率先宣布独立。埃兰王普祖尔·因舒什那克宣布放弃阿卡德语,改用自己民族的埃兰语,并自称"宇宙之王"。沙尔卡利沙忙于应对苏美尔人的反叛,还有库提人和叙利亚游牧民族的反抗,无暇顾及埃兰王国分庭抗礼的挑衅。

沙尔卡利沙与他的爷爷曼尼什图苏及里木什两人一样,死于宫廷政变。

公元前2230年,随着沙尔卡利沙被刺身亡,阿卡德王国宣告结束,萨尔贡统一的度量衡制度也随之崩塌,接下来是大约100多年库提人的统治。库提人摧毁建筑、亵渎神灵,到处杀戮。库提人统治时期在两河流域历史上被称作"黑暗时代"。

---

① 刘文鹏:《古代西亚北非文明》,中国社会科学出版社1999年版,第240页。

第三节 人类最早的成文法典

迄今为止,考古发现人类最早的成文法典,是公元前2100年前后产生的《乌尔纳姆法典》。

《乌尔纳姆法典》记载了白银货币的使用情况。在《乌尔纳姆法典》残留至今的27个法条中,讲到白银货币的地方有16条之多,相当于条文总数的59.3%。其中,白银货币的称量单位是舍客勒和弥那。舍客勒的重量折合现代8.33克,弥那的重量折合现代500克,60舍客勒等于1弥那。

一、乌尔第三王朝——苏美尔的复兴

库提人在两河流域统治了一百多年之后,退回到原来居住的山区,苏美尔人重新崛起。然而,苏美尔人这次重新统治两河流域,不再采用城邦的形式,而是建立了强大的、统一的、中央集权、君主专制的国家形式。

公元前2113年,乌鲁克驻乌尔总督乌尔纳姆宣布自己为"乌尔之王、苏美尔和阿卡德之王",建立了乌尔第三王朝。在苏美尔城邦时期,乌尔曾经有过乌尔第一王朝和乌尔第二王朝。所以,乌尔纳姆建立的这个新的王朝,史称"乌尔第三王朝"。经历了阿卡德和库提人的统治,两河流域南部终于重新回到苏美尔人手里。所以,乌尔第三王朝的建立被认为是苏美尔的复兴。

乌尔纳姆所创立的乌尔第三王朝,是古代美索不达米亚历史上最辉煌的时期之一,不仅因为乌尔纳姆及其继承者们恢复了阿卡德帝国的疆域,还因为它为美索不达米亚提供了长达100年之久的相对和平与繁荣时期,为苏美尔文化在各方面的复兴创造了

良好的条件。①

统治方面,乌尔纳姆努力加强中央集权、君主专制,他将各地城邦的城主"恩西"降为总督,将他们的世袭制度改为中央任命派遣制度。对外方面,乌尔纳姆驱逐了库提人的残部,平息了埃兰人的边境冲突。经济方面,乌尔纳姆开凿运河,解决农田灌溉和内河航运问题。宗教方面,乌尔纳姆修建了许多塔庙。秩序方面,乌尔纳姆制定了迄今所知世界上第一部成文法典——《乌尔纳姆法典》。权力传承方面,乌尔纳姆生了一个了不起的儿子——舒尔基。

公元前2096年,舒尔基继位为国王。即位之后,舒尔基重新统一两河流域的度量衡制度。舒尔基的度量衡制度影响深远,直至今世。在舒尔基长达48年的统治中,乌尔第三王朝达到空前的繁荣。舒尔基死后,他的儿子阿马尔·辛即位。接下来,阿马尔·辛的弟弟舒·辛即位,最后是舒·辛的儿子伊比·辛即位,乌尔第三王朝终于走到了尽头。

公元前2006年,埃兰人攻入乌尔城,伊比·辛被掳到埃兰,乌尔第三王朝灭亡。

二、"四方之王"——乌尔纳姆

阿卡德王国灭亡后,蛮族库提人统治苏美尔地区。库提人统治期间,有些苏美尔城邦仍然保持着相对的独立和繁荣。公元前2120年,渔夫出身的乌鲁克人乌图赫加尔起兵自立为乌鲁克王,并且打败了库提人,俘获了库提人的末代国王泰利伽。乌图赫加尔占领乌尔城后,任命乌尔纳姆治理乌尔城。乌图赫加尔与乌尔纳姆的关系现在仍是史学界研究的课题,一说乌尔纳姆是乌图赫加尔的弟弟,另一说乌尔纳姆是乌图赫加尔的女婿。但是,在乌图赫加尔活着的时候,乌尔纳姆可能就已经与乌图赫加尔反目为仇,不臣服于他了。

---

① 于殿利:《巴比伦与亚述文明》,北京师范大学出版社2013年版,第133页。

大约在公元前 2114 年,乌图赫加尔死于一场意外或一场阴谋。此后,乌尔纳姆南征北战,继阿卡德王国之后,又一次统一了整个两河流域,建立起强大的中央集权、君主专制国家。

乌尔纳姆留给后人一部《乌尔纳姆法典》,今天考古所得的只是这部法典的一小部分。《乌尔纳姆法典》是一部成熟的法律。苏美尔文明的法制体系经历了很长时间的发展,才形成《乌尔纳姆法典》。尽管如此,《乌尔纳姆法典》仍然可视为人类文明史上现存的最早的成文法。

乌尔纳姆统治了两河流域,就开始使用"苏美尔和阿卡德之王,四方之王"的称号。

三、《乌尔纳姆法典》

《乌尔纳姆法典》是迄今所知世界上最早的一部成文法典,应该是在公元前 2113 年至公元前 2096 年乌尔纳姆在位时期颁布的,也有人说这部法典是乌尔纳姆的儿子舒尔基即位后颁布的。这部法典的颁布,比公元前 1792 年古巴比伦王国《汉谟拉比法典》的颁布要早 300 多年。

让我们感到惊奇的是,就在这部人类最早的成文法中,大部分条文讲到白银货币的使用。

目前发现出土的《乌尔纳姆法典》原件由 30—35 块泥板组成,采用苏美尔楔形文字书写,其中大多数未能保存下来。从这些残缺的泥板文件中整理出来的法律条文共有 27 条,使用白银货币的地方有 16 处,其中 8 处使用舍客勒白银货币单位,6 处使用弥那白银货币单位,2 处使用白银货币却没有说明具体单位。

《乌尔纳姆法典》的主要内容是对奴隶制度、婚姻、行为、处罚、离婚费、赔偿、奖赏等方面的规定。

四、舒尔基统一度量衡

公元前 2096 年,乌尔纳姆去世,他的儿子舒尔基即位。舒尔基做了 48 年国王，他东征西杀、开疆拓土，使周围的国家纷纷归附。同时，他改革历法，统一度量衡，使在商品交换中充当一般等价物的特殊商品获得了法定统一规范的称量标准，从而成为完整意义上的称量货币。

1. 大麦称量货币容量单位

舒尔基在两河流域统一规范了容量单位"古尔"（gur）。1 古尔折合现代 121 公升。121 公升大麦的重量为 168 公斤，即 336 市斤。在《乌尔纳姆法典》中，"古尔"作为量化处罚的规定有两处：

（第 26 条）如果用水淹他人的土地，那么每伊库土地付 3 古尔大麦。①

用水淹了他人土地要赔偿。赔偿多少与淹没土地的面积有关，每伊库土地赔偿 3 古尔大麦，折合现代 504 公斤，1008 市斤。

（第 27 条）如果出租耕地给他人耕作，但其未能耕作而使耕地荒芜，那么每伊库耕地付 3 古尔大麦。②

租地耕种而使耕地荒芜也是要赔偿的，赔偿的数量也是每伊库土地 3 古尔大麦。在这里，政府鼓励农耕，打击懒惰。所以，对造成土地荒芜的行为打击力度较大。

2. 白银称量货币重量单位

舒尔基在两河流域还统一规范了重量单位"舍客勒"。1 舍客勒折合现代 8.33 克。60 舍客勒为 1 弥那，1 弥那折合现代 500 克。舒尔基将他的重量标准制造成石刻砝码，颁布天下，使其流传后世，影响至今。

中国目前的重量单位是"斤"。1 斤的重量也是 500 克，与舒尔基的 1 弥那重量标准恰巧一样，其中有何玄机，只能留给后人研究了。

此外，舒尔基在两河流域还统一了度量单位"伊库"（iku），1 伊库折合现代 3600 平方米，为中国现代 5.4 亩。18 伊库等于 1 布

---

① 石俊志译：《乌尔纳姆法典》，载《当代金融家》2019 年第 9 期。
② 同上。

尔(buru)。1布尔折合现代64800平方米,为中国现代97.2亩。

第四节 人类最早的称量货币

有文字记载的、人类最早的称量货币是两河流域苏美尔人的称量货币。

公元前2096年,舒尔基继位为乌尔第三王朝的国王,在两河流域统一了度量衡,大麦和白银有了法定统一规范的称量单位和称量标准,从而由一般等价物商品转化为完整意义上的称量货币。从此,两河流域的各个国家和城邦,大多实行大麦称量货币与白银称量货币两币并行的货币制度。大麦和白银作为价值尺度和流通手段的称量货币,被规定在两河流域各个国家和城邦的法律中。苏美尔人大麦称量货币的基本单位是古尔,小额单位是西拉;白银称量货币的基本单位是舍客勒,大额单位是弥那。

这种情况,我们可以在出土的《乌尔纳姆法典》和《苏美尔女俘营》资料中找到依据。

一、大麦称量货币基本单位"古尔"

前文我们讲过,古尔作为大麦的容量单位,在《乌尔纳姆法典》中被用作赔偿计量工具,行使价值尺度的货币职能。

1古尔折合现代121公升,等于当时的300西拉。那么,1西拉折合现代0.4公升。

根据林志纯先生的考证,1西拉大麦的重量,折合现代560克。那么,1古尔大麦的重量,折合现代168公斤,即336市斤。

在《乌尔纳姆法典》中,使用大麦的地方只有两处,作为水淹土地或造成他人土地荒芜的赔偿。

100多年以后,在俾拉拉马统治的埃什嫩那王国,大麦作为货币使用的情况骤然上升,这种上升超过了白银作为货币使用情况的上升。这个情形在《俾拉拉马法典》中可以看到。但是,从那时候开始,两河流域的大麦称量货币在货币总额中的占比,开始出现逐步下降的趋势。这种趋势延续了大约 500 年,白银称量货币在货币总额中的占比逐步上升,终于成为最主要的价值尺度和流通手段。

二、大麦称量货币小额单位"西拉"

公元前 2082 年,两河流域苏美尔人记录了女俘营使用大麦的情况,第六栏和第七栏有女俘领取粮食情况的统计汇总:

(二) 苏美尔女俘营

第六栏①

……

26. 总计:[按]40 西拉计者女奴 35。

27. 总计:30 西拉者女奴 1。

28. 总计:[按]25 西拉计者女奴 22。

29. 总计:[按]20 西拉计者少女 2。

30. 总计:[按]15 西拉计者少女 2。

31. 总计:[按]10 西拉计者少女 2。

32. 总计:[按]20 西拉计者老女奴 2。②

第七栏

1. 总计:死者[22]。

2. 他们的大麦凡七古尔又 10 西拉。③

3. 管理人乌尔宁图④。

从这里可以看出,88 个女俘中,死亡 22 人,活下来 66 人。女俘活下来,就要领取粮食。女俘营中有几种领粮标准,年轻力壮者可以领

---

① 日知选译:《古代埃及与古代两河流域》,生活·读书·新知三联书店 1957 年版,第 7172 页。日知是林志纯先生的笔名。

② 统计是正确的。

③ 计算是正确的(这个数字是第六栏第 26 条至第 32 条的总和)。

④ 大概管理人乌尔宁图与上文在第六栏第 6 条所提到的官吏乌尔宁图为一人。

取40西拉,折合现代22.4公斤,老女奴和少女根据情况给予较少的粮食。

这说明,"西拉"这个粮食称量单位,在当时苏美尔人中的使用,已经十分普遍。

从《乌尔纳姆法典》和《苏美尔女俘营》的资料中可以看出,4000年前的苏美尔人使用的大麦称量单位,主要是古尔和西拉。大麦被用作价值尺度或价值转移,以古尔或西拉为单位。其中,1古尔等于300西拉。

三、白银称量货币基本单位"舍客勒"

公元前2378年,乌鲁卡基那在两河流域南部的拉格什城邦实行改革,白银货币的使用被记载在改革铭文里。这时候,关于白银货币的单位,苏联人将其翻译为"相当数目",法国人将其翻译为"舍客勒"。但是,这个时候的舍客勒,只是一个单位量的概念,还不是诸多城邦统一的称量标准。大约300年之后,到了乌尔第三王朝时期,舍客勒就成为两河流域法定统一的称量标准和称量货币的基本单位。

《乌尔纳姆法典》记载了白银称量货币单位舍客勒的使用情况,其中使用白银货币单位舍客勒的地方有8处,譬如绑架罪,《乌尔纳姆法典》第3条规定:

如果犯绑架罪,应处以监禁,并罚15舍客勒白银。[1]

绑架罪,处罚白银称量货币15舍客勒。此外,诬告和出具伪证也是有罪的,法典中明文规定了有关处罚的数额,也是采用白银称量货币。

伤害他人应予以赔偿,赔偿的也是白银称量货币,轻伤赔偿白银称量货币的单位采用舍客勒。除了赔偿白银称量货币外,有些情况需

---

[1] 石俊志译:《乌尔纳姆法典》,载《当代金融家》2019年第9期。

要赔偿奴隶。但是,如果没有奴隶可供赔偿,法定明文规定,可以使用白银称量货币代替奴隶进行赔偿,每个奴隶按照 10 舍客勒白银的价格进行计算。

除了处罚和赔偿,法律规定奖赏也采用白银称量货币进行量化,《乌尔纳姆法典》第 15 条规定:

> 如果奴隶逃出城市界限,有人将其捕获送还,奴隶主人应付送还者 2 舍客勒白银。①

协助捕获逃跑的奴隶并送还给奴隶的主人,给予的奖赏也是白银称量货币。在这里,送还一个奴隶的奖赏是 2 舍客勒白银。

四、白银称量货币大额单位"弥那"

在苏美尔文中,舍客勒的意思是"称量";弥那的意思是"计算"。所以,在货币发展演化过程中,先有舍客勒称重的概念,后有弥那计算的概念。60 个舍客勒等于 1 个弥那。经过舒尔基统一标准的重量单位,1 舍客勒折合现代 8.33 克,1 弥那折合现代 500 克。

在《乌尔纳姆法典》中,使用白银货币单位弥那的地方有 6 处,譬如离婚赔偿,《乌尔纳姆法典》第 9 条规定:

> 如果与发妻离婚,应付发妻 1 弥那白银。②

乌尔第三王朝保护妇女权利,妻子被遗弃,法律规定男人要给妻子一定数量白银的赔偿,以使被遗弃妻子在一定时期里能够维持生活。在《乌尔纳姆法典》中,法律对寡妇的保护比较弱。与原配妻子离婚,男人要付 1 弥那白银;与曾为寡妇的妻子离婚,男人只要付半弥那白银;如果男人与这个曾为寡妇的妻子没有婚约,离婚时就不用付她任何白银。有了这样的法律,寡妇就很难保护自己,自然成为受欺凌的对象。

暴力伤害他人的眼睛、肢体、鼻子,属于重度伤害,处罚白银称量

---

① 石俊志译:《乌尔纳姆法典》,载《当代金融家》2019 年第 9 期。
② 同上。

货币单位采用弥那。

《乌尔纳姆法典》还规定,如果被处罚者没有白银,可以支付其所拥有的其他物品。

第三章
Chapter 3

两币并行的货币制度

从出土的《乌尔纳姆法典》和《苏美尔女俘营》等文献资料中我们可知,公元前2096年至公元前2006年,舒尔基即位后的乌尔第三王朝时期,两河流域实行两种货币并行的货币制度,大麦货币的单位是容量单位,基本单位是"古尔",小额单位是"西拉";白银货币的单位是重量单位,基本单位是"舍客勒",大额单位是"弥那"。

公元前2025年,埃什嫩那王国脱离乌尔第三王朝独立。埃什嫩那王国位于巴比伦城东北方的迪亚拉河谷,该地区是四通八达的商业要道,经济比较发达。到了公元前20世纪上半叶,埃什嫩那王国的第四任国王俾拉拉马颁布法典,史称《俾拉拉马法典》,现有泥板文字出土。从《俾拉拉马法典》的内容看,当时埃什嫩那王国承袭乌尔第三王朝的两币并行制度,大麦货币和白银货币的使用均已达到空前的繁荣。

第一节 埃什嫩那王国的大麦货币

埃什嫩那王国《俾拉拉马法典》现存的59个条文中,涉及大麦货币的地方有14处,货币单位采用容量单位古尔(gur)、帕尔希克图(parsiktu)、苏图(sutu)和卡(qu)共四种。相比乌尔第三王朝,埃什嫩那王国的大麦货币继续使用基本单位古尔,小额单位西拉则被转变为"卡"。同时,埃什嫩那王国的大麦货币出现了两个新的容量单位:帕尔希克图和苏图。这种变化不仅是大麦货币单位的变化,而且是容量制度的变化。

一、大麦货币单位的增多

公元前21世纪初期,舒尔基统一度量衡的时候,大麦货币单位只有古尔和西拉。

到了公元前20世纪上半叶,在埃什嫩那王国,由于商品经济的发展对货币的单位有了更多种类上的需求,于是,埃什嫩那王国的大麦货币就出现了4个主要单位:古尔、帕尔希克图、苏图、卡。

其中,除了增加了两个新的单位:帕尔希克图和苏图,原来的"西拉"不见了,取而代之的是"卡"。

1古尔等于5帕尔希克图,或30苏图,或300卡,折合现代容量:

1古尔折合现代121升;

1帕尔希克图折合现代24.2升;

1苏图折合现代4.0升;

1卡折合现代0.4升。

这些都是容量单位,用来盛装大麦的重量如下:

1卡大麦的重量为560克;

1苏图大麦的重量为5.6千克;

1帕尔希克图大麦的重量为33.6千克;

1古尔大麦的重量为168千克。

在这里,"卡"是最小的容量单位,与乌尔第三王朝的西拉相等。

二、"西拉"转变为"卡"

在过去苏美尔人的各城邦中,用来计量价值的大麦货币基本单位是古尔,小额单位是西拉。1西拉容量大麦的重量,为现代的560克,是一个人一天口粮的最低数量。

到了俾拉拉马时代,容量单位西拉转变为卡。卡作为大麦称量货币的单位,被用于百姓日常生活。

1. 商品的价格用卡作为大麦货币单位来标价。《俾拉拉马法典》第 2 条规定:

……精选猪油一卡,其价为大麦二苏图五卡……①

2. 租金用卡作为大麦称量货币单位来计算。《俾拉拉马法典》第 4 条规定:

第 4 条 船之租用之费,以每一库鲁容积计,为二卡。②

每运输 1 古尔容量的货物,要交付船租 2 卡大麦。

3. 雇工伙食费用卡作为大麦称量货币单位来计算。《俾拉拉马法典》第 9 条规定:

倘自由民因收割而给雇工银一舍客勒,而雇工不助自由民,完全不为之刈割,则彼应付出银十舍客勒。彼应领取大麦一苏图五卡作为雇用之费而离开,并应退还已领之分给品、大麦、油及衣服。③

雇工没有为雇主做事,要以 10 倍的金额退赔雇主已付的工资。然后,他应领取 1 苏图 5 卡大麦,即 15 卡大麦。由此可以看出,每天的伙食费是 1 卡,退给主人 10 倍的工资,却又领回每天 1 卡的伙食费。同时,他还应该退还已经领取的分给品、大麦、油和衣服。

法律制定这样的条文,意在表示法律的不偏不倚。

三、"苏图"和"帕尔希克图"

俾拉拉马时代,大麦容量单位古尔保持不变,容量单位西拉转变

---

① 《埃什嫩那国王俾拉拉马的法典》,载林志纯主编:《世界通史资料选辑》,商务印书馆 1962 年版,第 45 页。
② 同上。
③ 同上书,第 46 页。

为卡,同时还产生了两个中间单位——苏图和帕尔希克图。

300卡等于1古尔。在卡与古尔之间,中间单位苏图和帕尔希克图都是一定数量的卡的代名词。10卡为1苏图,60卡为1帕尔希克图。

为了计算的简洁,许多交易或定价采用苏图或帕尔希克图容量单位。这一点,在《俾拉拉马法典》中有明确的体现。苏图和帕尔希克图被用于给商品标价、计算租金、工人工资、借贷利息支付等。例如:

1. 商品标价使用大麦货币单位苏图计算。《俾拉拉马法典》第2条规定:

精选胡麻油一卡,其价为大麦三苏图……①

10卡为1苏图,商品价格以苏图标价,即是以10卡为计算单位。

2. 租车费用使用大麦货币单位苏图和帕尔希克图(也译作马西克图)计算。《俾拉拉马法典》第3条规定:

有牛及御者之车,其租用之费为大麦一马西克图四苏图……②

1辆牛车1天的租金就要1帕尔希克图4苏图,即100卡,是非常昂贵的。看来,当时的牛车还属于奢侈品。

3. 工资支付使用大麦货币单位苏图计算。《俾拉拉马法典》第7条规定:

刈麦者雇用之费为大麦二苏图……③

刈麦者的工资是每天2苏图,即20卡。

四、大麦货币单位"古尔"的使用

大麦货币基本单位古尔的价值与白银货币基本单位舍客勒是等同的。

---

① 《埃什嫩那国王俾拉拉马的法典》,载林志纯主编:《世界通史资料选辑》,商务印书馆1962年版,第45页。

② 同上。

③ 同上书,第46页。

1. 大麦货币与白银货币的比价。《俾拉拉马法典》第 1 条规定：

  大麦一库鲁，合银一舍客勒……①

大麦称量货币与白银称量货币并行，1 古尔大麦的价值等于 1 舍客勒白银，由此建立了大麦称量货币与白银称量货币两币换算的基础。大麦称量货币的其他单位和白银称量货币的其他单位的换算也由此简单容易了。

2. 家庭财产可以用大麦货币单位古尔来计算。《俾拉拉马法典》第 18 条规定：

  ……每一库鲁大麦，他可以加取利息一马西克图四苏图。②

3. 大麦可以用作货币借贷资本，单位可以用古尔来计算。

  第 20 条 倘自由民……以供……，而借者与之，并对之将大麦以银结价，则在收成时借者应取大麦并按每一库鲁计一马西克图四苏图取息。③

大麦货币的借贷利息是每 1 古尔取息 1 帕尔希克图 4 苏图，借贷利率便是 33.3%。

第二节 埃什嫩那王国的白银货币

《俾拉拉马法典》现存的 59 个条文中，涉及白银货币的地方有 47 处，其中使用弥那单位的地方有 12 处，使用舍客勒单位的地方有 28 处，使用色单位的地方有 4 处，使用白银而没有具体单位的地方有 3 处。相比乌尔第三王朝，埃什嫩那王国白银货币的最大发展和变化就是实现了白银货币单位的细化，确立了白银货币的最小单位——色。

---

① 《埃什嫩那国王俾拉拉马的法典》，载林志纯主编：《世界通史资料选辑》，商务印书馆 1962 年版，第 45 页。
② 同上书，第 47 页。
③ 同上。

一、白银货币的最小单位——色

公元前20世纪上半叶,大麦货币和白银货币两币并行制度逐步完善。为了满足各种数量的货币需求,出现了多种货币单位。白银货币单位不仅有舍客勒和弥那,还出现了一个更微小的单位"色"(也译作塞)。这种变化不仅是白银货币单位的变化,而且是重量制度的变化。《俾拉拉马法典》对此提供了可靠的信息。

埃什嫩那王国的商业十分繁荣。所以,相比其他苏美尔城邦,埃什嫩那王国的货币需求更为明显。商业活动形成了繁荣的市场,货币不仅在商业活动中日益被频繁使用,而且在日常生活中也普及开来。商人和农民的日常生活,购买柴米油盐,都不能用舍客勒来支付,而需要使用更小价值单位的货币。

180个色等于1个舍客勒,10800个色才是1弥那。弥那的重量折合现代500克,舍客勒的重量折合现代8.33克,色的重量折合现代只有0.0463克。在苏美尔语中,"色"的意思是麦粒。色的重量,就是一颗麦粒的重量。

根据《俾拉拉马法典》的规定,1舍客勒白银的价值等于1古尔大麦。那么,1色白银的价值就等于1.67卡大麦。

1色的重量只有0.0463克,人们是无法将白银切割成如此细小的颗粒的。所以,"色"只是个记账单位,记录人们之间发生的债权债务,等到这些债权债务在数量上积累到能够进行实物转移的时候,才将白银实物进行转移,或者折算成其他物品进行实物转移。

二、白银货币单位"色"的使用

白银货币单位"色"的价值很低,可以用在雇工的工资、饭费上,还可以用在财物孳息和借贷利息的计算上。

1. 工人工资可以用白银货币单位色来计算

《俾拉拉马法典》规定:

第7条 刈麦者雇用之费……倘以银计,则其雇用之费为十二塞。①

在苏美尔文字里,"色"字的形状是麦子。从这个重量标准来看,苏美尔的麦粒,比较古埃及的麦粒,理论上要小一些。古埃及的麦粒,理论上的重量是 0.0488 克,比苏美尔的麦粒多 0.0025 克,即多 5%。

采用大麦货币,刈麦者的工资是每天 2 苏图,即 1/15 古尔。这是法律的规定。为什么法律规定对刈麦者的工资采用大麦货币计价,而不是采用白银货币计价? 这里的原因是当时白银货币的供应并不充分,政府鼓励百姓使用大麦货币计价。当然,如果百姓手里有白银货币,法律允许百姓使用白银货币计价。那么,采用白银货币计价的价格应该是多少呢? 这就涉及大麦货币与白银货币的比率。埃什嫩那王国关于大麦货币与白银货币的法定比率是 1 古尔大麦等于 1 舍客勒白银。所以,2 苏图大麦,即 1/15 古尔的大麦,如果以白银计算,就是 1/15 舍客勒白银,即 12 色白银。

2. 工人伙食费可以使用白银货币单位色来计算

第 11 条 一个雇工之用费为银一舍客勒;其吃饭费用为银一塞,雇工应服务一个月。②

月工工人的工资比临时日工刈麦工人的工资要低很多,每月只有 1 舍客勒,每天折合 6 色,只有刈麦工人工资的一半。原因是月工比日工稳定,不需要每天去寻找工作,所以工资偏低。并且,在这 6 色中还要扣除饭费每天 1 色,月工的净得工资每天只有 5 色。相比较,日工的工资比月工高,而刈麦的劳动强度可能也比一般工人的劳动强度更大。

---

① 《埃什嫩那国王俾拉拉马的法典》,载林志纯主编:《世界通史资料选辑》,商务印书馆 1962 年版,第 46 页。在这一条中,"色"这个词,在林志纯先生原译文中是"乌士图"。为了本书用词的一致,我们将"乌士图"这个词统一称为"色"。

② 《埃什嫩那国王俾拉拉马的法典》,载林志纯主编:《世界通史资料选辑》,商务印书馆 1962 年版,第 46 页。

3. 白银可以用作货币借贷资本,借贷利息的货币单位可以用色来计算

第21条 倘自由民与以现银,则彼可取回银并按每一舍客勒计六分之一[舍客勒]又六塞取息。①

前面的第20条讲的是大麦货币的借贷利息,然后在第21条讲白银货币的借贷利息。这里说,如果不使用大麦而使用白银进行货币借贷,每1舍客勒白银的借贷利息是1/6舍客勒又6色,即36色,借贷利率便是20%。

三、白银货币单位"舍客勒"的使用

舍客勒是白银货币的基本单位。在《俾拉拉马法典》中,舍客勒被用于支付租金、雇工工资、伙食费、借贷及付息、子女教养费和奴隶被人身伤害的赔偿等。

1. 租车的租金可以用白银货币单位舍客勒计算

第3条 有牛及御者之车,其租用之费……如以银计,则其租用之费为三分之一舍客勒,他可以用车终日。②

租车1天的费用是1/3舍客勒,这里包括车、牛和车夫。租金首选是采用大麦货币,即1/3古尔,或100卡,或1帕尔希克图4苏图。当然,不使用大麦货币,也可以使用白银货币。

2. 伙计的工资可以按照东家的盈利情况来支付,计算单位也可以使用舍客勒

第14条 雇佣之费……倘彼获得银五舍客勒,则其雇佣之费为一舍客勒,倘彼获得银十舍客勒,则其雇佣之费为二舍客勒。③

---

① 《埃什嫩那国王俾拉拉马的法典》,载林志纯主编:《世界通史资料选辑》,商务印书馆1962年版,第47页。
② 同上书,第45页。
③ 同上书,第46页。

从这条规定可以看出,除了按时间支付工资之外,也可以按盈利支付工资。按盈利支付工资的比率是1/5,即东家获利润5,伙计取工资1。

3. 子女教养费可以用白银货币单位舍客勒计算

第32条　倘自由民以其子交人哺乳并抚育之,而应给之谷、应给之油及应给之羊毛已三年不付,则彼应付出银十舍客勒以为教养其子之费,而其子应归于彼。①

这里规定子女教养费,3年为10舍客勒,每月便是5/18舍客勒。

4. 奴隶被人身伤害要赔偿白银货币,单位以舍客勒计算

第55条　倘牛触奴而致之于死,则牛之主人应赔银十五舍客勒。②

牲畜造成奴隶人身伤害,罚银以舍客勒单位计算;若牲畜造成自由民人身伤害,罚银则以弥那单位计算。

四、白银货币单位"弥那"的使用

弥那是大额白银货币。在《俾拉拉马法典》中,这种大额白银货币主要适用于自由民之间的人身伤害赔偿。

1. 自由民之间的人身伤害赔偿

第42条　倘自由民咬破自由民之鼻,应赔银一明那;伤其一眼,应赔银一明那;一齿,二分之一明那;一耳,二分之一明那……③

第43条　倘自由民砍断自由民之一指,则彼应赔银三分之二明那。④

咬破自由民的鼻子或者弄伤自由民的眼睛,是很大的罪,赔偿1弥那白银,即60舍客勒,这是很大的一笔钱了。

---

① 《埃什嫩那国王俾拉拉马的法典》,载林志纯主编:《世界通史资料选辑》,商务印书馆1962年版,第48—49页。
② 同上书,第51页。
③ 同上书,第50页。
④ 同上。

2. 没有管好自己的牲畜,对他人造成人身伤害的责任赔偿

第 54 条　倘牛有抵触之性,邻人以此告牛之主人,但主人未使牛不致为害,结果牛触人并致之于死,则牛之主人应赔银三分之二明那。①

第 56 条　倘狗发疯,邻人以此告狗之主人,但主人未杀狗,狗咬人,致人于死,则狗之主人应赔银三分之二明那。②

没有管好自己的牲畜,对他人造成人身伤害,也属于重罪,要给予大额赔偿。当然,这里的"他人"指的是自由民,而非奴隶或其他非自由民。

3. 自由民强迫他人之婢同居,要进行赔偿

第 31 条　倘自由民强迫他人之婢同居,则彼应付出银三分之二明那,而婢仍属于其主人所有。③

除了对自由民造成人身伤害,强迫自由民的婢女同居也是重罪。这里讲的强迫,是指在自由民的婢女不情愿的情况下暴力占有她。这种罪行等同于针对自由民造成的伤害。

第三节　大麦货币和白银货币的借贷

埃什嫩那王国大麦货币的借贷利率是 33.3%,而白银货币的借贷利率是 20%,其中差异产生的原因应该是放款人收取大麦利息之后需要将其兑换为白银,兑换成本是 13.3%。大约 200 年之后,到了古巴比伦王国的汉谟拉比时代,大麦货币和白银货币的借贷利率都发生了巨大的变化,大麦货币的借贷利率下降至 21.3%,而白银货币的

---

① 《埃什嫩那国王俾拉拉马的法典》,载林志纯主编:《世界通史资料选辑》,商务印书馆 1962 年版,第 51 页。
② 同上。
③ 同上书,第 48 页。

借贷利率则上升为26.7%。

一、埃什嫩那王国大麦货币的借贷

根据埃什嫩那王国的《俾拉拉马法典》,大麦可以用作生息借贷资本,并且可以用来偿还大麦借贷的本息:

1. 大麦货币的借贷利率

《俾拉拉马法定》第20条规定,借贷大麦称量货币1古尔,要支付利息1帕尔希克图4苏图,即1/3古尔,借贷利率便是33.3%。

2. 财产孳息的法律规定

财产孳息可以比照称量货币的计息方法:1舍客勒白银价值的财产,孳息1/6舍客勒又6色白银,利率20%;1古尔大麦价值的财产,孳息1帕尔希克图4苏图,利率33.3%。

第18条 倘彼取她为妻,她已入居其夫之家,而不久此新妇死亡,则他(岳父?)不仅可以取回她所带往之财物,且可以取回更多财物;每一舍客勒的银,他可以加取六分之一[舍客勒]又六塞;每一库鲁大麦,他可以加取利息一马西克图四苏图。①

新娘带往丈夫之家的嫁妆,是她的财物。新娘死亡,如果她已经有了孩子,自然应该由孩子继承。如果新娘死亡时还没有生育孩子,她的嫁妆应该由父族继承。埃什嫩那王国的法律十分保护妇女权益,新娘的父族不仅能够取回新娘的嫁妆,还能够按照这嫁妆的价值取回相应的孳息,每1舍客勒白银价值财物的孳息为1/6舍客勒又6色,即36色。1舍客勒为180色,作为本金,收36色利息,嫁妆财物孳息的比率就是20%。如果这财物按照大麦价值计算,每1古尔大麦价值财物的孳息为1帕尔希克图4苏图,即300卡大麦的本金要支付100卡大麦的利息,嫁妆财物孳息的比率就是33.3%。

200年以后,到了古巴比伦王国的汉谟拉比时代,法律规定亡故

---

① 《埃什嫩那国王俾拉拉马的法典》,载林志纯主编:《世界通史资料选辑》,商务印书馆1962年版,第47页。

妇女的嫁妆也要退还给妇女的父亲,但是已不用支付挛息。

二、埃什嫩那王国白银货币的借贷

公元前 20 世纪上半叶,埃什嫩那王国的白银货币借贷活动十分活跃,俾拉拉马国王颁布法典规定了白银货币借贷的法定利率。此外,《俾拉拉马法典》还规定了借贷的相关规则,这些规则并不仅限于白银货币借贷,也适用于大麦货币借贷和其他财务借贷。

1. 白银货币借贷利率

《俾拉拉马法典》第 21 条规定,除了大麦货币可以作为生息的借贷资本,白银货币也可以作为生息的借贷资本。所以,《俾拉拉马法典》在第 20 条规定了大麦货币的借贷规则之后说,如果自由民借贷的不是大麦而是白银,他可以按照每 1 舍客勒白银的本金收取 1/6 舍客勒又 6 色作为利息。1/6 舍客勒便是 30 色,加上 6 色总共就是 36 色。每 1 舍客勒即 180 色的本金,收取 36 色的利息,利率就是 20% 。

2. 借款质押的法律规定

俾拉拉马时代,贷款是可以要求人质的,质押的人质可以是自由民借款人的奴婢或者是非自由人的家属。

(1)拘留他人之婢

第 22 条　倘自由民并无他人所负任何之债,而拘留他人之婢为质,则婢之主人应对神宣誓云:"我不负你任何债务",而自由民应付出与一婢之身价相等之银。①

如果一个自由民并没有持有相关的债权,却拘留了他人的婢女,婢女的主人要对神发誓说:"我不负你任何债务。"那么,这个自由民不仅应当将婢女退还给她的主人,还要赔偿与这婢女身价相等的白银。

---

① 《埃什嫩那国王俾拉拉马的法典》,载林志纯主编:《世界通史资料选辑》,商务印书馆 1962 年版,第 47 页。

由此可以推断,如果这个自由民持有相关的债权,他拘留债务人的婢女就是合法的。

(2) 拘留他人之婢至死

第 23 条　倘自由民并无他人所负任何之债,而拘留他人之婢为质,并扣留此质于其家直至于死,则自由民应赔偿婢之主人以两婢。①

如果非法拘留他人婢女作为债权质押的人将这个婢女扣留在家,这个婢女死亡,他应赔偿这个婢女的主人相当于这个婢女身价两倍的价值。

(3) 拘留穆什钦努之妻至死

第 24 条　倘自由民并无他人所负任何之债,而拘留穆什钦努之妻以为质②,并扣留此质于其家直至于死,则此为生命攸关之法律问题,取人为质者应处死。③

如果这个自由民并没有持有相关的债权,却拘留了穆什钦努的妻子作为债务质押,结果这个穆什钦努的妻子死亡,这就不是民法赔偿的问题了,而是刑法问题,这个自由民应当被处死。

由此可以推论,自由民的家族成员是不可以作为债务质押的,而非自由民穆什钦努可能成为质押。但是,穆什钦努不同于奴婢,将穆什钦努的家庭成员作为债权质押是有风险的。如果这个被质押的穆什钦努的家庭成员在被质押期间死在债权人家里,债权人应当被处死,以抵偿被质押人的性命。

3. 借款人主体资格的法律规定

第 16 条　对于尚未分家的自由民之子以及奴隶,均不得贷

---

① 《埃什嫩那国王俾拉拉马的法典》,载林志纯主编:《世界通史资料选辑》,商务印书馆 1962 年版,第 47 页。

② 林志纯先生注:此处仅云穆什钦努之妻,可能当时全权的自由民大多数还没有必须以家族成员为质,故上两条皆云自由民之婢为质。

③ 《埃什嫩那国王俾拉拉马的法典》,载林志纯主编:《世界通史资料选辑》,商务印书馆 1962 年版,第 48 页。

与[财物]。①

自由民之子和奴隶都不能作为借款主体。

4. 无息借贷偿还期的法律规定

　　第19条　自由民付出等量之物而收回等量之物者,必须在打谷时交还。②

如果是无息借贷,无论借贷白银、大麦或其他物品,应在秋收时节偿还。

5. 大麦借贷利率与白银借贷利率的差额

前文我们讲到,俾拉拉马时代,大麦货币借贷,法定利率是33.3%;白银货币借贷,法定利率是20%。为什么会存在13.3%的差距?分析其原因,贷款人收取大麦利息之后,需要将其兑换成白银,而兑换成本是13.3%。去掉13.3%的兑换成本,贷款人收取大麦利息所得的实际收益与收取白银利息是一样的,都是20%。所以说,收取大麦货币利息或收取白银货币利息两种方式的实际收益是相同的。否则,借贷双方就会在两种付息货币之间有所选择,而使其中一种货币的付息方式不被采用。

三、古巴比伦王国大麦货币的借贷

汉谟拉比时代,关于大麦货币生息借贷活动的规则,被写入《汉谟拉比法典》:

1. 大麦货币借贷利率的法律规定

　　第70条　如果一个塔木卡为[收]利息而贷出大麦或银子,每古尔大麦他应收六十四卡利息……。③

1古尔等于300卡。借贷300卡大麦,收取64卡利息,利率就是

---

① 《埃什嫩那国王俾拉拉马的法典》,载林志纯主编:《世界通史资料选辑》,商务印书馆1962年版,第47页。
② 同上。
③ 杨炽译:《汉穆拉比法典》,高等教育出版社1992年版,第50页。

21.3%。

大约200年前,埃什嫩那王国大麦货币的借贷利率是33.3%,白银货币的借贷利率是20%。白银借贷利率比大麦借贷利率低13.3%。汉谟拉比时代,相比200年前的俾拉拉马时代,大麦货币借贷利率下降到21.3%,下降了12%;而白银货币借贷利率则上升到26.7%,上升了6.7%。其中的缘由,需要更加深入的探讨。

2. 法律打击高利贷活动

第71条 如果塔木卡[把利息]提高到每古尔[六十四卡大麦,或每舍客勒]十六乌得图①[以上而收了利息],那么他将白白丧失他贷出的一切。②

汉谟拉比时代,法律打击高利贷活动。根据《汉谟拉比法典》的规定,如果贷款收息超过法定利率标准,贷款人将丧失本息。

3. 大麦货币借贷的合法合规

第73条 如果塔木卡为[收]利息而贷出大麦或银子,当他贷出的时候,他是用小秤贷出的银子,小器贷出的大麦,而当他收的时候,他是用大秤收的银子,大器收的大麦,那么[那个]塔木卡将白白丧[失]他所收的[一切]。③

法律打击不法奸商作弊,打击小秤出大秤进、盘剥百姓的行为。如果发生这样的情形,根据《汉谟拉比法典》,贷出大麦的商人将会丧失他的本息。

4. 大麦货币借贷的手续要完善

第74条 如果[塔木卡]为[收]利息而贷出[大麦或银子],[但既无证人又无文约],那么他将白白丧失他所贷出的一切。④

大麦货币借贷需要有完善的手续,一要有证人,二要有合同。否

---

① 乌得图(uttetu):重量单位。1舍客勒等于60乌得图,1乌得图等于0.14克,1乌得图等于3色。
② 杨炽译:《汉谟拉比法典》,高等教育出版社1992年版,第50—52页。
③ 同上书,第52—54页。
④ 同上书,第54页。

则,根据《汉谟拉比法典》,放贷大麦的人将丧失他的本息。

5. 偿还时可以用白银或其他物品替代

第 75 条　如果一个人从塔木卡那里借了大麦或银子,没有大麦和银子偿还,但有[其他]动产。他手头有什么,等他把证人带来后,便可在证人面前交给塔木卡。塔木卡不得拒绝,他应接受。①

借用大麦的一方如果没有大麦或银子偿还债务,可以用其他物品偿还,放贷大麦的商人不得拒绝。

6. 不得以非法手段收取本息

第 113 条　如果一个人[因为他]借给另一个人大麦或银子,[因此他]未经大麦主人的允许,就从粮仓或打麦场上拿大麦,那么应先证实那人未经大麦主人允许就从粮仓或打麦场拿大麦这件事,然后他应归还他拿的全部大麦,并且白白丧失他所借出的一切。②

放贷大麦的人,不得以非法手段收取本息。如果他以非法手段收取本息,法律将勒令他退还非法所得,并丧失他的全部本息。

7. 大麦货币借贷的合法质押

第 114 条　如果一个人并没有借给另一个人大麦或银子,却抓他的人质,那么为每一个人质他就应交出三分之一弥那银子。③

没有贷放大麦却无理扣押人质,这是严重的犯罪行为,将被处罚缴纳白银。

第 115 条　如果一个人借给另一个人大麦或银子,[因而]抓了他的人质,[如果]人质在抓他的人家中自然死亡,那么这件

---

① 杨炽译:《汉穆拉比法典》,高等教育出版社 1992 年版,第 54 页。
② 同上书,第 62—64 页。
③ 同上书,第 64 页。

事没理由起诉。①

贷放大麦后,合法扣押人质,若人质自然死亡,扣押人质的人无罪。

四、古巴比伦王国白银货币的借贷

公元前18世纪上半叶,古巴比伦王国的白银货币借贷活动更为活跃,《汉谟拉比法典》对白银货币借贷活动制定了规则。

1. 白银货币借贷的法定利率

如上所述,《汉谟拉比法典》规定,白银称量货币借贷时,1舍客勒白银的本金要付16乌得图白银的利息,利率为26.7%。俾拉拉马时代白银货币借贷的法定利率是1舍客勒本金付36色,利率为20%。

2. 贷款质押的法律规定

(1) 没有发生借贷就抓人质

与大麦称量货币借贷的规定一样,在借贷白银称量货币时,没有发生借贷就抓人质,每个人质要赔偿1/3弥那的白银。

(2) 自由民也可以作为人质

与大麦称量货币借贷的规定一样,在白银称量货币借贷时,关于贷款质押的人质,《汉谟拉比法典》并没有区分自由民与奴隶。这并不说明奴隶的地位上升了,而是说明自由人的地位下降了。根据《汉谟拉比法典》,自由民似乎也可以被用作贷款质押,死在质押期间,如果是自然死亡,债权人可以不负责任。

(3) 人质被扣押期间在债权人家里被虐待死亡

第116条 如果人质在抓他的人家里时被打或被虐待而死,人质的主人应证实他的塔木卡[有罪],如果[人质是]人的儿子,那么他们应杀死他的儿子。如果[人质是]人的奴隶,那么他应交出三分之一弥那银子,并白白丧失他所借出的一切。②

---

① 杨炽译:《汉穆拉比法典》,高等教育出版社1992年版,第64页。
② 同上。

债权人将贷款质押的人质打死或虐待至死,债权人是有责任的。这种责任因被打死的人的身份不同而不同。如果死者是债务人的儿子,债权人就要由自己儿子来为他偿命。因为债务人是自由民,奴婢是无权借款的。而自由民的生命是受法律保护的。如果死者是奴隶,债权人就要赔偿1/3弥那白银给债务人,并且丧失贷款的本息。

3. 借贷条件的法律规定

与大麦称量货币借贷的规定一样,在白银称量货币借贷时,借贷是需要证人的,同时还必须签署文约。如果没有证人和文约,放款人就会丧失他的本息。

古巴比伦王国的白银借贷利率比埃什嫩那王国的白银借贷利率上升了6.7%,说明古巴比伦王国经济或商业的发展,使得市场对于白银货币的需求有了明显的上升。与此同时,古巴比伦王国的大麦借贷利率比埃什嫩那王国的大麦借贷利率下降了12%,说明大麦的货币功能已经下降,大麦货币的借贷需求减少,大麦货币的借贷利率也就随之大幅度地下降了。

第四节　大麦货币相对白银货币逐步减少

公元前21世纪末期,在阿摩利人和埃兰人的打击下,乌尔第三王朝终于走到了尽头。乌尔第三王朝灭亡后,公元前20世纪,两河流域处于列国争雄的时代。

战争使商品生产萎缩,货币经济萧条。从考古出土的这一时期的法典内容看,公元前20世纪初期,埃什嫩那王国的大麦货币和白银货币流通还十分繁盛。但是,到了公元前20世纪晚期,白银货币使用减少,大麦货币甚至在伊新王国的《李必特·伊丝达法典》中消失不见。

一、伊新王国大麦货币的消失

乌尔第三王朝是苏美尔文明发展的顶峰。但是,这个王朝自公元前2113年由乌尔纳姆建立,至公元前2006年被阿摩利人和埃兰人攻灭,只延续了107年,经历5个国王。

公元前2029年,舒尔基的重孙子伊比·辛即位,成为乌尔第三王朝的第五个国王,也就是乌尔第三王朝的末代国王。

公元前2026年,伊比·辛在位第四年,埃兰人反叛,成为乌尔第三王朝的劲敌。阿摩利人骑着马从草原而来,也向乌尔第三王朝发起攻击。紧接着,许多城邦纷纷独立。

公元前2022年,一个来自马里的阿卡德人伊什比·埃拉被伊比·辛国王派往伊辛城购买谷物。伊什比·埃拉在伊新城宣布独立。公元前2021年,伊什比·埃拉自称"卢加尔"(早期城邦统治者的头衔)。公元前2017年,伊什比·埃拉正式采用了"世界四方之王"的头衔,开创了伊新王国第一王朝。

乌尔第三王朝灭亡之后,伊什比·埃拉率军夺回乌尔城,将其作为自己的首都,并派军队征服一些苏美尔地区。于是,伊什比·埃拉以乌尔第三王朝继承者自居,开始在两河流域称霸。

但是,伊新王国第一王朝的疆域并不大,在苏美尔地区又有拉尔萨王国与之对立,两河流域仍然处于混乱状态。公元前18世纪上半叶,在古巴比伦王国汉谟拉比国王的征讨下,两河流域才被重新统一,恢复到乌尔第三王朝的局面。

伊新王国的第五任国王李必特·伊丝达(公元前1935—公元前1924年)颁布了法典。在这部法典现存的38个条文中,没有涉及大麦货币;涉及白银货币的地方只有5处,货币单位采用重量单位弥那和舍客勒两种。这种情形比公元前21世纪初期乌尔纳姆时代的情况还要差一些,与公元前20世纪初期埃什嫩那王国的情形相比更是相差悬殊。

为什么发展到公元前20世纪下半叶,伊新王国的货币经济出现了明显的衰败?原因是战争,战争造成生产萎缩、商业萧条,货币使用减少。

此时,乌尔第三王朝的灭亡仅仅过去数十年。然而,数十年的战乱已经造成社会经济凋敝,市场萧条,货币使用减少。从《李必特·伊丝达法典》看,白银的使用也出现了明显的减少。不过,该法典的残篇不能反映全部的情况。我们再看一下当时其他国家的情况。与伊新王国并存的,还有一个拉尔萨王国。

二、拉尔萨王国大麦货币的消失

公元前 2000 年前后,拉尔萨王国与伊新王国共同代替了乌尔第三王朝。目前出土的《所谓"苏美尔"亲属法》和《所谓"苏美尔"法典的断片》,属于公元前 20 世纪和公元前 19 世纪拉尔萨王国的法律。

经历了公元前 20 世纪大约 100 年的战国争雄,两河流域的经济出现了大幅度的衰败。在公元前 20 世纪的《所谓"苏美尔"亲属法》残留的 7 个法条中,我们已经看不到大麦货币的影子,只有两处使用白银货币作为处罚手段:

第 1 条 倘子告其父云:"尔非吾父",则应髡彼之发,加之以奴隶之标记,并卖之以易银。①

儿子主动与父亲脱离父子关系,儿子将受到髡刑,即剃去头发以示羞辱。同时,儿子还要被贬为奴隶,打上奴隶的标记,卖掉换取白银。从这里看,公元前 20 世纪的拉尔萨王国还是使用白银作为货币的。

《所谓"苏美尔"亲属法》第 6 条出现了白银货币单位,即规定离婚费为半弥那白银。

第 6 条 倘夫告其妻云:"尔非吾妻",则彼应给银半明那。②

在公元前 19 世纪的《所谓"苏美尔"法典的断片》中,没有关于大麦货币的条文,白银货币的出现也很少。在《所谓"苏美尔"法典的断片》残留的 9 个法条中,有两处使用白银货币作为处罚手段。《所谓"苏美尔"法典的断片》规定:

---

① 《所谓"苏美尔"亲属法》,载林志纯主编:《世界通史资料选辑》,商务印书馆1962 年版,第 43—44 页。

② 同上书,第 44 页。

第1条 推撞自由民之女,致堕其身内之物者,应赔偿银十舍客勒。①

第2条 殴打自由民之女,致堕其身内之物者,应赔偿银三分之一弥那。②

我们现在能够看到的该部法典,只是少量的残文。我们没有看到该法典的全文,也许全文中规定使用货币进行处罚的条文还有许多。但是,结合其他文献来看,经历100年的战国争雄,两河流域的政治、经济都出现了衰败。政治衰败表现为自由人地位下降;经济衰败表现为商品经济萧条,货币使用减少。

到了公元前18世纪,古巴比伦王国崛起,白银货币和大麦货币又重新繁荣起来。

三、古巴比伦王国大麦货币的再现

公元前1792年,在巴比伦城,汉谟拉比接替了他的父亲辛姆巴利特,成为古巴比伦王国的第6任国王。汉谟拉比时代,白银货币和大麦货币都很兴旺。这一点在《汉谟拉比法典》里有所体现。

在《汉谟拉比法典》共282个条文中,使用白银货币的地方有109处,是条文总数的38.7%;使用大麦货币的地方有38处,主要用于处罚、工资、租金、放贷、偿付、抵债、赔偿、买产等,是条文总数的13.5%。

1901年12月,由法国人和伊朗人组成的一支考古队,在伊朗西南部一个名叫苏撒的古城旧址上进行发掘,发现了三块黑色幺武石,拼合起来恰好是一个椭圆形的石柱。这个石柱有两米多高,上方刻着两个人的浮雕像:一个人坐着,右手握着一根短棍;另一个人站着,双手打拱,好像在朝拜。石柱的下部,刻着像箭头或钉头那样的文字。

---

① 《所谓"苏美尔"法典的断片》,载林志纯主编:《世界通史资料选辑》,商务印书馆1962年版,第42页。

② 同上。

经考证,这正是用楔形文字记录的法律——《汉谟拉比法典》。

石碑上部浮雕中坐着的人是太阳神、正义神沙马什,站着的人是古巴比伦王国的国王汉谟拉比。整个浮雕的图画意指王权神授、以法治民。浮雕下部共有垂直书写的 3500 行阿卡德楔形文字,是《汉谟拉比法典》的全文,包括引言、法律条文和结尾咒语三部分。

该石碑在古代被埃兰人劫到埃兰首都苏萨。埃兰人将石碑正面一部分铭文涂掉了。石碑现存于巴黎卢浮宫博物馆。除石碑外,《汉谟拉比法典》还有许多泥板抄本也被考古人员发现。许多泥板抄本相互补充,结合石碑上的法典文字,使《汉谟拉比法典》的文字更加完整、准确。

《汉谟拉比法典》中有许多条文规定着大麦货币的使用。

大麦货币可以被用于商业投资收益、支付仓储费用、雇用船工的工资、租牛的租金、对于盗窃的处罚、雇用农工或牧人、租用各种牲畜、车辆及车夫等。

1. 大麦货币用于商业投资收益的计算

第 111 条　如果一个卖酒妇交出六十卡酒作为商业投资,收获时她应取五十卡大麦。[1]

2. 大麦货币用于支付仓储费用

第 121 条　如果一个人在另一个人家里寄存大麦,一年每古尔大麦他应交五卡大麦的粮仓租金。[2]

委托仓储是要交费的。汉谟拉比时代,法律规定大麦的仓储费用是每古尔大麦交纳 5 卡大麦,仓储费用率为 1.7%。

3. 大麦货币用于支付雇用船工的工资

第 239 条　如果一个人雇用船工,他应一年给他六古尔大麦。[3]

---

[1]　杨炽译:《汉穆拉比法典》,高等教育出版社 1992 年版,第 62 页。
[2]　同上书,第 68 页。
[3]　同上书,第 128 页。

雇用船工的工资按年度发放,每年工资为 6 古尔大麦,即 1800 卡。如果按照苏美尔人每月每人吃粮 40 卡计算,每年每人吃粮 480 卡。那么,一个船工的年工资,养活 3 人家庭还可以勉强糊口,养活 4 人家庭就难以度日了。

4. 大麦货币用于支付租牛的租金

第 242 条　如果一个人租牛一年,后面耕牛的租金是四古尔大麦。①

租牛的租金比雇用船工的工资要低一些,每年的租金是 4 古尔大麦。显然,这头牛是驾辕的牛,如果两头牛或三头牛拉车或拉犁,它走在其他牛的后面。

第 243　前面耕牛的租金,他应给其主人三古尔大麦。②

走在前面的牛,不是驾辕的牛,它的租金要低一些,每年的租金是 3 古尔大麦。租牛的租金当然是要交给牛的主人。

5. 大麦货币用于行为过失赔偿

第 255 条　如果他把人家的牛出租或偷窃种子,结果田里没长庄稼,那么应证实那人[有罪],收获时每一布尔田他应交付六十古尔大麦。③

这里讲的事情是佃农租种地主的田地,他私自把地主的牛出租了,或是偷走了地主的种子,结果田里没有长庄稼。那么,他租种的每布尔田地要赔偿 60 古尔大麦。60 古尔大麦的重量折合现代 10080 千克,即 10 多吨大麦。

6. 大麦货币用于支付雇农、牛倌、牧人等各类工人的工资

其中雇农的工资是一年 8 古尔大麦,牛倌的工资是一年 6 古尔大麦,放牧羊群或牛群的牧人工资是一年 8 古尔大麦。

---

① 杨炽译:《汉穆拉比法典》,高等教育出版社 1992 年版,第 128 页。
② 同上。
③ 同上书,第 132—134 页。

7. 大麦货币用于租用各类牲畜、生产资料的费用

《汉谟拉比法典》规定,租用牛来打场,每天租金 20 卡大麦称量货币;租用其他动物打场,租金是不同的。

第 269 条　如果他租驴打场,那么它的租金应是十卡大麦。①

第 270 条　如果他租山羊打场,它的租金是一卡大麦。②

第 272 条　如果一个人租大车自己用,他一天应给四十卡大麦。③

如果租用整套大车,包括牲口和车夫,1 天的租金为 180 卡大麦。如果只租车,不租牛,也不雇用车夫,价格就会低很多,1 天的租金是 40 卡,是 1 个人 1 个月的口粮。

四、大麦货币在货币总额中的占比逐步减少

从《汉谟拉比法典》中我们可以看到,关于使用大麦货币的条文在法典条文总数中的比例,相对《俾拉拉马法典》中使用大麦货币的条文在法典条文总数中的比例,出现了明显的减少。由此我们可以推论,汉谟拉比时代大麦货币的使用,已经逐步被白银货币所取代。

前文我们讲到,大麦货币的使用,在《俾拉拉马法典》中就有许多规定。

公元前 20 世纪上半叶,在埃什嫩那王国,大麦作为货币的用途非常广泛:商品法定价格使用大麦货币;租车费用使用大麦货币;雇工工资使用大麦货币;雇用驴子的费用使用大麦货币;大麦货币还可以用来作为借贷生息的资本。

在《俾拉拉马法典》的总共 59 个条文中,使用大麦货币的地方有 14 处,在法典条文总数中的比例为 23.7%。

---

① 杨炽译:《汉穆拉比法典》,高等教育出版社 1992 年版,第 138 页。
② 同上。
③ 同上书,第 138—140 页。

200年之后，到了公元前18世纪初期，汉谟拉比颁布法典，法典中仍然规定了大麦货币的使用。在《汉谟拉比法典》的282个条文中，使用大麦货币的地方有38处，在法典条文总数中的比例为13.5%，相比在《俾拉拉马法典》中的比例少了将近一半。由此可以看出，公元前18世纪初期，大麦货币的使用，在全部货币使用中的占比，已经出现了明显的减少。

又过了300年，到公元前15世纪，两河流域西北方小亚细亚半岛上的赫梯王国颁布了《赫梯法典》，在总共200个条文里，其中使用大麦货币的地方有14处，在法典条文总数中的比例为7%，相比在《汉谟拉比法典》中的比例又少了将近一半。比较这几部在不同时期颁布的法典，其中使用大麦货币的条文占法典条文总数的比例呈现明显的逐渐下降趋势。这说明，在这几百年漫长的货币经济发展演变过程中，大麦货币逐步被白银货币所替代，大麦货币在货币总额中的占比逐渐减少。

第四章
Chapter 4

称量货币制度的传播

两河流域苏美尔人的称量货币制度,经历了漫长岁月的发展,逐步传播到几乎整个西亚的各个古国。这些古国中,对后世影响比较大的有:赫梯王国、亚述王国、犹太王国和后来的吕底亚王国。这些王国使用的称量货币主要是大麦和白银。其中亚述王国比较特殊,主要使用黑铅,同时也使用白银。

第一节 赫梯王国的称量货币

两河流域的称量货币制度,通过埃兰古国,向东传入伊朗高原;通过赫梯王国,向北传入地中海沿海古希腊诸城邦。

公元前19世纪,赫梯王国在小亚细亚半岛(今土耳其地区)形成。公元前16世纪后半叶,赫梯王国铁列平国王进行改革,对内整顿纲纪,对外发动战争,国力日渐强盛。公元前15世纪末期至公元前13世纪中期,是赫梯王国最强盛的时期。

公元前1274年,赫梯王国国王穆瓦塔尔二世的军队与埃及法老拉美西斯二世的军队大战于卡迭石东部(今叙利亚地区)。赫梯王国与埃及王国的战争早在公元前1285年就已经开始,前后历经了16年之久,卡迭石战役是赫梯王国对埃及王国战争中最大的战役。长期的战争,使赫梯王国和埃及王国两败俱伤,一起走向衰败。公元前1269年,赫梯王国穆瓦塔尔国王的弟弟——继任国王哈吐什尔与埃及王国的国王拉美西斯二世缔结同盟条约,结束了战争。

目前,考古发现的赫梯王国的重要文书,不仅有公元前1269年的《埃及赫梯同盟条约》,还有比较完整的《赫梯法典》。《赫梯法典》详细记载了关于使用称量货币的一些律条。

赫梯王国使用白银称量货币和大麦称量货币,并采用两河流域的大麦称量单位帕尔希克图,以及两河流域的白银称量单位弥那和舍客勒。

一、近代出土的《赫梯法典》

近代出土的《赫梯法典》,是在哈土什赫梯王档案库的泥板上记载的,用赫梯楔形文字"尼西文"书写,由三表组成的241个法条。

《赫梯法典》是古代赫梯王国的基本法,编撰于公元前15世纪,目前残留3表,共241条。第1表《"假如某人",太阳我父的泥板》,有100个条文;第2表《假如葡萄》,有100个条文;第3表是公元前13世纪对原订第1表的改编,有41个条文。在这里,我们只讨论第1表和第2表,共200个条文。

在《赫梯法典》的第1表和第2表的共200个条文中,使用大麦货币的地方共有14处,货币单位全部使用帕尔希克图;使用白银货币的地方共有167处,其中使用弥那单位的地方14处,使用舍客勒单位的地方有153处。

弥那和舍客勒都是重量单位,也都是货币单位。弥那和舍客勒重量制度起源于两河流域,逐步传入位于小亚细亚半岛的赫梯王国。根据两河流域弥那和舍客勒重量制度,1弥那等于60舍客勒。但是,两河流通的重量制度传入小亚细亚半岛后,1弥那等于60舍客勒的制度变成了1弥那等于40舍客勒。

《赫梯法典》是一部"重民轻刑"的法典。它虽然以刑事规范开篇,整部法典也规定了杀人、伤害、盗窃、放火、破坏判决、污染水源等多种罪名,但是除了对少数性质严重的犯罪予以刑事处罚之外,一般犯罪,多采用民事赔偿、补赎的方式加以处理。

从《赫梯法典》的内容可以看出,早在公元前 15 世纪,赫梯王国白银称量货币的流通就已经十分繁盛。在《赫梯法典》第 1 表和第 2 表的共 200 个条文中,使用白银称量货币舍客勒的地方竟有 153 处之多,主要用于犯罪罚赎、支付劳动工资、支付租金和购买奴隶、牲畜,以及确定衣物、粮食、土地、油、蜜、干酪食品的法定价格等。

二、大麦称量货币单位帕尔希克图

与两河流域苏美尔人和阿卡德人的情况一样,位处小亚细亚半岛上的赫梯王国,在大约 3500 年前,也采用大麦货币和白银货币两币并行的货币制度。只不过当时大麦货币的使用情况相对白银货币而言已经十分稀少。

在《赫梯法典》的条文中,大麦称量货币主要用于处罚、工资、租金、物价等,其货币单位是帕尔希克图。在《赫梯法典》中,帕尔希克图被简称为"帕"。

1. 安装了驾具的牛的租金

　　第 159 条　若某人一天套用一对牛,它的租金是二分之一个帕大麦。①

使用安装了驾具的牛,一天的租金是 1/2 帕尔希克图。

2. 工匠的工资与工作量有关

　　第 161 条　如果他造了一把重约一米那的铜斧,他的薪水是一个帕大麦。②

工匠造了一把重约 1 弥那的铜斧,他的工资是 1 帕尔希克图大麦。从《赫梯法典》的另一条规定看,工匠造了一个重量 100 弥那的铜器,他的工资是 100 帕尔希克图大麦。这说明,工匠的工资与工作

---

① 李政译注:《赫梯法典》,载《古代文明》2009 年第 4 期。
② 同上。

量成正比关系,工作量越大,工资就越多。

当然,此时的赫梯王国可能还有其他物品——譬如马、牛、羊、面包等,作为一般等价物在商品交换中充当媒介,发挥价值尺度和流通手段的货币职能。但是,从法律的角度看,赫梯王国法定的价值尺度主要是白银和大麦两种,而大麦称量货币的单位主要是帕尔希克图。

三、白银称量货币单位舍客勒

早在公元前1595年,赫梯王国的军队攻陷巴比伦城,消灭了古巴比伦王国第一王朝。就在这个时候,两河流域文明可能大量传入赫梯王国。因此,赫梯王国的称量单位采用了两河流域的舍客勒重量标准,1舍客勒重量8.33克。

两河流域的60舍客勒等于1弥那,1弥那的重量是500克。赫梯王国的重量制度与两河流域的重量制度实行接轨,但并没有采用60舍客勒等于1弥那的制度,而是采用40舍客勒等于1弥那的制度。所以,赫梯王国1弥那的重量是333.3克。1弥那等于100德拉克马,1德拉克马等于3.33克。这就是小亚细亚半岛上的古希腊城邦德拉克马标准重量的由来。希腊半岛上的阿提卡德拉克马标准为4.37克。小亚细亚德拉克马标准(3.33克)与阿提卡德拉克马标准(4.37克)两者共同构成古希腊主要两大德拉克马标准。

赫梯王国1弥那的重量是333.3克,不同于两河流域1弥那的重量是500克,但是,赫梯王国的舍客勒与两河流域的舍客勒重量却一致,都是8.33克。

我国早期《赫梯法典》的中文译本是从俄文翻译过来的。苏联学者注意到赫梯王国的重量标准与两河流域的重量标准并不相同,所以在俄文译本中将《赫梯法典》中的"舍客勒"译作"玻鲁舍客勒",意思是"半舍客勒"。这种表述显然是不准确的。

1997年,美国学者霍夫奈尔完成了《赫梯人的法典》一书。这部著作吸收了多年来赫梯学者在各个领域的研究成果,对现存《赫梯法典》的所有残片都进行了拉丁化的撰写、断代、比较和详细的注解,对过去译文版本中的许多疑问进行了澄清。

四、白银称量货币单位弥那

将苏联学者的译文与美国学者霍夫奈尔的译文进行比较,苏联学者译作"弥那"的地方,霍夫奈尔经常译作"40 舍客勒"。同时,李政教授在《赫梯法典》的译注中也引据霍夫奈尔的解释,多处讲到弥那与舍客勒的关系是 1 弥那等于 40 舍客勒。

据李政教授译注的《赫梯法典》:

> 第 185 条 一个伊库葡萄园的价格是四十舍客勒银。一个成年牛皮的价格是一舍客勒银。五张断奶了的牛的皮是一舍客勒银,十张小牛皮的价格是一米那银……①

李政教授在这一条的注释中说:"霍夫奈尔:《赫梯人的法典》,1997 年版,第 147 页。他认为这里是一舍客勒银。文献中书写的是米那,一米那银等于四十舍客勒银。"

据李政教授译注的《赫梯法典》:

> 第 24 条 [如]果一个男奴或者女奴逃跑了,他的主人不管在谁的炉灶发现了他/她,他将支付一个月的薪水:男人十二舍客勒银,女人六舍客勒银。②

李政教授在这一条的注释中说:"这里的译文依据的是文本 A(KBo VI 2)。文本 B(KBo VI 3)是赫梯新王国时期的,它有几处与前者不同。霍夫奈尔:《赫梯人的法典》,1997 年版,第 33 页。关于支付的薪水问题,新王国时期的版本是这样的男子一年二又二分之一米那银(等于一百舍客勒银),女子一年五十舍客勒银。"

从这里看,100 舍客勒是 2.5 弥那,1 弥那是 40 舍客勒。

赫梯王国的容量单位主要是帕尔希克图;重量单位主要是舍客勒和弥那,有时使用"麦米那",1 麦米那等于 100 弥那。

---

① 李政译注:《赫梯法典》,载《古代文明》2009 年第 4 期。
② 同上。

据李政教授译注的《赫梯法典》：

第 5 条　如果任何人杀死了一位商人，他将支付一个麦米那的银，他将为此以房屋担保。如果它发生在鲁维或者帕拉地区，他将支付一个麦米那的银并赔偿他的财物。如果它发生在赫梯国，他自己将安葬那位商人。①

这条中使用了重量单位"麦米那"，李政教授在注释中说："霍夫奈尔：《赫梯人的法典》，1997 年版，第 19 页。一个麦米那的银等于四千舍客勒银。"

1 麦米那等于 4000 舍客勒，1 麦米那就等于 100 弥那，那么，1 弥那就等于 40 舍客勒。

对于第 5 条的整个内容，李政教授在注释中说："第五条后期文本（KBo VI 4）：如果任何人杀死了一位运货的赫梯商人，他将支付[……]麦米那银，并赔偿他三倍的财物。但是，如果商人没有货物，某人在争吵中杀死了他，他将支付二百四十舍客勒银。如果仅仅是一次事故，他将支付八十舍客勒银。"

1 弥那等于 40 舍客勒，法律规定对于某种责任要支付 80 舍客勒，就是支付 2 弥那。这些规定采用 40 的倍数，说明当时的赫梯王国采用了 1 弥那等于 40 舍客勒的制度，而不是 1 弥那等于 60 舍客勒的制度。

第二节　亚述王国的称量货币

早期亚述曾依附于阿卡德王国和乌尔第三王朝。公元前 15 世纪至公元前 11 世纪，是中亚述时期。在这个时期，亚述战争频繁，人民地位大幅度下降，商品经济凋敝，远远落后于阿卡德人和苏美尔人。

---

① 李政译注：《赫梯法典》，载《古代文明》2009 年第 4 期。

从货币形态看,亚述的货币较少使用白银,较多使用黑铅。亚述位于两河流域北部,较早地使用苏美尔人的称量货币制度。黑铅属于贱金属,所以需要较大的称量单位。亚述人称量黑铅时,多采用称量单位"他连得"(也译作他连特)或弥那,而不采用舍客勒。亚述人也使用白银称量货币,在私法文书中,称量单位采用弥那。

但是在《中亚述法典》中,出现白银货币的地方都没有说明称量单位,这种情形似乎回到了公元前 24 世纪的乌鲁卡基那时代。

一、人类历史上最血腥的王国

亚述位于巴比伦尼亚以北(今伊拉克的库尔德地区)。距今大约 5000 年前,这里居住的是胡里特人。后来,属于塞姆语系的亚述人进入这个地区,与胡里特人融合,形成了古亚述文化。

距今大约 4000 年前是早期亚述时期,亚述地区出现了一些城邦,其中最著名的是阿淑尔城邦。阿淑尔城邦曾依附于阿卡德王国及乌尔第三王朝。

公元前 15 世纪至公元前 11 世纪是中期亚述时期,亚述受到世界各大列强的压迫,力图自立于列强之中。

公元前 15 世纪,赫梯王国在小亚细亚兴起,与埃及争霸叙利亚巴勒斯坦,声称对亚述拥有主权。

公元前 13 世纪,亚述帝国占领了整个两河流域,开始对两河流域实行血腥统治。

公元前 11 世纪末期之后,亚述进入帝国时期,开始大规模对外征服,从而成为人类历史上最血腥的国家。经过数百年的杀戮,西亚地区的政治、经济、文化都出现了严重的倒退。亚述帝国的征服以野蛮残暴著称于世。正如亚述巴纳帕尔二世在其铭文中所说:

> 我用敌人的尸体堆满山谷,直达峰顶;我砍掉他们的首级,我用他们的人头装饰城墙,我把他们的房屋付之一炬,我在城的大门前建筑了一座墙,包上一层由反叛者首领身上剥下来的皮,我把一些人活着砌在墙里;另一些人沿墙活着插进尖木桩,并加以

斩首。①

亚述帝国的首都先是在亚述城,后来在尼尼微。亚述帝国的国王实行君主专制的统治,王位世袭。亚述帝国对被征服地区实行行省制,派总督治理。

长期不断的征服战争,使征服者和被征服者都忙于战争,放弃了生产。征服者对被征服者的财富勒索更加摧毁了正常的生产和交换,使征服者和被征服者的各国经济走向崩溃。

亚述帝国的征服战争,创造了大量的奴隶。大量奴隶成为社会生产的主力,由于这些奴隶们缺乏劳动积极性和思维创造性,社会生产力急剧下降。这种情形持续长久,自然产生各种社会矛盾,导致亚述帝国走向衰败。公元前626年,迦勒底人建立新巴比伦王国,联合米底王国一起反对亚述。公元前612年,新巴比伦王国的军队和米底王国的军队一起攻陷亚述首都尼尼微,亚述帝国灭亡。

二、黑铅货币的"他连得"单位

中亚述的经济情况,我们可以从近代出土的《中亚述法典》的条文中观察。

1903年至1914年,考古人员在古亚述城遗址(今伊拉克境内)发掘出一批泥板文书,上面是用阿卡德语的中亚述方言写成的法典。经考证,这些泥板文书是公元前12世纪制成的,法典内容则应追溯到公元前15世纪。因此,这部法典被现代学者称为《中亚述法典》。

从《中亚述法典》的条文中可以看到,亚述法律针对犯罪多采用肉刑,少采用罚赎。关于货币的使用在法典中出现较少。

在《中亚述法典》的共91个条文中,使用黑铅货币的条文有14条。其中使用他连得单位的条文有9条;使用弥那单位的条文有2条;没有说明黑铅单位,只说使用黑铅的条文有1条;使用黑铅或白银

---

① 吴于廑、齐世荣:《世界史·古代史编·上卷》,高等教育出版社2011年版,第110页。

或黄金的条文有1条;使用金钱的条文有1条。

1他连得等于60弥那,折合现代30000克,即30公斤;1弥那折合现代约500克,即0.5公斤。

以下9个条文,使用他连得单位的黑铅作为量刑依据或处罚计量。

1. 处罚黑铅以他连得单位计算

  第1表第7条　……他应当交[给?……]宅主[……]一他连特铅之外,他应受五[杖]责并应服王家劳役一[整]月。①

在《中亚述法典》中,使用杖责并服王家劳役的地方较多,共有17处。有许多条文规定,在处罚货币之后,仍然要杖责并服王家劳役。

  第1表第9条　如果有人侵犯签地②的小田界,有人以誓言揭发他并证明他有罪,那么他应交还一他连特铅;他应加倍交还他破坏而取得的田地;他应受五十杖责并应服王家劳役一整月。③

2. 对男女的处罚量不同

  第2表第1条　[……]他们的主人[……]……而如果取得的[……],我赎回(?)它[……男奴付……]他连得铅,女奴付四他连特铅……④

赎回女奴的价格是4他连得黑铅。

3. 肉刑后还有处罚黑铅

  第3表第18条　如果某人在暗地里或口角时向自己的朋友说:"[有人]占有你的妻子,我自己可以发誓揭发她",那末如果他不能发誓揭发和不以誓言揭发她,他就应该受四十杖责,并应

---

① 《中亚述法典》,载林志纯主编:《世界通史资料选辑》,商务印书馆1962年版,第105页。

② 签地:由公社划分土地的重分地段。

③ 《中亚述法典》,载林志纯主编:《世界通史资料选辑》,商务印书馆1962年版,第106页。

④ 同上书,第108页。

服王家劳役一整月,他应受阉割,同时他应该交付一他连特黑铅。①

第3表第19条 如果某人暗地诽谤自己的朋友说:"[有人]占有了他"或在口角时当着男人们的面对他说:"[有人]占有了你,我可以发誓揭发你",那末当他不能发誓揭发并且不以誓言揭发他时,他就应该受五十杖责,并应该服王家劳役一整月,他应受阉割,同时他应该交付一他连特黑铅。②

诽谤罪也是要受到处罚的,杖责、劳役、阉割,还要罚交1他连得黑铅。

4. 伤害罪处罚黑铅后也要受杖刑、服劳役

第3表第21条 如果某人打了别人的女儿并使其堕胎,有人以誓言揭发他并证明他有罪,那末他应交二他连特黑铅;应受五十杖责,并服王家劳役一整月。③

打了别人的女儿并使其堕胎,要被杖责、劳役、还要罚交2他连得黑铅。

5. 让别人的妻子进门要处罚黑铅

第3表第22条 如果送某人的妻子出门的既不是她的父亲,又不是她的兄弟或儿子,而是外人,但他并不知道她是某人的妻子,那末他应该为这件事发誓,同时应该向女人的丈夫交付二他连特黑铅……④

6. 留宿别人的妻子要加倍处罚黑铅

第3表第24条 如果某人的妻子逃避自己的丈夫,而走进他曾向她指出过住宅的木居住地内的、或是邻近居住地内的一个亚述人的家里,而向女家主投宿,住了三至四夜,而家主不知道他

---

① 《中亚述法典》,载林志纯主编:《世界通史资料选辑》,商务印书馆1962年版,第114页。
② 同上。
③ 同上。
④ 同上。

家中住有某人的妻子,但是,这个女人最后被抓住了,那末,妻子离他而去的家主在割去自己妻子的任何部分以后可以把她带走;而此人妻子在她那里住过的那个人的妻子应该割去耳朵;她的丈夫如果愿意,可以交出她的价值三他连特又三十明那黑铅,如果愿意,可以让人们从他那里抓去他的妻子。①

而如果家主知道,在他家中,在他妻子那里,住有别人的妻子,那末他应交出三倍②。③

如果家主不知道妻子让别人的妻子在自己家中留宿,那么,他需要将自己妻子的耳朵割去,并交出3.5他连得的黑铅,即210斤黑铅的罚款。如果他知情,他应付出3倍的黑铅,10.5他连得黑铅,即630斤黑铅的罚款。1他连得等于60弥那,3.5他连得就是3他连得30弥那。

7. 殴打别人的妻子使其流产,处罚2他连得黑铅

第3表第51条 如果某人殴打别人的易流产之妻,而使其流产,则这是罪行,他应交纳二他连特黑铅。④

三、黑铅货币的弥那单位

除了采用他连得作为黑铅的货币单位,亚述王国还采用弥那作为黑铅的货币单位。以下两个条文,便是采用弥那单位的黑铅作为量刑依据和处罚计量。

1. 盗窃价值超过5弥那黑铅,就要割去鼻子

第3表第5条 如果某人的妻子在别人家里偷了任何价值超过5明那黑铅以上的[东西],那末失主应该发誓说:"我若许她取东西,必遭天谴!我家里发生了偷窃!"如果她的丈夫愿意

---

① 抓去为奴隶。
② 指窝藏着妻子的三倍"价值"。
③ 《中亚述法典》,载林志纯主编《世界通史资料选辑》,商务印书馆1962年版,第115—116页。
④ 同上书,第124页。

的话,他可以交还偷窃物,同时把她赎回,但同时应割去她的耳朵。如果她的丈夫不愿意赎回她,那末失主可以带走她,同时割去她的鼻子。①

女人盗窃东西价值超过5弥那黑铅就要由她的丈夫割去她的耳朵,或者由被窃者割去她的鼻子。

2. 女人行为不检点,要处罚30弥那黑铅,还要杖责20

> 第3表第7条　如果某女人向人做某种手势,有人以誓言揭发她,那末她应交出三十明那黑铅,并应受二十杖责。②

在《亚述法典》中,除了采用他连得和弥那作为黑铅货币单位外,还有些条文使用黑铅、白银、黄金等,却没有说明具体的货币单位。

> 第2表第9条　[如果某人隐藏了(?)或是]牲畜,或是任何别的丢失的东西,同时他被别人用誓言揭发并证明有罪,那末他应该交还[……]黑铅;应受五十杖责,并服王家劳役[一整月(?)]。③

藏匿他人丢失之物,要处罚一定数量的黑铅。这一条规定没有说明黑铅的单位,也许黑铅单位的文字被磨损了。

3. 处罚黑铅或白银或黄金

> 第3表第30条　……如果接受了结婚聘金的姑娘的家主不同意交出自己的女儿,那末交了结婚聘金的父亲如果愿意,就可以把自己的儿媳取去给与自己的儿子,如果愿意,可以拿去他已交付的一切东西——黑铅、白银、黄金——仅仅是除了食物以外的基本总额,他对食物无权提出要求。④

4. 处罚金钱,但没有说明使用何种金钱

> 第3表第31条　如果某人把结婚聘金交到自己的岳父家,

---

① 《中亚述法典》,载林志纯主编:《世界通史资料选辑》,商务印书馆1962年版,第112页。
② 同上。
③ 同上书,第110页。
④ 同上书,第117页。

而他的妻子死了，但是他的岳父还有女儿，那末，如果岳父愿意，他可以取自己岳父的别的女儿来结婚，以代替自己的已死去的妻子，或者如果愿意，他可以取回他所交付的金钱；他不应收回大麦或者绵羊或者任何吃的东西，他只应取去金钱。①

虽然说可以取回他所交付的金钱，但是法律不允许没收食物。这里所说的金钱，指的是他所交付的黑铅或白银或黄金。

亚述法律不允许没收被处罚人的食物，因为失去食物可能会影响被处罚人的生存。大麦也是食物，所以也被禁止作为处罚的标的。这一点，与经济繁荣的苏美尔时代的情形是截然相反的。

四、白银货币在亚述王国的使用

在《中亚述法典》的共91个条文中，使用白银货币的条文共有10条，皆未提到白银货币单位，只是说用银子。这种情形似乎回到了公元前24世纪的乌鲁卡基那时代。

1. 使用白银买卖土地房屋

第1表第6条 [如果甲对乙说：“我]用银子购买你的[住宅与田地]"，那么，在甲出银子[买田]地与住宅之前，公告员在一个整月的时间内应当三次在亚述城内为之宣布……②

使用白银买卖土地房屋，需要公告，以避免物权纷争和诉讼。

2. 处理债务质押人口收取白银

第2表第2条 [如果有人]将作为债务[抵押]而居[住在他家里]的[别人妻子]或别人的女儿[卖给]另一个人若干银子，[或将]居住在他家里的[其他任何人]卖给[……]，那么他将丧失自己的银子……③

---

① 《中亚述法典》，载林志纯主编：《世界通史资料选辑》，商务印书馆1962年版，第117页。
② 同上书，第104页。
③ 同上书，第108页。

第 2 表第 3 条　[如果有人]将作为债务抵押而[居住在他家里]的[别人妻]或别人女卖到另一个国家去,以换取若干银子,[有人以誓词揭发他并证]明他有罪,那么他应丧失自己的银子,[并按等于她的价值]交给主人任何物件……①

白银借贷情况下,擅自出卖人质,债权人将丧失贷款本息。同时,还要按照人质的价值给借款人赔偿。

3. 处理债务质押的牲畜收取白银

第 2 表第 4 条　[如果有人]将作为抵押而养[在]自己家里的[公牛,或]驴,或马,或任何别的不是[自己的畜]牲卖取银子,[那么]他应[以牲畜还牲畜],可以不还银子。如果他[不交还]畜[牲,那么]就丧失[自己的银子]。养[在人家作为抵押]的畜牲的主人可以取去他的畜牲,而卖之者[应以银子赔偿]畜牲的[买主]。②

白银借贷的情况下,擅自出卖畜质,债权人将丧失贷款本息。同时,债务人可以取回他的畜牲,由债权人将相关交易款项退还给畜牲的买主。

4. 白银货币借贷的利息计算

第 2 表第 7 条　(开始部分阙文)他可以拿走[……],某人(?)欠银子[……]加倍利息(?)。向银子主人[……]来了……③

5. 白银货币借贷的违约处理

第 2 表第 8 条　[某人的儿于、某人的女儿]或者不管那是任何人,他作为抵押品[以代替银子被留在亚述人的家里],而期限过[去了,且该期限(?)是经过他们协]商的,那么如果他全部

---

① 《中亚述法典》,载林志纯主编:《世界通史资料选辑》,商务印书馆1962年版,第108页。

② 同上书,第109页。

③ 同上。

交[付(?)]银子,数量如他的身价,[他可以带]走(?)[……];如果他没有[全部交]付(?)他的身价银,[那么债主]即可获得和取去[这个抵押品……]而且通知"只是母金",而[……]还没有。①

白银借贷的情况下,债务人违约,债权人可以处置人质,并继续追讨利息。

6.不守诚信要承担损失

第2表第12条 [如果某人]夸大了[……]并且作了这样登记,以使债主们[在他们的银子中]损失[自己的部分]……②

这里说的是,虚报托管物或虚报抵押物,而使白银借贷的债权人蒙受损失,虚报者要承担损失。

7.白银货币债权人质的处理

第3表第48条 某人有一债务人的女儿,住在他家作为债务抵押,如此人向其父请求,则他可以将她出嫁。如果她的父亲不同意,则他不应将她出嫁。若她的父亲死去,则他应向她的一个兄弟请求,这个兄弟应将此事告知她的其他兄弟;如果她有一个兄弟说:"我将于一整月时期内赎回我的妹妹,"如果他在一整月时期没有赎回她,则银子的主人,如果愿意,可以解放她并将她出嫁(?);如果愿意,[则可按自己的证件]内容将她交给……③

债权人处置人质之前,人质的直系亲属有权在一定时间内将人质赎回,过了法定时间,债权人就可以对人质进行处置。这个法律似乎为后世的土匪绑票提供了法理和实践上的依据。

8.处女价值是她本身价值的两倍

第3表第55条 ……其父可将自己的被强奸之女儿交给奸

---

① 《中亚述法典》,载林志纯主编:《世界通史资料选辑》,商务印书馆1962年版,第109—110页。
② 同上书,第110页。
③ 同上书,第123—124页。

夫作为阿胡吉图①,若他没有妻子,则应交予其父两倍于此处女身价的银子。奸夫应与她结婚,不应将她驱走(?)。若其父不愿这样,则可接受两倍于此处女身价之银子,并将自己的女儿交给他愿意的人。②

第3表第56条 如果某处女自己献身于某男人,则这男人应发誓,而人们不应接近他的妻子。奸夫还应交出两倍于这处女的身价的银子;父亲可以任意处置[自己]的女儿。③

亚述人的地位很低,他们的生命权和财产权都掌握在王的手里。亚述女人的地位更低,她们的生命、肉体器官、命运都掌握在男人的手里,随时可能被剥夺。在上述法律条文里,父亲可以任意处置自己献身于某男人的处女女儿。从《中亚述法典》的众多条文看,这种处置指的是:割去鼻子、耳朵或身体的任何部分,或卖去为奴隶。

第三节 犹太王国的称量货币

犹太人在民族大迁徙过程中,曾经在两河流域生活过大约200年,接受了两河流域的称量货币制度。公元前13世纪,摩西率领犹太人逃离埃及,回到迦南。从此,犹太人创立了犹太教,随后出现了古犹太王国。犹太人使用两河流域的白银称量货币制度,采用舍客勒、弥那和他连得作为白银称量货币的单位。

一、坚守民族文化的犹太人

在人类历史上,犹太人非常有自己的特点。古代世界里,当遭遇

---

① 阿胡吉图:意为再妇。
② 《中亚述法典》,载林志纯主编:《世界通史资料选辑》,商务印书馆1962年版,第125页。
③ 同上。

外族强敌入侵的时候,大多数民族选择接受被奴役,接受外民族文化并将本民族文化与外民族文化相融合。唯独犹太人,当他们遭遇外族强敌入侵的时候,他们选择迁徙。犹太人宁愿放弃自己的家园,也不放弃自己的民族和文化。在过去的4000年里,犹太人进行了4次大迁徙以及1800年的大流散,成功地保留了独有的民族文化,维护了民族的存在。

大约在4000年前,犹太先民进行了第1次大迁徙,从阿拉伯半岛南部(今沙特阿拉伯、也门地区),向北进入两河流域(今伊拉克地区)。犹太先民在两河流域生活了大约200年,这时候的两河流域是世界最繁荣先进的地区。大约在3800年前,犹太先民进行了第2次大迁徙,从两河流域向北进入迦南地区(巴勒斯坦地区,今以色列地区),被当地人称为"希伯来人"(越河过来的人)。犹太先民在迦南地区生活了大约200年。大约在3600年前,犹太先民进行了第3次大迁徙,从迦南地区向西进入埃及散居,遭到埃及法老的统治和压迫。大约在3300年前,犹太先民进行了第4次大迁徙,由摩西率领逃离埃及,返回迦南,创立犹太教。从此,犹太人开始了近200年的士师时代,随后就产生了古代犹太王国。

二、摩西律法关于货币的规定

《旧约》"出埃及记"第21章,讲到使用货币的地方有6处,其中用钱4处,用银2处。这里可能有翻译的问题,当时并没有人工制造的钱币,律法中所说的"用钱",可能就是用银,或者是使用其他种类的、犹太人认可的一般等价物商品。用钱的事情有:赎买婢女、赔偿殴伤医疗及误工费用、赎刑和赔偿牲畜:

1. 赎买婢女

人若卖女儿作婢女……主人若选定他给自己的儿子,就当待他如同女儿。若另娶一个,那女子的吃食、衣服并好合的事,仍不可减少。若不向他行这三样,他就可以不用钱赎,白白的出去。①

2. 赔偿殴伤医疗及误工费用

人若彼此相争,这个用石头或是拳头打那个,尚且不至于死,不过躺卧在床,若再能起来扶杖而出,那打他的可算无罪,但要将他耽误的工夫,用钱赔补,并要将他全然医好。②

3. 赎刑

人若用棍子打奴仆,或婢女,立时死在他的手下,他必要受刑。若过一两天才死,就可以不受刑,因为是用钱买的。③

4. 赔偿牲畜

人若敞着井口,或挖井不遮盖,有牛,或驴,掉在里头。井主要拿钱赔还本主人。死牲畜要归自己。④

用银2处,用于赎罪和赔偿:

1. 赎罪

牛若触死男人,或是女人,总要用石头打死那牛,却不可吃他的肉。牛的主人可算无罪。倘若那牛素来是触人的,有人报告了牛主,他竟不把牛拴着,以致把男人或是女人触死,就要用石头打死那牛,牛主也必治死。若罚他赎命的价银,他必照所罚的,赎他的命。牛无论触了人的儿子,或是女儿,必照这例办理。⑤

死罪可以用白银赎买。当然,这死罪并不是故意杀人罪,而是他没有管好他的牛,造成牛将他人触死。

2. 赔偿

牛若触了奴仆,或是婢女,必将银子三十舍客勒给他们的主

---

① 《摩西律法关于奴隶和借贷的规定》,载林志纯主编:《世界通史资料选辑》,商务印书馆1962年版,第168页。
② 同上书,第169页。
③ 同上。
④ 同上书,第169—170页。
⑤ 同上书,第169页。

人,也要用石头把牛打死。①

牛的主人没有管好牛,触死别人的奴仆或婢女,要赔偿30舍客勒白银,这是一种财产赔偿。如果触死自由民,牛的主人需要赔偿白银赎命,赔偿白银的数额一定远大于财产赔偿的数额,但是这里并没有明确规定,需要法官根据具体情况来确定金额。

从这里看,犹太先民是使用白银作为货币的,白银货币的单位与两河流域白银货币的单位一样,也是舍客勒。现代的犹太人国家——以色列国,目前流通的纸币仍然是舍客勒,但中文的译文翻译为"谢克尔"。

在"出埃及记"第22章里,讲到使用货币的地方有3处,其中用银钱1处,用钱2处:

使用银钱1处:

> 人若将银钱,或家具,交付邻舍看守,这物从那人的家被偷去,若把贼找到了,贼要加倍赔还。若找不到贼,那家主必就近告审判官,要看看他拿了原主的物件没有……②

从这里看,银和钱,应该是指同样的东西,是后世人们使用后世词汇对古代货币的一种翻译。而犹太人当时的货币,应该是没有法定形制的、需要称量使用的散碎白银。

使用钱2处,用于聘娶和借贷:

1. 聘娶

> 人若引诱没有受聘的处女,与她行淫,他总要交出聘礼娶她为妻。若女子的父亲决不肯将女子给他,他就要按处女的聘礼,交出钱来。③

聘娶是用钱的。

---

① 《摩西律法关于奴隶和借贷的规定》,载林志纯主编:《世界通史资料选辑》,商务印书馆1962年版,第169页。
② 同上书,第170页。
③ 同上书,第171页。

2. 借贷

我民中有贫穷人与你同住,你若借钱给他,不可如放债的向他取利。①

借钱给同住的穷人,是不应该收取利息的。

三、大卫王陵墓中的宝藏

现代人比较喜欢谈论所罗门王的宝藏。所罗门王是大卫王的儿子。为什么人们喜欢谈论所罗门王的宝藏,而不谈大卫王的宝藏呢?原因是大卫王的宝藏已经在公元前2世纪的时候就被犹太人取出来用掉了。

公元前1300年前,犹太人逃离埃及,回到迦南,开始建立自己的国家。

公元前1028年,扫罗成为犹太历史上的第一个国王。公元前1010年,犹太家族的大卫在南方希伯伦城建立王国,与扫罗王南北对峙。公元前1003年,大卫王击溃北方扫罗王的儿子伊施波,实现了南北统一。公元前1000年,大卫王定都耶路撒冷。

大卫王死于公元前960年,在他的陵墓里埋藏着无数的宝藏。

公元前930年,犹太民族分裂,北方成立以色列王国,南方成立犹大王国。公元前722年,亚述王萨尔贡占领撒玛利亚,以色列王国灭亡。公元前586年,新巴比伦王尼布甲尼撒二世攻陷耶路撒冷,犹大王国灭亡,犹太人被迁往巴比伦。公元前538年,波斯帝国击灭新巴比伦,波斯王居鲁士允许犹太人返回耶路撒冷。

公元前333年,亚历山大大帝征服耶路撒冷,犹太人开始接受希腊人的统治。犹太人处于两大希腊化王朝之间,西面是托勒密王朝(今埃及地区),东面是塞琉古王朝(今叙利亚地区)。

公元前166年,为反抗塞琉古王朝的暴政,哈斯蒙尼人马蒂

---

① 《摩西律法关于奴隶和借贷的规定》,载林志纯主编:《世界通史资料选辑》,商务印书馆1962年版,第171页。

亚·马卡比带领他的5个儿子发动了起义,与塞琉古军队开始战斗。公元前141年,马蒂亚·马卡比唯一幸存的儿子西蒙·马卡比被推选为犹太人的最高首领,开始了哈斯蒙尼王朝的统治。

经历了新巴比伦、波斯、希腊共400多年的异族统治,犹太人终于重新建立了自己的王国。从此,犹太人努力扩张领土,强制推行犹太教,恢复了大卫王及其儿子所罗门王时期的繁盛。

四、胡肯奴用白银购买国家独立

公元前135年,西蒙·马卡比被刺身亡,犹太人推选西蒙的儿子约翰·胡肯奴一世继任最高统帅和大祭司。胡肯奴一世挖开大卫王的陵墓,挖出里面储藏了800多年的宝藏。胡肯奴一世用3000他连得白银作为赎金,换得塞琉古军队从耶路撒冷撤兵。至此,犹太人的一切决定都能自行裁决,塞琉古王朝已经不能对犹太人施加任何影响。

胡肯奴一世挖掘了大卫王陵墓中的宝藏,至少价值3000他连得白银,折合现代大约90吨白银。

公元前13世纪,犹太人是使用白银作为货币的,摩西律法中出现了白银的使用和白银单位舍客勒的记载。公元前10世纪大卫王储藏的宝藏里,一定也是有白银的。公元前2世纪胡肯奴一世时代,犹太人还是使用白银作为货币,并且使用白银作为国际支付手段,将大量的白银支付给塞琉古人,买到了自己国家的独立。由此看来,犹太人一直使用白银作为货币。

胡肯奴一世用白银货币买到国家的独立,就发行了自己的货币:白银货币舍客勒,重量约为12克;铜币普鲁塔,重量约为2.5克;小额铜币雷普顿,重量约为1.25克。

公元前63年,罗马大将庞培攻陷耶路撒冷,哈斯蒙尼王朝灭亡,犹太人的复兴之梦又遭破灭。

为了反抗罗马人的残暴统治,在此后的大约200年里,犹太人一次又一次发动起义。公元135年,犹太人反抗罗马统治的又一次起义被残酷地镇压下去,50万犹太人被屠杀,上千个村庄被夷为平地。从此,犹太人彻底告别了家园,拉开了他们在异国他乡流散长达1800年的序幕。

第五章
Chapter 5

百姓生活中的称量货币

除了古代西亚诸王国法典上记载的称量货币使用规则，近代两河流域出土的刻在泥板上的买卖、租赁、雇佣和投资的文书，进一步证实在三四千年前的古代西亚，白银称量货币已经被千家万户百姓广泛使用。

我们用一些出土泥板文书举例，这些文书包括拉尔萨王国的私法文书、古巴比伦王国的私法文书、亚述王国的私法文书和新巴比伦王国及其后来入侵的波斯帝国统治时期、塞琉古王朝统治时期的私法文书，来说明古代两河流域百姓生活中使用称量货币的情况。

第一节 拉尔萨王国的私法文书

拉尔萨王国位于两河流域南部。两河流域南部是苏美尔人的聚居地区，东面有埃兰人，西面有阿摩利人。拉尔萨王国创立于乌尔第三王朝晚期。公元前2025年，阿摩利人纳波拉努脱离乌尔第三王朝的统治，建立了拉尔萨王国。近代，拉尔萨王国遗址出土了奴隶买卖文书、果园买卖文书和土地买卖文书。

一、列国争雄的两河流域

公元前2006年，乌尔第三王朝的灭亡，标志着苏美尔人在两河流域政治舞台上的统治落下帷幕。此后200年的时间里，两河流域出现了多国并存、列强争雄的局面，正如中国的战国时期，齐、楚、燕、韩、赵、魏、秦七国以武力争夺天下。此时的两河流域，有六个国家比较强大，力图消灭其他国家，独掌天下大权。它们是：南方的伊新王国和拉尔萨王国；东方的埃兰王国；西北的马里王国；北方的埃什嫩那王国和亚述王国。还有许多小国处于任人宰割的状态。正当这六大列强打得难解难分之时，第七个强国突然崛起，将六大列强一扫而光，这就是举世闻名的"古巴比伦王国"。

公元前1894年，阿摩利人的一个名叫苏姆·阿布姆的首领在两河之间距离较近的一个古老城市建立了一个王国。这个古老城市名叫巴比伦，苏姆·阿布姆建立的这个王国，史称"古巴比伦王国"。

古巴比伦王国早期是个不太引人注目的小国，长不过80英里，宽不过20英里。建国100多年之后，公元前1792年，古巴比伦王国出现了一个杰出的国王——汉谟拉比。于是，一切都发生了变化。

汉谟拉比是古巴比伦王国的第六任国王，他接手了一个四面临敌的小国，周围的邻国，谁都可能消灭他。面临着生死存亡的紧要关头，汉谟拉比采取远交近攻、各个击破的策略，最终统一了两河流域，赢得了战争的胜利。

公元前1794年，拉尔萨王国的国王瑞姆·辛（公元前1822年至公元前1763年在位）消灭了伊新王国。公元前1791年，亚述王国占领了马里王国。汉谟拉比多次战胜埃兰王国的军队，使埃兰王国的军队一次次退回东部地区。

于是，两河流域只剩下四个强国。公元前1764年，汉谟拉比出兵消灭了埃什嫩那王国。公元前1763年，汉谟拉比出兵打败了拉尔萨的国王瑞姆·辛，消灭了拉尔萨王国。公元前1757年，汉谟拉比出兵攻占了属于亚述王国的马里城，并进一步攻占了亚述王国的大部分疆土，使亚述王国退居北方。于是，古巴比伦王国占据了整个两河流域。

古巴比伦王国延续了300多年，公元前1595年，赫梯人入侵，古巴比伦第一王朝灭亡。

二、拉尔萨王国的奴隶买卖

拉尔萨王国遗址出土了奴隶买卖文书泥板。

1. 购买奴隶查里鲁木的文书

这份文书签署的时间在公元前1808年,瑞姆·辛统治的第15年。这份文书记载的是:巴鲁木·纳木海用11舍客勒白银向查里鲁木的母亲购买了查里鲁木。

> 巴鲁木·纳木海向[某一个]名为查里鲁木的母亲辛·努丽购买了查里鲁木。他称了十一舍客勒银子作为全部的价钱。她以自己的国王宣誓,在将来她不再提出要求。在瓦拉德·南纳尔面前,在捕鸟者辛加米里面前,在首饰商伊比·伊拉布特面前,在辛·伊里布面前,在阿虎·瓦科里面前,在鲁·宁苏布鲁卡面前,在伊里玛·阿黑面前。证人们的印章。塔什里特(第七)月,二十三日。当他(国王)用自己的强大的武器占领了卡伊达和纳萨鲁城之年。①

这份文书是在公元前1808年7月23日,当着7个证人的面签署的。证人们都为此盖章确认。这一年,瑞姆·辛的军队攻占了卡伊达和纳萨鲁城。

塔什里特(tisritu)意思是"七月"。在古巴比伦,每30天为1个月,1年共360天,每4年都会多出1个月,那年的一月便是双月(也就是要过两个白羊之月),且双月中的前者被称为庆典之月。因此,每4年中有1年是390天。巴比伦月份名词来源于阿卡德的塞姆语,书写采用尼普尔的苏美尔楔形文字。这种形式,一直延续到楔形文字消亡。但是,楔形文字消亡之后,古巴比伦的塞姆语月份名词仍被人们使用。譬如,犹太民族一直使用两河流域的古巴比伦月份名词,直到近代。(见表5-1)

---

① 《巴比伦第一王朝时代(公元前1894年至公元前1595年)的私法文书》。载林志纯主编:《世界通史资料选辑》,商务印书馆1962年版,第95页。

表5-1 塞姆语月份名词

月份	塞姆语发音	译文	相当于公历月份
1月	Nisan	尼萨奴	3月中旬至4月中旬
2月	Iyyar	伊亚尔	4月中旬至5月中旬
3月	Simanu	西马奴	5月中旬至6月中旬
4月	Duuzu	杜乌朱	6月中旬至7月中旬
5月	Abu	阿布	7月中旬至8月中旬
6月	Ululu	乌鲁鲁	8月中旬至9月中旬
7月	Tisritu	塔什里特	9月中旬至10月中旬
8月	Arah-samnu	阿拉散奴	10月中旬至11月中旬
9月	Kislimu	基斯里穆	11月中旬至12月中旬
10月	Ebetu	台贝图	12月中旬至1月中旬
11月	Sabattu	沙巴图	1月中旬至2月中旬
12月	Addaru	阿达加	2月中旬至3月中旬

2. 购买奴隶舒·阿木里的文书

就在同一年，还是这个巴鲁木·纳木海，用13舍客勒白银向尼切尼购买了一个名为舒·阿木里的奴隶。

巴鲁木·纳木海向尼切尼购买了[属于]尼切尼的一个奴隶。名为舒·阿木里，他给他称出了十三舍客勒银子作为他的[卖主]的全部价钱。在库鲁库露鲁①的马努面前，在小酒馆老板瓦拉面前，在首饰商里什·伊拉面前，在里查木·伊里……面前，在友酒酿造者沙马仆·夏兆里面前，在鲁平·伊鲁的儿子舒阿面前，在……宁吉图面前，在大商人拉基普面前，在舍美·伊里儿子鲁·宁苏布鲁卡面前，在……阿虎瓦克鲁面前。证人用章。阿达里(第十二)月。当他(国王)用自己的强大的武器占领了卡

---

① 库鲁库露鲁：含义不清楚，也许是个地名。

伊达和纳萨鲁城之年。①

这份文书是在公元前1808年12月，当着10个证人的面签署的。证人们都为此盖章确认。

三、购买塔里布果园的文书

除了购买奴隶的泥板文书，拉尔萨王国遗址还出土了购买塔里布果园的泥板文书。

公元前1804年，瑞姆·辛统治的第19年，又是这个名叫巴鲁木·纳木海的人，用3舍客勒白银从塔里布那里购买了40穆沙鲁（musaru）的果园。

穆沙鲁是土地单位。在两河流域，1伊库土地折合现代3600平方米。1伊库等于100穆沙鲁，1穆沙鲁折合现代36平方米，所以1伊库约合中国的5.4亩。40穆沙鲁折合现代1440平方米，约合中国的2.16亩。

巴鲁木·纳木海从塔里布那里取得了长着三十三棵枣椰树的十四萨鲁果园，四十萨鲁果园处女地——塔里布果园；巴鲁木·纳木海用挨近伊尔·阿木鲁的二十棵枣椰树，挨近阎·基努木的十三棵枣椰树来交换他的果园，对于四十萨鲁果园处女地，则付出三舍客勒银子，它的全部价钱，作为果园处女地的全部代价。他（塔里布）用南纳尔、乌图和里木新王宣誓，在将来不论何时他［将回答塔里布果园］的物权诉讼要求②（接着十二个证人的名字）。证人印章。瓦拉（赫萨木）（第八）月（……日）［他开凿了］底格里斯［神的河以达于海］之年。③

这份文书是8月份签署的。这一年，瑞姆·辛启动了治理底格里

---

① 《巴比伦第一王朝时代（公元前1894年至公元前1595年）的私法文书》，载林志纯主编：《世界通史资料选辑》，商务印书馆1962年版，第95—96页。
② 果园如发生物权诉讼，卖者应负其责。
③ 《巴比伦第一王朝时代（公元前1894年至公元前1595年）的私法文书》，载林志纯主编：《世界通史资料选辑》，商务印书馆1962年版，第96页。

斯河的工程。在这份文书里,林志纯先生将拉尔萨国王"瑞姆·辛"译为"里木新王",将土地单位"穆沙鲁"译为"萨鲁"。

这份文书中有两个交易:一是巴鲁木·纳木海用两块土地连同这两块土地上的33棵椰枣树,换取塔里布的一块栽有33棵椰枣树的、面积为14穆沙鲁的果园;二是巴鲁木·纳木海用3舍客勒白银从塔里布那里购买了40穆沙鲁的尚未栽树的果园。

四、阿穆鲁购买处女地的文书

拉尔萨王国遗址还出土了阿穆鲁购买处女地的泥板文书。

公元前1793年,瑞姆·辛统治的第30年,阿皮里·阿穆鲁用3舍客勒白银向辛·乌布拉木购买了1伊库处女地。

阿皮里·阿穆鲁向辛·乌布拉木购买了在阿皮里·阿穆鲁的[田地]旁、在纳税地旁,在比吐木·拉比和他的兄弟塞普·辛的[田地]旁的一伊库处女地,辛·乌布拉木的处女地。他称出了全价三舍客勒的银子。他以南纳尔①、[沙马什②和]里木新王发誓,在将来他不毁坏契约。

在报信者马都克·爱里什、地方官马基里的面前,在瓦拉德·齐吐鲁的面前,在医生哈布鲁的面前,在尼基特、伊普库·巴拔、西尼木古拉尼的面前,在书记皮鲁扈木的面前。证人印章。萨拔特(第十一)月,第五日,[正当][占领]伊新的第二年。③

公元前1794年,瑞姆·辛出兵消灭了伊新王国。这份土地买卖文书是公元前1793年,即瑞姆·辛出兵消灭伊新王国次年11月签署的。这份文件是当着8个证人的面签署的,其中1个证人是书记官。证人们都为此盖章确认。

---

① 南纳尔:辛的另一名称,意思是神。最初在乌尔城和哈浪城被人们尊崇。由于乌尔王朝长期的统治,南纳尔在巴比伦尼亚众神中有着显著的地位。
② 沙马什:太阳神,光明之神。按照苏美尔语,他的另一称呼是乌图或者巴拔鲁。
③ 《巴比伦第一王朝时代(公元前1894年至公元前1595年)的私法文书》,载林志纯主编:《世界通史资料选辑》,商务印书馆1962年版,第94页。

第二节　古巴比伦王国的私法文书

公元前1763年，汉谟拉比出兵打败了拉尔萨王国的国王瑞姆·辛，消灭了拉尔萨王国，开始对拉尔萨地区实行统治。拉尔萨地区位于巴比伦尼亚南部。除了拉尔萨遗址出土的泥板文书，在巴比伦尼亚北部的西巴尔遗址和吉尔巴特遗址，也出土有古巴比伦王国时期的泥板文书，包括租赁房屋、租赁土地的文书，以及雇佣工人的合同文书等。

一、房屋和土地租赁文书

1. 房屋租赁文书

据拉尔萨遗址出土的泥板文书记载，公元前1759年，汉谟拉比对拉尔萨地区实行统治的第5年，伊里·乌涅尼向伊劲·爱阿租用房子1年，租金是1舍客勒15色白银。

> 伊里·乌涅尼用租金向房主伊劲·爱阿租了伊劲·爱阿的房子一年。伊里·乌涅尼以一年一舍客勒十五塞①银子给伊劲·爱阿作为租金。伊劲·爱阿从其中[也就是从租金中]拿去了半舍客勒十五塞银子(接着是证人名字)。证人印章。尼桑(第一)月，第一日，图鲁库军队之年。②

文书约定租房1年，每年租金1舍客勒15色，租户预付了半年的租金，即半舍客勒15色。

2. 土地租赁文书

巴比伦尼亚北部西巴尔遗址出土的泥板文书上面记载了汉谟拉

---

① 塞：即称量货币单位"色"。
② 《巴比伦第一王朝时代(公元前1894年至公元前1595年)的私法文书》，载林志纯主编：《世界通史资料选辑》，商务印书馆1962年版，第96—97页。

比统治时期瓦拉德·伊里舒租赁沙马什庙产 12 伊库田地用来耕种，他应支付庙宇的租金为谷物称量货币 12 古尔。

> 瓦拉德·伊里舒向伊志夏塔里的女儿亚普哈吐姆承租了位于沙木卡努[地方]的十二伊库田地以供耕种。[他将量给]沙马什庙田地的租金十二库鲁谷物。他保证在六个节日供给她二十卡大麦粉，一[块]肉。——他将给她二分之一舍客勒银子，作为田地的"牡羊"。在沙马什·爱里巴木之前，在沙马什·卡拉德的儿子伊里舒·伊比舒之前，在阿虎什纳的女儿丽沙鲁(?)之前，在阿马特·沙马什[之前]。[……]①

从这份文书看，瓦拉德·伊里舒除了应向庙宇支付田地的租金外，他还要向庙产的管理人伊志夏塔里的女儿亚普哈吐姆交纳 1/2 舍客勒白银称量货币作为"牡羊"。交纳"牡羊"的做法属于苏美尔习俗，萌芽于以牲畜为货币的时代。同时，他还要向庙产管理人奉献节日礼物。这份文书约定，瓦拉德·伊里舒应在 6 个节日向庙产管理人奉献 20 卡大麦粉和 1 块肉。

二、劳动雇佣文书

据拉萨尔遗址出土的泥板文书记载，公元前 1748 年，汉谟拉比的儿子沙木苏·易路纳(公元前 1749 年至公元前 1712 年在位)统治的第 2 年，吉加美什·加米里向拉玛苏姆雇佣她的儿子伊里·乌·沙马什 3 个月。工资以谷物称量货币计量，预付款以白银称量货币支付。

> 吉加美什·加米里向伊里·乌·沙马什的母亲拉玛苏姆雇佣了名为伊里·乌·沙马什的拉玛苏姆的儿子三个月。他量出了一又五分之三库鲁谷物作为三个月的雇工费。三个月的雇费中[她拿去?]四分之一[舍客勒]银子(接着是证人名字)。证人

---

① 《巴比伦第一王朝时代(公元前 1894 年至公元前 1595 年)的私法文书》，载林志纯主编：《世界通史资料选辑》，商务印书馆 1962 年版，第 98 页。

印章。尼桑(第一月),第二十日,沙木苏易路纳王的新的一年。①

3个月的工资是2.6古尔谷物称量货币。如果按照1古尔谷物折合1舍客勒白银的旧制,2.6古尔谷物的价值就是2.6舍客勒白银。母亲拿了0.25舍客勒白银作为出卖儿子劳动的预付工资,即工资总额的9.6%,以解生活窘困。

三、雇工生活费用文书

1.给雇工制作衣物的费用

据拉萨尔遗址出土的泥板文书记载,公元前1739年,沙木苏·易路纳统治的第11年,纳布·达木格里路纳雇佣阿皮里·阿木鲁10个月。工资采用谷物称量货币,每月工资为谷物60卡,另外支付1舍客勒白银,用来制作衣服。

纳布·达木格里路纳向名为阿皮里·阿木鲁的雇佣他本人,自都枝(第四)月第一日至尼桑(第一)月第三十日晚。他每月给他六十卡谷物[作为]给养,他并且给他一舍客勒银子做衣服。在爱里都·里维里之前,在辛·伊达尔萨之前。证人印章。都枝(第四)月,第一日。沙木苏易路纳王[建成了]乌尔城墙之年。②

这一年,沙木苏·易路纳完成了修缮乌尔城墙的工程。

2.给雇工提供生活饮食

据吉尔巴特遗址出土的泥板文书记载,公元前1635年,古巴比伦王国第10任国王阿米萨杜戛统治的第13年,马都克·穆巴里特为了磨谷,向爱里布·乌拉什的主人伊劲·乌拉什雇佣了爱里布·乌拉什2个月,工资总计2.2古尔谷物,将付给伊劲·乌拉什。伊劲·乌拉什从中先取2/3舍客勒白银作为预付金。爱里布·乌拉什每天的工作任务是磨出60卡面粉,汲10桶水。马都克·穆巴里特在雇佣期间

---

① 《巴比伦第一王朝时代(公元前1894年至公元前1595年)的私法文书》,载林志纯主编:《世界通史资料选辑》,商务印书馆1962年版,第97页。

② 同上。

向爱里布·乌拉什提供饮食,每天 2 卡食物、3 卡枣椰酒。

马都克·穆巴里特为了磨谷向爱里布·乌拉什的主人伊劲·乌拉什雇佣了[……]爱里布·乌拉什二个月。[每天]他将要磨出六十卡好面粉,他要汲十桶(?)水,他的给养,[每天]二卡食物,他的饮料,三卡枣椰酒。他量了二又五分之一库鲁谷物给他的主人伊劲·乌拉什作为两个月间他的租费。[假如]将来在他的手中发现何物,[那么]他就丧失自己的雇佣费。他从他的雇费中拿去了三分之二舍客勒银子(接着是证人的名字)。阿伊牙里(第二)月,第一日。国王阿米萨杜夏之年,国王的铜钱标准提高之年。①

这一年,国王提高了铜钱单位的标准。当时,数量货币——钱币还没有被发明,这里所说的"铜钱"应指铜金属称量货币。

比较上述三个劳动雇佣文书中的月工资状况:

第一个合同:伊里·乌·沙马什的工资:3 个月 2.6 古尔谷物,2.6 古尔等于 780 卡,每个月工资 260 卡,折合白银 156 色。②

第二个合同:阿皮里·阿木鲁的工资:每月工资 60 卡,10 个月工资是 600 卡,等于 2 古尔,折合 2 舍客勒白银,加上 1 舍客勒白银价值的衣服,10 个月共得 3 舍客勒的价值,每月平均为 54 色。

第三个合同:爱里布·乌拉什的工资每月 1.1 古尔谷物,折合白银 1.1 舍客勒,即 198 色。

从这里可以看出,雇佣时间长的工人工资水平低,雇佣时间短的工人工资水平高。这种情形与古西亚诸王国的法典规定一致。一般来说,雇佣时间短的工人劳动强度大于雇佣时间长的工人,雇佣时间长的工人闲暇时间多一些。所以,雇佣时间短的工人工资高于雇佣时间长的工人工资。另外,雇佣时间短的工人寻找工作较难,需要较多

---

① 《巴比伦第一王朝时代(公元前 1894 年至公元前 1595 年)的私法文书》,载林志纯主编:《世界通史资料选辑》,商务印书馆 1962 年版,第 98 页。

② 1 色白银的价值约为 1.666 卡谷物。

的工资来支付找不到工作时期的生活费用,所以市场价格比雇佣时间长的工人工资要高一些。

四、乌尔城的白银货币借贷

乌尔城位于两河流域的南端,是苏美尔人聚居的地区。在古巴比伦王国时期,乌尔城的商品经济非常发达,有着繁荣的金融市场。

美国学者威廉·戈兹曼在他写的那本《千年金融史》(*Money Changes Every Thing*)中讲述了记录在古巴比伦王国泥板上的一个关于乌尔城商人的故事。

> 公元前1796年,杜穆兹·贾米勒和他的伙伴舒米·阿比亚从商人舒米·阿布那里借来了500克白银。杜穆兹·贾米勒借了250克白银,他承诺会在5年后归还297.3克白银。根据美索不达米亚人计算利息的方式,这相当于3.78%的年利率。这笔贷款的期限相对较长,达5年。舒米·阿布把这笔贷款转卖给了几个知名商人,他们在公元前1791年成功收回了欠款。[①]

这件事情发生在《汉谟拉比法典》颁布之前。杜穆兹·贾米勒借钱的时候,还是汉谟拉比的父亲辛姆巴利特做国王;还钱的时候,已经是汉谟拉比做国王了。杜穆兹·贾米勒借了250克白银,就是半弥那白银。5年后,他应偿还297.3克白银,其中包括250克白银的本金和47.3克白银的利息。47.3克白银就是5舍客勒40乌得图,每年的利息是1舍客勒8乌得图。这笔贷款的年利率水平只有3.78%,比汉谟拉比法典规定的26.7%要低很多,甚至与当今中国人民币的存款利率差不多。不仅如此,古巴比伦王国还有债权转让市场。舒米·阿布将1弥那白银贷给杜穆兹·贾米勒和舒米·阿比亚两个人,转手就将债权卖给其他商人。而收购债权的商人,在贷款到期时成功地收回了贷款。

[①] [美]威廉·戈兹曼:《千年金融史》,张亚光、熊金武译,中信出版集团2018年版,第28页。

接下来,威廉·戈兹曼继续讲述杜穆兹·贾米勒使用白银货币经营产业的故事。杜穆兹·贾米勒使用借来的白银经营面包销售,并且还经营高利贷。他将借来的白银贷放给渔民和农民,收取每月20%的高利息。月息20%,年利率就是240%。

这些故事都来自古代泥板上的记录。楔形文字被刻在泥板上,留下复杂的借贷契约及印章,晒干后封存在黏土封套中,使今天的我们能够从中得到详实、可靠的历史信息。威廉·戈兹曼说:"甚至兄弟之间的买卖行为也被记录下来,几乎所有买卖行为都是以白银计价的。"

从这个故事看,杜穆兹·贾米勒就像是一个黑社会老大,以经营面包销售为掩护,进行非法高利贷活动。这种活动在当时可能很普遍,所以,汉谟拉比在法典中明文规定借贷利率,以禁止非法高利贷活动。

第三节 亚述王国的私法文书

1927年至1931年间,考古学者在底格里斯河上游(今伊拉克之约尔干·铁佩)地方发掘古城努西遗址。在出土文物中,有3000余件泥板文书,用阿卡德文写成。这些文献属于公元前1550年至公元前1350年的、亚述处于米丹尼①统治时期的买卖契约。其中,有土地买卖文书、遗产养老信托文书和货币借贷文书。

一、亚述王国的土地买卖文书

中亚述时期的法律禁止土地买卖。所以,土地买卖的契约被伪装成接受义子的文书。

此接受义子的泥板文书系属于卡米失之子库促,他接受普希

---

① 米丹尼王国:公元前1550年至公元前1350年位于两河流域北部的古国。

失尼之子德希普·提拉为义子。作为他应得的遗产,库促给他座落在伊普失西地方的土地共四十伊米尔①。对于此地如有争执,应由库促自己负责清理并将土地归给德希普·提拉。德希普·提拉则应付给库促一明那银子,作为赠礼。双方如有一方失信,则应偿付对方两明那银子和两明那金子。

(十四个证人的名字和书写人的名字,和他们的画押。)②

库促卖给德希普·提拉1块40伊米尔的土地,价格是1弥那白银。当然,根据契约,库促收德希普·提拉为儿子。库促将这40伊米尔土地作为遗产提前交给儿子,儿子孝敬爸爸1弥那白银。但是,如果任何一方违约,没有按照约定交付对方所说的东西,赔偿便是数倍的,即赔偿2弥那白银和2弥那黄金。从这个案例看,米丹尼统治时期,亚述人不仅使用黑铅作为货币,还使用白银和黄金作为货币,其计量单位采用弥那。

二、那失维的遗产养老信托文书

此接受义子的泥板文书系阿尔·申尼之子那失维所有,他将普希·申尼之子吴鲁认为义子。当那失维在世时,吴鲁应当对他供应衣食;到那失维死后,吴鲁应当成为他的继承人。如那失维日后自己生了儿子,他就须和吴鲁均分遗产,但那失维的儿子应当承领那失维的神。如那失维自己没有儿子,吴鲁就应当接受那失维的神。吴鲁并且应当娶那失维的女儿努胡亚为妻。如吴鲁娶别人为妻,他就丧失那失维的土地房屋。双方如有一方不遵守契约,应偿给对方银子一明那,金子一明那作为赔偿。

(五个证人和书写人的名字,并画押。)③

---

① 伊米尔:大约折合4.5英亩。
② 《努西泥板文书》,载林志纯主编:《世界通史资料选辑》,商务印书馆1962年版,第100页。
③ 同上书,第101页。

这是一份遗产养老信托文书。那失维将吴鲁认为义子,承诺死后将土地房屋作为遗产交给吴鲁继承,条件有三:(1)那失维在世的时候,吴鲁应供应那失维的衣食;(2)吴鲁要娶那失维的女儿努胡亚为妻。如果吴鲁娶别人为妻,他就丧失接受那失维遗产的权利;(3)如果那失维日后有了儿子,吴鲁要与那失维的儿子均分遗产。如果一方违约,要赔偿对方1弥那白银和1弥那黄金。

三、亚述王国的货币借贷文书

在《中亚述法典》中,我们看到亚述王国使用的货币主要是黑铅称量货币。在亚述古都亚述城的考古发掘中,人们发现了大量的法律文书,可以用来说明中亚述时期的社会关系。从以下的泥板文书中可以看出,亚述王国采用黑铅作为借贷货币,货币单位是他连得和弥那。

阿布希的儿子伊什美·阿达德从阿舒尔·伊基沙的儿子阿拉德·协鲁依那里取了三十明那的铅,在十个月内的期限内,他只须称还铅的本金①,一满了期,铅就要增殖,他将从告诉他的那个居住地的三伊库的田地上割下收成,以替代该铅之利息。如果他不从田地上割取收成,那末伊什美·阿达德将把铅称给阿拉德·协鲁依所雇的收割人。

他的田地与房屋就是铅的抵押品。

(以下是证明人的签名和日期)。②

伊什美·阿达德从阿拉德·协鲁依那里借了30弥那黑铅,期限为10个月,还款应在10个月之内。伊什美·阿达德的田地和房屋是抵押品,如果他违约,就要没收他的田地和房屋。并且,他的被指定的3伊库田地上的收成,应作为违约利息交给债权人。如果他不去收割这些田地上的收成,债权人雇人来收割,他要向收割人支付黑铅工资。

---

① 在定期借款的条件下,利息先从借款总额中扣留,而契约就成为无息的形式。
② 《亚述私法文书》,载林志纯主编:《世界通史资料选辑》,商务印书馆1962年版,第126页。

四、货币借贷文书中的质押条款

因尼比的儿子阿帕丕从阿拉德·基比的儿子别尔·阿沙里达那里按照城市院①[所定]重量取了一他连特又六明那的铅,在七个月的期限内,他只须称出铅的本金。一满了期,铅就要增殖。该铅和他的平安可靠的财产有密切关系。

他的田地、儿子和房屋就是铅的抵押品。

他将把铅称给他的文书的收执人。

(以下是印章、证明人和日期)。②

阿帕丕从别尔·阿沙里达那里借了1他连得又6弥那黑铅,期限为7个月。如果借款人违约,期满未还,他的田地、儿子和房屋就要被没收。他应在7个月内偿还本金,利息在放款时已经被债权人扣留。期满未还,他还要交纳罚息。在这里,罚息的比例和相应的抵押物没有列明。

第四节 新巴比伦王国的私法文书

新巴比伦王国自公元前626年建立至公元前539年灭亡,共存在87年,由居住在两河流域南部的迦勒底人所建,所以又称为迦勒底王国。新巴比伦王国兴起的时候,小亚细亚半岛上的吕底亚王国已经开始使用数量货币——琥珀合金币。但是,两河流域依旧使用称量货币。这种情形,不仅是在新巴比伦王国时期如此,波斯帝国入侵之后的两河流域,甚至希腊人入侵之后的两河流域,都依旧使用称量货币。

---

① 城市院:长老会议院,它领导着亚述城的全部经济与政治生活。
② 《亚述私法文书》,载林志纯主编:《世界通史资料选辑》,商务印书馆1962年版,第127页。

一、新巴比伦王国的奴隶买卖文书

公元前626年,被亚述人任命为巴比伦尼亚总督的迦勒底人领袖那波帕拉萨趁亚述内乱而脱离亚述控制,建立新巴比伦王国,自立为新巴比伦王。公元前612年,那波帕拉萨与米底人联盟攻陷亚述首都尼尼微,亚述帝国灭亡。

公元前607年,那波帕拉萨把军权交给儿子尼布甲尼撒二世,自己只管理国家的内部事务。新巴比伦王国继续与米底王国结盟,尼布甲尼撒二世娶了米底公主为妻,加强了两国的联盟。公元前586年,尼布甲尼撒二世攻陷耶路撒冷,将犹太人俘去巴比伦。

多年的战争产生出许多战俘奴隶,使新巴比伦王国的奴隶劳动非常繁盛。尼布甲尼撒二世为他的妻子——米底公主修建了一个高楼花园,即空中花园,被后世称为古代世界奇观。

现有出土泥板文书,是公元前604年(尼布甲尼撒二世统治的第二年)的奴隶买卖契约。

> 立字据人纳布列之子、伊鲁巴尼之后,伊鲁巴尼,将杜那努和那布·苦利曼尼两个奴隶卖予那布·木金·西利,议定价格为银二又三分之一明那。此后如有人对此二奴款有争议时,伊鲁巴尼应将原价退还给那布·木金·西利。
>
> 保西巴①,塔木兹②之月,二十九日,[巴比伦王]尼布甲尼撒第二年(公元前604年)。③

伊鲁巴尼将两个奴隶卖给西利,总价为2弥那20舍客勒白银,每个奴隶平均价格就是1弥那10舍客勒白银。这个时候,在小亚细亚半岛上的吕底亚王国已经出现了人工制造的数量货币——钱币。两

---

① 保西巴:地名。
② 塔木兹:月份。
③ 《新巴比伦文书》,载林志纯主编:《世界通史资料选辑》,商务印书馆1962年版,第129页。

河流域的新巴比伦王国还在使用白银称量货币。

二、新巴比伦王国的合资经营文书

白银称量货币不仅被用于交易和借贷,还被用于投资经营。

公元前551年,新巴比伦王国国王那勃尼达统治的第5年,伊提·马达克·巴鲁图与沙庇克西里共同出资1弥那白银,合伙经营;双方约定,经营利益两人平分。

> 那布·阿西·伊底纳之子、伊吉比之后,伊提·马达克·巴鲁图,与那布·叔马·伊底纳之子、那丁·什木之后,沙庇克西里,共出银一明那合伙经营。以后如有赚利,二人均分。
>
> (三个证人与书写人的名字,和他们的画押。)
>
> 巴比伦①,玛失斯万②之月,三日,巴比伦王那勃尼达五年(公元前551年)。③

这件事情发生在那勃尼达国王统治的第5年。那勃尼达是阿拉美亚人部落领袖的儿子。他上台不久就与他的儿子伯沙撒共同管理国政。公元前539年,波斯帝国的军队攻陷巴比伦,伯沙撒被杀,那勃尼达被俘,新巴比伦王国灭亡。

三、波斯帝国统治时期的土地租赁文书

公元前539年,波斯帝国国王居鲁士的军队攻陷巴比伦,开始统治巴比伦尼亚,两河流域继续使用白银称量货币。

公元前433年,波斯帝国国王阿塔薛西斯④统治的第33年,恩里尔·那丁·叔米租用恩利尔·阿哈·伊丁纳的田地,租金1.5弥纳白银,在签署文书时交付给恩利尔·阿哈·伊丁纳。

---

① 这里指地名。
② 这里指月份。
③ 《新巴比伦文书》,载林志纯主编:《世界通史资料选辑》,商务印书馆1962年版,第129页。
④ 大流士的孙子,公元前465年至公元前424年在位。

在国王阿塔薛西斯三十三年时,穆拉舒之子恩里尔·那丁·叔米租用卡拉之子恩利尔·阿哈·伊丁纳的田地一段,议定租银一又二分之一明那。恩利尔·阿哈·伊丁纳已将此银收讫。

(七个证人和书写人的名字和他们的画押。)

尼普尔①,提贝②之月,九日,国王阿塔薛西斯三十三年。③

此时,波斯国王大流士早已发行了大流克金币,但是似乎并没有得到广泛的流通,民间仍然使用白银称量货币。这个土地租赁合同,使用白银作为租金,白银货币的单位仍然采用弥那。

四、塞琉古王国统治时期的房屋租赁文书

公元前330年,古希腊马其顿王国国王亚历山大攻陷波斯波利斯,波斯帝国灭亡。

公元前312年,亚历山大的部将塞琉古攻占巴比伦尼亚。亚历山大去世后,塞琉古以叙利亚为中心建立了塞琉古王国,势力范围覆盖到巴比伦尼亚。公元前298年,塞琉古国王统治的第8年,那那·伊丁纳将房屋租给阿努·乌巴利特使用,租金每年4舍客勒白银。

塔尼图木之子那那·伊丁纳有房屋一所,坐落伊里赤丛林之中,在伊斯塔·阿哈·伊丁纳之女木失·西庇图木的房屋之旁,在田地之中。今租给吉丁·阿努之子阿努·乌巴利特占用,议定每年租银四舍客勒,每年分两次付给,一半在新年之初,一半在一年之中。墙壁损坏倒塌之处应由承租人进行修理。所需人工、砖瓦、芦苇、木料,由承租人先行垫付,将来由房租内扣除。租房人每年并须交纳椰枣三筐。自国王塞琉古八年,塔木兹之月,十日,吉丁·阿努之子阿努·乌巴里特占用此房,每年租银四舍客勒。

---

① 这里指地名。
② 这里指月份。
③ 《新巴比伦文书》,载林志纯主编:《世界通史资料选辑》,商务印书馆1962年版,第129—130页。

(五个证人与书写人的名字,并画押。)

国王塞琉古八年,塔木兹之月,五日。

(下有阿努·乌巴里特指纹。)①

从以上各案例看,人工制造标准形制金属数量货币——钱币开始流通后的很长时间里,白银称量货币还是古西亚地区民间的主要流通货币。

---

① 《新巴比伦文书》,载林志纯主编:《世界通史资料选辑》,商务印书馆1962年版,第130页。

第六章
Chapter 6

各文明古国的称量货币

纵观世界各文明古国货币起源的过程,其称量货币从布帛、麦谷、金属三种,逐步集中为金属一种。金属称量货币的单位,经历长期的演化,在产生出金属数量货币之后,成为金属数量货币的名称和重量标准,并继续影响着后世货币的发展和演变。

古代中国的称量货币主要是布帛、粮谷和金属,其中青铜称量货币以"寽"为重量单位。青铜称量货币的长期发展,产生出形状为农业生产工具"钱"的青铜数量货币——空首布。古埃及的称量货币主要是白银和青铜,重量单位有"班加"、"得本"和"基特"。古印度的称量货币主要是白银,重量单位是"苏瓦纳"、"马纳"和"马夏"。古希腊的称量货币是白银,重量单位是"德拉克马"。古罗马的称量货币是青铜,重量单位是"阿斯"。

第一节 古代中国的称量货币

公元前3000年至公元前2070年,是中国的父系氏族公社时期。随着一夫一妻制家庭的出现,私有财产得以发展和壮大,商品交换便逐步形成宏大的规模。商品交换的发展,自发地产生出作为一般等价物充当交换媒介的特殊商品,主要有布帛、粮食、金银铜用品、珠玉龟贝饰物等。

在此时期,各种称量单位及其标准,在不同部落之间存在着差异。当这些称量单位及其标准被国家法定统一时,便产生了称量货币。

一、布帛称量货币及其称量单位

先秦时期,民间商品交换主要使用布帛。布帛作为称量货币,其基本称量单位是尺寸。

商代甲骨文中就已经有了"麻""丝"等字,说明当时人们用来做衣服的原料已经以布、帛为主。

布是使用麻织造的。《说文解字·巾部》曰:

布:枲织也。

《段注》:"古者无今之木棉布,但有麻布及葛布而已。"[1]

枲是大麻的雄株。春秋战国时期,麻布和葛布是庶民的主要衣料,所以庶民又可以称为"布衣"。贵族可以衣帛。帛是丝织品。作为礼品流通的"币",本来的意思便是"帛"。《说文解字·巾部》曰:

币:帛也。

徐灏《段注笺》:"币,本缯帛之名。因车纳玉帛同为聘享之礼,故浑言之称币,引申之,货帛亦曰币。"[2]

但是,战国时期的秦国,被确定为法定货币的是布,而不是帛。这说明,战国中、晚期平民还是以布为主要衣料。

布的主要称量单位是"尺"。早期的长度单位与人体相关联,中国古代尺的长度为一般男人手的长度。《说文解字》说:

尺:十寸也。人手却十分动脉为寸口,十寸为尺。[3]

尺:十寸。人手退十分,得动脉之处,就是寸口。十寸是一尺。

中医号脉时,大夫三指按在病人手腕"寸""关""尺"三点,"尺"

---

[1] 汤可敬:《说文解字今释》,岳麓书社1997年版,第1057页。
[2] 同上。
[3] 同上书,第1147页。

至中指尖的长度为 1 尺；"尺"至"寸"的长度为 1 寸。古人手的长度与现代人手的长度相似，自"尺"至中指尖的长度一般为 23.1 厘米，便是古代的 1 尺。

中国古代尺度采用十进位，分、寸、尺、丈、引，各单位都以十进位：10 分为 1 寸；10 寸为 1 尺；10 尺为 1 丈；10 丈为 1 引。

使用布作为商品交换媒介进行交易时，尺寸为主要的称量单位，通过度量确定布的价值。

二、粮食称量货币及其称量单位

粮食是人们不可或缺的日常生活资料，作为一般等价物的特殊商品具有普遍需求性和相对可储藏性，是比较适用的商品交换媒介。同时，粮食也是古代朝廷向百姓征收租税的主要手段。中国古代的粮食品种多种多样，粟谷是最为常用的粮食。因此，华夏民族采用粟谷作为商品交换媒介，结合重量或容量标准，使其发挥价值尺度和流通手段的货币职能。先秦时期，粮食作为称量货币，在各地流通使用，其称量单位是多元的，其称量标准是逐步变化的。

夏朝向百姓征收租税，法定标准的量器藏在王宫里。

夏朝的粮食有小麦、粟、黍、豆、高粱、水稻等，称量单位是"石"和"钧"。然而，我们迄今没有发现出土夏朝的量器，只是看到《夏书·五子之歌》中有关于夏代量器的描述。

> 其四曰："明明我祖，万邦之君。有典有则，贻厥子孙。关石和钧，王府则有。荒坠厥绪，覆宗绝祀。"[1]

第四首歌写道："我们圣明的爷爷大禹，是天下各邦的君主。他有治国的典章法度，遗留给他的后世子孙。征税粮用的标准量器'石'、公平合理的标准量器'钧'，平时藏在王府，由政府掌握。你荒废祖制丢了他的事业，使宗族覆灭、祭祀断绝。"

---

[1] 王世舜、王翠叶译注：《尚书》，中华书局 2012 年版，第 371 页。

大禹的孙子太康继承启的王位之后，沉湎声色，不修政事。太康到洛水南岸打猎，有穷氏首领叛乱，掌握了夏朝的政权，在洛水北岸阻止太康返国。太康的五个弟弟在洛水转弯注入黄河的地方等待太康，写了五首诗歌责备太康，这里说的是第四首。

尽管我们没有出土夏代的量器，考古却发现了夏朝之前父系氏族公社时期的陶制量器。

甘肃天水市秦安县大地湾遗址属于夏朝之前的父系氏族公社时期。在这里，20世纪后期出土了四件陶制量器：条形盘264.3立方厘米、铲形抄2650.7立方厘米、箕形抄5288.4厘米、四柄什深腹罐26082.1立方厘米。四件量器的比例关系大约是1、10、20、100。这些量器出自规模宏伟的房屋遗址，应该是氏族公社分配粮食的专用量器。[①]

到了战国晚期，容量单位采用"升""斗""斛"制度：1升大约200毫升（体积大约200立方厘米）；1斗大约2000毫升（体积大约2000立方厘米）；1斛大约20000毫升（体积大约20000立方厘米）。战国晚期的容量制度，与上述天水出土陶制量器的容量情形大体相合，应该属于父系氏族公社容量制度发展一脉相承的结果。

三、金银称量货币及其称量单位

先秦时期，有黄金、白银、青铜称量货币的流通，也有钱、刀、布、龟贝等数量货币的流通。秦始皇统一货币，保留黄金以"镒"为单位的称量货币流通，铜钱以"半两"为面值的数量货币流通，同时禁止白银作为货币流通。

根据出土文物结合文献典章的考证，除少数例外，先秦时期的黄金和白银，属于称量货币。并且，秦朝以后的黄金和白银，仍然属于称量货币，而非数量货币。金银称量货币的单位主要是钧、孚、益、斤、两、铢。

[①] 丘光明、邱隆、杨平：《中国科学技术史（度量衡卷）》，科学出版社2001年版，第62—63页。

根据考古发现,先秦白银称量货币的形态有铲、版、饼、贝四种。

1978年,河南周口市扶沟县古城村出土18枚铲形白银布币,总重量3072.9克,平均每枚重量170.7克。[1]

商承祚《长沙古物闻见记》云:"蔡某藏有银质郢爰一枚。"实物下落不知。[2]

邹安《周金文存》卷六云:"古银饼与饼子金同,山东新出土。"实物下落不知。[3]

1974年,河北石家庄市平山县战国中山王墓M1出土4枚白银贝币,每枚重约11.5克。[4]

总结考古情况,未发现可信的、统一钱币形制的白银数量货币存世。由此可以推论,先秦白银货币的主要形态是形状各异的银块、散碎白银,属于称量货币,而非数量货币。

黄锡全先生说:

> 当时的"白金",应是以"孚"或"钧"为称量单位的。[5]

"孚"是一个古老的重量单位名称,孚即锾,商代甲骨文中已有"锾"字。《说文解字》云:

> 锾:锊也。
>
> 段注:郑康成云:"锾重六两大半两,锊即锾。二十两为三锊,正谓六两大半两为一锊也。"[6]

锾,音环,意思是锊。锊,音略,是金属重量单位,金文中常与孚通用。孚,音吕,在金文中常常代表锊字。

---

[1] 郝本性:《关于周代使用银币的探索》,载《中国钱币论文集》(第一集),中国金融出版社1985年版。

[2] 引自黄锡全:《先秦货币通考》,紫禁城出版社2001年版,第65页。

[3] 同上。

[4] 河北文物管理处:《河北平山县战国时期中山墓发掘简报》,载《文物》1979年第1期。

[5] 黄锡全:《先秦货币通考》,紫禁城出版社2001年版,第63页。

[6] 汤可敬:《说文解字今释》,岳麓书社1997年版,第2027页。

孚的重量是 20 两的 1/3。《周礼》云：

> 弋……重三孚。郑（注）以为孚重六又三分之二两，三孚为二十两。①

弋是一种兵器，标准重量 1 益。战国时期，1 斤的重量是 253 克，1 斤等于 16 两，1 两的重量是 15.8125 克。益的重量是 20 两，即 316.25 克。1 益等于 3 孚。所以，孚的理论重量应为 105.42 克。

除了孚，白银称量货币的另一个单位是"钧"。钧在金文中常写作"匀"。钧这个重量单位更大。《说文解字》云：

> 钧：三十斤也。②

然而，在金文中，未见有赏白银或罚白银使用"钧"这个单位的。但是，作为财富保藏或者大额支付可能需用"钧"这个单位。1 钧等于 30 斤，1 斤为 16 两。所以，1 钧等于 480 两。中原地区，1 益等于 20 两，或者等于 3 孚。由此推得，1 钧等于 72 孚。

四、青铜称量货币及其称量单位

中华古人采矿冶铜的历史起源于仰韶文化后期（约公元前 4000 年至公元前 3000 年）。近代考古在仰韶文化后期遗址中发现多件铜片、铜块。然而，青铜作为商品交换媒介的最早时间，应该是青铜被广泛应用的夏朝（公元前 2070 年至公元前 1600 年）。

黄锡全先生说：

> 中国的称量货币铜或青铜的萌芽，有可能发生在铜或青铜器比较广泛使用的阶段。也就是说，早在夏代，以黄铜或青铜作为交换的媒介物可能已经发生。③

河南偃师二里头夏朝遗址出土了许多青铜礼器、青铜兵器和青铜工具，证明夏朝青铜冶炼、铸造已经非常普遍。

---

① 杨天宇：《周礼译注》，上海古籍出版社 2004 年版，第 627 页。
② 汤可敬：《说文解字今释》，岳麓书社 1997 年版，第 2027 页。
③ 黄锡全：《先秦货币通考》，紫禁城出版社 2001 年版，第 55 页。

从西周金文中可以看到,青铜称量货币的单位与金银称量货币的单位相同,也使用"钧"和"孚"。

西周畿父壶铭文:

> 赐畿父示六、仆四家、金十钧。①

西周厉王多友鼎铭文:

> 赐汝……镬攸百钧。②

十钧、百钧都是很大的单位,西周使用更频繁的青铜称量货币单位是孚。

西周成王师旂鼎铭文:

> 唯三月,丁卯,师旂众仆不从王征于方雷。使厥友弘以告于伯懋父。在芳,伯懋父乃罚得、显、古三百孚。今弗克厥罚。③

王三月的某一天,师旂手下众人不参加周王征伐方雷的战争。师旂使友人弘以将此事告之于伯懋父。在芳的时候,伯懋父罚得、显、古三百孚。现在没有能罚。

布帛、粮食和白银作为称量货币在中国有文字历史中长期存在,直至近代仍保留有作为称量货币的遗风。青铜称量货币则不同,其发展演化的结果是出现了青铜数量货币。当国家政府垄断青铜数量货币的制造发行之后,青铜数量货币出现了明显的信用化,其币材价值与货币名义价值之间的差异越来越大。青铜金属的价值与青铜数量货币的价值之间出现了矛盾。于是,青铜金属便不再发挥称量货币的职能,从称量货币的地位退居到纯粹商品的地位。

---

① 《文物》,1961 年,第 7 期。
② 《人文杂志》,1981 年,第 4 期。
③ 陈曦:《对西周铜器"师旂鼎"铭文中几个问题的讨论》,载《中国语言学报》2008 年第 13 期。

第二节 古埃及的称量货币

古埃及与古巴比伦、中国和古印度并列为世界四大文明古国,位于北非东部,地中海南岸,与小亚细亚半岛隔海相望。

公元前3050年,那尔迈建立了古埃及第一王朝。此时的埃及已经出现了重量单位"班加"(beqa)。但是,有文字记载的白银称量货币,出现于公元前14世纪,古埃及新王朝法老阿蒙霍特普三世时期(公元前1386年至公元前1350年)。并且,文字记载的白银称量货币与原始数量货币"银环"并行流通。此时,古埃及的重量单位已经不是远古时期的"班加",而是新出现的"得本"(deben)。古埃及白银称量货币的常用单位不仅有"得本",而且还有相当于得本1/10重量的分量单位"基特"(kidet)。

一、前王朝的称量单位"班加"

古埃及出现重量单位班加的时间在公元前3800年前后。根据对出土的一套总计40班加的砝码进行测量,总重量498.6克,1班加重量大约12.5克。

此后,班加的重量标准发生过多次变化,在12.3—14.0克之间波动。据说,班加代表的重量是256颗麦粒。256这个数字是2进制的产物,用1乘以2,再乘以2,再乘以2……一直乘下去,便得到256这个数字。由于农业生产年景不同,麦粒时大时小,班加的标准重量便时有变化,围绕着12.5克上下波动。

尽管古埃及重量单位班加出现的时间很早,但是在公元前14世纪以前,没有文字证据证明当时古埃及的班加用于白银称量货币。公元前27世纪末期,古埃及一个名叫梅腾的大臣写了一部自传——《梅腾自传》,讲述了当时法老赏赐他财富的情况。

> 授予他作为赏赐的有:二百斯塔特土地,由许多王家的……

得自王子之母涅玛塔普陵庙的每日一百块面包[亡灵]祭品,一所建筑和装备好的房屋,长二百肘,阔二百肘。①

《梅腾自传》中没有关于白银的记载,法老赏赐的财富只是土地和房屋。除此之外,还有面包。面包也是价值转移的一种载体。这种情形,在当时两河流域也是普遍发生的。公元前 2378 年,乌鲁卡基那取代卢加尔·安达成为拉格什的国王。面对日益激烈的社会矛盾,乌鲁卡基那在城中颁布改革命令,力图使拉格什的公民从债务奴役、欺骗、谷物和财宝被盗窃的情况中解放出来,从残杀和掠夺中解放出来。他制定刑罚,使强者不再欺凌孤儿和寡妇。铭文中有这样的文字:

> 如死者葬于恩奇神的芦苇丛中,则司奠僧侣要求:七大杯酒,四百二十块面包,七十二容量的谷,一件衣服,一张床,一张椅子。哭泣者要求三十六容量的谷。②

价值支付采用实物,其中包括一定数量的面包。

公元前 1750 年前后,古埃及发生了贫民和奴隶的暴动。一个名叫伊浦味的古埃及贵族,将当时的情形写在莎草纸上。这份文件被后人称为《伊浦味陈词》。在这份文件中,依旧没有关于白银作为称量货币的记载。但是,此时的古埃及,已经有了黄金和白银,并且人们将黄金和白银作为财富使用。

> 国境变成沙漠,各州被洗劫一空,蛮人③从外面进埃及了。到达了……各处不[复]有埃及人,黄金、琉璃、白银、孔雀石、肉红玉髓、伊布赫特④的石,都挂在女奴隶的颈上去了。⑤

---

① 《梅腾自传》,载林志纯主编:《世界通史资料选辑》,商务印书馆 1962 年版,第 2 页。
② 《乌鲁卡基那改革》,载林志纯主编:《世界通史资料选辑》,商务印书馆 1962 年版,第 39 页。
③ 蛮人:指奴隶。
④ 伊布赫特:地名,尼罗河第二瀑布以北的一个地方。
⑤ 《伊浦味陈词》,载林志纯主编:《世界通史资料选辑》,商务印书馆 1962 年版,第 5 页。

《伊浦味陈词》提到了黄金和白银,作为佩饰挂在女人的脖子上,炫耀富贵。但是,我们仍然没有发现当时古埃及的白银使用班加作为称量单位发挥货币职能。

那么,这个古老的称量单位班加,当时是用来称量什么的?这是一个需要研究和解决的问题。

二、新王国的称量单位"得本"和"基特"

如果说古埃及最早的称量单位班加是用来称量黄金和白银的,那么,后来出现的称量单位得本,最初则是用来称量铜金属的。

公元前1550年左右,古埃及开始使用第二种称量单位。这种称量单位被称为得本,主要用来衡量铜金属,而不是黄金和白银。同时,还出现了一个更小的白银称量单位——基特。10基特等于1得本。1得本的重量为91克,1基特的重量为9.1克。

我们见到的古埃及称量单位得本的文字记载,出于公元前14世纪(古埃及新王国后期)的摩塞档案,而关于古埃及称量单位基特的文字记载,则出于公元前12世纪(古埃及新王国晚期)的购买女奴讼案文件。

然而,英国货币学家罗伯特·泰尔认为,得本称量单位是建立在基特及其倍数基础上的,基特的起源目前尚未搞清楚。

得本与班加的关系,目前仍然是一个没有搞清楚的问题。有可能得本与班加是古埃及不同地区的不同的称量单位,两者之间并无先后继承的关系。尽管班加的出现比得本要早2250年,但是,在公元前14世纪,文字记载的称量单位不是古老的班加,而是后起的得本。更加令人不解的是,公元前6世纪,当波斯帝国攻占埃及时,与波斯帝国称量单位接轨的埃及称量单位并不是后起的称量单位得本,而是古老的称量单位班加。

三、白银称量货币与青铜称量货币的比价

白银称量货币和青铜称量货币都采用得本作为重量单位。从重

量单位关系看,1 得本等于 10 基特。从价值关系看,1 基特白银等于 100 基特青铜。这一点,我们可以从出土的莎草纸记载的一件讼案文件中找到证据。

这件购买女奴的讼案发生在古埃及第 19 王朝(公元前 1293 年至公元前 1185 年)。女市民伊林涅菲尔从商人拉伊阿手里买到一个女奴,支付价款如下:

上埃及质料的围裙 1 件,值银 5 基特。

上埃及质料的被单 1 件,值银 3.5 基特。

上埃及质料的扎乌特外衣 1 件,值银 4 基特。

最好的上埃及质料的舍狄礼服 1 件,值银 5 基特。

最好的上埃及质料的扎姆礼服 1 件,值银 5 基特。

从女市民卡弗处得到青铜器皿伽乌 1 件,值 18 得本,值银 1.5 基特。

从粮库长官彼阿伊处得到青铜器皿伽乌,值 14 得本,值银 1.5 基特。

从祭司-γαδ①赫维[帕]涅赫西处得到锻铜 10 得本,值银 1 基特。

从祭司-γαδ伊尼处得到青铜器皿伽乌 1 件,值 16 得本,值银 1.5 基特,铜——器皿麦恩特 41 件,值 1 赫克特②,值银 5 基特。

从女市民初阿伊处得到青铜锅 1 件,值 20 得本,值银 2 基特。

从阿蒙神庙之穿的长官图叶伊阿处得到青铜器皿克别特 1 件,值 20 得本,值银 2 基特;最好的上埃及质料的麦西斯衬衫 10

---

① 一种低级祭司。
② 1 赫克特等于 50 得本。

件,值银 4 基特。总计各种物品共值银 4 得本 1 基特。[①]

表 6-1　伊林涅菲尔支付账单

物品	值铜(得本)	值银(基特)	比率
衣物 5 件		22.5	
铜伽乌	18	1.5	120
铜伽乌	14	1.5	93
锻铜	10	1	100
铜伽乌	16	1.5	107
铜麦恩特 41 件	50	5	100
铜锅	20	2	100
铜克别特	20	2	100
衣物 10 件		4	
共计 62 件		41	

女市民伊林涅菲尔购买这个女奴,支付了 62 件物品,其中衣物 15 件,铜器 47 件。铜器的价值以得本计量,共计 148 得本,折合白银 14.5 基特。从重量单位关系看,1 得本等于 10 基特;从价值比率关系看,10 得本铜,即 100 基特铜,等于 1 基特白银。

四、哈里斯大纸草上记载的称量货币

1855 年,一个名叫哈里斯的英国人在墨吉涅特·哈布(底比斯近郊)的一个墓室中发现了一个大纸卷,共有 79 张莎草纸,上面用新埃及语记载了公元前 12 世纪的事情。公元前 12 世纪,古埃及处于奴隶制,拥有大量的奴隶、黄金和白银。各地臣民向法老及神庙缴纳实物税和货币税。实物税主要是布匹、器皿、船只、谷物、亚麻、

[①] 《有关新王国时期奴隶制的九件资料》,载北京师范大学历史系世界古代史教研室编:《世界古代及中古史资料选集》,北京师范大学出版社 1991 年版,第 42—43 页。

蔬菜、牛、鸟、鹅、蜂蜜、油、葡萄汁、酒等；货币税主要是黄金、白银和铜。

统治之第三十二年，夏季（第三季），6日，当上下埃及之王谢尔·玛特·拉·美里阿蒙①——愿他生存，健康无恙——陛下在位时代，当拉之子，一切神与女神所喜爱者，拉美西斯·海卡·优努——愿他生存，健康无恙——在拉时代。

优质的黄金217得本5基特。

得自科不多斯沙漠的黄金61得本3基特。

得自努比亚的黄金290得本8.5基特。

总计优质的黄金和沙漠的黄金共569得本6.5基特。

白银10964得本9基特。

总计黄金和白银11546得本8基特。

黄铜26320得本。②

根据哈里斯大纸草上述文字记载，我们得知：铜的称量单位一般使用得本，黄金和白银的称量单位不仅使用"得本"，还使用"基特"。

这份文件的日期是拉美西斯三世继位第32年，即公元前1156年。这个时候，人类的数量货币——钱币还没有诞生，古埃及使用黄金、白银、铜作为称量货币，以得本和基特为单位，行使货币职能。

此时，古埃及的原始数量货币——银环，已经出现并与称量货币并行流通。

第三节　古印度的称量货币

根据历史文献，古印度有金属的存在，也有称量单位的存在。这

---

① 拉美西斯三世的御名，意为"阿蒙喜爱的、拉的真理是巩固的"。
② 《"哈里斯"大纸草》，载林志纯主编：《世界通史资料选辑》，商务印书馆1962年版，第29页。

一点，有出土文献和出土砝码为证。出土砝码的基本单位数以克计。这些砝码用来称量什么？显然不是用来称量粮食，而是用来称量金属。古印度的称量金属主要是白银，这一点可以从后来产生的银币来证明。古印度方形银币的诞生，是古印度白银称量货币长期发展的结果。鉴于古印度的历史是断裂的，缺乏延续的历史信息依据。所以，我们把古印度称量货币讨论的重点放在称量单位的发展变化上。

古印度是世界四大文明古国之一，位于亚洲南部，是一个倒三角形的半岛，北望喜马拉雅山脉，东临孟加拉湾，南入印度洋，西濒阿拉伯海。

古印度文明起源于西北部的印度河流域和东北部的恒河流域，拥有多种民族和多种文化。古印度的农耕文明最早出现在哈拉巴文明时期（公元前2500年至公元前1750年），迟于其他三大文明古国。古印度的铜器时代和称量单位"苏瓦纳"的产生，却几乎与其他文明古国同步。

古印度出现称量单位的时间，可以追溯到哈拉巴文明时期。哈拉巴文明时期出现的称量单位"苏瓦纳"，是128颗野甘草草籽的重量。1个苏瓦纳等于16个马夏。1个马夏就是8颗野甘草草籽的重量。到了吠陀时期，一个新的称量单位"马纳"出现了。吠陀文献记载有多种金属名词和金属重量单位马纳。到了列国时代，南亚次大陆出现了16个大国，各国有着不同的金属重量单位，其中主要是马纳和马夏。

一、哈拉巴时期的称量单位"苏瓦纳"

古印度称量制度中的基本单位是苏瓦纳（suvarna），重量是13.705克。

考古人员在印度河谷发掘出1500多枚立方体石刻砝码，这些砝码属于公元前2500年至公元前1500年之间埋藏的古物，基本属于哈拉巴文明时期，各枚重量遵循以下数字序列：

1/16、1/8、1/6、1/4、1/2、1、2、4、10、20、40、50、100、200、500、800。

对各枚砝码进行测量,各自表达基本单位1的重量均值趋向于13.710克,各自偏离均值的幅度不超过2%。

此外,在瑟卡坡遗址的考古发掘中,出土54枚球状石刻砝码。这些砝码属于公元36年埋藏的古物,砝码上面钻有小孔,插上铅塞,说明其重量在古时曾被校正,实测重量遵循以下数字序列:

1/4、1/2、1、2、4、16、32。

对各枚砝码进行测量,各自表达基本单位1的平均重量趋向于13.705克。比较早于它2000年的重量标准,基本单位1的平均重量下降了0.005克。

这个经历2000年风雨依旧不变的重量单位名叫"苏瓦纳",代表128颗野甘草草籽的重量。

苏瓦纳的另一个意思是"漂亮的",作为形容词来形容金属,漂亮的金属便是黄金。后来,苏瓦纳由形容词转变为名词,后面不再跟名词"金属",这个词作为名词就直接意指"黄金"。

古印度的基本称量单位苏瓦纳的重量是13.705克,古埃及的基本重量单位班加的重量是12.5克,两者重量相似。苏瓦纳的重量是128颗野甘草草籽的重量,班加的重量是256颗大麦的重量,256是128的两倍,这两个数字都是2进制系列上的数值。

二、称量单位基于野甘草草籽

古印度的称量单位基于野甘草草籽的重量,1苏瓦纳便是128颗野甘草草籽的重量。

这种野甘草的草籽被称为"拉蒂"(ratti),是有毒的,鲜红的颜色,一端有黑点,平均重量0.107克。我们遵循2进制数字序列,将1苏瓦纳的重量分割成若干个拉蒂的重量单位,就得出表6-2。

表6-2 苏瓦纳及其分量单位

重量单位	拉丁文	重量(克)	拉蒂数量
苏瓦纳	suvarna	13.705	128
达哈拉	dharana	3.426	32
马夏	masha	0.857	8
马夏卡	mashaka	0.214	2
拉蒂	ratti	0.107	1

1/4苏瓦纳等于1达哈拉(dharana),即32颗野甘草草籽的重量,折合现代3.426克。达哈拉是一个非常重要的单位,这个重量的金属,特别适合制造成1枚钱币。甚至有人推测,"达哈拉"这个名词在古印度的意思就是"称重",与两河流域苏美尔人的名词"舍客勒"具有相同的含义。在古印度,符合达哈拉重量标准的钱币有着不同的名称:卡夏帕那(karshapanas)、天罡(tankas)、吉塔尔(jitals)、帕古达(pagodas)。这些不同名称的钱币,重量大体上都接近达哈拉的重量。

根据英国货币学家罗伯特·泰尔的测量,目前野甘草草籽的平均重量确实是0.107克。128颗野甘草草籽的重量是13.705克,即古印度称量制度中的基本单位苏瓦纳的重量。

三、吠陀时期的称量单位"马纳"

《梨俱吠陀》诗歌产生于公元前1500年至公元前900年,这一时期与中国商朝时期大体相当。《梨俱吠陀》中许多处提到用牛作为价值尺度和流通手段,行使货币职能。

据波你尼的《波你尼经》记载,后吠陀时期,牛仍是一种交换媒介。我们曾提过的购买手段笥帕什利,字面意思是牛尾巴,是买卖牛时使用的术语。这或许源于当时流行在交易时牵着牛尾巴。这种做法仍存在于印度教一种叫笥丹的仪式中,通过将牛尾巴放在祭司的手上,将牛交给祭司。①

这说明,当时的印度在货币经济方面远远落后于两河流域和古代中国。两河流域此时已经大量使用白银称量货币,中国商朝也已经大量使用青铜称量货币,而印度还在使用牛作为重要的货币形式。

除了使用牛进行定价和支付,《梨俱吠陀》中也出现了关于金属的文字。"伊兰亚"(hiranya)这个词在《梨俱吠陀》中频繁出现,它的含义当时是"金属",而目前这个词的意思专指"金钱"。当时人们一般用形容词来修饰特定的金属,譬如用"拉扎达"(rajata,切割)修饰白银;用"皮塔"(pita,黄色的)或"苏瓦纳"(suvarna,漂亮的)修饰黄金。后来,这些形容词后面不再跟名词"金属"(伊兰亚,hiranya),而是各自独立地成为名词。拉扎达用于表示白银;苏瓦纳用于表示黄金。

吠陀文献中,"马纳"(mana)是常见的交易术语,被用作称量单位。萨塔马纳(satamana)等于100马纳,原来是1个圆形金属片。在国王登基祭祀典礼上,当国王加冕时,两个萨塔马纳被分别嵌在皇家战车的两个轮子上,典礼后赏给祭司。

尽管没有文献记载或出土文物证明古印度在《梨俱吠陀》时期有金属称量货币的存在,但是《梨俱吠陀》诗歌中已经出现了关于金属的文字,说明当时印度是有金属的。此外,出土文物中出现了关于称量制度的石刻砝码,说明当时印度的金属是可以用标准称量单位来测量的。因此,我们可以相信,公元前6世纪在古印度出现的钱币,与世界其他地方出现的钱币一样,也是从金属称量货币转化而来的。此外,还有一个佐证:古印度早期的数量货币——钱币,也是以重量单位冠名的,并且几乎与中国古代的青铜布币、吕底亚王国的琥珀合金币同时出现。

吠陀时期文献中出现的称量单位是"马纳"。马纳与苏瓦纳是两个不同的称量系列。1苏瓦纳等于128拉蒂,1拉蒂重量0.107克。

---

① [印度]P.L.笈多:《印度货币史》,石俊志译,法律出版社2018年版,第6—7页。

马纳的重量与拉蒂近似,重量是 0.11 克,比拉蒂重量多 0.003 克。马纳采用百进制,100 马纳等于 1 萨塔马纳。但是,两者之间还有一个中间单位——沙那(shana),重量 1.375 克。12.5 马纳等于 1 沙那。8 沙那等于 1 萨塔马纳(见表 6-3)。

表 6-3 马纳重量单位

重量单位	拉丁文	重量(克)	马纳数量
马纳	mana	0.11	1
沙那	shana	1.375	12.5
萨塔马纳	satamana	11.00	100

四、列国时代的称量单位"马夏"

公元前 600 年至公元前 324 年是古印度的列国时代。此时,印度北部出现了 16 个比较强大的王国。

古印度列国时代,印度河流域使用的基本重量单位是马纳,而恒河流域使用的基本重量单位,除了马纳,还有属于苏瓦纳称量系列的马夏(masha)。

摩揭陀王国位于印度东北部的恒河流域,主要城市有华氏城。摩揭陀王国使用的金属重量单位是马夏,重量 0.857 克,是 8 颗野甘草草籽的重量,即 8 拉蒂。马夏采用 4 进制,4 马夏等于 1 卡夏帕那,即 1 达哈拉,32 拉蒂,重量 3.426 克。这是一个非常适合制造钱币的重量单位,古印度的数量货币——钱币,正是由这个称量货币单位转化而来,并采用了这个称量单位的名称——卡夏帕那。

由于波斯人的侵扰,印度河流域的文化向恒河流域转移,这造成了一个奇怪的现象:马夏属于苏瓦纳称量系列,起源于哈拉巴文明时期的印度河流域,到了战国时期,马夏称量单位流行于恒河流域,而不在印度河流域。

此时,印度河流域的主要国家是犍陀罗王国,主要城市有河东的塔克西拉和河西的普什卡拉瓦提。犍陀罗王国使用的金属称量单位是马纳。

除了印度河流域的犍陀罗王国,恒河流域的憍萨罗王国、末罗王国和迦尸王国也使用马纳称量单位。

位于恒河流域的摩揭陀王国使用马夏称量单位。此外,恒河流域的般遮罗王国和两河之间的苏罗赤那王国也使用马夏称量单位。

第二编

钱币的诞生

（公元前 9 世纪至公元前 3 世纪）

导　　论

货币的最初形态是称量货币。

从世界货币史的角度看，公元前2096年至公元前816年，是称量货币时代。称量货币时代的货币，主要有布帛称量货币、麦谷称量货币和金属称量货币。经历了1000多年的发展，金属称量货币演化为金属数量货币——钱币。

最早的称量货币起源于亚洲西端的两河流域，体现为大麦称量货币和白银称量货币。此后，中国的黄河流域也产生了称量货币，体现为布帛称量货币和青铜称量货币。亚述野蛮民族的入侵，使两河流域的文明发展遭到阻断，而中国黄河流域的文明发展，却以超越全球的速度，迅速崛起。

公元前9世纪末期，在黄河中游的晋国，以"寽"为重量单位的青铜称量货币被转化为铲形农具形状的金属数量货币——钱币，人类最早的钱币由此诞生。

钱币是中国古代人民的一个伟大的发明。钱币的出现，有效地促进了商品的生产和交换，为人类进步与繁荣提供了有力的支持。从此，1000多年世界范围的称量货币时代宣告结束。然而，称量货币并没有因此退出流通领域，而是与钱币并行，共同行使货币职能。

公元前7世纪中期，两河流域北方小亚细亚半岛上的吕底亚王国，创造出西方世界最早的钱币——琥珀合金币。当时，吕底亚王国攻占了古希腊在小亚细亚半岛上殖民建立的全部城邦。琥珀合金币出现之后,吕底亚王国控制的古希腊各城邦开始打制钱币,并将钱币打制技术和钱币流通制度传入古希腊在地中海东部岛屿上的各个城邦,以及希腊半岛上的各个古希腊城邦。

与此同时,吕底亚王国与波斯帝国之间发生了争霸战争。波斯帝国吞并了吕底亚王国,继承了吕底亚王国的钱币流通制度,并将钱币流通制度带到伊朗高原,此后又传播到印度河流域。

然而,古印度的钱币并不是源于波斯人带来的吕底亚钱币,而是源于本土称量货币的发展演变。古印度有着本土的称量单位——苏瓦纳和马纳,以及苏瓦纳和马纳重量标准的称量货币。但是,由于缺乏古印度的有关历史文献,我们无法了解古印度称量货币时代社会的详细情况。根据出土文物,公元前6世纪,古印度出现了以苏瓦纳重量标准为基础的钱币——卡夏帕那,以及以马纳重量标准为基础的钱币——萨塔马纳。此外,古印度的早期钱币,不同于中国的钱币和吕底亚的钱币,而是一种具有古印度独特风格的钱币,它的形状不是圆形,而是一种四边不规则的方形,正面的纹饰是各种符号印记,譬如太阳符、六臂符、三角、圆圈、弓箭、树枝等。

到了公元前3世纪,当罗马共和国逐步吞噬了古希腊诸城邦的时候,以罗马本土的称量货币单位——阿斯重量标准为基础的罗马钱币诞生了。至此,世界主要文明古国的钱币创造大潮基本完结。此后,罗马共和国转为罗马帝国,随着罗马军团走向世界的征战步伐,罗马的版图达到空前的规模,罗马钱币的流通地域日益广阔,并对后世各国货币制度的发展,产生了极其深远的影响。

第七章
Chapter 7

钱币的基本概念

货币的产生,基于私有制的形成。私有制条件下,出现了商品交换。商品交换的发展,导致了称量货币的产生。称量货币主要有布帛、粮食和金属。其中,金属称量货币经历了1000多年的发展,演化为金属数量货币——钱币。

第一节 钱币是货币的一个种类

钱币是货币的一个种类。进一步说,钱币在货币中,属于数量货币的一个类型,是金属制造的数量货币。

钱币诞生之后,便成为市场上的主要货币。然而,各种称量货币并没有因此退出流通,而是与钱币并行,继续发挥货币职能。

一、货币的本质和职能

货币的本质是商品交换媒介。如果一种物品,不被人们用来作为商品交换媒介,无论它的质材有多么贵重,都不是货币。在货币发展演化的历史上,一般等价物商品转化为称量货币,除了需要有法定统一的称量标准,还必须具备两种职能:一是价值尺度职能;二是流通手段职能。

货币的价值尺度职能,指的是货币必须具有计量各种商品价值的能力。如果一种商品,没有计量各种商品价值的能力,它就不是货币。

货币的流通手段职能,指的是货币必须能够成为商品交换的媒介,人们在买卖商品时,采用货币作为买卖工具。货币在商品流通的过程中,作为一般等价物交易手段,能够得到人们的普遍接受。在现代社会中,货币作为流通手段,除了发行者的信用,还需要有法律的支持。

当然,货币还有一些其他职能——支付手段、储藏手段和世界货币的职能。支付手段是货币流通手段在时间上的延伸。储藏手段是货币购买能力保持基本稳定的条件下,人们对于财富种类的一种选择。世界货币的采用,则应落实在基于具有价值和使用价值的、人们普遍认可的某种特殊商品或一系列特殊商品的价值组合之上,不应落实在某个超级大国的政府信用之上。

二、从称量货币到数量货币

人类最早的称量货币是两河流域苏美尔人的白银称量货币和大麦称量货币。经历了1000多年的传播、发展和演变,公元前7世纪在小亚细亚半岛的吕底亚王国产生出金属数量货币——琥珀合金币。

人类最早的金属数量货币并不是吕底亚王国的琥珀合金币,而是在古代中国黄河流域出现的空首布。早在公元前16世纪的商朝,中国已经有了青铜称量货币和布帛称量货币,经历了大约800年的发展,公元前9世纪初的西周晚期,在晋国产生出人类最早的金属数量货币——空首布。

从称量货币到数量货币的发展演变,中国快于西方国家。用法国学者让·里瓦尔的话说:

> 中国人只是在较晚的时候才发现冶金术。可是他们,如果敢这样说的话,两口并一口,狼吞虎咽。早在公元前11世纪,他们用铜币代替贝壳作为支付手段。铜币的外形奇特,一面平扁,一面凸起,上面刻有文字。这些铜币名称生动有趣,或称"蚁鼻",

或称"犬首"。①

里瓦尔的观点是:中国冶金生产起步晚于西方国家。但是,中国人两口并一口,狼吞虎咽,起步虽晚,到达挺早。人类最早的钱币是中国楚国的铜贝,产生于公元前11世纪。

里瓦尔考证中国最早钱币产生的时间有误。根据对出土文物的考证,并没有发现公元前11世纪楚国的铜贝。楚国大量制造和使用铜贝替代海贝作为货币,发生在公元前7世纪,楚国夺取周天子的铜绿山之后。目前出土的中国最早的钱币是晋国的空首布,生产时间在西周晚期(公元前862年至公元前771年),考订为公元前9世纪末。

中国人完成称量货币向数量货币转变过程的时候,西方国家仍处于称量货币时期。在这个转变过程中,中国人不仅速度快,而且还产生出一个过渡形态——原始数量货币。从称量货币转为数量货币,是否必须经过原始数量货币形态?这是一个迄今尚未解决的问题。在中国古代主要民族的货币史中,几乎每个民族都曾有过使用原始数量货币的过程。中国古代的青铜数量货币,都是由原始数量货币转化而来。譬如,中原晋国的原始数量货币是铲形农具——钱;北方白狄游牧民族鲜虞国的原始数量货币是生活用具——削;南蛮楚国的原始数量货币是随身佩饰——贝;西戎秦国的原始数量货币是馈赠礼品——璧。当这些东西失去了生产工具、生活用品的使用功能,专用于货币职能的时候,它们的原始数量货币性质就改变为真正意义上的数量货币。

古埃及也出现了同样的情况,白银称量货币的发展,产生了原始数量货币银环。这是一种白银制造的戒指,具有生活用品的使用功能,在商品交换中作为价值尺度和流通手段发挥货币职能。但是,古埃及的原始数量货币并没有能够转变为数量货币,原因是波斯帝国的

---

① [法]让·里瓦尔:《货币史》,任婉筠、任驰译,商务印书馆2001年版,第5页。

入侵打断了古埃及货币发展的进程。波斯帝国将希腊化钱币带入埃及,使埃及的白银称量货币以及原始数量货币——银环,直接转换为外族统治者带来的希腊化钱币——德拉克马。

吕底亚王国的货币发展过程则有不同,他们从两河流域学习到称量货币的使用,然后在白银称量货币上加盖印记。在此基础上,他们于公元前 7 世纪制成了琥珀合金币。

至于安纳托利亚呢? 情况完全不同。公元前 1530 年左右,赫梯人横扫巴比伦,发现了美索不达米亚的计算货币[①]。赫梯人大受启发,回到本国后,动手开采他们的矿藏。他们并没有仅仅满足使用银希克勒(sicle,1 希克勒相当于 8.41 克白银)[②]……而且直接使用白银来支付大款额的生意。为了便利交易,他们在银锭上盖有印记,清楚地标明了银锭的重量和成色。[③]

公元前 12 世纪,吕底亚王国从赫梯王国中独立出来,自然拥有白银称量货币。

里瓦尔认为,吕底亚王国最早制造的钱币并不是琥珀合金币,而是盖有印记的白银货币。

吕底亚王国发明的钱币,应该是白银称量货币或者黄金称量货币长期发展、演变的结果。

三、钱币是金属制造的数量货币

钱币是金属制造的数量货币。制造数量货币使用的金属,早期主要有青铜、白银、黄金、金银合金,后来才出现了铁、铅、镍或各种组合的合金。

古代中国的称量货币是布帛和青铜;古代两河流域的称量货币是

---

① 计算货币:意指"称量货币"。
② 希克勒(sicle):即"舍客勒"。
③ [法]让·里瓦尔:《货币史》,任婉筠、任驰译,商务印书馆 2001 年版,第 5—6 页。

大麦和白银。经历了1000多年的发展,中国的青铜称量货币在黄河中游的晋国产生出金属数量货币——空首布。两河流域的白银称量货币在小亚细亚半岛产生出金属数量货币——琥珀合金币。

多数学者认为,公元前640年小亚细亚半岛上的吕底亚王国创造的琥珀合金币是人类历史上最早的钱币。这种钱币的币材来自吕底亚王国国都萨迪斯河中的金银合金矿沙。琥珀合金币的金属成分是三金一银。到了吕底亚王国的末代国王克洛伊索斯执政时期(公元前560年至公元前546年),吕底亚王国又出现纯金币和纯银币。吕底亚王国能够生产纯金币和纯银币,原因是他们掌握了金银分离术,能够从琥珀合金中提炼出黄金和白银。

其实,没有金银分离术,吕底亚王国也是有能力打制纯金币和纯银币的。因为,在公元前6世纪,吕底亚王国应该有着充足的黄金储备和白银储备。

早在公元前1500年,小亚细亚半岛上的赫梯王国就已经有白银称量货币流通。这一点,有出土的《赫梯法典》为证。在《赫梯法典》第一表和第二表的总共200个条文中,有167处讲到白银称量货币。经过近1000年的发展之后,小亚细亚半岛成为世界上最富有的地区,岛上的黄金和白银的数量应该比过去更为丰富。

小亚细亚半岛上最早的钱币是使用琥珀合金打制的,很快又有了纯金币和纯银币。后来,吕底亚王国的钱币制造技术和钱币流通制度从小亚细亚半岛上的古希腊诸城邦跨海传入希腊半岛上的诸城邦,在古希腊诸城邦中先是出现了单位为德拉克马的银币,继而又出现了单位为查柯的铜币。

古代中国的金属数量货币,一开始就采用了青铜金属,并采用浇铸的方式制造成为铜钱,没有铸造金币和银币。

四、钱币与称量货币并行

称量货币的长期发展,产生出数量货币——钱币。钱币作为商品交换媒介,远比称量货币更为方便、简捷。

然而,人类发明钱币之后,称量货币并没有因此消失,而是与钱币并行,继续发挥货币职能。以中国古代为例,铜钱广泛流通之后,布帛称量货币、粮谷称量货币、黄金称量货币仍然并行流通。这种情形,在秦汉时期乃至唐宋时期,表现依然明显。

秦、汉初期,金属数量货币——铜钱已经广泛流通,黄金称量货币仍是法定货币,主要用于大宗交易,官府收支、朝廷赏赐等大额支付用途。赏赐的名目繁多,有军功、定策、庆典、作陵、治水、迁官、褒奖、治绩、休告、推恩、罢免、私惠等不可胜数。从文献记载中看,汉代黄金的用途还有:聘娶、和戎、悬赏、反间、贿赂、馈遗多种多样。例如,韩信被封为楚王,为答谢曾经给过他饭吃的漂母,赠漂母千金。

信至国,召所从食漂母,赐千金。①

又例,孝景帝三年,吴王濞在广陵起兵造反,给各路诸侯发布文告说:

能斩捕大将者,赐金五千斤,封万户;列将,三千斤,封五千户;裨将,二千斤,封二千户;二千石,千斤,封千户;千石,五百斤,封五百户,皆为列侯。②

东汉时期,布帛称量货币职能又有加强。皇帝赏赐多为铜钱或布,赎罪用缣,抚恤则用帛。因此,铜钱不仅与黄金称量货币并行,又与布帛称量货币并行。

三国时期,绢布曾经作为法定货币进入流通,不久就出现了民间以薄绢牟利的情况。于是,朝廷废止了绢布作为法定货币的制度。

隋朝铸行五铢钱,但是,以布帛为价值尺度的情况仍然十分普遍。隋炀帝巡游,需要旌旗羽饰,令民间交纳皮革毛羽,

是岁,翟雉尾一,直十缣,白鹭鲜半之。③

---

① (西汉)司马迁:《史记》卷九二《淮阴侯列传》,中华书局1959年版,第2626页。

② (西汉)司马迁:《史记》卷一〇六《吴王濞列传》,中华书局1959年版,第2828页。

③ (唐)魏徵等:《隋书》卷二四《食货志》,中华书局1973年版,第687页。

这段文字说明翟雉尾的价值,采用缣作为价值尺度,而不是采用铜钱作为价值尺度。

到了唐代,布帛仍然是合法的货币。《唐六典》云:"金银之属谓之宝,钱帛之属谓之货。"①意思就是,金银为宝藏,铜钱与布帛为货币。

魏晋南北朝及至隋、唐初期,自然经济特征明显。在这个漫长的时期中,商品交换活动萎缩,特别是异地商品交换活动减少,所以金属货币流通衰退,谷帛在民间成为主要的价值尺度和流通手段。谷帛两者都是生活中的必须品,具备使用价值,在自然经济中最适合发挥货币职能。两者相比较,布帛的货币作用更为重要。因为,与粮食相比较,布帛更易于运输和储藏。粮食价格比布帛低,运输成本更高。货币流通是需要考虑成本的。古语说:"百里不贩樵,千里不贩粜。"谷物运输成本高,千里运输成本就超过其本身价值。布帛运输成本相对低廉,有利于作为货币运输。此外,作为货币储藏手段,布帛比粮食更能储藏长久。因此,布帛的货币性质逐步增强,成为比粮食更为重要的价值尺度。

唐朝的铜钱数量货币与布帛称量货币并行流通,一起发挥价值尺度和流通手段的货币职能。

第二节 钱币名称的由来

中文"钱"的名称源于中国古代的一种铲形农具。中文"货币"的名称指的是布帛可衣之物。"币"在《说文解字》中指的是丝绸,其前身应该是作为礼品的"玉"和"帛"。

英文"money"的名称类似于中文的"钱",指的是金属制造的货

---

① (唐)李林甫等:《唐六典》卷二〇《太府寺》,中华书局1992年版,第540页。

币。据说罗马人在女神莫尼塔(moneta)神殿中造币,所以将造出的钱币称为"money"。此外,由于欧洲人早期的游牧生产方式,采用牲畜作为商品交换媒介,所以更多国家钱币名词源于"牲畜"。

一、中文"钱"的名称由来

称量货币经历了长期的发展、演化,产生出数量货币——钱币。在数量货币产生之前,往往会出现作为过渡形态的原始数量货币。因此,钱币名称经常会继承原始数量货币的名称。

原始数量货币与数量货币的区别在于:原始数量货币具有货币之外的用途,而数量货币则专用于行使货币职能。

中文钱币的名称,便是源于中国古代最早出现的青铜布币的前身——作为原始数量货币的青铜农具"钱"。

"钱"是一种青铜铸造的铲形农具。"钱"在商品交换中作为一般等价物的特殊商品,充当交换媒介,便具备了原始数量货币的性质。

"钱"就是"铫"[①],即锹,属于铲形农业生产工具。《说文解字》云:

钱:铫也。古田器。译文:钱:锹。古代种田的农具。[②]

《诗经·周颂·臣工》云:

命我众人,庤乃钱镈,奄观铚艾。[③]

命令众农夫,准备好铁锹和锄头,周王要来观看你们收割粮食。

"钱"由青铜制造,安装上木柄用作农具,拆下木柄用作原始数量货币,充当商品交换媒介,以其青铜称量价值发挥价值尺度和流通手段的货币职能。

从货币发展过程看,作为一般等价物的特殊商品转变为称量货

---

① 铫:音瑶(yáo),古代的一种铲形农具。
② 汤可敬:《说文解字今释》,岳麓书社1997年版,第2021页。
③ 韩路主编:《四书五经》之《诗经·周颂·臣工》,沈阳出版社1996年版,第1252—1253页。

币,称量货币转变为原始数量货币,原始数量货币转变为数量货币,从而完成货币起源的全部过程。其中,原始数量货币是具有生产、生活实际用途的数量货币,既可以用作生产、生活的实用物品,又可以用作商品交换的媒介,交易使用时不需要称量,按照个数进行支付。在中国古代,这种原始数量货币主要有作为农业生产工具的"钱"、作为日常生活用具的"削"、作为随身佩饰的"贝"和作为礼品流转馈赠的"璧"。

中国古代的原始数量货币转变为正真意义上的数量货币时,"钱"转变为"空首布";"削"转变为"刀币";"贝"转变为"铜贝";"璧"转变为"圜钱"。

由于最早出现的是数量货币是空首布,源于原始数量货币——农具"钱",并被称为"铜钱",所以其他民族后来生产的"刀币""铜贝""圜钱"等,也被纳入铜钱之属,统称为铜钱。

二、中文"货"和"币"的名称由来

中文的"货"起初主要是指可以作为衣服的布帛以及金属刀币、龟壳贝壳等物品。班固说:

> 洪范八政,一曰食,二曰货。食谓农殖嘉谷可食之物,货谓布帛可衣,及金刀龟贝,所以分财布利通有无者也。[1]

《尚书·洪范》论述先王治理国家的八项政务。第一是食品,第二是货币。食品指的是农业种植的粮食等可以吃的东西,货币指的是可以作为衣服的麻织的布和丝织的帛,还有青铜刀币、龟壳贝壳等用于商品交换、互通有无、分配利益的物品。

中文的"币"起初主要是指作为礼品使用的"玉"和"帛"。

由此可见,中国货币起源于布帛,欧洲货币起源于牲畜。其原因是,当中国出现文字时,生产方式以农耕为主,用于商品交换的媒介主

---

[1] (东汉)班固:《汉书》卷二四上《食货志》,中华书局1962年版,第1117页。

要是布帛;欧洲出现文字时,生产方式以游牧为主,用于商品交换的媒介主要是牲畜。所以,中国货币名称源于布帛可衣之物;欧洲货币名称源于牲畜可食之物。

三、英国学者讲述钱币名称的由来

英国银行家学会首任理事长洛德·埃夫伯里在100多年前写了一本书,名叫《世界钱币简史》。他对英文名词"money"有如下讲述:

> 实际上"钱"(money)这个词,最初含有硬币之意。其来源据说是这样的:早期罗马硬币在朱诺·莫尼塔①的神殿内或其附近铸造。据西塞罗②说,朱诺(juno)由动词 moneo 取得这个名称,因为他劝告罗马人给大神母献祀一头猪以防止地震。③

对于罗马人来说,早期钱币是在莫尼塔(moneta)神殿中制造的,所以称为莫尼塔,转为英文便是"money"。

根据洛德的讲述,货币名称的由来,与古代货币形态的发展有关。首先,他讲到古欧洲使用牲畜作为交换媒介的事情。

> 在古欧洲,牲畜通常为交换的媒介物,拉丁语 pecunia(钱,来自 pecus 牲畜)即来源于此。在我们自己的语言里"牲畜"(cattle)即"动产"(chattel),它的意思包含一切财产。波斯祆教的经典中说,人们也用同样的方法计算支付医生的酬金,但很少有人意识到,我们付给医生诊费(fee),亦同样如此计算。因为"fee"这个词来自古语"vieh",此词在德语中至今仍含有牲畜之意。④

洛德在这里讲的是"货币",即商品交换媒介。在古欧洲,商品交

---

① 朱诺·莫尼塔:罗马女神,丘比特之妻。
② 西塞罗(公元前106年至公元前43年):罗马政治家,演说家和作家。
③ [英]洛德·埃夫伯里:《世界钱币简史》,刘森译,中国金融出版社1991年版,第9页。
④ 同上书,第2页。

换媒介是牲畜,所以"货币"这个词,来自词汇"牲畜",并衍生出"动产"这个词。此外,在波斯语和德语中,"医生诊费"这个词,也含有牲畜的意思。这说明,在古代,支付医生诊费是要支付牛、羊、鸡、鸭等牲畜的。

洛德认为,《圣经》里面写到的"钱",指的是"银"。

然而,据我们翻译的《旧约》本中的几节,我们可能会把使用铸币的时间追溯到太远了。在我们的译本《创世纪》第17章中,亚伯拉罕得到的命令中有"他生下来八天将行割礼……他出生在那间屋子里,听由任何陌生人用钱买"之文。这里译作"钱"的这个词,在原文中是"keseph";在希腊文《旧约》中,它被正确地译为"άργνρον";在拉丁文《圣经》中,它是 argentun(银)。实际上,它应译作"银",而不能译成"钱"。①

洛德继续讲述,这种银并不是按照数量交易的"数量货币",而是按照重量交易的"称量货币"。

我们知道《创世纪》第二十章十六节有"他对萨拉(亚伯拉罕之妻)说:看呀,我给了你兄弟一千块银子"的记载。该书第三十七章二十八节重复了同样的描述。这里,"块"(pieces)这个词好像是指货币,但它大概仅表示一定重量的银块。在二十三章的记载中,可看到同样的论述。亚伯拉罕购买马琦彼拉穴作萨拉的坟地,他"称了当时商人们所使用的流通货币四百西克尔银给衣弗朗"。在这段叙述中看到的"货币"这个词是斜体字,意指其不是原著中的原词。显然,银是按照重量使用的。像我们的磅一样,"西克尔"这个词最初的意思是一个重量单位,后来,又与我们的磅一样用作铸币名称。②

亚伯拉罕时期在公元前22世纪至公元前20世纪。当时的两河

---

① [英]洛德·埃夫伯里:《世界钱币简史》,刘森译,中国金融出版社1991年版,第8页。

② 同上书,第8—9页。

流通已经有成熟的白银称量货币流通,称量单位为"舍客勒"(《世界钱币简史》中译为"西克尔")。这一点在出土的《乌尔纳姆法典》中可以找到文字证据。

西方世界最早的钱币出现在公元前7世纪。洛德讲到吕底亚王国的椭圆形钱的名称——斯塔特(stater):

> 它们由金、银混合的琥珀金铸成,大约铸造于公元前7世纪吉易斯①统治时期。
>
> 它们叫"stater","stater"一词来自希腊语,表示"标准"(standard)之义,法重约167格令②或220格令,这要根据使用的是巴比伦标准还是腓尼基标准而定。③

四、法国学者讲述钱币名称的由来

法国学者让·里瓦尔也认为钱币名称源于原始的商品交换媒介——牲畜。他著述《货币史》说:

> 有些民族习惯用"价值若干头牲口"来标明价格。这样一来,这个"若干头牲口"便在有货币之前含有计算货币的意义了。人们在记忆中对此尚有印象:印度的"卢比"一词来自梵文 rupa,此事绝非偶然巧合,我们的形容词"pécuniaire"(金钱的)一词便带有拉丁文 pecus 的痕迹。当我们步埃斯库罗斯的后尘,说某某人"舌上带牛",意思就是暗讽他被人收买保持沉默;这个暗喻是再明白不过的了。④

人类生产方式从渔猎、游牧走向农耕。因此,远古的商品价值量化工具是牲畜,这一点在欧洲是十分突出的。所以,无论是英国人,还是法国人,在讲述钱币名称时,都要讲到牲畜。

---

① 吉易斯:又译为"巨吉斯"。
② 格令:grain,重量单位,0.0648克。
③ [英]洛德·埃夫伯里:《世界钱币简史》,刘森译,中国金融出版社1991年版,第11—12页。
④ [法]让·里瓦尔:《货币史》,任婉筠、任驰译,商务印书馆2001年版,第1页。

里瓦尔认为,货币起源于亚洲的两端:中国和安纳托利亚(又称小亚细亚半岛):

  直至公元前2000年末期,支付货币方始出现,恰好在亚洲的两端,即中国和安纳托利亚。①

里瓦尔认为,中国是最早发明钱币的国家,钱币起源于中国南部的楚国,时间在公元前11世纪,而安纳托利亚的吕底亚王国的琥珀合金币产生于公元前7世纪。

  公元前687年至公元前650年间的吕底亚的国王吉热斯②被普遍认为是西方货币的发明者。③

这个吉热斯国王,又被译为"巨吉斯",我们将在下文中详细介绍。

第三节　钱币最初的重量标准

称量货币的发展,产生出金属数量货币——钱币。继承称量货币的价值计量方式,钱币最初的重量标准,一般都采用其前身称量货币的单位标准。

一、中国钱币最初的重量标准

中国中原地区青铜称量货币单位是"寽",金属数量货币——钱币由称量货币的发展而产生,因此,中国钱币最初的重量标准便采用了称量货币单位——"寽"。

"寽"的重量是1/3益,由于晋国被魏、韩、赵三家分割,这里的"益"是指中原魏国的"益"。战国时期的1斤是253克,1两是

---

① ［法］让·里瓦尔:《货币史》,任婉筠、任驰译,商务印书馆2001年版,第5页。
② 吉热斯:又译为"巨吉斯"。
③ ［法］让·里瓦尔:《货币史》,任婉筠、任驰译,商务印书馆2001年版,第6页。

15.8125克；20两等于1益，1益重量316.25克，1/3益便是1寽，即105.42克。中国古代最早的钱币是中原晋国的空首布，理论重量105.42克，生产时间在西周晚期，目前已经有一些出土。

中原晋国最早使用的空首布，源于原始数量货币——铲形农具"钱"。空首布作为数量货币，继承了原始数量货币"钱"的形状，还继承了前身称量货币的单位重量标准，即1枚空首布的重量为1寽。空首布诞生之后，逐步出现了较大幅度的减重。

北方白狄游牧民族鲜虞国使用的鲜虞刀，源于原始数量货币——"削"。鲜虞刀作为数量货币，继承了原始数量货币"削"的形状，还继承了前身称量货币的单位重量标准。鲜虞国没有被纳入华夏文化。公元前489年，在晋国大夫赵鞅的军事打击下，鲜虞国灭亡了。截至目前，考古尚未发现鲜虞国称量制度的情况，只知道鲜虞刀的重量在11—15克。鲜虞刀进入中原之后，与燕国和齐国的重量制度接轨，出现了燕国刀币和齐国刀币。在齐国，刀币采用了齐国称量货币单位"化"的重量标准。"化"的重量是1/8益，这里的"益"是齐国的"益"。根据出土铭文器皿实测的结果，齐国1益等于24两，理论重量379.5克，出土实物测量平均重量369.65克，1化等于1/8益，即47.44克。齐国刀币诞生之后，逐步出现了较大幅度的减重。

南方楚国使用的铜贝，源于原始数量货币——随身佩饰的"海贝"或无文"铜贝"。铜贝作为数量货币，继承了原始数量货币"海贝"的形状，还继承了前身称量货币的单位重量标准，即1枚铜贝的重量为半两。1两的重量是15.8125克，半两的重量就是7.91克，去掉制造成本和铸币税，楚国铜贝的最初重量在7克左右。楚国铜贝诞生之后，逐步出现了较大幅度的减重。

西戎秦国使用的圜钱，源于原始数量货币——随身佩饰"玉璧"。圜钱作为数量货币，继承了原始数量货币"玉璧"的形状，还继承了前身称量货币的单位重量标准，即1枚圜钱的重量为半两，即7.91克。去掉制造成本和铸币税，秦国圜钱的最初重量在7克左右，后世人们称之为"秦半两"。秦半两诞生之后，逐步出现了较大幅度的减重。

二、吕底亚钱币最初的重量标准

西方人认为,人类最早的钱币是公元前7世纪吕底亚王国发明的琥珀合金币,成分为三金一银,重量标准为14克。到了国王克洛伊索斯统治时期,吕底亚人又制造了纯金币和纯银币,纯金币的重量标准为8克;纯银币的重量标准为11克。这些钱币都有出土实物证据。

从货币发展规律看,吕底亚王国的钱币也是金属称量货币长期发展演变的结果。

吕底亚王国钱币最初的重量标准源于古代西亚最流行的称量货币单位"舍客勒"。

两河流域的苏美尔人确立了舍客勒重量单位,其重量标准为8.33克。公元前16世纪,小亚细亚半岛上的赫梯人攻入巴比伦城,消灭了古巴比伦第一王朝,继承了古巴比伦的白银称量货币制度。白银称量货币的使用,在出土的《赫梯法典》中可以找到相关信息。

公元前12世纪,吕底亚王国从赫梯王国中独立出来,成为世界上最富有的王国。此后,吕底亚王国开始使用白银称量货币和黄金称量货币,单位仍然是舍客勒。克洛伊索斯统治时期,吕底亚王国生产了纯金币,称为"斯塔特",重量8克左右,正是1舍客勒的金币。1舍客勒黄金重量8.33克,扣除制造成本和铸币税,1舍客勒黄金制成金币"斯塔特"的重量应在8克左右。这一点,与小亚细亚半岛出土的斯塔特金币重量相符。

同时,吕底亚王国还制造了纯银币,也被称为"斯塔特",重量11克左右。1枚斯塔特金币兑换10枚斯塔特银币。当时的金银比价为1∶13.3,即1单位黄金可以兑换13.3单位白银。1舍客勒黄金兑换白银的数额应该是110.8克,用110.8克白银制成10枚银币,每枚银币的重量为11.08克,扣除制造成本和铸币税,1枚斯塔特银币的重量应在11克左右。这一点,与小亚细亚半岛出土的斯塔特银币重量相符。

关于琥珀合金币斯塔特的重量标准,应不是琥珀合金称量货币发展的结果。琥珀合金的出现,显然迟于黄金和白银的冶炼生产。琥珀合金是用小亚细亚半岛上的河流中的矿沙生产的。当钱币在吕底亚王国诞生时,人们在小亚细亚半岛河流中的淘沙活动正盛。琥珀合金是一种美丽的金属,被人们制造成为钱币是一种机缘,其重量标准为什么会定在14克,仍然是一个需要研究探讨的问题。

三、古希腊钱币最初的重量标准

古希腊白银称量货币的单位是德拉克马(drachma),当称量货币的发展产生出钱币的时候,钱币的重量便采用了德拉克马重量标准。

古希腊钱币最初的重量标准德拉克马,是一把麦粒的重量。这把麦粒有多少,在古希腊各城邦之间是不一致的。所以,古希腊钱币最初的重量标准,在各城邦之间也是不一致的。古希腊各城邦中,对后世影响较大的德拉克马重量标准至少有两个:一是雅典城邦的重量标准,被称为阿提卡标准;另一个是小亚细亚半岛希腊诸城邦的重量标准。

雅典城邦所在的阿提卡地区,德拉克马的重量标准为4.37克。这个重量标准对后世影响较大。这个重量标准,并不仅限于阿提卡地区,也被一些阿提卡地区之外的古希腊城邦所采用。

小亚细亚半岛的古希腊诸城邦,一把麦粒是72颗,重量3.33克。小亚细亚半岛的重量制度源于两河流域的重量制度。两河流域的最小重量单位是"色",重量为0.0463克,即1颗麦粒的重量。小亚细亚半岛上的古希腊诸城邦,1颗麦粒的重量也是0.0463克,72颗麦粒等于1德拉克马,即3.33克。这个重量标准,并不仅限于小亚细亚半岛上的古希腊诸城邦,也被一些小亚细亚半岛之外的古希腊城邦所采用,特别是被小亚细亚半岛临近海岛上的古希腊城邦所采用。

四、古印度钱币最初的重量标准

古印度钱币最初遵循两种重量标准:一是苏瓦纳重量标准;二是

萨塔马纳重量标准。

苏瓦纳重量单位产生于哈拉巴文明时期(公元前2500年至公元前1750年)的印度河流域,重量标准为13.705克,是128颗野甘草草籽的重量。这种野甘草籽被称为"拉蒂",被视为最小的重量单位,平均重量0.107克。1/4苏瓦纳的重量,被称为达哈拉,重3.426克,是32颗野甘草草籽的重量。古印度钱币最初的重量标准,便是1达哈拉。重1达哈拉的钱币,被称作"卡夏帕那"。

1卡夏帕那等于4马夏,或者等于16马夏卡(mashaka)。按照苏瓦纳重量标准体系制造的钱币,有1卡夏帕那、半卡夏帕那、若干马夏卡等种类。

萨塔马纳重量单位产生于吠陀时代(公元前1500年至公元前600年)的印度河流域,重量标准为11克,等于100马纳,或者8沙那。按照萨塔马纳重量标准体系制造的钱币,有1萨塔马纳、半萨塔马纳、1/4萨塔马纳、1沙那等种类。

第四节　早期钱币的币文和图饰

当钱币在世界各地相继出现的时候,钱币表面的币文或图饰十分简单。中国早期钱币的币文,多是地名或者钱币金属的重量;吕底亚早期钱币的币文,出现了制造商的名字;古希腊和古罗马早期钱币的币文,也多是地名。至于钱币上的图饰,中国古代钱币上没有图饰,直到晚清时期开始使用机制铜元或机制银元,才出现了机器冲压的图饰。西方国家早期钱币上的图饰多是动物,后来逐步转变为当地城邦的主神或百姓喜爱的神祇的图像。

一、中国早期钱币的币文

中国早期钱币的币文,难以辨识。以法国学者让·里瓦尔所提到的中国古代楚国蚁鼻钱为例,迄今出土的蚁鼻钱上的文字多为"巽"

"夆朱""全""君""行"等,皆不知所云,学者们有各种解释,迄今仍无定论。

战国早期,中原魏国的布币,币文有地名及币值。譬如:安邑半釿、安邑一釿、安邑二釿、音半釿、音阳一釿、音阳二釿、禾半釿、禾一釿、禾二釿、陕半釿、陕一釿、甫反半釿、甫反一釿、阴晋半釿、阴晋一釿、高半釿、高奴一釿、京一釿、繁一釿、端氏半釿、端氏一釿、共半釿、卢氏半釿、垣半釿等。

币文中,前面是地名,譬如"端氏"(今山西沁水县东北),旧读"寻氏""玄氏""绶氏"。币文中,后面是钱币的价值,譬如"半釿""一釿""二釿"。"釿"原本是重量单位,等于1/4"寽",理论重量26.36克。战国早期魏国的布币,虽然以"釿"为单位,但其重量只有大约十几克,已经远不足"釿"的理论重量。并且,根据实测结果,"半釿"、"一釿"和"二釿"三种价值的钱币之间,并不符合0.5∶1∶2的比例关系。

后来,布币币文只刻铭地名,不刻铭价值。其他各种钱币的币文更是五花八门、种类繁多。春秋战国时期,各诸侯国语言文字不同,见到各国钱币上的文字,才明白秦始皇统一文字"书同文"是怎样巨大的变革。

秦始皇统一中国时,废除各种钱币,将钱币统一为秦国的"半两",即币文为"半两"的铜钱。(见图7-1)汉武帝废黜"半两",铸行"五铢"。(见图7-2)"半两"和"五铢"都是圆形方孔的铜钱,币文只有两字:"半两"或"五铢"。"半两"和"五铢"属于纪重钱币,币文表示钱币重量,但多数出土"半两"或"五铢"的实际重量低于币文重量。"半两"和"五铢"币文简洁,可以跨越不同朝代流通,便利了商品的生产和交换。自公元前336年秦惠文王始铸"半两",至公元621年唐高祖始铸"开元通宝","半两"和"五铢"流通时间总计957年。

图 7-1 半两

图 7-2 五铢

唐高祖始铸"开元通宝"之后,经历唐宋元明清各朝,币文大体保持四字,一般是朝廷年号两字,加上"通宝""重宝"或"元宝"两字,放置在方孔的上下右左四边,或上右下左四边。(见图 7-3、图 7-4)

图7-3　开元通宝

图7-4　宣统通宝

二、西方国家早期钱币的币文

1. 吕底亚早期钱币的币文

吕底亚早期钱币的币文是发行者的名字。

西方世界最早的钱币是小亚细亚半岛上的吕底亚王国的琥珀合金币。小亚细亚半岛上有许多希腊城邦。这是公元前8世纪至公元前6世纪希腊人向海外殖民的结果。然而,吕底亚王国是从赫梯王国中独立出来的古国,并不是希腊城邦。但是,吕底亚王国后期,攻占了小亚细亚半岛上的几乎所有古希腊城邦。古希腊文化已经风靡小亚细亚半岛的许多沿海城邦。所以,目前被认定为吕底亚王国的琥珀合金币上,币文都是古希腊字母。

考古人员在以弗所(今土耳其西南部)出土的古钱币上发现了刻有发行者名字币文的琥珀合金币。这种钱币是公元前620年至公元前600年(克洛伊索斯的爷爷萨杜阿铁斯统治吕底亚王国时期)在爱奥尼亚地区生产的,币文为"ΦΑΝΕΟΣ"(of phanes,属于法涅斯)。迄今为止,币文有"法涅斯"名字的钱币的面值共有7种。

爱奥尼亚位于吕底亚王国的西方,是古希腊时代对今天土耳其安那托利亚西南海岸地区的称呼,即爱琴海东岸的古希腊爱奥尼亚人定居地。爱奥尼亚的著名城市有以弗所、米利都,另外还包括萨摩斯岛。

吕底亚王国克洛伊索斯国王统治时期,爱奥尼亚地区已经被吕底亚王国征服,属于吕底亚王国的一个地区。

2. 古希腊早期钱币的币文

与中国早期钱币的币文相仿,古希腊早期钱币的币文也是地名。

雅典(Athens)的地名,作为钱币的币文是简写的"ΑΘΕ"。(见图7-5)

图7-5 雅典四德拉克马银币,公元前449年至公元前404年生产,重17.16克。正面是雅典娜阿提卡盔头像;背面是猫头鹰站像,左上方有橄榄枝和一钩新月,右侧币文"ΑΘΕ"(雅典)。

公元前725年,古希腊的卡尔基斯人来到墨西拿,见到这里的海湾像个镰刀,就称其为"ZANKLE"(DANKLE,英文 sickle,镰刀)公元前489年,改名为墨西拿。(见图7-6)

图7-6 西西里岛墨西拿德拉克马银币,公元前500年生产,重5.73克。正面是海豚游入镰刀形开口港湾,下方有地名"DANKLE";背面是9块压印,中心有贝壳。

后来,古希腊钱币上的币文,除了地名,还有地方官的姓名。(见图7-7)

图7-7 色雷斯阿布德拉三奥波银币,公元前411年至公元前385年生产,重2.84克。正面是鹰首狮身怪兽特里芬跃起,翼后币文为地名"ABΔ"(阿布德拉);背面是方框内3株麦穗,框外币文为地方官名"EΠI-ΠP(ΩT)E(Ω)"。

3. 罗马共和国早期钱币的币文

罗马共和国早期钱币的币文也是地名。

与中国、两河流域、古希腊相比较,古罗马在铸币方面是"后起之秀",直到公元前289年,罗马共和国才开始铸造钱币。

公元前3世纪,罗马共和国不仅铸造了青铜铸币,而且还仿制了古希腊的德拉克马银币和斯塔特金币。罗马共和国铸造的青铜铸币上一般没有币文,同时制造的银币和金币上,则有地名"ROMA"(罗马)字样。

公元前264年至公元前255年,第一次布匿战争期间,罗马造币厂打制了二德拉克马银币。这种银币是罗马人仿照希腊银币打制的。(见图7-8)

图7-8 罗马共和国二德拉克马银币,公元前264年至公元前255年在罗马造币厂制造,重7.21克。正面是希腊神话中的大力神海格力斯的束头带头像,狮皮绕颈,肩有棍棒;背面的纹饰是母狼哺婴图,图下币文:"ROMANO"(罗马的)。

罗马造币厂仿制希腊的斯塔特金币要晚于仿制希腊的德拉克马银币,其币文也是"ROMA"(罗马)。

三、西方国家早期钱币的动物图饰

人类的生产方式从渔猎转向游牧,再从游牧转向农耕。人类早期的财富或者价值转移工具,应该是鱼鸟兽畜。我们看到早期的钱币图饰,多为动物形象。(见图7-9至图7-12)

图7-9 爱奥尼亚1/3斯塔特琥珀合金币,公元前600年至公元前550年生产,重4.66克。正面是几何图形,背面是鱼骨形压印。

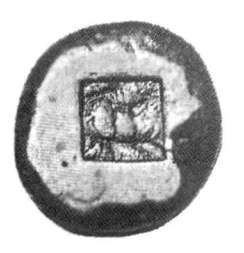

图7-10 莱斯博斯斯塔特银币,公元前550年至公元前500年生产,重11.10克。正面是两头牛顶牛,中间有橄榄枝,背面是压印。

图7-11 古印度摩揭陀王国的西宋纳迦王朝德拉克马银币,公元前413年至公元前345年生产,重3.3克。正面是鳄鱼和鱼,背面是数个戳记。

图7-12 古罗马六阿斯印记铜币(aes signatum),公元前285年至公元前275年生产,重1745克。正面是大象右行,背面是母猪左行。

在诸文明古国中,古罗马是后起之秀,钱币起源甚晚。但是,古罗马钱币对后世影响深远。古罗马曾经使用青铜称量货币,单位是阿斯,折合现代327克。公元前289年,罗马共和国始铸青铜铸币,单位仍然采用阿斯。这枚铜币应为6阿斯,理论重量1962克,实测重量

1745 克,差额 217 克,是铸造成本和铸币税。

四、从动物图饰转为神祇图饰

在西亚和欧洲,各个城邦有着各自崇拜的神祇。所以,各地早期钱币上的图饰,从动物图饰转为神祇图饰,一般采用各城邦的主神或百姓崇拜的神祇。在钱币上印上神祇的图像,旨在增强钱币质量的可信程度,意思是,以神灵的名义,保证这钱币是符合名义价值的。(见图 7 – 13、图 7 – 14)

图 7 – 13 雅典四德拉克马银币,公元前 510 年至公元前 490 年生产,重 17.56 克。正面是雅典娜阿提卡盔头像;背面是猫头鹰站像,左上方有橄榄枝,右侧币文"ΑΘΕ"(雅典)。

图 7 – 14 古罗马阿斯青铜铸币,公元前 240 年至公元前 225 年在罗马造币厂生产,重 267.05 克。正面是雅努斯双面神浓须头像;背面是战船船首,上方有字母"Ⅰ"。

古印度早期钱币上只有印记,没有图饰。但是,这些印记有动物,还有太阳符。有学者认为,当时古印度有太阳神崇拜。所以,古印度钱币上的神像用太阳符来表示。

第八章
Chapter 8

古代中国的钱币

人类最早制造的钱币,是公元前9世纪末期古代中国晋国的空首布。空首布是铲形青铜钱币,源于晋国的铲形青铜农具"钱"。夏商时期青铜称量货币的发展,产生出兼具农具使用功能的原始数量货币"钱"。到了公元前9世纪末期,当"钱"失去了农具的功能,专用于货币职能时,就成为真正意义上的数量货币——空首布。

古代中国民族众多,不同民族产生出不同的原始数量货币。周朝时期,遵守周礼的民族称华,遵守周礼的地区称夏,不遵守周礼的民族是华夏之外的各个民族:北部民族称狄、东部民族称夷、南部民族称蛮、西部民族称戎。

古代中国各民族的钱币,由于文化不同,表现出不同的形态,主要有:铲形的布币、削形的刀币、椭圆形的贝币、圆形有孔的圜钱。

第一节　华夏民族布币的起源

经历了夏商两代青铜称量货币流通的历史,至西周晚期,青铜铲形农具作为原始数量货币,逐步失去了农具的使用功能,成为专用的数量货币——空首布。这个转变,发生在黄河流域中游,当时最为富庶的地区——晋国。

一、黄河流域中游的晋国

公元前1046年,周武王联合一些民族和方国,在牧野一战打败商纣王。商纣王自焚,商朝灭亡,周朝开始。

周武王去世后,儿子姬诵继位,为周成王。周成王封弟弟姬虞为诸侯,封地称唐国。姬虞的儿子姬燮继位后,改国号为晋。晋国(公元前11世纪至公元前403年三家分晋)有效统治600多年。

据传说,周王东巡至晋国,晋献候姬苏(公元前822年至公元前812年在位)率军跟随,受王命征战今山东凤夷。周王直接向晋献侯下达指示。在取得二邑之后,周王亲自到战场巡视,晋军大获全胜。班师回国后,周王赐给晋献侯香酒、弓箭、驷马。晋献侯异常高兴,便将征战的两支队伍驻扎在今南常、北常一带隆重犒赏。晋献侯为报答和颂扬天子的恩德,铸造了两套共16枚编钟,把天子的恩宠记载在钟上。所铸之钟被称为"王赐苏钟",钟上的铭文记载了这次战争的经过及周王将晋国的部队夸为周王室的"宿卫军"等文字。王赐苏钟被陪葬于晋献侯墓地。王赐苏钟,初露晋军克敌之锋芒,晋献侯也因此名垂青史。

迄今出土的最早的空首布,便是西周晚期晋国生产的。推算起来,应该是晋献候时期的产物。学者们多称之为"原始布"。早期的"原始布"是原始数量货币,其重量并不规范。当"原始布"失去其农具的使用功能,专用于货币职能时,其重量就统一为1寽,替代1寽重量的青铜称量货币,行使货币职能。

青铜数量货币的出现,有利于商品的生产和交换。晋国由此走向富强。到了晋献侯的儿子晋穆侯时期(公元前811年至公元前785年),晋国迁都于绛。近代出土的空首布,有著名的"新绛大布",考证为春秋早期(公元前770年至公元前673年)的产物,重量半寽,符合青铜铸币出现后即大幅减重的一般规律。

此后,晋国的军事强大发生在100年后的晋献公时期(公元前676年至公元前651年),"并国十七,服国三十八"。晋文公继位后,晋国在城濮之战中大败楚国,一战而霸。

二、人类最早制造的钱币

多数西方学者认为,人类最早出现的钱币是公元前7世纪小亚细亚半岛上的吕底亚王国生产的琥珀合金币。

1904—1905年,大英博物馆在小亚细亚海岸以弗所的阿耳忒弥斯神庙进行考古发掘,出土了近100枚早期钱币。根据对同批出土的相关文物进行的考证,这些钱币埋藏的时间不晚于公元前6世纪中期。

我们现在能够看到的有关最早的琥珀合金币的介绍,是李铁生先生介绍给大家的爱奥尼亚1斯塔特琥珀合金币,重量14.52克,公元前650年至公元前600年生产,正面是条纹图案,背面是压印。爱奥尼亚在小亚细亚西南沿海地区,古希腊殖民者在这里建立了一些城邦,公元前7世纪被吕底亚王国攻占。

1983年,土耳其共和国发行500里拉纪念币,纪念公元前640年,世界第一枚钱币在吕底亚王国生产发行。

但是,对出土文物进行考证,可以看出,人类最早的钱币不是吕底亚王国的琥珀合金币,而是古代中国黄河流域中游的青铜布币——空首布。空首布是首部有孔的铲形布币,首部的孔用于安装木制铲柄。经历了较长时间的演变,后来铸造的青铜布币不再保留安装木柄的孔,青铜布币便从空首布转变为平首布。

考古发现,铲形青铜农具于春秋时期在晋国被广泛使用。青铜布币正是在晋国最早出现。

王毓铨先生说:

> 纽约美洲古钱学会博物馆有一件比较小的。此品通长11厘米,足宽6.40厘米,重105.10克。[1](见图8-1)

---

[1] 王毓铨:《中国古代货币的起源和发展》,中国社会科学出版社1990年版,第30页。

图 8-1 原始布〔王毓铨:《中国古代货币的起源和发展》,图版 6(1)〕

我们说,1 寽的理论重量是 105.42 克。纽约所藏的中国古代空首布的重量正好是 1 寽。黄锡全先生认为这种空首布属于原始布,估计是西周晚期(公元前 862 年至公元前 771 年)铸造的。这种青铜数量货币的诞生比吕底亚王国的琥珀合金币的诞生要早 100 多年。上海博物馆也收藏有这种空首布。

上海博物馆所藏的一件,通长 12.1、足宽 7.3 厘米,重 119 克,估计所谓原始布一件均在百克以上。其出现的年代,估计在西周晚期。①

商周时期,青铜称量货币的基本单位是"寽"。从称量货币向数量货币转化,一般情况下,数量货币的重量标准仍旧保持称量货币单位的重量标准。因此,重 1 寽的数量货币的出现,符合从 1 寽称量货币单位转化成数量货币的普遍规律。西周晚期的空首布,是从青铜称量货币单位转为数量货币的最早的钱币。

空首布钱币产生之后,由于体积过大,不方便携带和使用,所以出现了迅速的减重。到了春秋早期(公元前 770 年至公元前 673 年),空

---

① 黄锡全:《先秦货币通论》,紫禁城出版社 2001 年版,第 87 页。

首布的重量便降低至半守,即52.71克。

这一点,从出土的大型空首布"新绛大布"①(1件53克,另1件55克)、"上博大布"②(1件57.6克,另1件43.7克)和"嵩县大布"③(1件56克;另1件49克)中可以看出。

"新绛大布"(见图8-2)铸造于春秋早期,其他两种大型空首布铸造于春秋中期前段(公元前672年至公元前624年),仍略早于吕底亚王国最早出现的琥珀合金币。

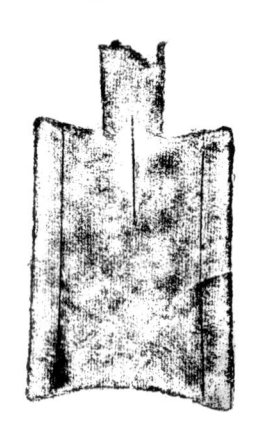

图8-2 新绛大布(黄锡全《先秦货币研究》第18页)

由此可见,人类最早的金属数量货币不是地中海沿岸吕底亚王国的琥珀合金币(公元前640年),而是中国西周晚期1守重量的空首布,以及春秋早期出现的半守重量的"新绛大布"。

即便是春秋中期(公元前672年至公元前575年)铸造的空首布,其始铸时间与吕底亚王国的琥珀合金币也不相上下。土耳其人认为,吕底亚王国的琥珀合金币始铸于公元前640年,而多数学者认为不会早于公元前610年。在中国,这两个年度都属于春秋中期。

---

① 1982年在山西新绛县发现的两件空首布,属春秋早期。
② 上海博物馆馆藏大型空首布,属春秋中期前段。
③ 河南嵩县大型空首布,属春秋中期前段。

三、青铜布币的减重现象

此后,晋国的空首布出现了明显的减重。

春秋中期后段(公元前623年至公元前575年),晋国出现平肩弧足空首布及耸肩尖足空首布(主要在赵氏势力范围流通)。春秋晚期(公元前574年至公元前476年),晋国出现斜肩空首布。这些空首布的重量都已经不足半寽。

到了战国早期,晋国的空首布不仅重量出现了明显的下降,重量单位也出现了变化,每枚从春秋早期的半寽(52.71克)下降为1釿(26.36克),即1/4寽。1益等于12釿,或者等于3寽。1寽等于4釿。

战国早期(公元前475年至公元前338年),晋国出现小型平肩弧足空首布(主要在魏氏势力范围流通)和小型耸肩尖足空首布(主要在赵氏势力范围流通)。

空首布由百姓自由铸造,其减重属于市场自发力量所致。商品交易规模的扩大,使货币需求出现增长,而金属材料的供应跟不上这种增长,金属货币重量就出现了下降的趋势。于是,从社会总体看,青铜数量货币的流通不得不代表更多的商品。所以,青铜数量货币代表的价值逐步上升,更小更多的青铜数量货币进入市场,使持币人群逐步扩大。在这个过程中,持币人群从富贵者扩展到中产者,甚至扩展到低产者。

第二节 北狄民族刀币的起源

华夏农耕文化下,青铜农具"钱"作为原始数量货币的流通,引发了布币的仿造和流通;戎狄游牧文化下,青铜用具"削"作为原始数量货币的流通,引发了刀币的仿造和流通。

一、原始数量货币——"削"

刀形生活用具"削"并不起源于华夏民族,而是起源于戎狄。刀币的前身"青铜刀削"的出土,主要分布在黄河中下游以北的游牧业发达的戎狄文化区内。戎狄游牧民族使用青铜刀削,这与华夏农耕民族使用铲形农具之间有着明显的区别。

青铜刀削作为生活用具,在青铜称量货币向青铜数量货币的转化过程中,也曾部分地替代过青铜称量货币,作为原始数量货币在商品交换中按照个数而不用称量进行交易,发挥了价值尺度和流通手段的货币职能。仿照青铜刀削统一规范铸造的刀币,首先在戎狄地区实现了流通。而出现刀币最早的国家,是白狄民族在鲜虞水沿岸(今河北省石家庄市)建立的鲜虞国。

刀币起源的地域,在今河北省中部、西北部。春秋晚期,居住在这一地区的人,是鲜虞国的白狄人。

西周时期,白狄人在鲜虞水沿岸兴起。西周中后期,这些白狄人建立了鲜虞国。春秋晚期,公元前489年,晋国臣子赵氏领袖赵鞅率领军队攻灭了鲜虞国。鲜虞人大量逃往燕国。

刀币起源于春秋晚期,曾与青铜刀削并存。

考古发掘出土的春秋晚期的青铜刀削,刀背弧度较大,刀头和刃部相接处呈现钝角状,与早期刀币类似,重25克左右。

早期鲜虞刀的重量,大约只有青铜刀削重量的一半。

二、鲜虞刀和燕易刀

最早出现的刀币是春秋晚期的鲜虞刀,属于鲜虞刀币一期,重量多数集中在11—15克。[①] 鲜虞刀币二期,是指战国早期鲜虞国灭亡之后,狄族部落流散各地的造币。鲜虞刀币三期,是指战国中期狄族

---

① 王昭迈:《东周货币史》,河北科学技术出版社2011年版,第338页。

的刀币。这种刀币,形状已经发生了少许变化,从尖首刀转为针首刀,重量为6—11克。

从春秋晚期至战国中期,鲜虞刀出现了一定程度的减重。但是,鲜虞刀由百姓自由铸造,没有国家的法律支持,所以不具备快速大幅度减重的能力。从考古出土文物看,鲜虞刀重量大体相近,多数保持在11—15克。(见图8-3、图8-4)

图8-3　鲜虞刀:尖首刀　　　图8-4　鲜虞刀:针首刀

春秋晚期,鲜虞国被晋国臣子赵鞅率领军队消灭。鲜虞人迁徙到燕国,把鲜虞刀币带到燕国。战国中期,燕国铸造的刀币大多铭文"易"字,后人称之为"易刀"。燕国虽然地处北方,却是周朝天子嫡系的诸侯国。

公元前1044年,周武王封其弟姬奭于燕地(今河北省),是为燕召公。燕国的国君是周王宗室,但其统治的人民仍然是北方民族,民风豪放。

燕国仿照鲜虞刀制造的货币是"易刀",这种易刀属于燕刀一期,没有币文,在河北易县、北京延庆有发现。战国中期,燕国出现的刀币属于燕刀二期,正面有固定币文"易"字。战国晚期,燕国出现的刀币属于燕刀三期和四期,皆有"易"字。燕国易刀各期的重量,皆与鲜虞刀的重量相近。

燕刀上的铭文"易",过去被释读为"明""吕""召""邑""郾"等。根据清代学者的考证,燕国刀币上的铭文应为"易"字,这种刀币大多在易水一带出土,重量在12—25克。[①] 目前,这种易刀出土数量大约为20万枚。[②]（见图8-5）

图8-5 燕易刀

三、齐国刀币单位"化"

战国时期,刀币制度传入齐国,其货币单位开始与齐国本土的称量货币单位接轨。

战国时期,从晋国分裂出来的魏、赵、韩三国使用的布币单位是"鈨",而东方齐国使用刀币的单位是"化"。"化"读作货,每刀一化。

战国时期,三晋两周地区的重量单位从钧寽制度转向益鈨制度,而齐鲁地区的重量单位则从钧寽制度转向益化制度。

1992年,山东临淄商王墓出土了大小两件有纪重、纪容的耳杯,

[①] 昭明、马利清:《古代货币》,中国书店1999年版,第88页。
[②] 黄锡全:《先秦货币通论》,紫禁城出版社2001年版,第224页。

考证为战国末年齐国的器物。小耳杯刻铭中有"冢叁十鍰"字样,实测重量116.71克;①大耳杯刻铭中有"冢一益卅八鍰"字样,实测重量517.47克。②

小耳杯重"叁十鍰",实测重量116.71克,每鍰应为:116.71克÷30＝3.89克,即一鍰重量3.89克。大耳杯重"一益卅八鍰",实测重量517.47克,每益应为:517.47克－3.89克×38＝369.65克,即一益为369.65克。由此推算,每益为96鍰。

齐国刀币越早越大,越晚越小,铭文有"节墨之法化""节墨法化""安阳之法化""齐之法化""齐建邦返法化""齐法化"等多种。战国中期,齐威王(公元前356年至公元前320年在位)时,齐国国势达到鼎盛,齐国境内的刀币皆统一于"齐法化"形式。

"化"是齐国刀币的货币单位,那么,1化的重量是多少?

根据对部分完整无缺"齐法化"的实测结果,每枚齐法化的重量在43—53.5克,多数为46克左右,③相当于齐国的1/8益的重量。根据出土铭文铜器的计算,齐国1益的重量为369.65克,1化的重量便是369.65克÷8＝46.21克,与"齐法化"的实测重量大致相符。

作为重量单位,1化等于12鍰,1鍰的理论重量是46.21克÷12＝3.85克,与出土的齐国小耳杯所证实的3.89克大致相符。

因此,我们采信齐国1化的重量为46.21克,1鍰的重量为3.85克。齐国的大刀,每刀1化。齐国的小刀,应为1/4化,即3鍰,理论重量为11.55克。

四、齐国刀币的主要类型

齐国刀币种类繁多,许多问题很难说清楚,大体划分,有齐大刀、

---

① 丘光明、邱隆、杨平:《中国科学技术史(度量衡卷)》,科学出版社2001年版,第125页。
② 同上。
③ 朱活:《论秦始皇统一货币》,载《文物》1974年第8期。

截首刀、齐易刀、齐法化等。

1. 齐大刀

齐国刀币中传世最多的是齐大刀,其品种可以分为三种类型①:

(1)齐大刀甲型:即墨之大刀,重44.5—63.2克;安阳之大刀,重46—48.5克;齐之大刀,重44.5—50.5克。

(2)齐大刀乙型:战国中期的货币,節大刀,重64克;即墨大刀,重23—45克。

(3)齐大刀丙型:齐大刀,重41—51.3克;齐返邦长大刀,重42.3—50.9克。

齐大刀重1化,理论重量46.21克,不同时期铸造的齐大刀重量不同。此外,化作为重量单位,其重量标准也是逐步缓慢变化的。(见图8-6)

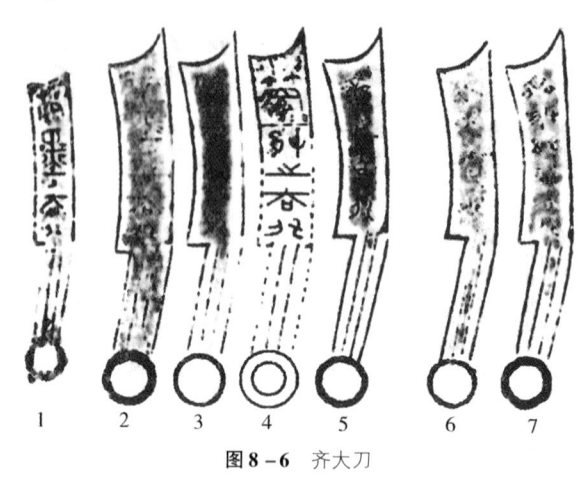

图8-6 齐大刀

2. 截首刀

截首刀的前身是战国早期鲜虞中山刀以及燕国仿铸的鲜虞中山刀,一般由刀背中部向刀刃上部斜着截去刀首。人为剪掉刀首之后,

---

① 黄锡全:《先秦货币通论》,紫禁城出版社2001年版,第280页。

重 10—15 克。① 齐大刀有分币,分币的重量应该是 1/4 化,即 3 儦,理论重量 11.55 克。鲜虞中山刀流入齐国境内,重量超过齐大刀的分币,所以截去刀首,使其符合齐国齐大刀的分币的重量标准,进入流通。(见图 8 – 7)

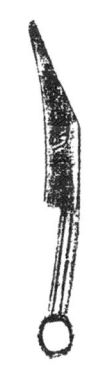

图 8 – 7　截首刀

3. 齐易刀

齐国易刀铭文"易"字,出土于齐地,许多铭文有齐国城邑名,目前发现总数 11000 多枚。齐易刀的铸造年代,众说不一,有学者认为齐易刀是燕国大将乐毅军事占领齐国时期(公元前 284 年至公元前 279 年)的产物,也有学者认为齐易刀是齐国人早期仿照燕国易刀制造的。相比齐大刀,齐易刀属于小型刀币,重量与燕易刀相仿。(见图 8 – 8)

---

① 王昭迈:《东周货币史》,河北科学技术出版社 2011 年版,第 384 页。

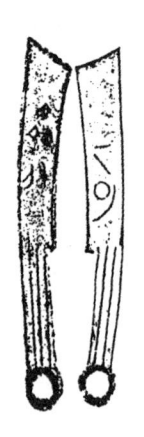

图8-8 齐易刀

4. 齐法化

齐法化是国家垄断铸造货币的结果。齐法化的形制源于齐大刀，属于大型刀币。（见图8-9）

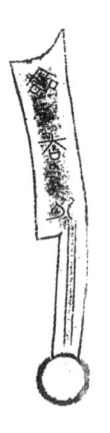

图8-9 齐法化

第三节 南蛮楚人贝币的起源

南蛮楚人的青铜贝币,起源于原始数量货币"海贝"的演化。由于羡慕中原文明,不能摆脱中原夏商古代贵族配饰珠玉、龟贝的时尚,长期保持身佩"海贝"的习俗,南蛮楚人采用"海贝"作为原始数量货币流通,最终促成了青铜贝币的仿造和流通。

一、贝币的前身是佩饰"海贝"

夏商时期,人们以海贝作为佩饰。生活在黄河流域的古人,自然将来自大海的海贝视为稀罕之物,悬挂在身上炫耀富贵。不仅活着的时候人们将海贝挂在身上,死后也要用海贝随葬。

夏朝墓葬已有海贝随葬,商朝墓葬中海贝渐多,周朝墓葬中更是多有海贝。

夏朝墓葬随葬海贝举例:

(1)1975年,河南郾师二里头夏代遗址一座墓葬中发现海贝12枚,靠近尖端处皆有一个磨孔。①

(2)1984年,河南郾师二里头夏代遗址发现了12座墓葬,9号墓出土海贝70枚,11号墓出土海贝58枚,皆置于墓底中部。②

(3)1974年至1983年,内蒙古赤峰大甸子发掘的夏商时代的夏家店下层文化墓葬中,有43座墓葬出土海贝659枚。③

商朝墓葬随葬海贝举例:

(1)1955年,河南郑州二里岗商代早期墓葬中出土穿孔海贝460

---

① 中国社会科学院考古研究所二里头工作队:《郾师二里头遗址新发现的铜器和玉器》,载《考古》1976年第4期。
② 同上。
③ 黄锡全:《先秦货币通论》,紫禁城出版社2001年版,第11页。

余枚。①

（2）1976年，河南安阳殷墟发掘的妇好墓，棺内随葬海贝6880枚。②

（3）1929年以来，四川广汉西北鸭子河南岸，相当于商朝晚期的古蜀国三星堆祭祀坑里出土海贝5220枚。这些海贝一部分堆于坑底，一部分装在青铜尊、罍中。③

西周墓葬随葬海贝举例：

（1）1979年，陕西咸阳市淳化县西周早期墓葬出土海贝180枚。④

（2）1981年，宁夏固原县（今固原市）西周早期墓葬出土海贝195枚。⑤

（3）1992年，陕西宝鸡市扶风县黄堆乡清理西周墓葬11座，其中8座出土海贝167枚。⑥

春秋时期墓葬随葬海贝举例：

（1）1961年，山西临汾市侯马县（今侯马市）上马村13号墓（春秋早中期晋国大夫墓）出土海贝8枚。⑦

（2）1978年，河南南阳市淅川县下寺春秋中晚期墓出土海贝4000余枚。⑧

---

① 河南省文化局文物工作第一队：《郑州商代遗址的发掘》，载《考古学报》1957年第1期。

② 中国社会科学院考古研究所安阳工作队：《安阳殷墟五号墓的发掘》，载《考古学报》1977年第2期。

③ 《广汉三星堆遗址一号祭祀坑发掘简报》，载《文物》1987年第10期。《广汉三星堆遗址二号祭祀坑发掘简报》，载《文物》1989年第5期。

④ 淳化县文化馆：《陕西淳化史家塬出土西周大鼎》，载《考古与文物》1980年第2期。

⑤ 固原县文物工作站：《宁夏固原西周墓清理简报》，载《考古》1983年第11期。

⑥ 罗西章：《黄堆老堡西周墓葬出土货币的初步研究》，载《中国钱币论文集》第3辑。

⑦ 山西省文物管理委员会侯马工作站：《山西侯马上马村东周墓葬》，载《考古》1963年第5期。

⑧ 河南省文物研究所：《淅川下寺春秋楚墓》，文物出版社1991年版。

(3)1981年,山东济宁市曲阜县(今曲阜市)林前村春秋晚期鲁国墓出土海贝7枚。①

战国时期墓葬随葬海贝举例:

(1)山西长治市潞城7号墓出土海贝100余枚,属于战国早期墓葬。②

(2)河南新乡市辉县固围村2号墓出土海贝727枚,属于战国晚期魏国墓葬。③

(3)河南新乡市辉县琉璃阁140号战国墓出土海贝58枚。④

先秦时期,大量海贝作为陪葬物品,说明海贝已经不是墓葬主人的饰物,而是墓葬主人携带到阴间的财富,海贝已经从饰物转变为具有财富功能的原始数量货币。

二、海贝曾是原始数量货币

海贝的用途主要有:第一,佩饰。内陆居民,使用海贝作为佩饰,因其为难得稀罕之物。第二,占卜。商朝人们经常要占卜,而占卜需要使用龟贝。所以,卜文中常出现贝的使用。第三,赏赐或礼品。在商代,贝可用作赏赐或礼品。然而,到了周朝,玉的使用似乎在很大程度上取代了贝的使用。第四,商品交换。以海贝置换其他物品,应该是很自然的事情。所以,海贝可以作为商品交换之用。第五,财富保藏。鉴于海贝的交换价值,人们将其窖藏或陪葬。

海贝属于原始数量货币,理由有两个:

其一,在商品交换中,海贝按照个数进行交易,不需要称量。

作为原始数量货币,海贝的货币单位是贝,譬如"五贝",也可以是"朋"。1朋是多少贝,众说不一。王国维先生说:

---

① 朱活:《古钱新典(上)》,三秦出版社1991年版,第16页。
② 山西省考古研究所:《山西省潞城县潞河战国墓》,载《文物》1986年第6期。
③ 中国社会科学院考古研究所:《辉县发掘报告》,科学出版社1956年版。
④ 同上。

> 古者五贝一系,二系一朋。后失其传,遂误谓五贝一朋耳。[①]

古代5枚海贝为1串,2串为1朋。后来失传,误以为5枚海贝为1朋。

其二,除了发挥货币职能,海贝作为佩饰挂在身上,发挥使用价值。

海贝与"钱""削"一样,即可以作为生产、生活用品,又可以作为一般等价物商品充当交换媒介。所以,海贝属于原始数量货币,而不是真正意义上的数量货币。

但是,海贝的价值难以稳定。海贝在东方沿海地区的价值甚低,运到内陆价值百倍。此种价值,随着交通的逐步顺畅,自然难以稳定。东方沿海的海贝与西方深山的玉石相比较,容易残损,难以持久佩戴。海贝的价值难以稳定,不能持续长久地作为财富宝藏,终于部分地被玉所替代,形成玉贝并行的局面。

古代中国各地区经济发展不平衡,战国初期有些诸侯国已经采用青铜数量货币——青铜贝币,替代了原始数量货币——海贝。然而,直到战国晚期仍有些地区还在使用贝类原始数量货币。因此,司马迁说:

> ……珠玉、龟贝、银锡之属为器饰宝藏,不为币。[②]

这里的意思是说,秦始皇统一全国货币,停止珠玉、龟贝、银锡作为货币的职能。这说明,当时有些地区还存在着贝类作为原始数量货币流通的情况。

三、无文铜贝性质的转变

最早的无文铜贝是在商朝的墓葬中发现的。这种无文铜贝大小不一、形状各异,显然不是青铜数量货币,而是仿照海贝制造的饰物,属于原始数量货币。

---

① 王国维:《说珏朋》,载《观堂集林》,中华书局1959年版,第162—163页。
② (西汉)司马迁:《史记》卷三〇《平准书》,中华书局1959年版,第1442页。

1953年,河南安阳大司空商墓中发掘出3件铜铸贝壳,系仿海贝铸造。①

1969年,河南安阳殷墟西区620号商代晚期墓出土铜贝2枚。②

1972年,山西保德县遮峪村商代晚期墓出土铜贝109枚。③

西周时期墓葬中几乎没有铜贝出土。春秋时期各诸侯国境地墓葬,多有无文铜贝出土。

1961年,山西临汾市侯马县上马村出土晋国无文铜贝1600余枚。④

1981年,山东济宁市曲阜县林前村春秋晚期鲁国墓出土无文铜贝588枚,大型重量6—7克,小型重量4.1克。⑤

春秋时期墓葬出土的无文铜贝,应属青铜数量货币。如此大量随葬的铜贝,显然不是作为墓主人的饰物随葬,而是作为墓主人的财富随葬。有学者认为春秋时期的无文铜贝属于称量货币。但是,将青铜金属加工为贝形,需要不少的成本,如果交易时仍需称量,加工成本就毫无意义。既然将青铜加工成为贝形,可以按照数量交易,目的当然是为了减少称量的烦琐。因此,无文铜贝不是饰物,应该是青铜数量货币。

由此可见,商朝铸造的无文铜贝,属于兼具饰物使用的原始数量货币。春秋时期铸造的无文铜贝,饰物作用消失,已经转化成作为价值尺度、流通手段和储藏手段的数量货币。(见图8-10)

---

① 马得志、周永珍、孙云鹏:《一九五三年安阳大司空村发掘报告》,载《考古学报》1955年第9期。
② 杨宝成、杨锡章:《1969~1977年殷墟西区墓葬发掘报告》,载《考古学报》1979年第1期。
③ 吴振录:《保德县的商代青铜器》,载《文物》1972年第4期。
④ 山西省考古研究所:《山西侯马上马村晋墓发掘简报》,载《文物》1989年第6期。
⑤ 孙敬明:《齐鲁货币文化比较研究》,载《中国钱币》1998年第2期。

图 8-10　无文铜贝

四、楚国有文铜贝的种类

无文铜贝出现在多个诸侯国的境地,而有文铜贝却仅限于楚国境地。楚国铜贝的文字,以"㓵"字为最多。

楚国的铜贝被称为"蚁鼻钱"或"鬼脸钱"。蚁鼻钱,可能是楚国古语"一贝"的读音。"鬼脸钱"则是㓵字铜贝的别称。铜贝上的㓵字,看上去就是一个鬼脸。

黄锡全先生说:

> 这种铜贝广泛被发现,主要是近几十年的事情……据不完全调查、统计,全国已出土楚铜贝一百余次,约计 15 万余枚。[①]

根据出土实物考证,楚国铜贝的种类,按照铭文划分主要有:"㓵""夅朱""全""君""行""釿""安""遏"等。

"㓵":这个字历来有许多解释,有"贝""咢""选"等,都是货币单位。有学者认为"㓵"是地名,西周时期楚国的封邑是"咢"。在"咢"地铸造铜贝,所以币文为"咢"。(见图 8-11)

[①] 黄锡全:《先秦货币通论》,紫禁城出版社 2001 年版,第 356 页。

图 8-11　巽字铜贝

"牢朱"：楚国铜贝中,出土最多的就是巽字铜贝和牢朱铜贝。"牢朱"这个铭文,也有许多种不同的解释,有学者解释为"各六朱""女一朱""五朱""条"等。牢朱铜贝与巽字铜贝并行流通。(见图 8-12)

图 8-12　牢朱铜贝

对同批出土的巽字铜贝和牢朱铜贝进行比较,两者重量相近。由此推论,两者铭文应是不同的地名,而非不同的货币单位或不同的重量单位。"巽"是地名"鄂",是西周楚国的封邑;"牢朱"是地名"象禾",是东周楚国的一个城邑。这两个地方是楚国铸造铜贝的中心。

其他铭文的铜贝数量较少,应该是不同时期或仿照他国铜钱铭文之物。

第四节 西戎秦人圜钱的起源

受中原贵族文化影响,馈赠礼品"玉璧"作为原始数量货币开始流通,最终促成了青铜圜钱的仿造和流通。

圜钱主要有两种形制,圆形圆孔的圜金和圆形方孔的圆钱。从流通区域划分,布币行用区流通的主要是圆形圆孔的圜金;刀币行用区流通的主要是圆形方孔的圆钱。

最早的圜钱并不是出自秦国,而是出自魏国。秦人为了显示自己的正统地位,效仿中原,便采用圜钱作为法定货币。

公元前336年,秦国开始铸行圜钱,法定重量半两,后世称之为"秦半两"。公元前221年,秦始皇灭六国,实现中国的统一,废除了各诸侯国的钱币,将秦半两推广到全国使用。于是,秦半两成为中国历史上第一种全国统一流通的钱币。

一、圜钱的前身是礼品"玉璧"

圜钱由青铜铸造,共有两种:一种是圜金,另一种是圆钱。圆形圆孔者为圜金,圆形方孔者为圆钱,二者统称圜钱。最早的圜钱是圜金,方孔圆钱从圜金的基础上发展而成。关于圜金的起源,有三种说法:

(1)圜金由圆足布发展而来。

(2)圜金仿自纺轮。

(3)圜金由玉璧发展而来。

圆足布的形状是圆首、圆肩、圆裆、圆足。但是,圆足布的基本形状还是布币,是个铲子的形状,与圜金的形状相差悬殊。所以,圜金不是仿照圆足布的形状铸造的。纺轮体积过大,难以作为货币流通,文献中从无纺轮作为数量货币流通的记载。所以,圜金也不是接替纺轮成为流通手段的。玉璧与青铜农具钱、青铜工具削、佩饰海贝一样,曾经作为实物货币形态在民间流通。此外,玉璧的形状与圜金的形状一般无二。所以,圜金是仿照玉璧的形状铸造,接替玉璧的货币功能进入流通领域的。西周时期,玉璧本身就是在贵族之间相互馈赠的礼品"币",青铜圜金仿照玉璧的形状铸造,逐步替代玉璧的货币功能,成为价值尺度和流通手段。

《周礼》中有"玉币"的名称,指的是玉器的礼物。王国维说:

> 殷时玉与贝皆货币也……其用为货币及服饰者,皆小玉小贝。[①]

圜金的前身是馈赠礼品玉璧。圆钱则是圜金的变种。圜金和圆钱都是青铜铸造的,铸造后都需要磋磨钱边的毛刺。方孔铜钱可以用方棱木棍穿在一起,磋磨起来比圆孔钱要省力很多,制造工艺更加简易。所以,在圜金的基础上,人们为了制造方便而创造了圆钱。

先秦四大钱币体系中,圜钱出现得最晚,两种圜钱分属于两个不同的区域:布币行用区使用圜金,即三晋两周地区使用圆形圆孔的圜金;刀币行用区使用圆钱,即齐燕地区使用圆形方孔的圆钱。

二、最早的圜钱是桼垣圜金

圜钱盛行于战国后期的秦国。但是,最早的圜钱并不是出自秦国,而是出自战国早期的魏国。

班固说,西周的货币是圜钱,形制是圆形方孔的圆钱。但是,迄今为止,考古尚未发现西周的圜钱,最早的圜钱出于战国早期的魏国。

王昭迈先生说:

> 魏国是最早产生圜钱的地区,考察魏国圜钱系统,时代最早的可能是桼垣发行的货币,包括桼垣一釿、桼垣一䨊、半釿、

[①] 王国维:《说玨朋》,载《观堂集林》,中华书局1959年版,第161页。

半睘。①

桼垣地处今陕西咸阳市彬县西,桼垣一釿重 8.5—12.8 克。②(见图 8 – 13)

图 8 – 13 桼垣一釿

桼垣圜钱的铸行始于魏武侯时期(公元前 396 年至公元前 370 年),终于魏襄王七年(公元前 312 年)。魏襄王七年,上郡归属于秦国。桼垣属于上郡,魏国从此停止在桼垣铸行圜钱。

《史记·魏世家》云:

五年……予秦河西之地……七年,魏尽入上郡于秦。③

魏襄王五年(公元前 314 年)……割让河西之地给秦国……魏襄王七年,上郡地界全部归秦国所有。

根据出土钱币的铭文分类,在各诸侯国中,魏国铸行圜钱的种类最多,其重量单位并非班固所说的"钱圆函方,轻重以铢"④,而是魏国当时布币的重量单位"釿"。魏国在 5 个地方总共铸行 12 种圜钱。⑤

(1)桼垣四种:桼垣一釿、半釿、桼垣一睘、半睘。

(2)垣邑(今山西运城市垣曲县东南)两种:垣(一釿)、垣(半釿)。

---

① 王昭迈:《东周货币史》,河北科学技术出版社 2011 年版,第 421 页。
② 昭明、马利清:《古代货币》,中国书店 1999 年版,第 75 页。
③ (西汉)司马迁:《史记》卷四十四《魏世家》,中华书局 1959 年版,第 1848 页。
④ (东汉)班固:《汉书》卷二四下,《食货志》,中华书局 1962 年版,第 1149 页。
⑤ 王昭迈:《东周货币史》,河北科学技术出版社 2011 年版,第 429—432 页。

（3）共地（今河南新乡市辉县）三种：共、共屯赤金、共少半釿。

（4）济阴（今河南开封市兰考县东北）两种：济阴（大型）、济阴（小型）。

（5）卫釿一种：卫国首都帝丘（今河南濮阳市）铸行的圜钱。

根据实测，魏国圜钱1釿的重量大多为10—15克；半釿的重量大多为5—6克。1釿的理论重量为26.36克。早期圜钱以釿为单位，实际重量已经远远达不到理论重量。

三、布币行用区使用的圜金

在布币行用区，除了魏国使用圆形圆孔的圜金，赵国也使用圆形圆孔的圜金。赵国不但有圆形圆孔的圜金，而且还有圆形方孔的圆钱。

赵国的圜金，始于赵武灵王时期（公元前325年至公元前295年，其中后4年为"主父"，即太上王），最早铸于蔺（今山西吕梁市柳林县）、离石（今山西吕梁市离石区）二邑。蔺和离石两地出土圜金不多，说明圜金在这两地流通的时间较短。

方孔蔺钱是蔺地入秦之前的最后货币形式。赵武灵王十三年（公元前313年），秦国军队攻打蔺，俘虏赵国的将军。《史记·六国年表》云：

樗里子击蔺阳，虏赵将。①

如果此时赵国没有停止在蔺铸行圜金，那么，蔺圜金停止铸行的时间最晚至赵惠文王（公元前299年至公元前266年）时期。除了蔺、离石两地，赵国还在广平（今河北邯郸市曲周县北部）和襄阴（今山西忻州市定襄县）铸行圜金。

赵国铸行圆形圆孔圜金三种：

（1）蔺：蔺邑铸行；

（2）离石：离石铸行；

---

① （西汉）司马迁：《史记》卷十五《六国年表》，中华书局1959年版，第733页。

(3)广平:广平铸行。

赵国铸行圜钱比魏国铸行圜钱要晚,所以重量更轻。赵国圆形圆孔圜金重 10 克左右,而赵国圆形方孔圆钱重量则为 3—6 克。赵国铸行圆形方孔圆钱二种:

(1)蔺:蔺邑铸行;

(2)襄阴:襄阴铸行。

魏国铸行圜金,赵国兼铸圜金和圆钱。韩国是否铸造圜钱,学术界尚有争议。

两周圜钱有臧字圜钱,属于圆形圆孔的圜金,是周室安定库藏的钱币,重 10 克左右。(见图 8-14)公元前 414 年,周考王封其弟揭于河南城,称西周桓公,公元前 256 年被秦国所灭。

公元前 367 年,西周惠公封其少子于巩,称东周惠公。东周公国于公元前 249 年被秦国所灭。东周圜钱重 4 克左右。

图 8-14 臧字圜钱

四、刀币行用区使用的圆钱

齐、燕两国属于刀币行用区,战国晚期也使用圜钱。齐、燕地区的圜钱不同于三晋两周地区圆形圆孔的圜金,而是圆形方孔的圆钱。秦国不属于刀币行用区,也不属于布币行用区,但也使用圜钱,并且以圆形方孔的圆钱统一了全国的钱币。

1. 齐国圜钱

齐国的圜钱是圆形方孔的圆钱,起源于齐襄王时期(公元前 283 年至公元前 265 年),终于秦始皇统一全国货币。齐国的圜钱有赙刀、賹四刀、賹六刀三种,其中賹刀重 2—2.5 克,賹四刀重 4.5—10.5 克,賹六刀重 8.5—10.5 克。①

賹(今山东潍坊市青州县北)是地名。賹刀是在賹地铸行的价值 1 刀的圆钱;賹四刀是在賹地铸行的价值 4 刀的圆钱;賹六刀是在賹地铸行的价值 6 刀的圆钱。(见图 8 – 15)齐国刀币的重量为"化",1 化 46.21 克。战国晚期,价值 1 刀的圜钱重量只有 2—2.5 克,说明齐国青铜数量货币已经大幅度减重。

图 8 – 15　賹六刀

2. 燕国圜钱

燕国的圜钱是圆形方孔的圆钱,起源于末代国王燕王喜时期(公元前 254 年至公元前 222 年),终于秦始皇统一全国货币。燕国的圜钱有一刀、易刀、易四三种,其中一刀重 1.5—1.9 克,易刀重 2.45—4.8 克,易四重 3.8—4.1 克。②

齐、燕圆形方孔钱产生于战国晚期。齐国圆形方孔钱的出现比三晋圜钱晚约一个世纪,比秦国圜钱晚约半个世纪,而燕国圆形方孔钱的出现比齐国圆形方孔钱更晚。

3. 秦国圜钱

秦国是一个相对独立的地区,既不属于布币行用区,也不属于刀币行用区。秦国的圜钱,最早出现的是圆形圆孔的,有"十二·一珠重一

---

① 黄锡全:《先秦货币通论》,紫禁城出版社 2001 年版,第 314 页。
② 王昭迈:《东周货币史》,河北科学技术出版社 2011 年版,第 440 页。

两"和"十四·一珠重一两"。"十二·一珠重一两"的重量为 8.3—14.4 克(见图 8-16);"十四·一珠重一两"的重量为 9.4—16 克。[①]

图 8-16 十二·一珠重一两

秦惠文王二年(公元前 336 年),秦国开始由国家统一铸行半两钱。半两钱是圆形方孔钱,法定重量 12 铢,折合现代 7.91 克。然而,秦半两铸行之后,便不断减重,到了秦始皇时期,半两钱的平均重量只有 5.27 克左右。

秦国的圜钱,还有"两甾",应与半两相同。甾是重量单位,1 两等于 4 甾,半两就是两甾,1 甾等于 6 铢。(见图 8-17)

图 8-17 两甾

公元前 221 年,秦始皇灭六国,实现中国的统一,废除各诸侯国的钱币,将秦半两推广到全国使用。于是,秦半两成为中国第一种全国统一流通的钱币。

---

① 王昭迈:《东周货币史》,河北科学技术出版社 2011 年版,第 441 页。

第九章
Chapter 9

吕底亚王国的琥珀合金币

白银称量货币和黄金称量货币在小亚细亚半岛流通了1000多年之后,在吕底亚王国产生出金属数量货币——钱币。不久,波斯帝国征服了小亚细亚,继承了吕底亚王国的钱币流通制度,并将钱币流通制度引入伊朗高原。

第一节 梅尔姆纳得斯王朝的兴亡

小亚细亚半岛也被称为安纳托利亚高原,位于亚洲西端,濒临爱琴海。公元前20世纪之后,两河流域的文明向北传入小亚细亚半岛,促进了当时世界上最强大的王国——赫梯王国的形成。公元前15世纪至公元前13世纪,赫梯王国进入鼎盛时期,与古埃及争夺世界霸权。长期持久的战争,使赫梯王国和古埃及王国双双走向衰败。公元前12世纪,赫梯王国瓦解,吕底亚王国从赫梯王国中独立出来。公元前716年,吕底亚王国提罗尼德斯王朝的国王坎道列斯被贴身侍卫杀死。这个贴身侍卫成了国王,建立的王朝被称为梅尔姆纳得斯王朝。正是在这个王朝,吕底亚人生产出琥珀合金币。

一、吕底亚王国的独立

吕底亚王国曾是个小国,是赫梯王国的一部分。

公元前19世纪,赫梯王国在小亚细亚形成。

赫梯王国在古巴比伦王国后期逐渐强盛,常侵扰两河流域,最大一次入侵发生在公元前1595年,赫梯人攻入巴比伦城,消灭了古巴比伦王国第一王朝。此后,赫梯王国的国王铁列平进行改革,对内整顿纲纪,对外发动战争,国力日渐强盛。公元前15世纪末至公元前13世纪中期,是赫梯王国最强盛的时期。公元前1285年,赫梯王国的军队与埃及法老拉美西斯二世的军队大战于叙利亚卡迭石东部。从此,两个王国之间的战争又继续了16年。结果,赫梯王国和埃及王国都开始衰败。公元前1269年,赫梯王国的国王哈吐什尔与埃及王国的国王拉美西斯二世缔结同盟条约,结束了战争。

赫梯王国之所以强大,原因是垄断了铁矿资源。赫梯人是西亚地区乃至全球最早发明冶铁术和使用铁器的民族。考古发现的证据显示,赫梯人生产铁器的历史可以追溯到赫梯王国建立之前的公元前20世纪。赫梯王国把铁视为专利,不许外传。赫梯的铁兵器曾使古埃及等国为之胆寒。赫梯人打击敌人最有效的武器是战车。在战场上,他们驱赶披着铁甲的马拉战车冲锋陷阵,所向披靡,使敌人闻风丧胆。直到公元前1180年左右,赫梯王国灭亡之后,赫梯铁匠散落各地,才将冶铁技术扩散到其他王国。公元前8世纪,赫梯王国的冶铁技术传入印度,进而传入中国。

战争消耗了大量的资源,公元前12世纪,赫梯王国终于瓦解,吕底亚王国从赫梯王国中独立出来。公元前8世纪,赫梯王国的残存势力被亚述帝国消灭。从此,吕底亚王国从一个小国,逐步扩张到几乎整个小亚细亚半岛,替代了原来赫梯王国的地位。

二、希罗多德讲述的故事

古希腊著名历史学家、西方史学之父希罗多德(公元前484年至公元前425年)出生于小亚细亚半岛西南海滨的一座古老城市。他酷爱史诗,到处行走,收集历史故事。希罗多德在他撰写的《历史》第一卷中所讲述的小亚细亚半岛上的故事,是他在当地考察获得的。他著史的风格是如实记载听来的传说和故事。在希罗多德撰写的《希波战争史》一书中,使用频率最高的一句话就是,"我是不相信这种说法的"。他认为:"我的职责是记录人们讲的一切,但我决无义务相信它们,这适用于整部书。"①

希罗多德出生的时候,赫梯王国早已过去,吕底亚王国也已经成为历史。在希罗多德出生前 62 年,波斯帝国国王居鲁士攻陷萨迪斯,俘虏了吕底亚国王克洛伊索斯,征服了小亚细亚半岛。希罗多德在他撰写的《历史》第一卷中讲述的故事,正是这位克洛伊索斯国王家族王朝的故事。

三、梅尔姆纳得斯王朝

根据希罗多德的讲述:

很久以前,有一个国王,他的王国是世界上最富有的王国,他的妻子是世界上最美丽的女人,他有至高无上的权力和用之不尽的财富。地位、美女、权力、金钱,应有尽有,他可以对神发誓,他确实过着幸福的生活。

然而,他感到失落,感到迷惘,感到不满足。地位、权力、金钱,大家都能看到,并且都对他表达了崇敬和羡慕。唯一遗憾的是,妻子的美丽,大家没有完全看到,衣服掩盖了妻子的美丽。怎么办?他找来贴身侍卫,要求他去偷窥妻子的裸体,以便得到贴身侍卫更多的崇敬和羡慕。贴身侍卫偷看了国王妻子的裸体之后,国王妻子大怒。

> 原来在吕底业人当中,同时在几乎所有异邦人之中,甚至对男子来说,当自己裸体时被人看到,都被看作一种奇耻大辱。②

事情似乎变得有些不妙了,美丽的传说变成血腥的谋杀,贴身侍

---

① [古希腊]希罗多德:《希波战争史》,吴玉芬、易洪波编译,重庆出版社 2007 年版,第 6 页。
② [古希腊]希罗多德:《历史》,周永强译,陕西师范大学出版社 2008 年版,第 7 页。

卫与王后同谋，杀害了国王。于是，贴身侍卫得到了王位和王后，建立起一个更加富有的王国。让人们无法忘记的是，就是这个王国，发明了西方世界上最早的钱币。

这就是希罗多德在他撰写的《历史》第一卷里讲述的故事。故事里的国王就是当时世界上最富有的王国——吕底亚王国提罗尼德斯王朝的最后一任国王坎道列斯，贴身侍卫就是杀害了坎道列斯之后，开创了梅尔姆纳得斯王朝的国王巨吉斯。

公元前640年，巨吉斯的儿子阿尔杜斯执政时期，吕底亚王国生产出西方世界最早的钱币——琥珀合金币。

大家都相信这个故事。特别是土耳其人，他们在1983年发行了500里拉流通纪念币，以纪念吕底亚王国首次发行西方世界第一枚钱币的壮举。

四、亡国之君克洛伊索斯

根据希罗多德的讲述，2000多年以来，人们传颂着克洛伊索斯的故事。

克洛伊索斯时代，吕底亚王国发展到鼎盛时期。吕底亚王国征服了地中海沿岸在小亚细亚半岛上的所有希腊城邦，成为小亚细亚的霸主。

公元前550年，在伊朗高原西部，居鲁士[①]推翻米底王国，建立了波斯王国。克洛伊索斯感到了威胁，就准备去攻打波斯。智者桑达尼斯直言进谏说：

> 国王啊，您所要进攻的波斯人一无所有。他们以皮制衣，以水代酒，土地荒瘠贫苦，没有任何美好华贵的东西。您即使把他们征服了，也得不到什么。如果您万一不胜，您的损失可无法估量啊![②]

[①] 居鲁士，即居鲁士二世，一般称为居鲁士，建立了波斯帝国。
[②] 于卫青：《波斯帝国》，中国国际广播出版社2014年版，第41页。

克洛伊索斯不听智者的话,还是要去攻打波斯。

公元前547年,克洛伊索斯与居鲁士在普特里亚进行了一次会战,互有胜负。战后,克洛伊索斯派使者去希腊德尔斐阿波罗神殿请求神谕。女巫说有一个帝国将会陷落。克洛伊索斯断定陷落的帝国将是波斯帝国。于是,他在边境上不断集结部队,准备再次进攻。居鲁士为了防止克洛伊索斯集合更多的军队进攻波斯,在公元前546年带领大军先发制人,绕过防线,攻至吕底亚首都萨迪斯城下。

两军陈兵于萨迪斯城前,锡姆伯拉战役爆发。克罗伊索斯的军队骑马迎敌,居鲁士的军队骑骆驼冲锋。根据希罗多德的《历史》所言,马害怕骆驼,因此吕底亚的战马在看到波斯的骆驼或闻到其气味时便不受指挥,不论骑兵如何驱使,都不肯向前冲锋。吕底亚的骑兵被迫下马作战,结果惨败,逃回城里。居鲁士在围城两周后,率军攀越城壁,攻入萨迪斯城,活捉了克罗伊索斯,吕底亚王国灭亡。

居鲁士命人架起柴火,准备烧死克洛伊索斯。克洛伊索斯长叹一声,连呼梭伦的名字。居鲁士就问起梭伦的事情。

想当年,希腊政治家梭伦访问吕底亚王国的时候,克洛伊索斯问他谁是世界上最幸福的人。梭伦说了几个人,其中就是没有克洛伊索斯。克洛伊索斯问其缘由,梭伦回答:

> 天有不测风云,人有旦夕祸福。只有一个人直到幸福地结束了生命,才算得上是幸福。不管什么事情,都要看他的结尾。[1]

克洛伊索斯把梭伦的话告诉居鲁士,居鲁士听了,颇受启发,命人放了克洛伊索斯。克洛伊索斯看到波斯人正在烧毁城市,就问居鲁士这些人在干什么。居鲁士说:"他们正在掠夺你的城市并拿走你的财富。"克洛伊索斯说:"已经不是我的财富了,他们在掠夺你的财富。"居鲁士大吃一惊,立刻命令停止抢夺。

于是,克洛伊索斯从一个失败的国王变成一个成功国王身边的智者。

---

[1] 于卫青:《波斯帝国》,中国国际广播出版社2014年版,第44页。

第二节 琥珀合金币和金银分离术

据传说,公元前640年,巨吉斯的儿子阿尔杜斯统治时期,吕底亚王国生产出西方世界最早的钱币——琥珀合金币。到了克洛伊索斯统治时期(公元前560年至公元前546年),吕底亚王国掌握了金银分离术,从琥珀合金中提炼出黄金和白银,制造出纯金币和纯银币。然而,这个传说并不靠谱。吕底亚王国的钱币,与其他各国的钱币一样,也是从称量货币长期发展演化而产生的,其重量标准也是采用了称量货币的单位标准。

一、阿尔杜斯的琥珀合金币

巨吉斯建立的梅尔姆纳得斯王朝政治稳定、经济繁荣。巨吉斯和他的儿子阿尔杜斯两人相继统治总计87年。其中,巨吉斯在位38年(公元前716年至公元前678年);阿尔杜斯在位49年(公元前678年至公元前629年)。正是在阿尔杜斯统治时期,公元前640年,吕底亚王国生产出西方世界上最早的钱币——琥珀合金币。

尽管阿尔杜斯创造了西方世界最早的钱币,而钱币有效地促进了商品生产和交换。但是,后世人们并不熟悉阿尔杜斯的名字,他们熟悉的名字是阿尔杜斯的重孙子克洛伊索斯。

克洛伊索斯是吕底亚王国的最后一位国王。公元前560年,吕底亚王国的王位从阿尔杜斯的儿子萨杜阿铁斯、孙子阿律阿铁斯二世传到重孙子克洛伊索斯手里。

克洛伊索斯之所以被后世人们熟悉,不是因为他有多么伟大的功绩,而是因为他有一个很大的失败。克洛伊索斯失去了他的祖先千难万险用血腥手段得来的国家。

琥珀合金币是使用萨迪斯河里的金银合金制造的,金属成分三金一银,单位名称为"斯塔特",重约14克,相当于当时1个士兵1个月的饷金。

克洛伊索斯执政时期，吕底亚王国制造的纯金币重约 8 克；纯银币重约 11 克。

二、克洛伊索斯的金银分离术

克洛伊索斯统治时期，吕底亚王国有纯金币和纯银币，还有琥珀合金币，这些种类的钱币有出土实物证据。有关的故事，出自希罗多德《历史》的记载。

克洛伊索斯从美丽的琥珀合金里提炼黄金和白银，用来制作纯金币和纯银币，听上去十分浪漫，分析起来却很不靠谱。

从地中海沿岸的古希腊诸城邦，到印度西北部的印度河流域，传统钱币以银币为主。其原因是：早在钱币发明之前的 1000 多年里，从两河流域到小亚细亚半岛，从伊朗高原到印度河流域，广泛流通着白银称量货币。正是白银称量货币的长期发展，演化出白银数量货币——钱币。

公元前 19 世纪，赫梯王国在小亚细亚半岛兴起，经过百年的发展，逐步扩大到几乎整个半岛。赫梯王国一经出现，就进入了铁器时代，并依靠铁器优势，成为世界强国。公元前 1595 年，赫梯人攻入巴比伦城，消灭了古巴比伦第一王朝。古巴比伦王国的商品交换采用白银称量货币。在《汉谟拉比法典》的 282 个条文中，使用白银称量货币的地方有 109 处，说明古巴比伦王国的白银称量货币流通十分繁盛。赫梯王国消灭了古巴比伦王国，继承了古巴比伦王国的白银称量货币制度，在 15 世纪撰写的《赫梯法典》200 个条文中，使用白银称量货币的地方有 167 处。古巴比伦人的白银称量货币单位是舍客勒，重 8.33 克，赫梯人的白银称量货币单位也是舍客勒，使用更加频繁普遍。这说明，更多的民众获得了使用白银称量货币的经济能力。赫梯的白银称量货币流通，比古巴比伦王国的白银称量货币流通更为广泛。

公元前 12 世纪，赫梯王国瓦解，吕底亚王国从赫梯王国中独立出来。又经历了600多年的发展,吕底亚王国逐步扩张到几乎整个小亚细亚半岛,国力日益强大,经济越发繁荣,成为世界上最富有的王国,白银称量货币的发展,也达到空前鼎盛。

在这个时候出现的纯金币和纯银币,其金银主要原料,不会是从琥珀合金中提炼出来的,而是吕底亚王国长期积累的。

三、核心钱币是斯塔特金币

吕底亚王国的钱币不是起源于琥珀合金币,而是起源于金币。因为,吕底亚王国只有金币继承了黄金称量货币的单位制度。

早在公元前20世纪前后,在地中海沿岸,从埃及人、赫梯人,乃至古希腊的迈锡尼人,都长期使用黄金和白银作为他们的财富储藏手段和商品交换媒介。吕底亚人最早的钱币,是继承了赫梯人舍客勒重量标准的金币。舍客勒重8.33克,扣除成本和铸币税,吕底亚王国最早的斯塔特金币重约8克。这个重量,正好与克洛伊索斯时期的纯金币斯塔特单位重量标准相符合。

此时,黄金和白银的比价是1∶13.3,即1舍客勒黄金兑换13.3舍客勒白银。

吕底亚王国规定,1枚斯塔特金币兑换10枚斯塔特银币。8.33克×13.3÷10=11.08克,去掉成本和铸币税,1枚斯塔特银币的重量应该在11克左右。这个重量,正好与克洛伊索斯时期的纯银币斯塔特单位重量标准相符合。

吕底亚王国琥珀合金币的名称,显然不是从琥珀合金称量货币名称而来,人们称其为斯塔特(stater,意思是标准),表示这是标准重量的钱币。

克洛伊索斯时期,小亚细亚半岛上流通着纯金币和纯银币,还有琥珀合金币,应该是真实的。因为有出土的古钱币为证。也许,吕底亚人在萨迪斯河里淘金,使用琥珀合金提炼纯金和纯银,也是真实的。但是,克洛伊索斯制造纯金币和纯银币的主要原料,一定还有另外的来源。金银冶炼技术在克洛伊索斯时期1000多年之前就已经出现,克洛伊索斯应该是使用原有的冶炼方式和社会储存的黄金和白银,作为主要的制币原料,制造纯金币和纯银币,而不是从琥珀合金中采用金银分离术提炼黄金和白银,作为主要的制币原料,制造纯金币和纯银币。

四、纪念吕底亚王国首次发行钱币

土耳其人认为,世界第一枚钱币是吕底亚王国制造的,时间是公元前640年。1983年,土耳其共和国发行500里拉流通纪念币,以纪念吕底亚王国首次发行钱币。纪念币正面的图案仿照吕底亚王国古钱,狮头与牛头相对,周围有土耳其文和英文两行文字:"世界第一枚钱币:安纳托利亚——吕底亚,公元前640年";背面的图案是麦穗和橄榄枝围绕着文字"500里拉"。

狮头与牛头相对的钱币,是吕底亚王国克洛伊索斯时期钱币的特色。我们见到的这种钱币是萨迪斯造币厂生产的,有纯金币和纯银币。(见图9-1、图9-2)

图9-1 吕底亚王国克洛伊索斯斯塔特纯金币,公元前560年至公元前546年生产,重8.70克,正面是狮头与牛头相对,背面有两压印。

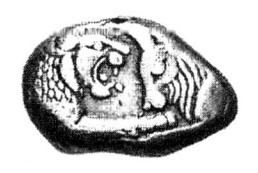

图9-2 吕底亚王国克洛伊索斯斯塔特纯银币,公元前560年至公元前546年生产,重10.66克,正面是狮头与牛头相对,背面有两压印。

钱币背面的两个方形的戳记,似乎是为了打制钱币而形成。

英国货币学家伊恩·卡拉代斯在他的著作中也讲到吕底亚王国的钱币。他认为这些钱币不一定是吕底亚人制造的,也可能是古希腊移民制造的。至于钱币上打印图徽戳记的目的,他认为还有待进一步研究。

在预先称量好的贵金属块上加盖戳记以认证其价值,是促成其作为钱币流通的一个合乎逻辑的步骤,但加盖戳记的本来目的究竟是作为支付的媒介,还是用于贸易交换,抑或价值存储,又或为了宗教供奉(需知以弗所钱币的出土地点是一座神庙的地基),还无法下结论。[1]

第三节 出土的吕底亚王国钱币

关于钱币的起源,众说纷纭。所以,我们只能依据出土实物。目前出土的西方世界最早发行的钱币是吕底亚王国的琥珀合金币。

1904—1905 年,大英博物馆的工作人员在小亚细亚海岸以弗所的阿耳特弥斯神庙进行考古发掘,发现了近 100 枚吕底亚王国早期钱币。

一、以弗所神庙出土的琥珀合金币

根据对同批出土相关文物的考证,这批钱币埋藏的时间不晚于公元前 6 世纪中期,甚至更早。这些钱币的主要成分是金银合金,其中有:(1)未经标志的白银或琥珀合金块;(2)一面有戳记的钱币;(3)一面有戳记,另一面有粗糙图案的钱币。这些不同类型的钱币被认为是钱币早期演进不同阶段的产物。

---

[1] [英]伊恩·卡拉代斯:《古希腊货币史》,黄希韦译,法律出版社 2017 年版,第 18 页。

这些钱币的图案多种多样,大多是动物或动物的部分躯体。有些钱币上还镌刻了字母。这批钱币的出土,证实了希罗多德在《历史》一书中所说的:吕底亚人是最早制造和使用金银钱币的人。

依照我们所了解的,他们是最早铸造和使用金银货币的人。①

吕底亚人创造了标准重量和标准成色的金属钱币,有利于生产的计划和核算,便利了商业活动,从而促进了商品生产和交换的发展。很快,钱币的制造和使用便从小亚细亚半岛跨过地中海传到古希腊在地中海沿岸的各个城邦。

二、吕底亚王国的斯塔特钱币

克洛伊索斯的父亲阿律阿铁斯二世统治末期,公元前561年,吕底亚王国生产出一种狮头琥珀合金币。

这枚斯塔特的实测重量为4.68克,属于1/3斯塔特币,那么,1斯塔特的重量就是14.04克,基本符合斯塔特重量标准。(见图9-3)到了克洛伊索斯统治时期(公元前560年至公元前546年),吕底亚王国出现了纯金币和纯银币,都是在萨迪斯造币厂生产的。

图9-3 吕底亚王国阿律阿铁斯1/3斯塔特琥珀合金币,公元前561年生产,重4.68克,正面是怒吼狮头,背面是压印。

除了都城萨迪斯,吕底亚王国控制下的爱奥尼亚地区,生产琥珀合金币的时间也很早。

---

① [古希腊]希罗多德:《历史》,周永强译,陕西师范大学出版社2008年版,第42页。

爱奥尼亚位于吕底亚王国的西南方,是古希腊时代对今天土耳其安那托利亚西南海岸地区的称呼,即爱琴海东岸的古希腊爱奥尼亚人定居地。爱奥尼亚的著名城市有以弗所、米利都,另外还包括萨摩斯岛。公元前7世纪,爱奥尼亚被吕底亚王国控制。公元前546年,波斯帝国的军队侵入爱奥尼亚。公元前500年,爱奥尼亚人发动反抗波斯人的起义。公元前484年,历史之父——希罗多德就出生在这个地区。

吕底亚王国阿尔杜斯统治时期,爱奥尼亚就开始生产琥珀合金币。

图9-4 爱奥尼亚斯塔特琥珀合金币,公元前650年至公元前600年生产,重14.52克,正面是条纹,背面是3个压印。

小亚细亚半岛西部河流中有金银沙粒,这种沙粒并非只是吕底亚王国的首都萨迪斯城里河流中所独有。

三、神秘古钱上的文字"法涅斯"

吕底亚王国是从赫梯王国中独立出来的古国,不是希腊城邦。但是,吕底亚王国后期,梅尔姆纳得斯王朝攻占了小亚细亚半岛上的几乎所有希腊城邦。所以,吕底亚王国的琥珀合金币上,币文多是古希腊字母。琥珀合金币中,最著名的有币文的钱币,就是铭文"法涅斯"等字样的钱币。

法涅斯(ΦΑΝΕΟΣ,phanes)的词义是生命之神、光明之神,引申为生命之神赐予的礼物,是可以作为人名的。所以,有学者认为,法涅斯是个商人的名字。法涅斯币共有7种币值,从1斯塔特到1/96斯塔特,其中最大的两种面值的钱币上的币文为"ΦΑΝΕΟΣ ΕΜΙ ΣΗΜΑ"(I am the badge of phanes,我是法涅斯的印记)。其余面值的钱币上的币文为"ΦΑΝΕΟΣ"(of phanes,属于法涅斯)。(见图9-5)

图9-5 爱奥尼亚以弗所1/3斯塔特琥珀合金币,公元前620年至公元前600年生产,重4.72克,正面图饰是公鹿吃草,币文"ΦΑΝΕΟΣ"(of phanes,属于法涅斯)。

英国货币学家伊恩·卡拉代斯说:

后者的图案是正在吃草的雄鹿,并带有铭文"吾乃法涅斯(phanes)之徽"。这种钱币的来历并不确定,但是一个非常合理的观点认为,它们是卡里亚(Caria)的哈利卡纳索斯(Halicarnassus)制造的,因为在该城发现了同类的钱币,且该城后来出了一位雇佣军头领名叫法涅斯。[①]

四、米利都制度和吕基亚制度

小亚细亚半岛上的琥珀合金币,在重量方面,存在着两种制度:一是米利都制度(milesian standard);二是吕基亚制度(phokaic standard)。

米利都位于小亚细亚半岛西端,濒临爱琴海,在以弗所的南方,是爱奥尼亚地区的一个滨海城邦。公元前1500年前后,一些从克里特岛来的移民定居在此,用克里特岛上的一个地名将这个地区命名为"米利都"。据传说,米利都是克里特王米诺斯的弟弟。米诺斯害怕弟弟篡位,将米利都逐出,米利都来到小亚细亚半岛西南海岸建立了米利都城邦。公元前10世纪,米利都成为爱奥尼亚12个城邦之一。

---

① [英]伊恩·卡拉代斯:《古希腊货币史》,黄希韦译,法律出版社2017年版,第17—18页。

公元前 7 世纪末,古希腊著名哲学家泰勒斯在此发表朴素唯物论,其学派被称为"米利都学派"。吕底亚王国的琥珀合金币斯塔特的重量标准,采用米利都制度,理论重量 14.1 克。(见图 9-6)

图 9-6 爱奥尼亚米利都斯塔特琥珀合金币。公元前 575 年生产,重 13.99 克,正面是方框中卧狮回首像;背面是 3 个压印,上面有球头十字,中间是走狐,下面是鹿首。

吕基亚位于小亚细亚半岛西南端,面对罗得岛。吕基亚人是赫梯人的盟友。在赫梯帝国崩溃后,吕基亚作为一个独立王国发展起来。按照希罗多德的说法,"吕基亚"这个名字来源于雅典国王潘狄翁二世的儿子吕科斯的名字。在古典时代,吕基亚地区从未被统一于一个政权之下,而是由许多独立城邦组成的联合体。吕基亚有着与米利都不同的重量制度。吕基亚制度下的琥珀合金币,理论重量为 16.1 克。

克孜柯斯位于小亚细亚半岛西端北部,其琥珀合金币闻名于古希腊世界。克孜柯斯距离南部的吕基亚比较遥远,距离西部的米利都较近。但是,克孜柯斯制造的琥珀合金币采用的是吕基亚重量制度,而不是米利都重量制度。(见图 9-7)

图9-7 克孜柯斯斯塔特琥珀合金币,公元前500年至公元前475年生产,重16.00克,正面是公狮头像,下方头金枪鱼;背面是风车压印。

第四节 钱币制度传入伊朗高原

公元前640年,吕底亚王国创造了西方世界最早的钱币。大约100年后,波斯帝国崛起,吞并了吕底亚王国,继承了吕底亚王国的钱币制度。又过了数十年,波斯帝国的贵族大流士通过宫廷政变成为国王。为了镇压各地武装起义,大流士国王发行大流克(daric)金币,用以支付军费。这些金币是严格依循波斯帝国舍客勒重量标准制造的,重量8.33克,比吕底亚王国的斯塔特金币更接近舍客勒重量标准。

一、大流士发动的宫廷政变

波斯帝国指的是公元前550年至公元前330年古波斯人建立的帝国,不包括后来的帕提亚帝国(公元前274年至公元224年)和萨珊帝国(公元224年至651年)。

公元前558年,居鲁士以帕萨加迪为中心,在波斯称王。从此,波斯人在居鲁士的领导下开始了反抗米底人的斗争。据传说,居鲁士是米底国王阿司提阿格斯的女儿芒达妮的儿子。公元前550年,居鲁士打败了他的外祖父,取代米底获得了对伊朗高原西部的统治权,并将其外祖父连同米底王宫里的黄金、白银以及各种财宝运回波斯。据传说,这个阿司提阿格斯是吕底亚国王克洛伊索斯的亲戚。居鲁士不仅抓了自己的外祖父,而且还抓了吕底亚国王的亲戚,克洛伊索斯便率领军队前来报仇。

不料,克洛伊索斯败给了居鲁士。居鲁士将吕底亚划为波斯的一个行省。公元前539年,居鲁士攻陷巴比伦。公元前530年,居鲁士攻打马萨革太人,战死疆场。于是,居鲁士的儿子冈比西斯[①]即位。

公元前525年,冈比西斯率军攻入埃及,在埃及疯狂实行暴政。意想不到的是,他的弟弟巴尔迪亚在波斯发动政变,做了国王。冈比西斯只好返回波斯,不幸在返回路上去世了。冈比西斯的堂侄大流士回到波斯,联合一些贵族发动了一场宫廷政变。大流士声称,冈比西斯出征埃及前处死了巴尔迪亚,这个当了国王的巴尔迪亚是波斯宫廷总管高墨塔冒充的。贵族们在宫廷政变中杀死了巴尔迪亚,或者说是杀死了冒充巴尔迪亚的宫廷总管高墨塔,拥立大流士做了国王。

大流士搞宫廷政变杀死了巴尔迪亚或是冒充巴尔迪亚的宫廷总管高墨塔,成为国王,各国藩邦并不屈服,波斯、巴比伦、埃兰、米底、亚述、埃及、帕提亚、马尔吉安那、撒塔吉、西徐亚等地都爆发了起义。大流士用了1年多的时间,经过大小19场战争,擒获9个国王,10多万人战死沙场,才把这些震动天下的起义镇压下去。

事后,大流士国王做了一些宣传,最著名的是《贝希斯敦铭文》,刻在米底贝希斯敦地方的高岩上。他在铭文中说:

> 冈比西斯,居鲁士之子,出自我们的氏族,曾是这里的国王。冈比西有个兄弟,名巴尔提亚,与冈比西同父同母。冈比西杀死了巴尔提亚。当冈比西杀死了巴尔提亚的时候,人民还不知道巴尔提亚已被杀害。与此同时冈比西向埃及出发了。当冈比西向埃及出发的时候,人民骚动起来,在国内,在波斯,在米底,也在其

[①] 冈比西斯,即冈比西斯二世,一般称冈比西斯,是波斯帝国的第二代君主。

他各省,发生了巨大的恶祸。①

早在吞并吕底亚王国时,波斯人就开始发行钱币。公元前522年,大流士发动宫廷政变,成为国王。就在这一年,为了支付镇压各地起义所需的军费,大流士开始制造自己的钱币"大流克"。

二、"大流克"金币的重量标准

大流士发行的大流克金币,理论重量折合现代8.33克。

波斯人的重量单位起源于用手捧起麦粒的重量。用手捧起麦粒的最大量,可以达到250克。两捧麦粒的重量为500克,这就是波斯重量单位"弥那"的由来。

弥那这个重量单位的确立,可以追溯到公元前21世纪两河流域的乌尔第三王朝。公元前2096年至公元前2047年,乌尔第三王朝的国王舒尔基在苏美尔重量制度的基础上确立了弥那重量标准。公元前605年至公元前562年,新巴比伦王国的国王尼布甲尼撒二世找到一个舒尔基时期的两弥那石制砝码,将它复制,确定为新巴比伦王国的重量标准。公元前539年,居鲁士消灭了新巴比伦王国,继承了新巴比伦的重量标准。根据对出土石制砝码的考证,一枚名曰"大流士宫殿"的石制砝码表明:公元前522年至公元前486年的波斯国王大流士使用的弥那重量标准折合现代500.2克。

弥那被等分为60个舍客勒,每个舍客勒的重量为8.33克。舍客勒是波斯国王大流士时期重量制度的基本单位。波斯国王大流士就是根据舍客勒的标准重量制造了大流克金币。

重量制度的更大单位是弥那。弥那可以用来称量黄金,也可以用来称量粮食。当然,人们称量粮食还需要更大的重量单位。于是,60个弥那是1个他连得,1个他连得的重量折合现代30000克。

---

① 《贝希斯敦铭文》,载林志纯主编:《世界通史资料选辑》,商务印书馆1962年版,第178页。

舍客勒更古老的称谓是"琴"（gin）；他连得更古老的称谓是"冈"（gun）。

舍客勒是黄金重量制度的基本单位。黄金重量制度的更小单位是"色"，是1颗麦粒的重量。1个舍客勒可以被等分为180个色。然而，古波斯人更喜欢使用数字360，这可能是因为考虑粮食收成与1年360个日夜有关。于是，在波斯帝国，1个舍客勒被等分为360个"半色"。

三、波斯舍客勒与中国秦半两

与波斯帝国的情况一样，中国古代也用手捧粮食的数量作为重量单位的标准。《小尔雅》曰："一手之盛谓之溢，两手谓之掬。"

波斯帝国时期，正值中国春秋战国，中国南方楚国的黄金重量制度采用"益"为单位，重量250克，与波斯帝国半个弥那恰好相同。此标准有出土的"楚国铜环权"证实，毋庸置疑。

中国西汉时期（公元前206年至公元25年），1斤为250克，有出土铜权证实。当时，120斤为1石，折合现代30000克，与波斯帝国的重量单位他连得恰好相同。

中国古代很少使用黄金，而是使用铜钱。因此，中国古代重量制度的使用，多用于称量铜金属。中国古人喜欢用"两"来计算数量，两个单位为1两，1个单位就是半两。所以，半两是中国古代最基本的重量单位。西汉时期，1斤为250克，半两的重量是7.8125克。秦朝及西汉初期使用的铜钱，铭文"半两"，后世称之为"秦半两"。

半两是中国古代重量制度的基本单位，重量制度的更小单位是铢，大约是100粒粟的重量。半两就是12铢，大约是1200粒粟的重量。1粒粟的理论重量是0.00651克，与两河流域1粒大麦重量0.0463相比较，1粒大麦的重量等于7.11粒粟。

中国西汉时期的重量单位"石"与波斯帝国的重量单位"他连得"重量相同；中国西汉时期的重量单位"两斤"与波斯帝国的重量单位"弥那"重量相同。比"斤"更小的重量单位，即重量制度最基本的单位，在波斯帝国是"舍客勒"；在中国秦汉是"半两"。然而，这两个最基本的重量单位之间却出现了差异。

为什么两者重量之间出现了差异？原因是中国人使用2进制，而波斯人使用60进制。

中国人使用2进制，重量单位以半数等级递减，依次为：1斤(16两)、8两、4两、2两、1两、半两、1分。所以，中国的1斤被等分为32个半两。半两成为中国重量制度的最基本单位。

波斯人使用60进制，重量单位以60的倍数等级递减，依次为：1他连得等分为60个弥那，1弥那等分为60个舍客勒。半弥那等同于中国的1斤，被等分为30个舍客勒，而不是32个舍客勒。舍客勒是波斯帝国重量制度的最基本单位。半弥那250克，1舍客勒就是8.33克。

于是，我们将波斯帝国重量制度的最基本单位"舍客勒"与中国重量制度的最基本单位"半两"相比较，两者重量相差了0.5175克。

四、"大流克"金币的形制和纹饰

公元前546年，波斯帝国消灭了小亚细亚半岛上的吕底亚王国，从此开始生产钱币。此时，吕底亚王国已经有琥珀合金币、纯金币和纯银币。

大流士国王最早铸造的金币被称为"人流克"。从此，大流克成为金币的名称。直至波斯帝国灭亡，波斯帝国生产的金币都被称为大流克。大流克金币的形制仿照吕底亚王国的斯塔特金币，重量相近，风格赋以东方色彩，正面的图案是东方国王或武士持弓持矛持刀半跪像，背面为印记，没有币文。大流克金币主要用于发放陆军军饷，流行于小亚细亚半岛。

此外，波斯帝国还发行了银币，主要用于发放海军军饷。银币被称为西格罗斯(siglos)，即希腊语的舍客勒。1枚大流克金币等于20枚西格罗斯银币。当时黄金和白银的比价是1：13.3，即1舍客勒黄金兑换13.3舍客勒白银。

波斯帝国规定,1 枚大流克金币兑换 20 枚西格罗斯银币。8.33 克×13.3÷20＝5.539 克,这是西格罗斯银币的理论重量。去掉成本和铸币税,1 枚西格罗斯银币的实际重量在 5.5 克左右。这个重量,与出土的波斯帝国西格罗斯银币的实测重量大体相符。

波斯帝国的大流克金币的理论重量为 8.33 克,西格罗斯银币的理论重量为 5.539 克。与其他各国的情况一样,实际重量一般比理论重量要轻一些。下面,我们用几枚波斯帝国的钱币来说明这个情况。(见图 9-8 至图 9-12)

图 9-8 大流克金币,公元前 490 年至公元前 400 年在波斯造币厂生产,重 8.28 克,正面图案是年迈国王头戴芒冠一手持弓一手持矛面右半跪像。

公元前 490 年,大流士国王还在,至公元前 400 年,先后共 7 个国王相继在位。

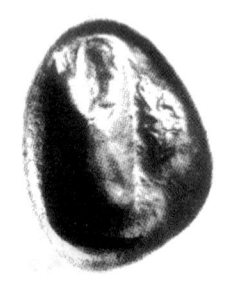

图 9-9 大流克金币,公元前 400 年在波斯造币厂生产,重 8.20 克,正面图案是无须年轻国王头戴毡帽一手持弓一手持矛面右半跪像,背面是隐约可见的森林之神潘(Pan)的小型头像。

公元前400年,大流士的第四代孙阿塔薛西斯二世(公元前404年至公元前359年)在位。阿塔薛西斯在位45年,执政时间很长,他死后不到30年,波斯帝国就灭亡了。

图9-10 二大流克金币,公元前330年在巴比伦造币厂生产,重16.67克,正面图案是国王头戴芒冠一手持弓一手持矛半跪像,身后有希腊字母 ΦI。

公元前330年,正是波斯帝国灭亡的这一年。马其顿的亚历山大大帝追击大流世三世。大流士三世被自己的部将杀害,波斯帝国灭亡。

二大流克金币重16.67克,大流克金币的重量就是8.34克。这说明,直到波斯帝国灭亡前夕,大流克金币仍然是足重的。

图9-11 西格罗斯银币,公元前515年至公元前490年在波斯造币厂生产,重5.4克,正面的图案是有须头戴芒冠国王一手持弓一手抱箭袋面右半跪像。这枚银币是大流士一世时期的钱币。

图9-12 西格罗斯银币,公元前375年至公元前340年生产,重5.52克,正面的图案是有须头戴芒冠国王一手持弓一手持匕首面右半跪像,外套上有三环装饰。这是波斯帝国后期的钱币。

就波斯帝国的西格罗斯银币而言,直到波斯帝国灭亡前夕,也仍然是足重的。

第 十 章
Chapter 10

古希腊的德拉克马钱币

两河流域的白银称量货币制度传入小亚细亚半岛,经历了1000多年的发展,在吕底亚王国产生出西方世界最早的金属数量货币——斯塔特钱币。斯塔特钱币制度从吕底亚王国传入临近的岛屿——埃伊纳、萨摩斯、克里特,与古希腊各城邦不同标准的德拉克马接轨,出现不同重量标准的德拉克马钱币。公元前6世纪中期,斯塔特钱币制度和德拉克马钱币制度传遍了古希腊的众多城邦。

第一节 德拉克马钱币制度的出现

吕底亚王国在小亚细亚半岛上创建了斯塔特钱币制度,这种制度在小亚细亚半岛上的古希腊城邦得到传播和使用,并逐步向希腊半岛转播。希腊半岛上的居民使用以德拉克马为单位的白银称量货币。钱币制度出现之后,古希腊诸城邦的钱币形态,从斯塔特银币逐步转向德拉克马银币。

一、地中海沿岸的古希腊城邦

古代希腊即"古希腊",也被称为"爱琴海世界",地理范围包括希腊半岛、爱琴海的岛屿、小亚细亚西部沿海地区、黑海沿岸、南意大利和西西里岛。

希腊,古称"希腊斯"(Hellas),最初是一个地理概念,位于传说中希腊始祖希伦(Hellen)及其部落聚居的色萨利南部弗提奥提斯地区。随着希伦和他的儿子们在弗提奥提斯势力的增长,其他部落称其为"希腊人"(Hellenes)。荷马史诗《伊利亚特》中,希腊人的称谓仅用于指阿喀琉斯麾下的弗提奥提斯地区的人。

到了公元前8世纪至公元前6世纪的古风时代,随着希腊各地在政治、经济、文化、宗教信仰等方面的交往和融合,"希腊人"才成为希腊各部族共同的称谓,"希腊斯"也就成为古代希腊人对其所生活居住地区的通称。

后来,古罗马人把当时希腊人聚居的南意大利和西西里岛殖民地统称为"Magna Graecia"(大希腊),称希腊人为"Graeci"。今天的英文"Greece"(希腊)和"Greeks"(希腊人)二词便是由此而来。

古希腊的钱币源于地中海东岸的吕底亚王国。英国钱币学家卡拉代斯在他的专著《古希腊货币史》前言中的第一句说:

> 古希腊造币于公元前7世纪晚期发轫于小亚细亚吕底亚地区。①

小亚细亚半岛在亚洲西端,爱琴海东岸,隔海遥对巴尔干半岛。公元前8世纪,小亚细亚西部沿海地区已经出现了一些希腊殖民城邦。然而,吕底亚王国并不是希腊城邦,而是从赫梯王国分裂出来的、历史悠久的古国。当时的吕底亚王国是世界上最富庶的国家。公元前7世纪,吕底亚王国吞并了小亚细亚半岛上的几乎所有古希腊城邦,并开始生产琥珀合金币。公元前6世纪中期,吕底亚王国已经制造出纯金币和纯银币。吕底亚王国的银币一问世,便迅速传入古希腊众多城邦。卡拉代斯说:

> 始于公元前6世纪中期的银币的戏剧性普及,则本质上无可

---

① [英]伊恩·卡拉代斯:《古希腊货币史》,黄希伟译,法律出版社2017年版,第1页。

置疑地是一种希腊现象。截止公元前6世纪晚期,在爱琴海诸岛和希腊大陆部分,向北至马其顿和色雷斯,向西至南意大利和西西里岛的希腊定居地,向东至塞浦路斯岛和北非海岸昔兰尼,都在打造银币。[1]

古希腊使用白银称量货币,基本称量单位是德拉克马。在古希腊各城邦之间,德拉克马有着不同的标准。其中影响比较大的,是小亚细亚西部沿海古希腊城邦的德拉克马重量标准和雅典城邦所在的阿提卡地区的德拉克马重量标准。

二、"德拉克马"的小亚细亚标准

称量单位和货币制度源于两河流域。两河流域的称量单位和货币制度向北传入小亚细亚半岛,然后传入希腊半岛,与当地的制度相结合,形成覆盖区域更加广泛的称量制度。

公元前21世纪,两河流域的重量单位弥那和舍客勒获得了法定统一的标准:1弥那重量为500克,可以分为60舍客勒,1舍客勒重量为8.33克。

公元前19世纪,赫梯王国在小亚细亚半岛形成。公元前16世纪初期,赫梯王国攻入两河流域,古巴比伦王国第一王朝灭亡。从此,赫梯人获得了两河流域的重量制度。但是,赫梯人的重量单位弥那与两河流域的重量单位弥那并不完全相同。两河流域的弥那等于60舍客勒,重量为500克;赫梯王国的弥那等于40舍客勒,重量只有333克。

公元前8世纪,古希腊人在小亚西亚半岛上建立了许多城邦,他们使用的重量单位是德拉克马。古希腊人让德拉克马与当地的弥那接轨,100德拉克马等于1弥那,1德拉克马的重量为3.33克。

在古希腊语中,德拉克马的意思是"一把",应该是指一把麦粒的重量。赫尔茨在其《古代希腊和罗马度量衡文献》中引用医学家盖伦

---

[1] [英]伊恩·卡拉代斯:《古希腊货币史》,黄希伟译,法律出版社2017年版,第19—20页。

(公元 129—216 年)的一段话说:

> 1 德拉克马等于 18 克拉特,或按别人的说法,3 格拉玛,1 格拉玛等于 2 奥波,1 奥波等于 3 克拉特,1 克拉特包含 4 颗谷物。

从这里看,与古巴比伦、古波斯的情形一样,古希腊的重量制度也是源于人们对谷物多少的测量。一把麦粒究竟抓了多少颗? 按照盖伦的说法,一把麦粒是 72 颗。两河流域 1 舍客勒重量 8.33 克,等于 180 颗麦粒的重量。那么,两河流域 1 颗麦粒的重量为 0.0463 克,72 颗麦粒的重量为 3.33 克。由此可见,古希腊的德拉克马的重量应该是 3.33 克。但是,除了小亚细亚西部沿海一带的古希腊城邦,以及邻近的岛屿——萨摩斯,古希腊其他城邦的德拉克马银币的重量大多在 4 克以上。

古希腊各城邦有着各自不同的德拉克马重量标准。然而,最主要的德拉克马重量标准只有两个:第一,盖伦所说的德拉克马重量标准,指的是小亚细亚西部沿海的一些古希腊城邦的重量标准和临近岛屿萨摩斯岛上的古希腊城邦的重量标准。在这些地方,1 德拉克马的重量为 3.33 克,相当于 72 颗麦粒的重量。第二,位于希腊半岛阿提卡地区的雅典城邦,1 德拉克马的重量是 4.37 克,相当于 94 颗麦粒的重量。这个重量标准被古希腊更多城邦所采用。

三、"德拉克马"的阿提卡标准

小亚细亚半岛上的称量单位和货币制度传入希腊半岛,与希腊半岛的称量单位结合,产生出不同标准的德拉克马重量标准。

古希腊最著名的城邦是"雅典",位于阿提卡地区。阿提卡地区的德拉克马重量标准对整个希腊世界有着重要深远的影响。

两河流域的重量单位"弥那"重量为 500 克,雅典的重量单位"弥那"(100 德拉克马)重量却只有 437 克。

$500 \div 8 \times 7 \approx 437$ 克。

古希腊 1 弥那的重量标准只有两河流域 1 弥那重量标准的 7/8,少了 63 克。为什么会有这样的差距? 据说,这与雅典第一任执政官梭伦的改革有关。

公元前 600 年前后,年约 30 岁的梭伦被任命为军事指挥官,统帅部队,一举夺下萨拉米斯岛。从此,梭伦走上雅典的政坛。公元前 594 年,梭伦出任雅典城邦的第一任执政官,开始修订法律,进行改革,史称"梭伦改革"。执政官任满后,梭伦周游世界,去过许多地方,写了许多诗歌。梭伦改革内容很多,其中有对度量衡和借贷利率的改革,规定借贷利率为 12.5%。于是,借款人借 1 弥那 500 克,却只能拿到 1 弥那 437 克,差额 63 克,便是本金 500 克的 12.5% 的贴息。

这个传说也许并不可靠。不过,两河流域 1 弥那 500 克,古希腊雅典 1 弥那 437 克,却是可信的。两者之间 7/8 的关系,可能是一个巧合。

四、与斯塔特银币并行的德拉克马银币

古希腊的钱币源于吕底亚王国。吕底亚王国的钱币,主要是琥珀合金币以及斯塔特纯金币和斯塔特纯银币;而古希腊诸城邦的钱币,则主要是德拉克马银币。在小亚细亚半岛上,逐步出现了斯塔特银币与德拉克马银币并行的局面。

公元前 7 世纪,吕底亚王国创造了西方世界最早的钱币。公元前 6 世纪,波斯帝国占领了小亚细亚半岛,吕底亚王国灭亡。这时候,吕底亚王国控制的古希腊城邦已经有德拉克马银币的制造和使用。譬如,考古人员在莱斯博斯岛上发现了公元前 6 世纪的德拉克马银币。(见图 10-1)

图 10-1 莱斯博斯二德拉克马银币,公元前 580 年至公元前 500 年生产,重 8.39 克。正面是野猪站像,上方币文为地名"ΜΑΘΥΜΝΙΩΝ"(墨塞姆纳);背面是雅典娜盛装头像,雅典娜是古希腊的智慧女神。

莱斯博斯是吕底亚王国西方地中海中的一个岛屿,因古希腊著名的女抒情诗人萨福(公元前630年至公元前560年)而得名。萨福出生于莱斯博斯岛的一个贵族家庭,是个女同性恋者。"莱斯博斯"这个词的意思是"女同性恋"。

此时,小亚细亚半岛上的古希腊城邦,从被吕底亚王国控制转为被波斯帝国控制,主要使用斯塔特银币,同时使用德拉克马银币。然而,最初时期的德拉克马银币,并没有采用3.33克的小亚细亚重量标准,而是采用希腊半岛的阿提卡重量标准4.37克。目前在小亚细亚半岛出土的公元前6世纪至公元前3世纪的德拉克马银币,重量多在4克左右,应该是根据阿提卡重量标准扣除制造成本和铸币税之后的重量制造的。

第二节 钱币传入古希腊克里特岛

克里特文明是古希腊文明的源头。吕底亚王国发明的钱币制度传入克里特岛,对于钱币制度在古希腊世界的传播,具有非常重要的意义。截至目前,考古发现不仅有克里特岛上的斯塔特银币、德拉克马银币,还有记载克里特岛上使用斯塔特、德拉克马、奥波银币的法典——《格尔蒂法典》。

一、古希腊文明的源头

古希腊的历史是古人与天神无限缠绵、亲密无间的历史。古希腊文明的源头——克里特文明更是人类文化与神话传说云山雾罩地融合在一起的文明体现。

众神之王宙斯爱上腓尼基王阿革诺耳的女儿欧罗巴,便化作白牛将她诱拐到克里特岛,生下儿子米诺斯。米诺斯成为克里特岛的国王,将首都建在克里特岛中北部的克诺索斯,城中修建了巨大宏伟的宫殿。此后,这个地方名为欧罗巴,这就是欧洲名称的来源。

宙斯的哥哥海神波塞冬送来一头白牛,这头白牛与米诺斯的妻子生了一个牛首人身的怪兽米诺牛。为了囚禁这个怪兽,米诺斯派人修造了一座迷宫,将怪兽关在里面。每7年,雅典被迫送来7对童男童女,给迷宫中的米诺牛吃掉。

雅典国王爱琴的儿子提修斯充当童男来到克里特岛,得到米诺斯公主阿里阿德涅的帮助,杀死了米诺牛。提修斯带上公主乘船回国。由于船上信号的失误,国王爱琴以为自己的儿子已经被米诺牛吃掉,就跳海自杀身亡。提修斯成为雅典的国王。这片海被后人称为爱琴海,"希腊文明"也被称为"爱琴文明"。

似乎是神话造就了现实,更令人吃惊的事情还在后面。

1900年,英国学者阿瑟·伊文斯来到克里特岛,挖掘出克诺索斯宫殿,发现了里面的许多陶器和壁画,便将这些发现命名为"克里特文明"。据考证,"克里特文明"在公元前2000年前后达到顶峰,公元前1450年左右被迈锡尼人摧毁。

现有考古发现克里特岛的钱币四种:第一种是克诺索斯钱币,币文有克诺索斯(KNOΣ)字样,钱币背面有迷宫的图案;第二种是法拉萨尔马钱币,币文有法拉萨尔马(Φ-A)字样,法拉萨尔马位于克里特岛的西端;第三种是法埃斯特钱币,币文有法埃斯特(ΦAIΣTIΩN)字样,法埃斯特位于克里特岛中南部;第四种是伊塔诺斯钱币,币文有伊塔诺斯(ITANIΩN)字样,伊塔诺斯位于克里特岛的东端。

二、欧洲最古老的法典

克里特岛上曾经流通斯塔特银币,这一点,在《格尔蒂法典》中得到了证实。

公元前5世纪,希腊诸城邦日渐繁荣。克里特岛中央有一个格尔蒂城,它的北面是克诺索斯,南面是法埃斯特,东面是伊塔诺斯,西面是法拉萨尔马。这座城的居民们制定了一部法律——《格尔蒂法典》。

公元1884年,意大利学者F.哈伯海尔在克里特岛上发现了埋在地下的半圆形墙壁上刻写的《格尔蒂法典》,并将其发表。据考证,半圆墙壁属于公元前 1 世纪的剧场观众一侧,圆墙的直径约为 33 米。显然,这座墙壁支撑着更早时代的法庭的一部分。墙壁上保存下来的 600 多行法典残篇,堪称古代保留至今的在公共建筑上公布法典的绝好例证。

据考证,这部法典制定于公元前 5 世纪前期,是欧洲最早的法典,也是希腊世界留存下来的唯一的一部比较完整的法典。

《格尔蒂法典》中关于处罚、赔偿、支付的条文多使用斯塔特钱币。除了斯特特钱币,《格尔蒂法典》中还使用德拉克马钱币和奥波(obol)钱币。在《格尔蒂法典》中,使用钱币的地方有 34 处,其中使用斯塔特钱币的地方有 29 处,占总数 85.3%;使用德拉克马钱币的地方有 3 处,占总数的 8.8%;使用奥波钱币的地方有 2 处,占总数的 5.9%。可见,当时钱币流通主要使用斯塔特。例如,《格尔蒂法典》规定:

> 对男女自由人施以强暴者,罚其 100 斯塔特;对阿派太洛斯施暴,罚 10 斯塔特。若奴隶对男女自由人施暴,则加倍罚款;若自由人对男女奴隶施暴,罚 5 德拉克马;若男农奴对女农奴施暴,罚 5 斯塔特。

> 企图以威逼诱奸家奴者,罚 2 斯塔特,若他已实施诱奸,则在白天罚 1 奥波,在夜间罚 2 奥波。

根据当时的钱币制度,1 斯塔特等于 2 德拉克马;1 德拉克马等于 6 奥波。

三、克里特岛上出土的斯塔特银币

尽管《格尔蒂法典》没有说明克里特岛上的斯塔特钱币的形制标准和使用币材,我们仍然可以推断其所述斯塔特钱币是克里特岛上的居民比照吕底亚王国的斯塔特银币采用白银制造的。这一点,我们可以从考古发现的克里特岛币得到证实。例如图 10-2 所示钱币。

图 10 – 2 克诺索斯斯塔特银币,公元前 425 年至公元前 400 年生产,重 11.37 克。正面是牛首人身怪兽米诺牛裸身奔跑像,币缘有连珠纹,上方币文是地名"克诺索斯"(ΚΝΟΣ);背面是 8 个迷宫,中央有芒星。

  这枚银币是在吕底亚王国开始制造纯银币 100 多年之后生产的。吕底亚王国的斯塔特银币重量大约为 11 克。经历了 100 多年,吕底亚王国的钱币生产技术和钱币流通制度传到克里特岛,银币的重量仍然保持在 11 克以上。

  克里特岛上居民生产这枚银币的时候,吕底亚王国已经灭亡,取而代之的是波斯帝国。当时,波斯帝国使用的钱币各地不同,有大流克金币、西格罗斯银币(即希腊语"舍客勒"银币)、德拉克马银币、斯塔特银币。(见图 10 – 3、图 10 – 4)

图 10 – 3 法拉萨尔马斯塔特银币,公元前 330 年至公元前 270 年生产,重 11.73 克。正面是月亮神阿耳特弥斯束头带面右头像;背面是三叉戟,其中币文为地名"法拉萨尔马"(Φ-A)。

图 10-4 法埃斯特斯塔特银币,公元前 300 年至公元前 270 年生产,重 11.32 克。正面是塔洛斯双翼裸身正面站像,两手均持石块,下方币文为人名"ΤΑΛΩΝ";背面是顶撞的公牛,上方币文为地名"法埃斯特"(ΦΑΙΣΤΙΩΝ)。

塔洛斯是火神赫菲斯托斯打造的青铜巨人,用以驻守克里特岛海岸,如遇外来船只,则掷石毁之。法埃斯特位于克里特岛的中部南岸,是克里特岛的重要码头。

以上 3 枚银币中,克诺索斯银币、法拉萨尔马银币和法埃斯特银币都是按照 1 斯塔特重量标准生产的银币,与《格尔蒂法典》所述的斯塔特相符。尽管这 3 枚银币生产的时间各有差异,但其重量相差不多,分别为 11.37 克、11.73 克和 11.32 克。

四、克里特岛上出土的德拉克马银币

此外,正如《格尔蒂法典》所述,克里特岛上也曾使用过德拉克马银币,即半斯塔特银币。(见图 10-5、图 10-6)

图 10-5 克里特岛伊塔诺斯(YTANOS)德拉克马银币,公元前 300 年至公元前 280 年生产,重 5.4 克。正面是雅典娜脊盔面左头像;背面是站鹰,右侧为人首鱼身特里同持三叉戟,左侧币文为地名"伊塔诺斯"(ITANIΩN)。伊塔诺斯位于克里特岛的最东端。

图 10-6 克里特岛克诺索斯四德拉克马银币,公元前 190 年至公元前 100 年生产,重 14.71 克,正面是阿波罗月桂冠面左头像,左下方币文为地方官姓名"ΠΟΛ"(polchos);背面是圆形迷宫,上方币文为地名"ΚΝΩ"。

克里特岛上的德拉克马银币,生产时间迟于斯特特银币。此外,克里特岛上的德拉克马重量为半斯塔特,理论重量为 5.5 克,比雅典的德拉克马重量标准重了许多。此时,雅典的德拉克马重量标准只有 4.37 克,两者相差 1.13 克。克里特岛德拉克马比雅典德拉克马重 25.86%。在古希腊各城邦之间,这种差异很常见。古希腊各时期、各城邦的德拉克马重量标准各自不同,其间差异较大。

第三节　古希腊主要城邦的钱币

吕底亚王国创造了琥珀合金币、纯金币和纯银币之后,钱币制造技术和钱币流通方式迅速传入古希腊本土。由于海上贸易的盛行,钱币流通首先传入小亚细亚的临近岛屿上的古希腊城邦——埃伊纳、萨摩斯、克里特,然后进入希腊半岛——雅典、底比斯等城邦,最后传到南意大利和西西里岛。

一、埃伊纳城邦的钱币

古希腊本土最早生产的钱币,是埃伊纳城邦生产的斯塔特银币。

埃伊纳是希腊南部伯罗奔尼撒半岛东方海中的一个岛屿。不知何时,埃伊纳人在岛上建立了城邦。他们信奉阿帕伊亚神。公元前 7

世纪,埃伊纳城邦成为海上强国,与北方的雅典城邦因贸易竞争发生过多次战争。公元前431年,岛上居民被雅典人逐出。此后,埃伊纳岛被雅典、马其顿和罗马帝国相继统治。

埃伊纳岛在地理上可以划入伯罗奔尼撒半岛及沿海岛屿板块。

伯罗奔尼撒东南部集居着生性彪悍的斯巴达人。伯罗奔尼撒更著名的地方是西部的厄利斯,古希腊人在那里发起了奥林匹克竞技会。

埃伊纳城邦最早生产的钱币是图案为海龟的1斯塔特纯银币。这种海龟币大体上是图10-7所示钱币的样子。

图10-7 埃伊纳城邦斯塔特纯银币,公元前550年至公元前525年生产,重12.3克。正面是光背海龟,背面是"米"字压印。

相比"海龟币"更早的钱币,都产生在亚洲西端的小亚细亚半岛上。尽管小亚细亚半岛上生产钱币的城邦多是古希腊殖民城邦,其居民也多是古希腊人,但是在钱币诞生的时候,这些城邦都已经被吕底亚王国所统治。所以,真正在古希腊本土上最早打制的钱币,便是埃伊纳城邦生产的斯塔特银币。

很久以后,埃伊纳城邦才开始打制德拉克马银币。埃伊纳城邦打制的德拉克马银币上的图案不是海龟,而是陆龟。(见图10-8)

图10-8 埃伊纳城邦1/2德拉克马银币,公元前350至公元前338年生产,重2.35克。正面是多块背甲陆龟;背面是5块压印,右下方有两个圆点。

根据19世纪和20世纪学者对埃伊纳城邦德拉克马重量标准的测定,源于克雷和斯金纳总结的数据是3.10克。这个标准与雅典德拉克马重量标准4.37克相差甚远,与小亚细亚德拉克马重量标准3.33克比较接近。

二、雅典城邦的钱币

古希腊最著名的钱币是雅典城邦的德拉克马银币。

雅典城邦位于希腊中部、爱琴海东侧的阿提卡地区,是古希腊最著名的城邦,也是古希腊文化的中心。公元前480年第二次希波战争后的伯里克利时期,雅典达到它的黄金时期,数十年内建成了卫城和帕台农神庙,并出现了一大批哲学家、文学家、戏剧家、建筑家。伯罗奔尼撒战争后,雅典逐步衰落,公元前338年落入马其顿国王腓力二世之手。

图10-9 雅典二德拉克马银币,公元前575年至公元前525年生产,重8.53克,正面是女妖戈耳工正面头像;背面是四个三角压印,上方有豹头。

公元前8世纪至公元前6世纪是古希腊的古风时代,即古希腊城邦形成时期。公元前594年,梭伦当选为雅典城邦的首席执政官,实行改革。图10-9所示二德拉克马银币是梭伦改革之后不久生产的钱币。公元前5世纪至公元前4世纪,古希腊进入古典时代,发生了希波战争和伯罗奔尼撒战争。古典时代,雅典的钱币成为后世效仿的典范。雅典钱币的特色是正面有雅典娜的头盔像,背面有猫头鹰和雅典地名缩写。

古希腊的古风时代和古典时代的分界线是公元前480年的第二次希波战争。猫头鹰是雅典娜的守护鸟,它夜间双目炯炯,为雅典娜传递消息,是智慧的象征。古典时代的雅典娜币,与古风时代的雅典娜币相比较,突出雅典娜侧视杏状眼,橄榄枝下多出一钩新月,据说是纪念公元前480年萨拉米斯海湾战争中雅典对波斯的胜利,当时正值下弦月。

猫头鹰钱币流通多年,成为古希腊世界长期通用的钱币。(见图10-10)

图10-10 雅典四德拉克马银币,公元前449年至公元前404年生产,重17.10克。正面是雅典娜戴盔头像,面额上有一阿拉米文加盖印记"M";背面是猫头鹰站像,左上方有橄榄枝和新月,右侧币文是地名"AΘE"(雅典)。

除了德拉克马银币,雅典还制造和使用重量在两克左右的查柯铜币。

三、底比斯城邦的钱币

底比斯位于阿提卡北方的维奥蒂亚地区,是个古老的城邦。早在

14世纪中期,底比斯已经成为迈锡尼文明中一座非常重要的城市。底比斯城邦生产钱币的时间也非常早,钱币多是斯塔特银币。(见图10-11、图10-12)

图10-11 底比斯斯塔特银币,公元前550年至公元前500年生产,重12.31克,正面是维奥蒂亚式盾,背面是十字形车轮,疑为底比斯地名首字"Θ"。维奥蒂亚式盾是底比斯城邦的城徽,左右有缺口,便于长矛从中穿出,刺向敌人。

图10-12 底比斯斯塔特银币,公元前425年至公元前395年生产,重12.01克。正面是维奥蒂亚式盾;背面是婴儿赫拉克勒斯抓住两条蛇,左上角有弓,下方币文为地名"ΘE"。赫拉克勒斯是大力神。他是宙斯和阿耳克墨涅的儿子,出生在底比斯。当他还是个婴儿的时候,宙斯的妻子赫拉由于嫉妒,派来两条巨蛇来杀害他。赫拉克勒斯虽然是个婴儿,却力大无穷,把两条巨蛇都扼死了。

四、叙拉古城邦的钱币

叙拉古位于地中海中央的西西里岛东端,是古希腊殖民者建立的海港城邦。叙拉古的居民制造并使用古希腊钱币——德拉克马银币和德拉克马金币。此外,受迦太基的影响,叙拉古的居民还制造和使用里特拉(litra)银币和里特拉金币。

西西里岛是地中海中最大的岛屿,当地土著居民是西库尔人,集中在岛的西部赛杰斯塔。早在希腊人到来之前,北非迦太基殖民者就已经来到这里,在岛的西端西库尔人聚居地区进行开发。公元前734年,希腊殖民者到达西西里岛。他们避开迦太基人,在荒芜的东部建立了叙拉古,与迦太基人形成东西对峙的局面。此后,叙拉古成为连结亚、非、欧三大洲经济贸易的重要港口。作为古代地中海的重要经济枢纽,叙拉古地区的货币经济十分发达。与其他的古希腊城邦一样,叙拉古主要使用德拉克马银币。

希腊殖民者来到西西里岛的时候,带来了白银称量货币,称量单位是德拉克马。公元前6世纪,金属称量货币转为金属数量货币,出现了重量1德拉克马的银币,德拉克马就兼具了重量单位和货币单位的双重含义。

古希腊各城邦德拉克马的重量是不同的。叙拉古遵循雅典城邦的重量制度,1德拉克马的重量是4.37克。

图10-13 叙拉古民主时代四德拉克马银币,公元前510年至公元前490年生产,重17.48克,正面是驭手驾两驾马车,上方有不清晰的币文地名"ΣAPAQOΣION";背面是四块风车式压印,中间有妇女头像。

从图10-13所示的这枚四德拉克马银币的重量看,1德拉克马重量为:17.48克÷4=4.37克,严格符合雅典城邦德拉克马重量标准。

自公元前734年至公元前490年是叙拉古的民主时代。上述银币是叙拉古民主时代制造的。公元前490年,暴君杰隆一世开始统治西西里岛的希腊地区。经历了杰隆一世、希伦一世和色拉希布鲁斯三位国王的独裁统治之后,叙拉古出现了第二次民主时代(公元前 465 年至公元前 405 年)。图 10-14 这枚银币是叙拉古第二次民主时代的产物。

图 10-14 叙拉古第二次民主时代四德拉克马银币,公元前 465 年至公元前 460 年生产,重 17.29 克。正面是驭手驾驷驾马车,上方有飞翔的奈克胜利女神为驭手加冕,下方有海妖刻托斯;背面是阿瑞杜萨束头带头像,4 只海豚环游,围绕着阿瑞杜萨的币文是地名"ΣΥΡΑΚΟΣΙΟΝ"(叙拉古)。

经历了数十年的发展,比较第一次民主时代,第二次民主时代的德拉克马银币出现了微小的减重。

图 10-14 银币图案中的阿瑞杜萨是希腊神话中一位美丽的仙女,是太阳神阿波罗的孪生姐妹狩猎女神阿耳忒弥斯的随从,在河中洗澡时遇到河神,两人一见钟情。阿耳忒弥斯将阿瑞杜萨变成一股清泉,与河神会合相爱。因为叙拉古有着美丽的风光和泉水,所以希腊人在叙拉古城邦经常使用阿瑞杜萨的形象。

除了德拉克马银币,叙拉古人还使用属于迦太基钱币制度的里特拉钱币。

受迦太基影响,西西里岛上居民采用里特拉作为货币单位,与古希腊货币接轨,5 里特拉等于 1 德拉克马。如果说,1 德拉克马的理论重量是 4.37 克,那么 1 里特拉的理论重量就是 0.87 克。

以里特拉为单位的钱币有银币,也有金币。(见图 10-15、图 10-16)

图 10 – 15 叙拉古十里特拉银币,公元前 215 年至公元前 214 年生产,重 8.34 克。正面图案是希伦尼姆斯国王束头带面朝左头像;背面图案是带翼霹雳,币文:"ΒΑΣΙΛΕΟΣ ΙΕΡΩΝΥΜΟΥ"(希伦尼姆斯国王)。

十里特拉银币重量 8.37 克,一里特拉重量就是 0.837 克,略低于理论重量 0.87 克。里特拉金币的理论重量也是 0.87 克。

图 10 – 16 叙拉古十里特拉金币,公元前 406 年至公元前 405 年生产,重 8.60 克。正面图案是雅典娜戴盔面朝左头像,左前方反写币文是地名"ΣΥΡΑ";背面图案是刻印着戈耳工正面头像的神盾。

戈耳工是蛇发女妖三姐妹——美杜莎和她的两个姐姐。无论谁见到她们,都会变成石像。宙斯之子珀尔修斯背朝她们,用光亮的盾牌作镜子,杀死美杜莎,割下她的头颅交给雅典娜。雅典娜将美杜莎的头颅固定在自己胸甲中央抵御敌人。所以,戈耳工三姐妹的头像常被艺术家用在象征性的徽章、建筑的装饰物甚至雅典的钱币上,也曾用于士兵的盾牌上。人们相信,敌人看到盾牌上美杜莎的脸,就会变成石像。

除了德拉克马货币单位和里特拉货币单位,叙拉古还使用古希腊斯塔特金币(重8克)和斯塔特银币(重11克)。

公元前264年,布匿战争爆发,罗马人与迦太基人打起仗来。公元前212年,罗马军队攻陷叙拉古,将它变成罗马的属地。罗马军人们在这个城里烧杀抢掠。我们不知道罗马军人是否抓住了叙拉古的国王埃庇基得斯,只知道他们在这里杀死了古代世界最伟大的科学家阿基米德。

第四节 德拉克马钱币制度广泛传播

古希腊钱币德拉克马诞生之后,随着各王国之间的相互征伐、占领,德拉克马钱币制度不仅在古希腊诸城邦盛行,而且传播到非洲、亚洲和欧洲的广大地区,南至北非埃及王国,东至西亚塞琉古王国、帕提亚王国,西至意大利半岛上的罗马王国。

小亚细亚半岛上的古希腊城邦被波斯帝国占领之后,波斯帝国就开始制造和使用古希腊钱币德拉克马。公元前526年,波斯帝国攻占埃及,将希腊化钱币德拉克马引入埃及。公元前305年,古希腊马其顿王国国王亚历山大的部将塞琉古在叙利亚称王,建立了塞琉古王国,成为希腊化王国之一,也开始制造和使用希腊化德拉克马钱币。当塞琉古王国衰败之后,公元前247年,帕提亚王国从塞琉古王国中独立出来,在西亚更为广阔的地区制造和使用希腊化德拉克马钱币。罗马王政时期,古希腊殖民者进入意大利半岛,将德拉克马钱币带入罗马。一直到罗马共和国开始制造阿斯青铜铸币的时候,德拉克马钱币在罗马仍然被使用。

一、波斯帝国的德拉克马

公元前546年,波斯帝国的国王居鲁士率领军队攻入吕底亚王国首都萨迪斯,吞并了吕底亚王国。此后,波斯帝国掌握了钱币制造技术,制造了以斯塔特金币为重量标准,即是以舍客勒为重量标准的金币大流克,以及价值等于1/20大流克金币的银币西格罗斯。

波斯帝国攻占的区域不仅有吕底亚人,还有许多希腊殖民城邦。希腊人制造和使用的钱币不仅有斯塔特,还有德拉克马。当波斯帝国吞并吕底亚王国的时候,吕底亚王国控制的古希腊城邦已经有德拉克马钱币的制造和使用。譬如,考古人员在莱斯博斯岛上发现有公元前6世纪的德拉克马银币。

波斯帝国统治小亚细亚时期,在凯里亚(小亚细亚东南部)、卡帕多基亚(小亚细亚中部)发行了德拉克马银币(见图10-17、图10-18)。

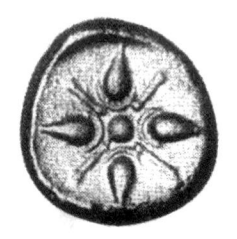

图10-17 凯里亚德拉克马银币,公元前395年至公元前377年生产,重4.10克,正面是狮首张口面左,左上方希腊文"EKA"(总督卡托姆诺斯的姓名缩写),背面是米利都的城徽星。

图10-18 卡帕多基亚德拉克马银币,公元前410年至公元前350年生产,重4.06克,正面是女神头像,背面是雄鹰栖于海豚背上,下方有币文"ΣINΩ"(sinope,西诺普,西诺普是卡帕多基亚地区的一个海岸城市)。

二、古埃及的德拉克马

公元前526年,埃及被波斯帝国占领。公元前332年,埃及被古希腊马其顿王国占领。公元前305年,亚历山大大帝的部将托勒密在埃及建立托勒密王国。公元前30年,屋大维率领罗马军队攻占埃及。无论是波斯、希腊还是罗马,他们引入埃及的钱币都是希腊化钱币——德拉克马。

1.古埃及称量货币向数量货币的转化

古埃及本土的称量货币没有能够转化为数量货币。古埃及最早的数量货币——钱币是由波斯帝国侵略者引进的希腊化钱币。

古埃及称量货币的单位是班加和得本。但是,还没等到称量货币转为数量货币的时候,古埃及就被波斯帝国的军队占领了。

公元前526年,波斯帝国的国王冈比西斯二世率军进攻埃及。第二年,波斯军队攻占孟菲斯,俘虏埃及法老普萨美提克三世,结束了埃及第26王朝。

波斯人在埃及建立了新的王朝,史称埃及第27王朝,也称第一波斯王朝。这时候,埃及的称量单位班加与波斯帝国的称量单位弥那实现了接轨:埃及40班加等于波斯1弥那。

波斯人为什么使用希腊化钱币,为什么引入埃及的是希腊化钱币?原因是,波斯人先占领了小亚细亚的吕底亚王国,以及吕底亚王国控制的小亚细亚的古希腊诸城邦,接受了古希腊的钱币制度,然后才攻入埃及,所以把希腊化钱币引入埃及。

于是,埃及作为波斯帝国的行省,开始制造和使用德拉克马银币。

2.波斯帝国统治时期的德拉克马

远在伊朗高原,波斯帝国需要开支军费,所以打制了大流克金币。大流克金币的重量标准采用两河流域传入波斯的重量单位舍客勒,理论重量500克÷60=8.33克,扣除制造成本和铸币税,实际重量在8.20克左右。(见图10-19)

图10-19 波斯帝国统治时期埃及四德拉克马银币，公元前380年至公元前360年（阿塔薛西斯二世统治后期）生产，重15.41克，正面是希腊雅典猫头鹰，鹰右下方币文为古埃及世俗体文字"埃及的法老"。

埃及作为波斯帝国的行省，没有打制大流克金币，只打制了德拉克马银币。

波斯帝国入侵埃及将近200年之后，公元前332年，古希腊马其顿王国的军队攻入埃及，将希腊钱币带入埃及。马其顿国王亚历山大的部将托勒密在埃及建立了托勒密王国。从此，埃及成为希腊化三大王国之一，打制的钱币更加具有希腊特色。

3. 古希腊统治时期的德拉克马

公元前334年，马其顿国王亚历山大率军东征波斯。第二年，亚历山大在伊苏斯击败波斯国王大流士三世。公元前332年，亚历山大进军埃及。此时，埃及被波斯侵略者占领已经将近200年之久。埃及人认为亚历山大是他们的解放者，会把波斯侵略者从埃及赶出去，所以非常欢迎亚历山大的军队。在埃及人的支持下，亚历山大所向披靡，迅速进入孟菲斯城。亚历山大被埃及人拥戴为埃及法老，被当作埃及民族同化的外国人，开始对埃及进行统治。

公元前323年，亚历山大因患疟疾英年早逝。因为没有继承人，亚历山大帝国随之崩溃，部将们各霸一方。亚历山大的部将托勒密成为埃及总督。公元前305年，托勒密一世宣布自己为埃及国王。托勒密的后裔从此在埃及世代相传，直到公元前30年罗马征服埃及为止，托勒密家族统治埃及275年。

托勒密王国与塞琉古王国、马其顿王国并列为希腊化三大王国,使用希腊钱币德拉克马。托勒密王国铸造和流通的德拉克马,按照币材划分,有金币、银币、铜币;按照面额划分,有德拉克马、四德拉克马、五德拉克马、八德拉克马、十五德拉克马、八十德拉克马等多种多样。(见图10-20、图10-21)

图10-20 古希腊托勒密王国统治时期四德拉克马银币,公元前290年至公元前285年(托勒密一世统治后期)生产,重14.26克。正面是托勒密一世国王束头带面朝右肖像;背面是站鹰伫立在霹雳上,周围的币文为"托勒密国王"。

托勒密王国延续了将近300年,到大名鼎鼎的埃及艳后克利奥帕特拉执政时期,钱币形制仍然保持着最初的风格。

图10-21 克利奥帕特拉八十德拉克马铜币,公元前51年至公元前30年生产,重18.40克。正面是克利奥帕特拉女王面朝右梳髻披巾胸像;背面是站鹰伫立在霹雳上,左前有丰饶角,右前币文"Π"(希腊数字80),周围的币文为"ΒΑΣΙΛΕΩΣ[ΚΛΕ]ΟΡΑΤRΣ"(克利奥帕特拉女王)。

公元前31年,屋大维打败了克利奥帕特拉和安东尼的联合舰队。公元前30年,克利奥帕特拉自杀,托勒密王朝灭亡,埃及沦为罗马的行省。

4. 古罗马统治时期的德拉克马

公元前30年,屋大维率领军队进入埃及,埃及陷于罗马统治下。屋大维统治时期(公元前30年—公元14年),埃及继续使用托勒密王国的希腊化钱币。

屋大维的继任者——提比略统治时期(公元14—37年),埃及亚历山大造币厂发行了刻印提比略肖像的罗马埃及行省四德拉克马钱币。此时,埃及的钱币主要使用两种金属:一是比朗合金主要用于铸造四德拉克马钱币;二是青铜主要用于铸造更小面额的钱币。两者之间的换算比率是德拉克马比朗币等于四德拉克马青铜币,或者等于12枚双奥波青铜币,或者等于24枚奥波青铜币。

三、塞琉古的德拉克马

公元前330年,古希腊马其顿国王亚历山大攻陷波斯波利斯,波斯帝国灭亡。公元前323年,亚历山大去世,他的部将塞琉古获得了希腊帝国版图内最多的土地。公元前305年,塞琉古称王,建立了塞琉古王国,进而向东扩张领土,自伊朗高原远至印度河,与印度孔雀王朝旃陀罗·笈多订立和约,转而西进叙利亚和小亚细亚。公元前281年,塞琉古渡过赫勒斯滂(今达达尼尔海峡),企图占领马其顿,同年被刺身亡。

塞琉古建立的国家是希腊化国家,发行的钱币承袭希腊传统,采用德拉克马为钱币单位和钱币名称。

1. 地处西亚的希腊化王国

塞琉古王国鼎盛时期的版图包括小亚细亚大部分、叙利亚、巴勒斯坦、两河流域、伊朗高原大部分和中亚细亚一部分。公元前280年,塞琉古王国的国土面积达到350万平方公里,人口达到1030万。塞琉古王国的统治中心在叙利亚,都城是奥伦特河下游的安条克。

公元前2世纪,西方兴起的罗马共和国向东地中海扩张。公元前190年,罗马军队大败塞琉古军队,随后夺取了小亚细亚。塞琉古王国从此一蹶不振。公元前2世纪中叶,伊朗西部和两河流域出现了一些独立国家,但不久又被安息占领。巴勒斯坦也发生了犹太人的起义。公元前2世纪末,塞琉古王国的领土只有叙利亚一带。

中国古代称塞琉古为"条枝"。司马迁说：

> 条枝在安息西数千里,临西海。暑湿。耕田,田稻。有大鸟,卵如甕。人众甚多,往往有小君长,而安息役属之,以为外国。国善眩。安息长老传闻条枝有弱水、西王母,而未尝见。①

条枝国在安息西面几千里的地方,临靠西海。天气酷热潮湿。耕田,种水稻。出产鸵鸟,鸟蛋有盛水的坛子那么大。条枝国人口很多,有些地方往往有小君长,安息支配统治他们,把它看成外围国。它的国人善于玩魔术。安息长老传说条枝有条弱水河,西王母住在那里,但没人看见过。

公元前64年,塞琉古王国被罗马所灭。罗马大将庞培将叙利亚并为罗马的一个行省。塞琉古王国延续总计241年,历30个国王,其中有些时期是父子共治的。

2. 塞琉古一世发行的钱币

塞琉古王国的开国国王是亚历山大的部将塞琉古。公元前312年,塞琉古在巴比伦就任总督。公元前305年,塞琉古建立塞琉古王国,就任国王,史称塞琉古一世。塞琉古王国地处西亚,但属于希腊化王国。塞琉古一世发行的钱币,承袭希腊传统,主要是德拉克马银币,但也有金币和铜币。(见图10-22、图10-23、图10-24)

---

① (西汉)司马迁：《史记》卷一百二十三《大宛列传》,中华书局1959年版,第3163—3164页。

图 10-22 塞琉古一世时期四德拉克马银币,公元前 312 年至公元前 300 年在巴比伦造币厂制造,重 17.11 克。正面是希腊大力神赫拉克勒斯狮皮盔头像;背面是宙斯一手持鹰一手持杖坐像,左前方有花环,币文为"ΒΑΣΙΛΕΩΣ ΑΛΣΔΡΟΥ"(亚历山大国王)。

公元前 312 年至公元前 305 年,塞琉古一世为叙利亚总督,以上钱币是使用亚历山大之名打制的。

图 10-23 塞琉古一世时期斯塔特金币,公元前 312 年至公元前 300 年在巴比伦造币厂制造,重 8.51 克。正面是雅典娜科林斯盔头像;背面是双翼奈克女神一手持花环,一手持十字杖站像,左下方有花环,币文是"ΒΑΣΙΛΕΩΣ ΑΛΣΔΡΟΥ"(亚历山大国王)。

图案中的雅典娜是希腊智慧女神。科林斯是古希腊城邦。科林斯盔的形状是护头、颊、鼻,只露眼睛和嘴的青铜头盔。奈克是希腊胜利女神。这种金币是塞琉古一世以亚历山大之名打制的,模仿了亚历山大时代的金币。

图 10-24 塞琉古一世时期铜币,公元前 312 年至公元前 280 年生产,重 7.02 克。正面是女妖墨杜萨头像;背面是公牛顶撞前行,币文为"ΒΑΣΙΛΕΩΣ ΣΕΑΕΥΚΟΥ"(塞琉古国王)。

塞琉古成为国王,终于使用自己的名字打制钱币。但是,他用自己名义打制的钱币是铜币,而不是金币和银币。

3. 安条克十三世发行的钱币

塞琉古一世建立了塞琉古王国。两百多年之后,到了他的后代安条克十三世的时候,这个王国在罗马军队的打击下灭亡了。

安条克十三世青少年时代曾在罗马度过。公元前 69 年,亚美尼亚国王提格兰尼斯二世由叙利亚撤退后,罗马人将安条克十三世扶上塞琉古王国国王宝座。公元前 64 年,罗马大将庞培将塞琉古王国收编为罗马行省,塞琉古王国灭亡。

图 10-25 安条克十三世四德拉克马银币,公元前 69 年至公元前 65 年在安蒂奥克造币厂制造,重 15.56 克。正面是国王蓬发束头带头像;背面是树枝环内宙斯左手持权杖,右手捧着胜利女神奈克,奈克用花环为宙斯加冕。币文是"(Β)ΑΣΙΛ(ΕΩΣ) ΑΝΤΙΟΧ(ΟΥ)ΦΙΛΑΔΕΛΦΟΥ ΣΕΑΕΥΚΟΥ"(爱兄弟的安条克国王)。

与开国国王塞琉古一世发行的钱币相比较,安条克十三世发行的四德拉克马重量明显下降,从 17.11 克降至 15.56 克,下降幅度为 9.1%;钱币直径却明显上升,从 25 毫米升至 30 毫米,上升幅度为 20%。(见图 10-25)这说明,国家发行银币采取逐步减重的政策,以节约白银,获取更多的铸币税。为了使银币表面没有明显的缩小,国家将银币直径扩大,从最初的 25 毫米扩大到后期的 30 毫米,使银币变薄,来维持银币的价值和信用。

4. 塞琉古王国德拉克马银币的减重

我们将李铁生先生在《古希腊币》一书中介绍的塞琉古王国历代四德拉克马银币的重量和直径情况进行排列,得出表 10-1。

表 10-1 塞琉古王国历代四德拉克马银币重量情况

序号	年代(公元前)	重量(克)	国王
1	312 年—300 年	17.11	塞琉古一世
2	295 年—281 年	17.07	塞琉古一世
3	282 年—281 年	17.05	塞琉古一世
4	312 年—280 年	16.82	塞琉古一世
5	280 年—261 年	17.03	安条克一世
6	261 年—246 年	16.83	安条克二世
7	246 年—226 年	16.93	塞琉古二世
8	226 年—223 年	16.99	塞琉古三世
9	223 年—210 年	16.99	安条克三世
10	221 年—187 年	16.97	安条克三世
11	187 年—175 年	17.01	塞琉古四世
12	175 年—170 年	16.75	安条克四世
13	169 年—164 年	16.61	安条克四世
14	175 年—164 年	16.89	安条克四世
15	166 年	16.93	安条克四世

续表

序号	年代(公元前)	重量(克)	国王
16	164年—162年	16.73	安条克五世
17	162年—150年	16.79	德米特里乌斯一世
18	150年	16.81	亚历山大一世
19	149年—148年	14.14	亚历山大一世
20	143年—142年	16.80	安条克六世
21	138年—129年	16.55	安条克七世
22	121年—113年	16.66	安条克八世
23	128年	16.58	安条克八世
24	125年—121年	16.45	安条克八世
25	113年—112年	16.43	安条克九世
26	111年—110年	16.48	安条克九世
27	96年—94年	16.50	塞琉古六世
28	94年—92年	16.17	安条克十世
29	88年—87年	15.82	德米特里乌斯三世
30	98年—83年	15.72	腓力一世
31	84年—83年	15.81	安条克十二世
32	69年—67年	15.56	安条克十三世

根据这些德拉克马银币样本的重量情况我们可以看出，在塞琉古王国总计241年里，德拉克马银币重量呈现稳步下降的趋势，四德拉克马银币的重量从17.11克降低到15.56克，下降幅度为9.1%。

中国古代也发生过同样的事情。中国西汉王朝自公元前202年至公元8年，总计210年，重量制度从每斤折合现代250克下降至每斤折合现代245克，下降幅度为6.0%。

中国古代重量缓慢下降，属于重量制度变化。塞琉古王国的钱币减重现象，是否也是跟随重量制度一起变化，还需要进一步研究考证。

四、帕提亚的德拉克马

公元前3世纪中叶,随着塞琉古王国的衰败,远在东方的两个行省先后宣布独立,建立了自己的王朝:一是巴克特里亚王朝(公元前250年至公元前50年);二是帕提亚王朝(公元前247年至公元224年)。帕提亚王朝是草原游牧民族的王朝,受塞琉古王朝的影响,承袭希腊传统,发行的钱币使用希腊钱币单位德拉克马。

1. 游牧民族建立的庞大王国

帕提亚人源于里海东南方达赫地区赛克游牧民族的帕尔尼部族。公元前247年,帕尔尼首领阿萨克斯取代了刚从塞琉古王朝宣布独立不久的帕提亚总督安德拉哥拉斯,进驻达赫以南的帕提亚地区,建立了帕提亚王朝。帕提亚的北边是康居王国,东边是乌弋山离王国,西边是塞琉古王国。

阿萨克斯在中国古语中读作"安息"。中国文献古籍中多有提到安息国的情况。

> 安息在大月氏西可数千里。其俗土著,耕田,田稻麦,蒲陶酒。城邑如大宛。其属小大数百城,地方数千里,最为大国。临妫水,有市,民商贾用车及船,行旁国或数千里。以银为钱,钱如其王面,王死辄更钱,效王面焉。画革旁行以为书记。其西则条枝,北有奄蔡、黎轩。①

安息在大月氏西面大约几千里的地方。他们习惯定居在一个地方,耕田,种水稻麦子,出产葡萄酒。国都大小像大宛国一样。所属大小城镇有好几百个,地方延伸几千里,是最大的国家。它濒临妫水,有专门交易货物的都市,老百姓商人都用车船运货,有时运到几千里的邻国。用银做为货币,钱币铸国王的肖像,如果国王死了,就再更改货币,改用新国王的肖像。在皮革上书写都是用横行笔画作记录。它的

---

① (西汉)司马迁:《史记》卷一百二十三《大宛列传》,中华书局1959年版,第3162页。

西面是条枝国,北面有奄蔡、黎轩等国。

《汉书》对安息使用钱币的记载:

> 亦以银为钱,文独为王面,幕为夫人面,王死辄更铸钱。①

与乌弋山离国一样,安息王国也使用银钱,钱的正面是国王的肖像,背面是王后的肖像。国王死了,就要改铸银钱。

2. 帕提亚王国钱币的种类

帕提亚王朝的钱币,承袭古希腊的传统,使用的货币单位是德拉克马。更小的货币单位是奥波。1个德拉克马等于6个奥波。一般来说,德拉克马和奥波都是银币。帕提亚王朝还生产铜币,铜币的单位是查柯(chalkous)。1个奥波等于8个查柯。1个德拉克马等于48个查柯。

雅典的重量单位弥那被分为100个德拉克马。一般认为,雅典的弥那折合现代437克。那么,理论上1个德拉克马的重量折合现代4.37克。然而,早期希腊的造币标准却是1德拉克马的重量为4.3克,4德拉克马的重量为17.2克。这里出现了0.07克的差异,应该是钱币制造成本造成的。

理论上1个奥波的重量为0.728克。

查柯的重量大约2克。48个查柯等于1个德拉克马。那么,96克铜等于4.3克白银,1克白银的价值就等于22.33克铜。

3. 帕提亚王国钱币的币文

帕提亚钱币正面只有国王的肖像而没有币文,偶尔有标记;钱币背面有币文,采用希腊字母,排列成方框形,后逐步演化为难以辨认的讹写希腊字母。帕提亚王朝初期,钱币上的币文分为左右两行。例如图10—26。

---

① (东汉)班固:《汉书》卷九十六《西域传》,中华书局1962年版,第3889页。

图 10 - 26 帕提亚王国开国国王阿克萨斯德拉克马银币，重 4.03 克，公元前 238 年至公元前 211 年生产，正面是头戴风帽的阿萨克斯国王面向右的头像；背面是牧人持弓面向左的坐像，左右两侧为希腊文币文"ΑΡΣΑΚΟΥ ΑΥΤΟΚΡΑΤΟΡΟΣ"（独立执政的阿萨克斯大王）。

到了米特拉达特斯二世时代，钱币上的币文已经排列成左上右下四行。例如图 10 - 27：

图 10 - 27 米特拉达特斯二世四德拉克马银币，重 15.93 克，公元前 122 年至公元前 91 年生产，正面是束头带长须国王面向左头像；背面是牧人持弓面向右坐在脐石上，周围的四行币文形成一个方框："左 ΒΑΣΙΛΕΩΣ，上 ΜΕΓΑΛΟΥ，右 ΑΡΣΑΚΟΥ，下 ΕΝΙΦΑΝΟΥΣ"（显贵的阿萨克斯大王）。

米特拉达特斯二世四德拉克马银币的币文中，ΒΑΣΙΛΕΩΣ 的意思是"王"；ΜΕΓΑΛΟΥ 的意思是"大"；ΑΡΣΑΚΟΥ 是"阿萨克斯"；ΕΝΙΦΑΝΟΥΣ 的意思是"显贵的"。

沃洛加西斯三世（公元 105—147 年）之后，帕提亚钱币背面在讹写希腊文方框内时而出现帕提亚巴列维文或阿拉米文国王称号。例如图 10 - 28：

图 10－28 米特拉达特斯国王德拉克马银币,重 4 克,公元 140 年生产。正面是束头带三角须国王头像;背面是牧人持弓坐像,四行形成方框形的希腊文币文已经讹写不清,但最上一行为巴列维文"米特拉达特斯国王"。

4. 帕提亚王国钱币的纹饰

帕提亚王国钱币的纹饰,基本采用希腊形式,正面为国王的肖像,大部分面左,少数面右。国王的头饰有三种:

(1) 风帽或毡帽,用于早期国王肖像,两侧有护耳,可以卷起来束于脑后,是典型的游牧民族装束。

(2) 束发带原为东方王权的象征,后经亚历山大大帝而通行于希腊化各国——马其顿、托勒密、塞琉古等国。古典希腊传统头饰为橄榄枝、月桂枝、麦穗及各种头盔。束发带一般丝质,常镶有珠宝,脑后系带,带尾飘扬。

(3) 王冠是东方式的,也译为冕冠,一般较高,常有护耳。帕提亚王冠较为平圆。

帕提亚王国钱币背面的图案,主要是牧人持弓坐像、提喀女神授权国王像。

从奥罗德斯二世(公元前 57 年至公元前 38 年)起,国王肖像脸上出现了瘊子,其目的是要强调君主血统的纯正。

第十一章
Chapter 11

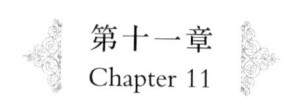

古印度的方形银币

古印度最早的钱币,出现于公元前600年至公元前324年的列国时代,统一于旃陀罗·笈多建立的孔雀王朝。

两河流域白银称量货币传播到伊朗高原,进而影响到南亚次大陆。迄今为止,已知古印度早期钱币皆为银质,是从白银称量货币转化而来。因此,古印度白银钱币的单位,同于白银称量货币单位。古印度白银钱币的形状,早期是四边不规则的方形,后来转变为圆形。因受波斯钱币的影响,古印度早期的钱币,除了四边不规则的方形之外,还有一种弯条形状、正面印花的种类,主要在印度河流域的犍陀罗王国流通。

古印度早期钱币有两个显著的特征:一是大多呈现四边不规则的方形;二是皆为银币。根据钱币价值系列划分,古印度的方形银币主要有三种:卡夏帕那、萨塔马纳和德拉克马。卡夏帕那银币源于哈拉巴文明时期的重量单位苏瓦纳,是1/4苏瓦纳的重量;萨塔马纳银币源于吠陀时期的重量单位萨塔马纳;德拉克马银币则是从古希腊引进的钱币品种。

第一节 从列国时代到孔雀王朝

古代中国钱币诞生的时候,正值春秋战国诸侯混战,钱币呈现各国不同的情形,直到秦始皇统一中国,才统一了货币。与古代中国的情形相似,古印度钱币诞生的时候,也发生着列国争雄的混战,钱币也呈现各国不同的情形,直到孔雀王朝统一古印度,才统一了货币。

古印度的列国时代,除了列国争雄的战争,还有波斯人和希腊人的入侵。外族入侵对古印度的钱币产生了影响。结果是,古印度的钱币不仅有本土的卡夏帕那和萨塔马纳,还有希腊化钱币德拉克马。公元前324年,旃陀罗·笈多趁马其顿撤军之际自立为王,建立了孔雀王朝,统一了印度半岛。

一、列国争雄与佛教兴起

古印度的列国时代,开始于公元前6世纪初,当时南亚次大陆北方出现了十六大国。这十六大国不断吞并临近的小国,并且相互攻伐,长期混战。

由于波斯人自公元前517年至公元前4世纪占领了印度河流域,印度历史的重心就从印度河流域转移至恒河流域。

列国时代,印度河流域有两个大国:犍陀罗、甘蒲奢;恒河流域有九个大国:摩揭陀、安迦、瓦言、迦尸、末罗、憍萨罗、般遮罗、俱卢、跋沙;两河之间有四个大国:车底、阿般提、摩差、苏罗赤那,南亚次大陆南端还有一个大国——阿湿波。

列国时代频繁残酷的战争,使人民陷入极度痛苦。为了寻求解脱,多数人信奉顺世思想。信奉这种思想的人被称为"路伽耶陀"(顺世派,意思是"流行于人民中间的观点")。

顺世派的人们并不承认转世,认为人生只有一次,所以反对禁欲和苦行。顺世派反对种姓制度,认为婆罗门和旃陀罗[①]的血液都是红色的,没有不同。顺世派认为生命来自物质:人体来自大地;体温来自

[①] 旃陀罗:首陀罗之下的贱民阶级。

火;血液来自水;呼吸来自风。世界万物都来自地、火、水、风四大元素。人的意识活动不能离开肉体而独立存在。当人的生命结束时,四大元素离散,人也就失去意识。

与顺世派思想相反的是佛教。佛教承认转世,反对不良欲望,认为欲望造业,因果报应。

以居萨罗王国为宗主国的迦毗罗卫城,有一个国王称净饭王,他的王子乔达摩·悉达多创建了佛教。乔达摩在恒河中游地区传教,被称为"释迦牟尼",意思是"释迦族的隐修者"。

佛教也反对种姓制度,提出"众生平等",认为佛门内没有等级差别,每一个人都可以通过自修解脱苦难。佛教否认婆罗门教的神对人的命运有主宰作用,否认宗教祭祀以及主持祭祀的婆罗门僧侣有拯救人的作用。

二、对外扩张的摩揭陀王国

早在公元前6世纪,统治摩揭陀王国的是河里央迦族。公元前545年,摩揭陀王国的频婆娑罗(瓶沙王,汉译"影胜")登上王位,建立新王舍城,皈依佛陀。

释迦摩尼所在的迦毗罗卫城,奉居萨罗王国为宗主,并不从属于摩揭陀王国。释迦摩尼佛成道后,第二年到达摩揭陀王国的王舍城。频婆娑罗成为释迦摩尼佛的护法居士,并向释迦摩尼佛赠送竹林精舍。频婆娑罗对外扩张,吞并了安迦王国。

公元前516年,频婆娑罗被他的儿子阿阇世杀害。阿阇世成为国王后,继续奉行扩张政策,向外发动侵略战争,吞并了居萨罗王国、迦尸王国和跋沙王国,把摩揭陀王国的霸主地位推向顶峰。

频婆娑罗和阿阇世父子都推崇佛教。据说,佛教历史上的第一次结集就是在阿阇世赞助下举办的。公元前489年,阿阇世的儿子优陀夷继位。第二年,优陀夷建立了华氏城。此后的几代国王,都是弑父篡位者。宫廷混乱,朝纲不振。

公元前413年,大臣西宋纳迦借助人民起义的力量,登上王位,建立了西宋纳迦王朝。公元前 364 年,平民出身的摩诃帕德摩·难陀篡夺王位,建立了难陀王朝。西宋纳迦王朝和难陀王朝属于摩揭陀王国的两个朝代。

三、波斯人和希腊人的入侵

波斯帝国的居鲁士(公元前 550 年至公元前 530 年在位)曾经远征印度,使印度河以西的地区成为他的属国。大流士(公元前 521 年至公元前 486 年在位)派军队占领了印度河流域的广大地区,把它纳为波斯帝国的第 20 行省。

公元前 330 年,古希腊马其顿王国国王亚历山大消灭了波斯帝国。三年之后,亚历山大越过兴都库什山,企图占领西北印度。公元前 327 年,他征服了库纳尔河和斯瓦特河一带的土著部落。第二年,亚历山大向杰卢姆河进发。在这里,他遇到波罗斯王的阻击。一场恶战之后,亚历山大击溃了波罗斯王的军队,俘虏了波罗斯王。

亚历山大继续东进,蹂躏了杰卢姆河以东的许多部落和王国。由于热带病和连年苦战,士兵们不愿继续前进。于是,亚历山大班师回朝。

从公元前 326 年 3 月渡过印度河,到公元前 325 年 9 月离开俾路支,亚历山大在印度共 19 个月。在此期间,无数手无寸铁的男人、妇女和孩子惨遭屠杀,大批城镇遭到焚掠,当地人民对亚历山大恨之入骨。当亚历山大离开后的第二年,印度人杀死他留在西旁遮普省的总督菲力普斯。他安排在其他各地的留守官员也始终没有能够对当地建立起有效的统治。

亚历山大在印度西北部的征服活动削弱了这里许多部落和王国,为后来孔雀王朝建立较为持久的统一王国铺平了道路。

四、中央集权的孔雀王朝

公元前 324 年,旃陀罗·笈多趁马其顿撤军之际自立为王。据传说,旃陀罗·笈多早年以养孔雀为生,所以人们将他建立的王朝称为

"孔雀王朝"。旃陀罗·笈多也被人们称为"月护·孔雀"。为了避免宫廷暗杀，旃陀罗·笈多从不在同一卧室连宿两夜，白天的睡眠也无定时。公元前297年，他放弃王位，漫游到南方，按照耆那教的习俗绝食而死。

孔雀王朝在印度历史上第一次实行了中央集权的统治。原来的小王国和共和性质的部落联盟失去了独立的地位，全部纳入帝国的统一管理之下。帝国被分为若干省区，由王子或国王的近亲充任总督。

省区政府的臣僚会议权力很大，可以与国王直接沟通，目的在于节制王子，防止王子利用总督地位谋反。中央还向地方派出各类监督官，在各行政中心工作，在中央政府与地方政府之间进行联系。他们监督商业、农业、林业、酿酒业、纺织业、军队等。地方上还有为完成税收而任用的土地丈量员、收税员、会计员等。

国王雇用大量特务，作为他了解民情和各类官员工作情况的耳目。这些特务是从社会各个阶层招募而来的，扮装成商人、工匠、苦行僧、乞丐、妓女等，混入社会，搜集情报，报告国王。

帝国的军队由骑兵、步兵、战车队、象营、水军和给养部门组成，可以分为世袭军队、雇用军队和属于各社团的军队。其中最重要的是世袭军队，他们是国王的常备军，有强大的战斗力和丰厚的薪金，平时养尊处优，战时冲锋陷阵。

继承旃陀罗·笈多王位的人，是他的儿子宾头沙罗。宾头沙罗的绰号是"杀敌者"，说明他能征惯战。公元前272年，宾头沙罗病逝，他的小儿子阿育从外省总督职位上回来，与哥哥苏深摩争夺王位。公元前268年，阿育终于取得胜利，成为国王。阿育镇压叛乱，巩固政权，扩大领土，成为印度历史上一位著名的国王。公元前185年，孔雀王朝的最后一代国王波罗诃德罗陀被自己的婆罗门元帅布舍密陀罗·巽伽杀害。孔雀王朝灭亡，巽伽王朝开始。

第二节 卡夏帕那银币的诞生

苏瓦纳称量标准起源于哈拉巴文明时期,是古印度最早的称量标准。卡夏帕那银币是按照苏瓦纳称量标准制造的钱币,重量为 1/4 苏瓦纳,诞生于列国时代初期。随着列国争雄的战争,摩揭陀王国逐步占据了印度半岛的北部,卡夏帕那银币的使用范围得到扩大。孔雀王朝统一印度半岛之后,卡夏帕那银币便成为古印度的主要货币。

一、卡夏帕那重量单位

苏瓦纳是古印度最早的称量单位,产生于哈拉巴文明时期,有出土砝码为证。苏瓦纳是古印度称量制度中的基本单位,重 13.705 克,是 128 颗野甘草草籽的重量。

1 颗野甘草草籽拉蒂的重量是 0.107 克,128 颗野甘草草籽的重量是 13.705 克,即 1 苏瓦纳的重量。1/4 苏瓦纳等于 1 达哈拉,是 32 颗野甘草草籽的重量,即 3.426 克。这个重量特别适合作为 1 枚银币的重量。古印度早期钱币称"卡夏帕那",采用的重量标准便是 1 达哈拉,即 3.426 克。

达哈拉是一个非常重要的单位,是古印度白银称量货币的常用单位,古印度钱币诞生时,便转为钱币的基本单位。

达哈拉重量单位下面还有两个重要的单位:马夏,1/4 达哈拉的重量,等于 8 颗野甘草草籽,即 0.857 克;马夏卡,1/16 达哈拉的重量,等于 2 颗野甘草草籽,即 0.214 克。这些单位被用在卡夏帕那钱币品种上,为不同面额的钱币标明价值。

二、摩揭陀王国的卡夏帕那银币

摩揭陀王国位于恒河流域下游,三面环山,一面傍水,凭借地理优势在战国争雄中成为霸主。公元前 493 年,国王频婆娑罗被他的儿子阿闍世杀害。阿闍世成为国王后,继续奉行扩张政策,把摩揭陀王国的霸主地位推向顶峰。我们看到的卡夏帕那银币,正是这个时代的产物。

摩揭陀王国的卡夏帕那采用四边不规则的方形、正面印花,重量等于1达哈拉,或32拉蒂,即3.426克。(见图11-1)

图11-1 摩揭陀王国卡夏帕那银币,四边不规则的方形,公元前550年至公元前461年生产,重3.4克。正面有5个印记:弓箭、六臂符、树枝、三圆圈、太阳符;背面有1个戳记。

除了卡夏帕那,即1/4苏瓦纳重量的银币,摩揭陀王国还有马夏卡银币。1卡夏帕那等于4马夏,马夏是8个拉蒂的重量;1马夏等于4马夏卡;马夏卡是两个拉蒂的重量。25马夏卡等于50拉蒂,理论重量是5.35克。(见图11-2)

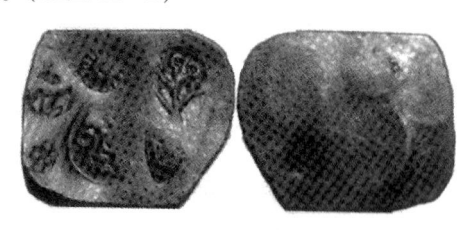

图11-2 摩揭陀王国二十五马夏卡银币,四边不规则方形,公元前6世纪至公元前5世纪生产,重5.42克。正面有4个印记:六臂符、太阳符、树枝、三角,另有两个戳记;背面是光面,没有戳记。

三、其他列国的卡夏帕那银币

憍萨罗王国位于恒河流域上游,早期制造和使用萨塔马纳银币,后来也制造和使用卡夏帕那银币。(见图11-3)

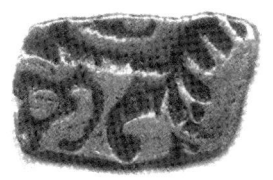

图 11-3 憍萨罗王国卡夏帕那银币,四边不规则方形,公元前 465 年生产,重 3 克,正面有 4 个印记,背面有 1 个戳记。

般遮罗王国位于恒河流域上游,也制造和使用卡夏帕那银币。(见图 11-4)

图 11-4 般遮罗王国 1.5 马夏卡银币,四边不规则方形,公元前 450 年至公元前 350 年生产,重 0.36 克,正面是单一印记,背面是光面。

般遮罗王国 2 马夏卡银币,四边不规则方形,公元前 175 年至公元前 50 年生产,重 0.4 克,正面是般遮罗印记,背面是乌贾因[①]印记。

苏罗赤那王国位于恒河流域与印度河流域之间,也制造和使用卡夏帕那银币。(见图 11-5)

---

① 乌贾因:般遮罗王国的南方城市。

图 11-5 苏罗赤那半卡夏帕那银币,四边不规则方形,公元前 400 年至公元前 350 年生产,重 1.4 克,正面是大型动物形状印记,背面是光面。

四、孔雀王朝的卡夏帕那银币

约公元前 324 年,旃陀罗·笈多建立了孔雀王朝。旃陀罗·笈多用武力统一了印度半岛,建立了中央集权、君主专制的政权。孔雀王朝货币的主要形态是卡夏帕那银币,理论重量 3.426 克。(见图 11-6、图 11-7、图 11-8)

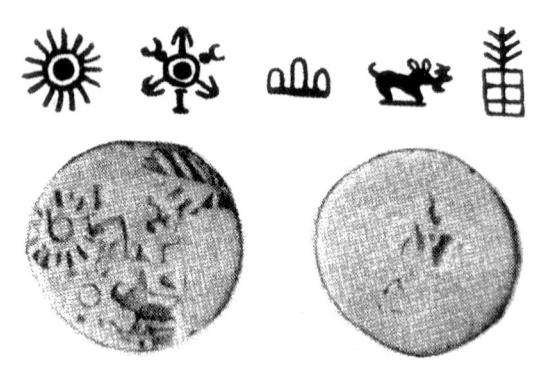

图 11-6 孔雀王朝旃陀罗·笈多卡夏帕那银币,圆形,公元前 324 年至公元前 297 年在华氏城造币厂生产,重 3.60 克,正面有 5 个印记,背面有痕迹。

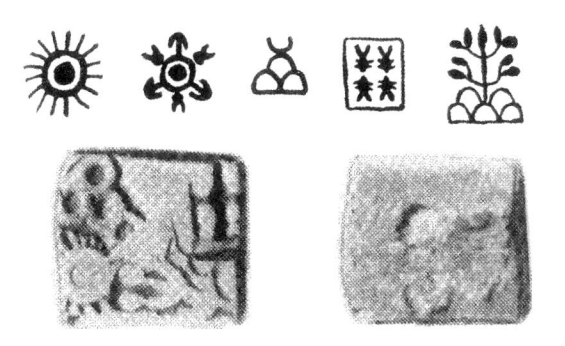

图 11-7 孔雀王朝宾头沙罗卡夏帕那银币,四边不规则方形,公元前297年至公元前272年生产,重3.6克,正面有5个印记,背面有痕迹。

图 11-8 孔雀王朝阿育王卡夏帕那银币,四边不规则方形,公元前268年至公元前238年生产,重3.6克,正面有5个印记,其中"糖葫芦串"形印记被认为是阿育王君王符,背面为君王符。

自公元前321年至公元前238年的83年中,孔雀王朝经历了三代君王,卡夏帕那银币的重量持续保持在3.6克的足值状态,说明孔雀王朝并未实现铸币权的集中垄断,卡夏帕那银币的制造是开放的,朝廷和民间都可以制造。所以,当时的卡夏帕那银币不具备减重能力,依靠本身币材白银价值行使价值尺度和流通手段的货币职能。

孔雀王朝共历十位君主,总计139年。公元前185年,孔雀王朝的最后一代国王波罗诃德罗陀被自己的婆罗门元帅普士亚密陀罗·巽伽杀害。孔雀王朝灭亡，巽伽王朝开始。

巽伽王朝制造和使用卡夏帕那银币和卡夏帕那铜币。

第三节　萨塔马纳银币的诞生

萨塔马纳称量标准起源于吠陀时期。萨塔马纳银币是按照萨塔马纳称量标准制造的钱币，诞生于列国时代初期。随着摩揭陀王国版图的扩张，到孔雀王朝统一印度半岛，卡夏帕那银币的使用范围越来越大，萨塔马纳银币逐步走向消亡。

一、萨塔马纳重量单位

萨塔马纳称量标准最早出现在吠陀文献中。

公元前1500年以后，印欧语系居民进入印度河流域，逐渐成为这个地区的主要居民。这些人自称"雅利安人"，意思是"高贵的人"。雅利安人称印度河流域原有的居民为"达萨"，意思是"敌人"。这说明，雅利安人的进入是通过战争实现的。

雅利安人创作了四部吠陀（经文、诗歌、咒语汇编）——《梨俱吠陀》《沙摩吠陀》《耶柔吠陀》《阿闼婆吠陀》。《梨俱吠陀》形成于公元前1500年至公元前900年，这个时期被称为"梨俱吠陀时代"或"早期吠陀时代"。其余三部吠陀形成于公元前900年至公元前600年，这个时期被称为"婆罗门教时代"或"后期吠陀时代"。四部吠陀是研究雅利安人历史的主要文献。

苏瓦纳重量单位产生于哈拉巴文明时期。以苏瓦纳重量计量的白银称量货币经过长期发展，产生了卡夏帕那四边不规则方形银币。这一点，有出土苏瓦纳重量石刻砝码和卡夏帕那银币为证。但是，缺乏古代文献的记载。

萨塔马纳作为重量单位，有吠陀文献的记载。以萨塔马纳重量计量的白银称量货币的长期发展，产生出萨塔马纳银币。

综合分析，苏瓦纳重量制度与萨塔马纳重量制度在古印度存在于不同民族的不同地区，两者各自的发展都曾经历过称量货币时代，又都各自产生出独具特色的数量货币——钱币。

二、犍陀罗王国的萨塔马纳银币

犍陀罗王国位于印度河流域，使用萨塔马纳作为重量单位。萨塔马纳银币的理论重量是11克，与吕底亚王国的纯银币的理论重量恰好一致。犍陀罗王国早期的钱币，呈弯条形状、正面印花，基本单位萨塔马纳，即100马纳。（见图11-9）

图11-9 犍陀罗王国萨塔马纳银币，弯条形状，公元前6世纪至公元前303年生产，重11.2克。正面印有2个六臂符；背面是光面，没有记号。

印度钱币学者帕尔梅什瓦里说：

> 犍陀罗国发行的货币是很特别的凹形长条状，长度为1—1.75英寸，平均宽度约为0.4英寸……刚刚铸造的钱币重约183格令；受到实际状况影响，其重量通常介于150—180格令之间……[1]

格令（grain）是1颗麦粒的重量，即0.0648克。帕尔梅什瓦里所述犍陀罗王国的条形银币初期重量183格令，后来降至150—180格令。萨塔马纳的理论重量11克，大约等于170格令。（见图11-10）

---

[1] ［印］P.L.笈多：《印度货币史》，石俊志译，法律出版社2018年版，第15—16页。

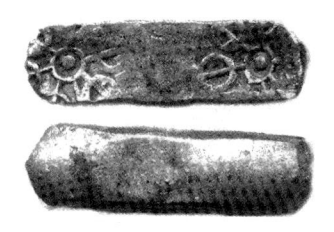

图 11-10 犍陀罗王国萨塔马纳银币,弯条形状,公元前 600 年至公元前 500 年生产,重 11.5 克。正面是 2 个六臂符;背面是光面,没有记号。

图 11-11 犍陀罗王国 1/16 萨塔马纳银币,圆形,公元前 500 年至公元前 400 年生产,重 0.67 克。正面是 1 个六臂符;背面是光面,没有记号。

图 11-11 所示这枚 1/16 萨塔马纳的银币,实测重量 0.67 克,1 萨塔马纳便是 10.72 克,近似于萨塔马纳的理论重量 11 克。

三、其他列国的萨塔马纳银币

迦尸王国(公元前 7 世纪至公元前 525 年)位于恒河流域中游,公元前 525 年被憍萨罗王国征服。因此,迦尸王国的钱币都是公元前 6 世纪的钱币。(见图 11-12)

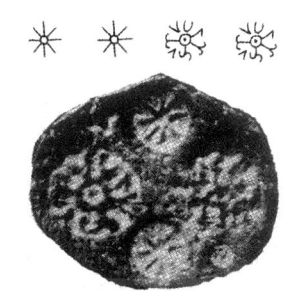

图 11 – 12 迦尸王国 1/2 萨塔马纳银币，圆形，生产于公元前 600 年至公元前 525 年，重 5.5 克。正面有 4 个印记；背面是光面，没有记号。

居萨罗王国（公元前 7 世纪至公元前 475 年）位于恒河流域上游，公元前 475 年被摩揭陀王国消灭。居萨罗王国不仅制造和使用卡夏帕那银币，还制造和使用萨塔马纳银币。（见图 11 – 13）

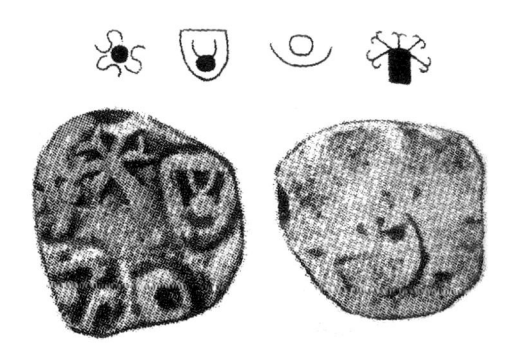

图 11 – 13 居萨罗王国 1/4 萨塔马纳银币，四边不规则的方形，公元前 500 年至公元前 470 年生产，重 2.75 克，正面有 4 个印记，背面有 1 个戳记。

末罗王国位于恒河流域中游，也制造和使用萨塔马纳系列钱币。（见图 11 – 14）

图 11 – 14 末罗王国沙那银币,即 1/8 萨塔马纳银币,四边不规则的方形,公元前 550 年至公元前 320 年生产,重 1.3 克。正面是 1 个大印记,背面是光面。

1 沙那等于 12.5 马纳或 1/8 萨塔马纳,理论重量 1.375 克。

犍陀罗、憍萨罗、末罗、迦尸王国从印度河流域至恒河流域、从西至东排成一线,连接到摩揭陀王国。然而,摩揭陀王国并不使用萨塔马纳称量标准的货币单位,而是使用苏瓦纳称量标准的货币单位——卡夏帕那。尽管苏瓦纳称量标准起源于印度河流域,印度河流域的犍陀罗却没有使用苏瓦纳称量标准来制造钱币,而是使用萨塔马纳称量标准来制造钱币。苏瓦纳称量标准被广泛使用在遥远的恒河流域中下游地区,特别是下游的摩揭陀王国,并以此传播到印度半岛实现统一的孔雀王朝。

四、萨塔马纳银币上的印记

哈拉巴文明时期的文字是刻在印章上的象形文字,至今尚未被解读。古印度早期钱币上的印记,是对石刻、陶器、印章上的印记的发展和继承。钱币上的印记,也可以看作"未能解读"的图形文字。截至目前,古印度钱币上的印记已发现有五六百种,对它们的解读,众说纷纭,难以统一。

关于各种印记符号,不同城邦有着不同的图案,不同时期也有着不同的图案。萨塔马纳钱币上的印记,多有太阳符和六臂符。

太阳符由实心圆盘或圆眼与芒线组成,芒线数目多在 6—16 条。有学者认为,太阳符与宗教信仰有关;另一些学者认为,太阳符代表王朝权力;还有学者认为,太阳符的芒线代表国王所统治的邦国的数目,是一种政治和经济管辖权的象征。

六臂符由圆眼与六臂组成,其中三臂为箭头,三臂为公牛徽。有学者认为,六臂符与宗教信仰有关;另一些学者认为,六臂符是王朝的标志;还有学者认为,六臂符是王朝领土扩张的象征。

此外,有些印记是佛丘、树栏、几何图形,可能用来表示地域、部族、王朝等。还有些印记是人、兽、植物,可能用来作为造币厂的标志。

第四节 外来的德拉克马银币

古印度本土钱币卡夏帕那和萨塔马纳在列国时代诞生。与此同时,波斯人和希腊人相继侵入印度河流域,引进了希腊化钱币德拉克马。德拉克马钱币进入印度之后,不仅在印度河流域被制造和使用,而且深入到恒河流域。当希腊—巴克特里亚王朝的势力南下印度,建立印度—希腊王朝的时候,德拉克马钱币更成为印度西北部的主要钱币,钱币风格出现了印度化的转变。

一、波斯帝国入侵引进的德拉克马

公元前520年,波斯帝国国王大流士一世攻占了印度河流域的旁遮普和信德,将印度河流域、拉其普特沙漠以西的地区划为波斯帝国第20行省,将旁遮普以北的犍陀罗划为波斯帝国的第7行省。这一局面持续了近200年。波斯帝国使用的银币是希腊化银币德拉克马,所以,德拉克马逐步在印度半岛广泛流通。

德拉克马不仅在印度河流域流通,而且向东进入恒河流域。列国时期的摩揭陀王国位于印度半岛东北部恒河流域。摩揭陀王国首先征服东部的安迦王国,然后又吞并北方的迦尸王国和西北的憍萨罗王国,统一了恒河流域。摩揭陀王国主要有哈尔扬卡王朝、西宋纳迦王朝和难陀王朝。摩揭陀王国不仅制造和流通本土的卡夏帕那银币,而

且还制造和流通德拉克马银币。(见图 11 – 15、图 11 – 16、图 11 – 17)

图 11 – 15 摩揭陀王国西宋纳迦王朝德拉克马银币,圆形,公元前 413 年至公元前 364 年生产,重 3.4 克。正面有 5 个印记,其中有一头大象;背面戳记模糊。

图 11 – 16 摩揭陀王国难陀王朝德拉克马银币,四边不规则方形,公元前 364 年至公元前 320 年生产,重 3.16 克。正面有 5 个印记,其中有一只青蛙;背面戳记模糊。

图 11 – 17 摩揭陀王国难陀王朝德拉克马银币,四边不规则方形,公元前 364 年至公元前 320 年生产,重 3.4 克。正面有 5 个印记,其中有一头大象;背面是光面。

二、马其顿王国入侵引进的德拉克马

波斯帝国入侵印度河流域,将希腊化钱币德拉克马引进印度半岛。古希腊马其顿王国的国王亚历山大击灭波斯帝国,东进入侵印度,更加将希腊化钱币德拉克马引进印度地区。

公元前324年,旃陀罗·笈多趁古希腊马其顿国王亚历山大从印度撤军之际自立为王,建立了孔雀王朝。孔雀王朝建立之后,印度半岛不仅使用本土数量货币卡夏帕那和萨塔马纳,并且继续制造和流通德拉克马。然而,这种德拉克马采用的形状不是希腊钱币的圆形,而是四边不规则的方形,完全体现了印度的风格。(见图11-18)

图11-18 孔雀王朝阿育王德拉克马银币,四边不规则方形,公元前268年至公元前238年在马尔华造币厂生产,重3.2克,正面有5个印记,背面有君王符。

达沙罗陀(公元前232年至公元前225年在位)是阿育王的儿子。阿育王去世时,达沙罗陀的哥哥库纳拉继位。库纳拉去世时,达沙罗陀继承王位。(见图11-19)

图11-19 达沙罗陀德拉克马银币,四边不规则方形,公元前232年至公元前225年在马土拉造币厂生产,重3.26克。正面有5个印记,背面有2个戳记。

桑普腊提（公元前 225 年继位）是达沙罗陀的儿子,继承了达沙罗陀的王位。(见图 11-20)

图 11-20 孔雀王朝桑普腊提德拉克马银币,四边不规则方形,公元前 225 年至公元前 207 年在乌贾因造币厂生产,重 3.4 克。正面有 5 个印记,其中有 3 个人像,还有塔上雄鸡和几何图案;背面的图案是塔上雄鸡。

三、希腊—巴克特里亚王朝的德拉克马

公元前 323 年,亚历山大去世,他的部将塞琉古在西亚地区建立了塞琉古王朝。公元前 3 世纪中叶,塞琉古王朝逐步衰败,远在东方的两省总督先后宣布独立。一个是巴克特里亚总督狄奥多托斯一世,公元前 250 年建立了希腊—巴克特里亚王国;另一个是帕提亚总督安德拉哥拉斯,宣布独立后不久便被出身里海东南方塞克帕尔尼部族的阿萨克斯所取代。公元前 247 年,阿萨克斯建立了帕提亚王朝,中国人称其为"安息"。

希腊—巴克特里亚王国位处今天的阿富汗一带,从希腊化的塞琉古王国中分裂出来,继承希腊文化。所以,希腊—巴克特利亚王国的钱币是典型的希腊钱币德拉克马。

（1）金币,采用斯塔特单位,重 8.48 克。1 斯塔特的重量等于 2 德拉克马。

（2）银币,采用德拉克马单位,重 4.24 克,遵循亚历山大新德拉克马重量标准。1 德拉克马等于 6 奥波,1 奥波重 0.71 克。

（3）铜币,采用查柯单位,重 2.34 克。8 查柯铜币等于 1 奥波银币。

希腊—巴克特里亚王朝与印度—希腊王朝是同一王朝的两个阶段。当希腊—巴克特里亚王朝的势力南下印度河流域之后，就产生了印度—希腊王朝，其钱币的形制也随之发生了印度化的转变。

四、印度—希腊王朝的德拉克马

公元前 180 年，印度孔雀王朝被巽加王朝推翻。希腊—巴克特里亚王朝的第四任国王德米特里乌斯一世趁机南下印度，占领了犍陀罗、旁遮普直至恒河流域帕特那一带，建立了印度—希腊王朝。印度—希腊王朝延续了 170 年，直到公元前 10 年，才在印度—塞克王朝的打击下灭亡。

印度—希腊王朝的钱币不断与印度文化向融合，币文从单一的希腊文转变为希腊文/佉卢文双语；币图由传统的君王/希腊神像转变为君王/古印度神像；币形除圆形打压币外，又增加了方形币；币材由金银为主转为银铜并用；币重由古希腊亚历山大新德拉克马标准逐步转为古印度标准。（见图 11-21、图 11-22）

图 11-21 印度—希腊王朝米南德二世四查柯铜币，四边不规则方形，公元前 90 年至公元前 85 年在巴尔赫造币厂生产，重 8.29 克。铜币正面是雅典娜手持长矛及棕榈枝站像，周围币文为希腊文"ΒΑΣΙΑΕΩΣ ΔΙΚΑΙΟΥ ΜΕΝΑΝΔΡΟΥ"（公正的米南德国王）；铜币背面的图案是坐狮，面朝右，下方为造币厂印记，周围币文是佉卢文。

米南德二世在位时期为公元前 90 年至公元前 85 年。

图 11 – 22　印度—希腊王朝赫马厄斯德拉克马银币,圆形,公元前 75 年至公元前 50 年在迦毕试造币厂生产,重 2.35 克。银币正面是赫马厄斯和妻子卡里奥佩叠像,周围币文是希腊文"ΒΑΣΙΛΕΩΣ ΣΩΤΗΡΟΣ ΕΡΜΑΙΟΥ ΚΑΙ ΚΑΛΛΙΟΠΗΣ"(救世主国王赫马厄斯和卡里奥佩);银币背面的图案是国王骑马,右下方是造币厂印记,周围币文是佉卢文。

赫马厄斯是印度—希腊王朝西部领域的最后国王,在位时间为公元前 75 年至公元前 50 年,亡于南侵的大月氏人。

第十二章
Chapter 12

古罗马的阿斯青铜铸币

古罗马钱币起源于公元前3世纪初期,名曰"阿斯",属于青铜铸币。

基于意大利半岛青铜称量货币的长期发展演化,以及外来民族——希腊人和埃特鲁里亚人在意大利半岛制造和使用银币对当地居民的影响,公元前3世纪初期,罗马共和国开始铸造自己的钱币——阿斯青铜铸币。罗马共和国铸造钱币,从一开始就采用了政府垄断铸造的方式。

第一节 罗马共和国历史概况

罗马共和国成立之前,有一个王政时代。王政时代共历7个国王(rex),被史家分为前四王时代和后二王时代。公元前509年,罗马人民起义,推翻了王政时代的末代国王小塔克文的暴政,建立了罗马共和国。公元前27年,屋大维被罗马元老院尊为"奥古斯都",罗马共和国终结,罗马帝国开始。

一、王政时代

公元前753年,罗慕路斯建筑罗马城,成为罗马王政时代的第一个国王。

除了建城,罗慕路斯还干了两件大事。

第一,罗慕路斯在公民中指定100人作为元老,组织了一个参政机构,称之为元老院。第二,罗慕路斯组织大批青壮年抢劫邻邦的青年妇女,由此引发了与邻邦的战争。

邻邦部落联合起来由萨宾人领导,与罗马人展开血战。战争的结果是大家讲和,罗马的罗慕路斯和萨宾的第提斯并立为王,国名为罗马,公民则采用萨宾奎里斯城名,叫作"魁里特"。元老院增加100名萨宾人,与原有的100人加在一起,总共有200名元老。虽然已经讲和,罗慕路斯与第提斯之间的战斗继续不断。5年之后,第提斯战死,罗慕路斯成为唯一的罗马国王。

罗马自王政时代就已经具有了明显的民主因素。国王、库里亚大会和元老院三权分立。国王掌握行政权、司法权、军权和宗教权;库里亚大会(comitia curiata)代表民众行使权力;元老院(senatus),代表贵族行使权力。

在完成了这些不朽的事业后,当罗慕路斯在卡普拉沼地旁的空场上召开民会,检阅军队时,突然刮起了风暴,伴随着喧嚷和雷鸣,浓云把王罩住,以至于整个集会都看不见他的身影,然后罗慕路斯便在地上消失了。[1]

公元前717年,罗慕路斯在暴风中消失,再也没有回来。

元老院选举萨宾人努玛·庞庇里乌斯即位国王,成为罗马王政时代的第二个国王。努玛推崇宗教,搞了许多祭祀仪式和规则,并且设立了大祭司(pontifex maxime)的职务,还将罗慕路斯神化,称他为罗马人民神(魁里努斯神)。

罗马王政时代的第三个国王是图鲁斯。图鲁斯即位后,到处争战,扩大了罗马版图。图鲁斯死后,元老院选举努玛的外孙安库斯为

---

[1] [古罗马]李维:《自建城以来》,王焕生译,中国政法大学出版社2009年版,第25页。

王政时代的第四个国王,希望他恢复努玛时代的和平局面。

安库斯死后,前四王时代结束,后三王时代开始。

埃特鲁里亚人卢基乌斯·塔克文游说罗马人民和元老院把他选为国王。从此,王权继承从选举走向阴谋和暴力。

卢基乌斯·塔克文,人称老塔克文,将自己部落的100名埃特鲁里亚人拉进元老院,使元老院的人数增加至300人。

老塔克文死后,王后秘不发丧,让女婿塞尔维乌斯代行国政,然后宣布老塔克文去世,由塞尔维乌斯即位。

塞尔维乌斯做了44年国王,最后被他的女婿,老塔克文的儿子(或者是孙子)小塔克文杀害。小塔克文使用阴谋和暴力杀害了塞尔维乌斯,夺取了政权,没有经过元老院和人民大会的同意就做了罗马国王,开始实行暴政。

二、共和国的建立

关于小塔克文的现存史料不多,他被描述为暴君和独裁者。他把很多精力用于战争,吞并了不少邻近的拉丁城镇。公元前509年,卢基乌斯·尤尼乌斯·布鲁图斯领导人民起义,推翻了小塔克文的统治。

据传说,塞尔维乌斯原将两个女儿中性格内向的公主许配给小塔克文,将另一性格好胜的公主特莉亚许配给小塔克文性格沉稳的兄弟。婚后,性格内向的公主与小塔克文的兄弟无故暴毙。于是,丧偶的小塔克文与丧偶的公主特莉亚结婚。塞尔维乌斯虽是当时的国王,但公主不一定是下一任的王妃。于是,特莉业便煽动小塔兑义夺取王位。小塔克文首先拉拢第五任国王老塔克文招徕到罗马的埃特鲁里亚人,并进一步成功拉拢新兴阶级的元老院议员。之后,小塔克文带领一批武装男子到元老院发表演说,企图篡位。塞尔维乌斯赶来阻止无果,并被小塔克文摔倒在地。塞尔维斯乌斯回到王宫,没有被小塔克文安排的杀手杀死,却被自己的女儿特莉亚驾车碾死。

塞尔维乌斯死后,小塔克文成为国王,开始实行暴政。

组织人民推翻小塔克文的领导者们都是小塔克文的亲戚。一个是小塔克文的外甥卢基乌斯·尤尼乌斯·布鲁图斯,另一个是小塔克文的堂侄卢基乌斯·塔克文·科拉提努斯,还有一个是科拉提努斯的岳父斯普里乌斯·卢克里契乌斯。

公元前509年,造成小塔克文被推翻的直接导火索并不是暴政,而是更小的塔克文——小塔克文的儿子塞克斯图斯·塔克文。塞克斯图斯·塔克文强奸了卢基乌斯·塔克文·科拉提努斯的妻子卢克瑞提娅。卢克瑞提娅不甘受辱,自尽身亡。

> 当时布鲁图斯号召人们推翻王政,人们都把他作为首领追随他。卢克瑞提娅的遗体被从家里抬到广场,人们像经常发生的那样,为这样一件惊人的事情及其可鄙性所吸引,聚集了起来。①

卢基乌斯·尤尼乌斯·布鲁图斯号召人民起义,将小塔克文赶出罗马城。莎士比亚的诗歌《卢克瑞提娅受辱记》即来源于这一历史事件。

随后,卢基乌斯·尤尼乌斯·布鲁图斯和卢基乌斯·塔克文·科拉提努斯两人被选为执政官(consul),终止了国王政治。

从此,罗马共和国的历史揭开了大幕。

三、共和国的组织

罗马共和国(senatvs popvlvsqve romanvs)是罗马在公元前509年至公元前27年之间的政体,其正式的名称是"元老院与罗马人民"。

罗马共和国的领导机关是元老院,职数一般为300人。王政时期元老由国王任命。共和国初期,元老的任命权属于执政官。公元前4世纪,根据奥维尼乌斯法,元老的任命权转移到监察官手里。

罗马共和国代表人民的会议有三种形式:库里亚大会(comitia curiata)、百人团(comitia centuriata)和特里布斯(comitia tributa)。库

---

① [古罗马]李维:《自建城以来》,王焕生译,中国政法大学出版社2009年版,第61页。

里亚大会是古老的形式,百人团和特里布斯出现后,库里亚大会就失去了意义。百人团起初是城市民军的一种会议,由握有军事大权的高级官吏,如执政官、独裁官等召集,可以决定立法、战争、选举官员、审判刑事案件等。特里布斯是平民的会议。

两位执政官是共和国的最高官吏。他们是在百人团会议上选出的,任期一年。执政官具有军事权和民政权。作为军事大权的代表者,他们是罗马军队的总司令官。作为民政权的代表者,执政官召集元老院和人民大会,担任主席,提出建议和法案,领导官吏的选举。他们又是元老院和人民会议决议的主要执行者。

两位监察官(censores)从过去离任的执政官里选出,任期18个月。

保民官(tribunus)出自平民,由特里布斯会议选举产生,任期一年。保民官具有否决权。对于元老院的决议,如果保民官发现它们与平民的利益不符的话,有权予以否定。

此外,罗马共和国还有独裁官、财务官、大法官、营造官等。其中独裁官是当国家遇到危险的时候产生的临时职务,任期不得超过6个月。

四、共和国的终结

罗马共和国晚期,军事首领恺撒以军事独裁的手段,终结了罗马共和国的民主制度。

恺撒出生于公元前100年。公元前60年,恺撒当选为罗马共和国执政官,与庞培、克拉苏订立盟约:

国家的任何一项措施都不得违反他们三人之一的意愿[①]。

历史学家将这个联盟称为"前三头同盟"。为了巩固这一政治联盟,50岁的庞培娶了恺撒年仅14岁的独生女儿大尤利娅。3人结盟

[①] [古罗马]苏维托尼乌斯:《罗马十二帝王传》,张竹明等译,商务印书馆1995年版,第11页。

后,势力大增。为了争取更多的政治同盟,恺撒娶了他下一任执政官卢基乌斯·庇索的女儿卡尔普尼娅为妻。

因此凭借岳父和女婿的支持,他从全部行省中挑选了高卢,因为这是个最可能使他发财也最可能为他军事上的胜利提供必要物资的地方。①

公元前58年,恺撒完成执政官任期后,被授予作为总督管理高卢(今法国南部)和伊利里亚(今巴尔干半岛亚得里亚海沿岸地区)5年的权力。刚到任,恺撒便发动了高卢战争。这场战争从公元前58年延续到公元前49年。

公元前53年,克拉苏东征帕提亚战败身亡。元老院拉拢庞培,打击恺撒,前三头同盟崩溃。

公元前49年,恺撒在高卢作为总督的任期早已超过,元老院命令他回罗马。恺撒回信要求延长高卢总督任期,元老院拒绝并发出最终劝告,表示如果他不立刻撤回罗马,将宣布他为国敌。

公元前49年1月10日,恺撒率领5000人马,来到高卢与意大利本土的分界线——卢比孔河。跨过这条河,越过自己的辖区,他就犯了叛国罪。恺撒对士兵声泪俱下地发表了演说,演说达到了意想不到的效果。

他撕破胸前的衣襟,恳求他们的忠诚。这种举动曾被理解为答应给每人以骑士地位。然而这是误会,因为,当他向他们发表演说和激励他们前进的时候,他经常指着自己左手手指,宣布为了让所有维护他荣誉的人满意,摘下自己的指环他都甘心情愿。这时那些站在会场边缘地方的人容易看见他的动作,却不那么容易听清他说的话。他们猜测他的话是在解释自己手势的含义。于是小道消息传开了,说恺撒答应授予他们指环和40万赛斯特

---

① [古罗马]苏维托尼乌斯:《罗马十二帝王传》,张竹明等译,商务印书馆1995年版,第14页。

尔提乌斯的权利。①

恺撒的演说，使士兵们误以为他会在胜利后授予每个士兵骑士地位和40万塞斯特提②的财产。由于这些误会，士兵们不顾一切地攻入罗马，罗马的共和国制度崩塌了。

庞培逃到埃及，被埃及人杀害了。恺撒追到埃及，使埃及艳后克利奥帕特拉成为他的情妇，并帮助她掌握了埃及的国家权力。

公元前47年6月，恺撒离开埃及，率兵出征叙利亚。公元前45年，恺撒又出征西班牙。许多战争，无数杀戮，尸横遍野的人间惨烈，催生出一次又一次的胜利，恺撒终于得到元老院的臣服。

恺撒被推举为终身独裁官(dictator)、为期十年的执政官、终身保民官和罗马大祭司，集军、政、宗教大权于一身。

恺撒的独裁统治，已经将民主制度全面推翻，共和国实际上已经名存实亡，不复存在。

公元前44年3月15日，一群坚持民主制度的元老将恺撒刺死。

但是，罗马共和国无法恢复，罗马帝国的大幕已经揭开。

恺撒的养子屋大维用恺撒留下的金钱组织了军队，击败了所有的政敌，创建了罗马帝国的核心制度——元首制。公元前27年，屋大维被元老院尊为"奥古斯都"，罗马共和国到此终结，罗马帝国从此开始。

第二节 青铜称量货币单位"阿斯"

公元前753年，罗慕路斯建筑罗马城，罗马本土居民使用以"阿斯"为单位的青铜称量货币。公元前509年，罗马共和国成立，罗马本

---

① ［古罗马］苏维托尼乌斯：《罗马十二帝王传》，张竹明等译，商务印书馆1995年版，第21页。

② 塞斯特提：铜币。1枚塞斯特提铜币等于2.5枚阿斯铜币。

土居民继续使用青铜称量货币,而意大利半岛上的希腊人和埃特鲁里亚人则开始使用他们自己打制的银币。这种局面一直延续到公元前289年,罗马共和国开始铸造自己的阿斯青铜铸币。

一、王政时代的重量单位阿斯

阿斯是意大利半岛本土的重量单位。古罗马历史文献中讲述的最早的阿斯,出自生活在罗马共和国与罗马帝国之际的古罗马历史学家提图斯·李维的著作《自建城以来》。

提图斯·李维(公元前59年—公元17年),历史学家,出身贵族,早年学习过文学、史学、修辞学、演说术等。李维与屋大维交往甚密。屋大维打败马克·安东尼之后,李维奉命教授屋大维的继孙克劳狄,即后来的罗马元首克劳狄一世。李维的代表著作是《自建城以来》。

李维拥护屋大维创立的元首制,但其思想仍然偏向于共和制。为了挽救中后期的罗马共和国,他决定写一部史书来记述罗马人祖先的英勇,避免罗马共和国的覆灭,于是创作了《自建城以来》。书中充满爱国思想、道德说教、复古主张和对共和制度的赞扬。

李维著述丰富,但是流传下来的著作只有《自建城以来》一书。他用40年左右的时间写成的这部古罗马历史巨著,共142卷,记述自传说中的埃涅阿斯(传说中的罗马人祖先)到达意大利半岛起,至公元前9年的历史(其中许多卷已经丢失残缺)。

根据《自建城以来》的记载,王政时代的第六任国王塞尔维乌斯(公元前578年至公元前534年在位)在全国范围做了一次人口和财产的普查,按照财产多寡将居民分为六个等级:财产10万阿斯及以上的居民为第一等级;财产7.5万阿斯至10万阿斯的居民为第二等级;财产5万阿斯至7.5万阿斯的居民为第三等级;财产2.5万阿斯至5万阿斯的居民为第四等级;财产1.1万阿斯至2.5万阿斯的居民为第五等级;财产1.1万阿斯以下的居民为第六等级。塞尔维乌斯规定不同等级的居民享受不同的政治权利和担任不同的军事职务。

首先是一次著名的改革,改革的内容就是在于规定财产的资格,在于依靠财产资格,不论所属的等级而来分配政治权利和军事职务。①

塞尔维乌斯规定居民具体的军事参与权分配规则如下②:

(1)他从拥有十万或十万以上阿斯的人中组成八十个百人队,年长的和年轻的各四十个。③

(2)所有这些人被称为第一等级;年长者随时处于防守城市状态,年轻者在外进行战争;他们需要准备的武装包括头盔、圆盾、胫甲、铠甲,全部用青铜制造;这些装备是为了保护身体。

(3)对敌作战武器是矛和剑。两个工匠百人队附属于这一等级,他们不带武器等服役,其任务是战时运送机械。

(4)组成第二等级的人的财产在十万至七万五千阿斯之间,从他们中包括年长的和年轻的,征募二十个百人队,武器装备以长方形盾代替圆盾,除了铠甲外,其他装备相同。

(5)他要求第三等级的财产为五万阿斯,组成同样数量的百人队。对百人队年龄也作同样划分;对武装也未作任何改变,不过免除胫甲。

(6)入第四等级的人的财产为二万五千阿斯,组成同样数目的百人队,武装有变化;除了长矛和短投枪外不再提供任何武器。

(7)第五等级被增加,组成三十个百人队;他们随身携带投石器和投掷的石块;角号手和喇叭手组成两个百人队,分配给他们随行。

(8)这一等级的财产定为一万一千阿斯。少于这个财产的为其他居民,从中组成一个百人队,免除兵役。

---

① [苏联]科瓦略夫:《古代罗马史》,王以铸译,生活·读书·新知三联书店1957年版,第65页。
② [古罗马]李维:《自建城以来》,王焕生译,中国政法大学出版社2009年版,第49页。
③ 按照当时的年龄划分:年长的为46—60岁。年轻的为18—45岁。

二、《十二表法》中的阿斯

罗马本土居民开始制造和使用钱币的时间在公元前3世纪。

直到公元前4世纪晚期,罗马依然是一个没有钱币的国家,而且也没有证据证明当时罗马有在使用其他国家的钱币。考古证据表明,罗马城邦未发现任何早于公元前3世纪的货币。[1]

公元前6世纪王政时代塞尔维乌斯提到的阿斯货币是以阿斯为单位的青铜称量货币,而不是金属数量货币——钱币。到了公元前449年(罗马共和国初期),罗马人制定了《十二表法》,其中规定了阿斯货币的使用,这时的阿斯货币与王政时代的阿斯货币一样,仍然是青铜称量货币,而不是金属数量货币——钱币。

《十二表法》是刻在十二块板子(表)上的法律。李维说板子是铜的,所以这部法典也被称为"十二铜表法"。表(tabula)指的是古罗马当时书写或铭刻所用的木板、金属板或象牙板等。根据后期的《学说汇纂》中的记载,这十二表是象牙做的,应该称其为"十二表法"。

《十二表法》是古罗马第一部成文法典,它的产生是平民(plebeians)与贵族(patricians)斗争的结果。经过几年的激烈斗争,平民与贵族达成妥协,由贵族组成立法委员会制定法律。于是,罗马共和国成立了由贵族组成的十个委员会(decemvirs)。经历了一段时间的工作,委员会先制定了十表法律,后来又补充了两表法律。公元前449年,委员会完成了《十二表法》的制定。

公元前390年,高卢人入侵罗马,《十二表法》被占领军焚毁。现在所知的文本,是后世学者从各种文献中收集、整理而成。因此,对于《十二表法》的真伪曾引起学者们的争论。经过多方研究和论证,从历史、法律、语言、社会诸方面进行考证,在1903年于罗马召开的国际历史学会议上,学术界认定《十二表法》为真实可信。

---

[1] [英]迈克尔·H.克劳福德:《罗马共和国货币史》,张林译,法律出版社2019年版,第21页。

目前,根据各种资料记载汇总的《十二表法》的内容共有104条,其中9处提到用于诉讼保证金、罚赎的货币,货币单位不仅有阿斯,还有塞斯特提。但是,当时的阿斯和塞斯特提只是重量单位,铜金属尚处于称量货币形态。

《十二表法》以下条文涉及阿斯货币的使用:

第二表:审判条例(续)

第一条:

盖约《律例》,Ⅳ.14:

十二表法规定,诉讼款额在一千(或一千)以上阿斯者,[向教长金库]缴(纳)诉讼保证金[五百阿斯],最低(款)数额的诉讼——五十阿斯。如争论有关某人的自由,则尽管此人财产估值极高,但法律仍规定,[其自由犹在争论之人]的诉讼保证金[全部仅缴]五十阿斯之数。①

这个条文在盖约《律例》中被提到。

盖约指的是盖约·格拉古(公元前154年至公元前121年),他于公元前123年至公元前121年任罗马保民官,进行了社会改革,于公元前121年被罗马元老院派来的军队逼迫而死。盖约作为保民官时,罗马已经有以阿斯为名称的青铜铸币流通。这里提到的《十二表法》,则是公元前449年制定的法律。公元前449年,罗马还没有青铜铸币。盖约《律例》讲述的《十二表法》,指的是公元前449制定的法律,有关法律条文讲到的阿斯,应该是称量货币单位。

第八表　伤害法

第三条:

如用手或棒子打断自由人的骨头,则应缴纳罚金三百阿斯,

---

① 《世界著名法典汉译丛书》编委会:《十二铜表法》,法律出版社2000年版,第6页。

如为奴隶,则为一百五十阿斯。①

第四条:

如果欺侮人,则罚款二十五。②

第十一条:

普尼林,《自然史》,17.1.7:

在十二铜表内指出,蓄意采伐他人树木的犯罪者,每棵处于二十五阿斯的罚金。③

三、《十二表法》中的塞斯特提

塞尔维乌斯的时代,在公元前6世纪。李维的有关讲述,只提到阿斯货币。《十二表法》的制定,在公元前5世纪初期,其中除了阿斯货币,还提到塞斯特提货币(第7表第12条)。

塞斯特提(sestertius)的拉丁文由"semi"(1/2)和"tertius"(第三)组成,意思第三个是半个。第三个是半个,暗含的意思是前两个不是半个,而是整个。那么,全部的意思就是两个整个加上半个,即2.5个阿斯。1塞斯特提等于2.5阿斯。

第七表:土地权利法

第十二条:

乌尔皮阿努斯,《特殊条例集》,Ⅱ.4:

十二铜表法规定,如[被继承人]作下列的嘱咐:[在]他付给我的继承人一万塞西忒斯[的条件下],[我释放奴隶],则即使该奴隶离开了继承人,他仍必须付给买主以所规定的钱款,才能得到自由。④

《十二表法》第7表第12条,讲的是购买奴隶,价格是1万塞斯特

---

① 《世界著名法典汉译丛书》编委会:《十二铜表法》,法律出版社2000年版,第35页。
② 同上。
③ 同上书,第38页。
④ 同上书,第33页。

提(前引文译作"塞西忒斯"),即2.5万阿斯。此时,罗马还没有制造和使用自己的钱币。所以,《十二表法》中提到的阿斯和塞斯特提,都是青铜称量货币单位。当时的阿斯重量为327克,塞斯特提重量为817.5克,奴隶价格1万塞斯特提,令人难以置信。

此外,《十二表法》还有关于货币借贷利率的规定、关于盗窃的处罚规定和关于高利贷的处罚规定。

第十八条 A

塔西陀,《年代记》,Ⅵ.16：

十二铜表初次规定,任何人不得取得超过百分之一[月]息,而在这种规定之前,是随财主所欲纳息。①

这个条文出自塔西陀的《年代纪》。

塔西陀(公元55—117年)是罗马帝国执政官、雄辩家、元老院元老,也是著名的历史学家与文体家,他的最主要的著作是《历史》和《编年史》,从公元14年奥古斯都去世,提比略继位,一直写到公元96年图密善逝世。

第十八条 B

加图,《农业志》,序言,1：

我们祖先曾有[惯例],并在法律内规定,对窃贼处以缴纳[窃物]价值之二倍的罚款,对高利贷者则[处以][所得利息]之四倍的罚款。②

加图(公元前234年至公元前149年),又称老加图或监察官加图,以与其曾孙小加图区别,罗马共和国时期的政治家、国务活动家、演说家,公元前195年的执政官。他也是罗马历史上第一个重要的拉丁语散文作家。他的主要著作有《创始记》和《农业志》。

---

① 《世界著名法典汉译丛书》编委会：《十二铜表法》,法律出版社2000年版,第41页。

② 同上。

四、阿斯与德拉克马的接轨

阿斯是意大利半岛本土的重量单位。公元前 8 世纪,希腊人进入意大利半岛,使希腊重量单位德拉克马与意大利本土重量单位阿斯之间实现了接轨。

古希腊是分散的许多城邦,各城邦的重量标准不同,主要有雅典城邦所在的阿提卡地区的德拉克马标准和小亚细亚半岛上的德拉克马标准。

古希腊重量制度源于两河流域的弥那重量制度。一般说,1 弥那等于 100 德拉克马。古希腊 1 弥那的重量为 437 克,阿提卡标准的德拉克马重量为 4.37 克。古希腊重量单位德拉克马与意大利本土重量单位阿斯的接轨是通过双方通用的重量单位"盎司"来实现的。古希腊 1 弥那重量 437 克,等于 16 盎司,而古罗马 1 罗马磅,或者说是 1 阿斯,重量 327 克,等于 12 盎司。古希腊的盎司与古罗马的盎司两者重量是一致的,都是 27.3125 克。

27.3125 克 × 16 = 437 克(古希腊弥那,100 德拉克马)

27.3125 克 × 12 = 327 克(古罗马阿斯,1 罗马磅)

这个关系,放在小亚细亚半岛就不同了。小亚细亚的古希腊城邦包括小亚细亚地中海沿岸的古希腊城邦和临近的萨摩斯岛上的古希腊城邦。

小亚细亚半岛上的古希腊城邦的德拉克马重量为 3.33 克,8 德拉克马等于 1 盎司,即 3.33 克 × 8 = 26.64 克。

很显然,小亚细亚半岛的盎司比意大利的盎司要轻一些。整体来看,古罗马的阿斯与古希腊的德拉克马的接轨是不严谨的,比例关系只是大约的数字。特别是,古希腊各城邦有着不同的德拉克马标准,与阿斯的换算更加难以确定。阿提卡标准是古希腊本土上最重要的重量标准,即 1 德拉克马等于 4.37 克。在这个标准基础上,两者基本上实现了接轨。即古希腊 1 弥那等于 100 德拉克马,等于 16 罗马盎司,即 27.3125 × 16 = 437 克;而古罗马 1 阿斯等于 12 罗马盎司,即

27.3125×12＝327克。

罗马磅的重量是古希腊弥那重量的3/4,或者说古希腊与古罗马的弥那是由不同数量的盎司构成的,而两者使用的"盎司"的重量标准是一致的。

这种情形,与中国战国时期楚国与魏国的情形相似。楚国和魏国都使用重量单位"益"。但是,楚国和魏国两国的"益"是由不同数量的"两"构成。楚国1益为16两;魏国1益为20两。1两的重量为15.625克,楚国1益16两,250克;魏国1益20两,312.5克。

古罗马使用青铜称量货币,以阿斯为单位。古罗马阿斯青铜称量货币的发展产生了青铜数量货币——阿斯青铜铸币。古罗马最早的阿斯青铜铸币的重量标准,便是1罗马磅,或者说是1阿斯,折合现代327克。

第三节　青铜称量货币与外来钱币并行

意大利半岛上的青铜称量货币何时兴起,目前尚无考证。到了公元前6世纪末期,作为外来民族的希腊人和埃特鲁里亚人开始在意大利半岛上使用银币的时候,本土居民仍旧使用青铜称量货币。这种情形一直延续到公元前3世纪初期,都没有能够改变。

一、两种外来钱币

古罗马早期的两种外来钱币是希腊银币和埃特鲁里业银币。

公元前8世纪,意大利半岛上出现了两个外来民族:希腊人和埃特鲁里亚人。

当时,希腊人向海外殖民,进入南意大利和西西里岛。到了公元前6世纪末期,希腊人已经有了自己打造的金属数量货币。于是,希腊人在意大利半岛上开始打制银币。所以,意大利半岛上最早流通的钱币是希腊银币或仿照希腊银币打制的银币。

公元前6世纪期间,大希腊城邦以及其他希腊文明世界,都设立了货币主管机构。与其他许多地区一样,希腊人在意大利地区无论是因为驱逐、征服、同化了当地人,还是因为和当地人发生了通婚,生产和使用货币都仅限于他们的城邦及其"chorai"(乡村)。①

除了希腊人之外,埃特鲁里亚人也开始在意大利半岛打制银币。

古人认为埃特鲁里亚人来自东方的小亚细亚,今天的一些考古发现也证实了这一点。从起源看,他们似乎不是古意大利人,他们的文明混合了东方因素。

埃特鲁里亚人最初崛起于意大利东北部及亚平宁山区和第勒尼安海之间的沿海平原地区。埃特鲁里亚人居住在独立的、强大的城邦中,城邦之间通常结成联盟。这些城邦最初由一个君主统治,后来变成通过议会和选举出的官员施行统治的寡头政治。

埃特鲁里亚本来是农耕部族,拥有组织严密的军队。他们用这些军队统治周边民族,同时他们也经营商业和从事手工业。托斯卡纳和北部的拉丁姆地区应该是埃特鲁里亚人最早的定居地。一小部分拉丁人在这片领土的南端生息繁衍,在那里最终建立了罗马城。因此,在埃特鲁里亚文明鼎盛时期还只是村民的罗马人,与埃特鲁里亚人的语言、思想和宗教有着紧密的联系。埃特鲁里亚人对罗马文化向文明的转化产生了独一无二的最重要的影响。

古希腊历史学家希罗多德曾在他的著作中提出,埃特鲁里亚人来自小亚细亚的吕底亚。公元前8世纪至公元前6世纪,吕底亚是世界上商业最为发达的地区。并且,就在那段时间里,吕底亚人制造出西方世界最早的金属数量货币——钱币。

埃特鲁里亚人进入意大利半岛,自然将钱币带入这个地区。埃特鲁里亚人的努米银币重量大约11克,恰好与吕底亚王国纯银币的重

---

① [英]迈克尔·H.克劳福德:《罗马共和国货币史》,张林译,法律出版社2019年版,第1页。

量一致。

二、希腊德拉克马银币

德拉克马银币是希腊钱币。

古代希腊是世界上最早生产钱币的地区之一。公元前6世纪,希腊各城邦就开始打造钱币了。德拉克马是希腊重量单位,其重量折合现代多少克,在不同地区、不同时代是不同的。与中国重量单位"斤"一样,希腊重量单位"德拉克马"有着缓慢减重的倾向。

公元前8世纪至公元前6世纪,古希腊掀起了大规模的殖民运动。希腊人在意大利南部和西西里岛建立了殖民城邦。于是,到了公元前6世纪晚期,希腊银币就成为意大利地区最早出现的钱币。

公元前4世纪晚期的南意大利地区,钱币的制造和使用很大程度上局限于大希腊地区的城邦。这时期流通的钱币多是二德拉克马银币。

> 根据我的观点,不仅那不勒斯在整个公元前4世纪制造了货币,而且库迈和希里纳直到公元前4世纪中期,或许比这更晚,至少还一直在打制二德拉克马。[1]

罗马人崛起,继续使用希腊银币,德拉克马就成为罗马最早的钱币。罗马早期的德拉克马,大多也是二德拉克马银币。直到公元前289年,罗马共和国自行制造阿斯青铜铸币,同时又制造二德拉克马银币。在希腊文明的发源地克里特岛,二德拉克马银币就是最早的吕底亚纯银币斯塔特。当时,克里特岛上既有斯塔特银币,也有德拉克马银币,1斯塔特银币等于2德拉克马银币。然而,公元前5世纪克里特岛上的斯塔特银币的重量大于11克,而罗马共和国在公元前3世纪制造的二德拉克马银币的重量只有6—8克。显然,克里特岛上

---

[1] [英]迈克尔·H.克劳福德:《罗马共和国货币史》,张林译,法律出版社2019年版,第34页。

的斯塔特银币或二德拉克马银币传入意大利半岛之后,与意大利的重量制度相结合,产生了新的重量标准,使德拉克马银币出现了大幅度的减重。

三、埃特鲁里亚努米银币

努米是埃特鲁里亚钱币。

根据考古发现,公元前5世纪,埃特鲁里亚人在武尔奇(今意大利中部的维泰博省)制造了银币。(见图12-1)

图12-1 意大利半岛上的努米(nummi)银币,公元前480年至公元前400年生产,重11.2克,正面是两个翅膀的戈耳工①向左急行,背面的纹饰是车轮。

这时候,在埃特鲁里亚人居住的地区,货币单位不是阿斯(as),而是努米(nummi),常用复数形式是努姆斯(nummus)。

"努姆斯"是个外来词汇,源自大希腊地区或西西里岛的钱币术语,通过埃特鲁里亚传入翁布里亚。罗马人也借用了这一外来词汇,并且用它来表达"标准货币"的意思。例如,在罗马共和国时期,人们将标准银币狄纳里称为"努姆斯狄纳里"(nummus denarius);将标准铜币塞斯特提称为"努姆斯塞斯特提"(nummus sestertius)。

四、外来钱币与本土称量货币并行

尽管早在公元前6世纪至公元前5世纪,希腊人和埃特鲁里亚人

---

① 戈耳工:希腊神话中的蛇发女妖三姐妹,见到她们的人会变成石头。

在意大利半岛上打制并使用德拉克马银币和努米银币,但就罗马本土居民而言,直到公元前4世纪晚期,罗马人依旧使用青铜称量货币,还没有自己制造的钱币。

罗马历史学家普林尼认为,王政时代的第六个王,塞尔维乌斯·图利乌斯(公元前578年—公元前534年)在公元前6世纪发明了青铜币。然而,这种说法并没有出土文物方面的证据。

李维在《自建城以来》中也讲到塞尔维乌斯从拥有10万或以上阿斯货币的人中组成80个百人队。考古证明,这时候罗马还没有开始制造钱币。阿斯是铜金属称量货币的单位。

公元前3世纪初期,罗马出现了以阿斯或罗马磅为单位的青铜铸币。

整体来看,罗马共和国最初阶段的钱币,包括银币、以希腊币模制造的青铜代币和以1阿斯或者1罗马磅(或者约1罗马磅)为重量单位的青铜铸币。①

有了自己的钱币,罗马人却继续使用外来钱币,特别是使用希腊银币和埃特鲁里亚银币,让这些外来钱币与本土钱币并行流通。

第四节 阿斯青铜铸币的诞生

公元前289年,罗马共和国政府开始铸行阿斯青铜铸币,标志着阿斯青铜铸币的诞生。

自公元前509年罗马共和国建立至公元前289年罗马共和国始发阿斯青铜铸币,罗马共和国的货币处于第一阶段——本土称量货币与外来钱币并行阶段;自公元前289年罗马共和国始发阿斯青铜铸币至公元前211年罗马共和国建立狄纳里银币制度,罗马共和国的货币

---

① [英]迈克尔·H.克劳福德:《罗马共和国货币史》,张林译,法律出版社2019年版,第36页。

处于第二阶段——青铜铸币阶段。

阿斯青铜铸币的铸造权掌握在国家政府手里。国家政府依靠财政收支优势,将阿斯青铜铸币的用铜量不断减少,以尽力扩大货币供应。于是,在这个阶段里,1枚阿斯的重量从原来的327克降至54.5克。

此外,罗马造币厂还仿制了希腊人的德拉克马银币,以及希腊人的斯塔特金币。

一、青铜铸造的阿斯钱币

公元前509年至公元前289年,罗马共和国前期,除了外来的希腊银币和埃特鲁里亚银币,罗马本土居民主要使用青铜称量货币。罗马本土居民铸造和使用青铜铸币,经历了一个逐步演化的过程。公元前6世纪出现的块状青铜被称为"粗铜币"(aes rude),属于青铜称量货币的范畴。公元前3世纪初,出现了长方形有图像的"印记铜币"(aes signatum)。仍属于有印记的青铜称量货币。

真正成为流通钱币,始于公元前289年罗马共和国政府铸造的"重铜币"(aes grave)。

根据学者们现有的考证,公元前289年至公元前211年,罗马共和国垄断铸行的货币,主要是青铜铸币。此时,远在东方的中国,已经到了战国晚期。当时中国的货币也是青铜铸币,具体形制为布币、刀币、贝币和圜钱。铸币不同于打制币,铸币是将金属烧融为汁,浇灌在模具中,冷却后成形为钱币;打制币则是将金属块放在模具中敲打,使其成形并出现图案的钱币。

罗马共和国最早的青铜铸币,单位是1罗马磅,即1阿斯。英国货币学家克劳福德说:

> 罗马早期的金属货币单位当然是1磅青铜,即1阿斯。尽管从以钱币形式出现开始,直到公元前141年,阿斯的重量都在持

续减少,但它始终都是罗马的货币单位。[1]

根据英国的货币学家罗伯特·泰尔的考证,罗马共和国时期,1 罗马磅折合现代大约 327 克。

但是,目前出土的青铜铸币阿斯,一般都轻于 1 罗马磅。

二、以阿斯为计量单位的各种钱币

罗马共和国前期,核心钱币是阿斯青铜铸币,各种不同单位的青铜铸币,都是以阿斯为计量单位的。

塞斯特提(*sestertius*)的字面意思就是两个整个加上半个,即 2.5 个阿斯铜币。1 枚塞斯特提铜币等于 2.5 枚阿斯铜币。

都蓬第(*dupondius*)的拉丁文由"*duo*"(2)和"*pondus*"(重量)组成,意思是两倍重量的阿斯铜币。1 枚都蓬第铜币等于 2 枚阿斯铜币。

塞米斯(*semis*)的拉丁文"*semi*"意为 1/2,塞米斯的意思是半个阿斯铜币。1 枚塞米斯铜币等于半枚阿斯铜币。

屈莱恩(*triens*)的意思是 1/3 阿斯铜币,1 枚阿斯铜币等于 3 枚屈莱恩铜币。

夸德伦(*quadrans*)的拉丁文"*quadra*"意为 1/4,夸德伦的意思是 1/4 个阿斯铜币。1 枚夸德伦铜币等于 1/4 枚阿斯铜币。

塞克斯坦(*sextans*)的意思是 1/6 阿斯铜币,1 阿斯铜币等于 6 塞克斯坦铜币。

盎司(*uncia*)的拉丁文"*uncia*"意为 1/12,意思是 1/12 阿斯铜币。1 枚盎司铜币等于 1/12 枚阿斯铜币。

现举例说明这几种阿斯从属单位的青铜铸币(见图 12-2 至图 12-6)。

---

[1] [英]迈克尔·H.克劳福德:《罗马共和国货币史》,张林译,法律出版社 2019 年版,第 26 页。

图 12-2 塞米斯青铜铸币,公元前 241 年至公元前 222 年生产,直径 50 毫米,正面是战神马尔斯朝右的头盔肖像,背面也是马尔斯头盔肖像,但头朝左,下面币文"S"。

图 12-3 屈莱恩青铜铸币,公元前 280 年至公元前 276 年在罗马造币厂生产,重量 94.55 克。正面是相交两霹雳,两侧共有 4 个圆点;背面是海豚,下面有 4 个圆点。

屈莱恩是 1/3 阿斯,理论重量 109 克,实测重量 94.55 克,两者比较接近。这枚铜币的生产时间是公元前 280 年至公元前 276 年,距罗马人始铸铜币的时间不远,但已发生较小幅度的减重。这说明,罗马共和国青铜铸币的减重是循序渐进、持续稳定的。

图 12-4 夸德伦青铜铸币,公元前 280 年至公元前 269 年在罗马造币厂生产,重 72.56 克。正面是两棵直立的麦穗,中间有 3 个圆点;背面是右手手掌,手掌左面有 3 个圆点。

图12-5 塞克斯坦青铜铸币,公元前240年在罗马造币厂制造,重49.77克。正面是扇形贝壳,两侧有两个圆点;背面是传令杖,两侧有两个圆点,右下方有一把镰刀。

图12-6 盎司青铜铸币,公元前269年至公元前240年在罗马造币厂制造,重20.75克,正面和背面都是羊距骨。

三、仿制希腊银币和希腊金币

罗马共和国仿制希腊银币的时间,早于始铸阿斯青铜铸币的时间。(见图12-7)

如今可以确定的是,约在公元前310年到公元前300年,罗马发行了最早的银币。[①]

---

① [英]迈克尔·H.克劳福德:《罗马共和国货币史》,张林译,法律出版社2019年版,第36页。

图 12-7 罗马共和国最早仿制的二德拉克马银币。正面是戴头盔蓄须的马尔斯(战神);背面是马头像,币文为"ROMANO"。

称量货币转向数量货币之际,仿制外来数量货币的现象在中国近代也有出现。1933 年,中国实行废两改元之前,在银两货币制度的称量货币流通下,民间仿制银元、甚至政府机制银元都属于仿制外来数量货币的现象。罗马共和国在制造本土青铜铸币之前,仿制希腊银币的现象,应该是货币发展的规律性现象。

公元前 3 世纪,罗马共和国大量仿制希腊的德拉克马银币和斯塔特金币。(见图 12-8、图 12-9)

图 12-8 罗马共和国二德拉克马银币,公元前 230 年至公元前 226 年在罗马造币厂制造,重 6.48 克。正面是战神马尔斯戴盔头像,头后有棍棒;背面是一匹大马,上方有棍棒,下方币文为"ROMA"(罗马)。

图 12 – 9　罗马共和国二德拉克马银币,公元前 225 年至公元前 212 年生产,重 6.37 克。正面是罗马人的门神雅努斯两面神无须头像;背面是众神之王朱庇特①手持权杖和霹雳驾四驾马车朝右行进,身后是维多利亚胜利女神,下方币文为"ROMA"(罗马)。

罗马造币厂仿制希腊的斯塔特金币要晚于仿制希腊的德拉克马银币。(见图 12 – 10)

图 12 – 10　罗马共和国半斯塔特金币,公元前 225 年至公元前 212 年在罗马造币厂生产,重 3.38 克。正面是雅努斯两面神束头带无胡须肖像;背面是战士立誓场景,左方士兵脚踏石块,左手持矛;右方士兵左手持倒立的矛,右手持军用毛氅,双方用右手抚持一怀抱小猪跪坐的随从,线下币文为"ΠΟΜΛ"(罗马)。

图 12 – 10 这枚半斯塔特金币的打制与上述图 12 – 9 的二德拉克马银币的打制时间相同,可以进行同期钱币比较。当时规定是 1 斯塔特金币等于 24 德拉克马银币,我们根据上述金币和银币的实测重量来计算比较:

---

①　罗马神话中的朱庇特就是希腊神话中的宙斯。

2×3.38 克黄金 = 12×6.37 克白银

1 克黄金 = 11.3 克白银

四、阿斯钱币的信用货币性质

在这个阶段里,银币发生了小幅度的减重。同时,阿斯铜币则发生了大幅度的减重。

与此同时,青铜铸币的重量标准也经历了一系列变化。毋庸置疑,战争爆发时1阿斯理论上仍重10盎司,但实际操作中会少于10盎司。起初,重量标准减到原标准的1/2,亦即理论上1阿斯变成6盎司,然后降低至1/3,最后到1/4。考虑到这段时期罗马钱币的整体年表,我认为标准重量减半最合理的时间是公元前217年。①

克劳福德认为阿斯的标准重量在公元前217年减到6盎司,然后又减到4盎司、3盎司。

公元前211年,或者恰好在此之前,罗马建立起一整套全新的货币体系。该体系基于塞克斯坦标准,即1阿斯的重量只有2盎司。

自公元前289年至公元前211年,共计78年的时间里,1阿斯铜币的重量从12盎司降到2盎司,即从327克降至54.5克,降幅为83.3%,平均大约每10年降幅超过10%,明显大于银币的减重幅度。

钱币减重主要有两个原因:一是商品经济的发展,对钱币供应量提出更多的需求,而钱币的供应增量跟不上商品供应的增量,市场自发力量推动了钱币的减重;二是政府需要更多的资金,需要通过虚币敛财的方法从民间收敛钱财,因此实行了钱币减重的政策。

通过对罗马银币减重与罗马铜币减重的比较,我们可以看到,罗马共和国政府对于铜币实行了垄断铸造,并采用大幅度减重的方式收敛钱财,用于战争。所以,阿斯铜币在出现后的大约78年里,重量减

---

① [英]迈克尔·H.克劳福德:《罗马共和国货币史》,张林译,法律出版社2019年版,第67页。

少了大约272克,降低到只有原来的1/6;而二德拉克马银币在罗马人制造后的大约40年里,重量减少了0.88克,降低到原来的88%。两者的变化相差悬殊,说明罗马共和国政府对铜币和银币采取了不同的政策,对铜币实行了垄断铸造,对银币则没有实行垄断铸造。因此,这一阶段的银币不是依靠发行者信用行使货币职能的,而是依靠本身金属价值行使货币职能的,其减重原因应该归结为市场自发力量的结果。

在这段时期里,阿斯铜币与德拉克马银币和斯塔特金币之间的兑换比率是20枚阿斯兑换1枚二德拉克马;240枚阿斯兑换1枚斯塔特金币。

银币小幅度减重,铜币大幅度减重,在此情形下,银币趋向于实币,金属商品性质得到了保持;铜币趋向于虚币,信用货币性质得到了增强。

公元前336年,中国战国时期的秦惠文王开始铸行半两铜钱。30年后,朝廷铸造的半两铜钱越来越轻。到了公元前221年,秦始皇统一全国铜钱为半两钱的时候,半两钱的重量已经从最初的12铢减少至8铢左右。

罗马共和国制造阿斯青铜铸币的情形,与中国战国时期秦国铸造半两铜钱的情形一样,呈现持续减重的趋势。当时,罗马实行共和国民主制度,秦国实行君主专制制度,在这两种不同的制度之下,为什么两者的货币政策却如此相像? 其原因是,两者都是军国主义国家,罗马共和国处于向外侵略扩张阶段,秦国也处于对外侵略扩张阶段。罗马共和国与秦国一样,都在对外作战,都需要大量的军费。这些军费的来源,需要从造币过程中节约用铜料来获得。

对金属货币实行大幅度的减重,需要发行者信用的支持,以及法律的强制,其中包括减重货币作为纳税手段的措施支持,减重货币作为市场支付手段的法律保护。有了这些措施支持和法律保护,罗马共和国政府发行的阿斯青铜铸币,在不断减重的过程中,就具有了越来越明显的信用货币性质。

第三编

金属货币信用化

（公元前 7 世纪至公元 13 世纪）

导　　论

　　金属货币信用化是指金属数量货币钱币从依靠本身币材金属价值转向依靠发行者信用价值发挥货币职能。

　　金属货币信用化表现为在金属货币的名义价值中,币材金属价值占比的持续下降和发行者信用价值占比的持续上升。

　　实现金属货币信用化,需要具备以下四个条件:

　　1. 金属数量货币钱币的诞生

　　金属货币有两种形态:金属称量货币和金属数量货币。金属数量货币简称"钱币"。钱币的诞生是金属称量货币长期发展的产物。金属称量货币完全依靠本身币材金属价值发挥货币职能,不具备信用化能力。钱币的诞生为金属货币信用化提供了可能。

　　可以实现信用化的金属货币是钱币,而非金属称量货币。

　　2. 国家垄断钱币的铸造

　　国家垄断钱币的铸造是金属货币信用化的必要条件。

　　最初的钱币是百姓自发铸造的,目的是免去称量烦琐、方便商品交换。此后,国家将铸币权收归国有,国家垄断钱币的铸造,并使钱币的名义价值与金属价值发生了脱离。

　　最初一枚钱币的名义价值,就是金属称量货币单位金属的价值。譬如,秦国的半两铜钱,其名义价值就是半两青铜的价值;古希腊的德拉克马银币,其名义价值就是 1 德拉克马白银的价值;古罗马的阿斯铜币，其名义价值就是 1 阿斯青铜的价值。这些钱币的名称都是称量货币的重量单位名称。一枚钱币使用的金属量，正是这个称量货币单位的标准重量。

百姓处于分散状态，每个个体都不具备作为整个社会信用主体的资质。个别百姓铸造的钱币，如果减少其金属含量，使其实际金属价值少于钱币名义价值，便不能按照其名义价值行使货币职能。只有国家垄断铸造的钱币，才能够在减少金属含量的情况下，依靠法律的支持，依旧按照其名义价值行使货币职能。于是，在国家垄断铸造钱币的条件下，钱币的名义价值就与钱币的金属价值发生了脱离。

可以实现信用化的钱币是国家垄断铸造的，而非百姓分散制造的。

3. 实币与虚币并行流通

金属货币信用化的钱币被称为"虚币"。虚币是相对实币而言的概念。实币是未经信用化的钱币。实币与虚币并行流通，是金属货币信用化的制度保障，需要法律规定实币与虚币之间的固定比价。

如果没有实币的并行流通，市场上全部钱币一起减重，一起信用化，商品以钱币计量的价格就会跟随钱币减重的幅度上涨。有了实币的并行流通，用实币保持各类商品价格的稳定，用虚币代表实币的价值发挥货币职能，金属货币信用化才能在商品价格稳定的情况下，节约使用金属，达到信用化的目的。

所以，金属货币信用化不是以流通中的全部钱币为对象，而是以部分钱币为对象，需要有实币与虚币并行流通的货币制度作为实现金属货币信用化的制度保障。

4. 法律的支持

金属称量货币作为商品交换媒介，进行的交易遵循商品等价交换原则，通过市场本身的机制发挥货币职能。金属货币信用化导致部分钱币与商品的交换成为"非等价交换"。"非等价交换"需要法律的支持才能进行。

若干萝卜交换若干白菜，遵循市场上的等价交换原则，不需要专门的立法；信用化的钱币与各类商品的交换，不再遵循市场上的等价交换原则,就不得不依赖专门的货币立法。

支持信用化钱币行使"非等价交换"的法律,至少要包括以下三个方面的内容:

第一,禁止百姓制造钱币,保障国家关于钱币的垄断铸造。

第二,确定实币与虚币之间的比价,让实币与虚币并行流通,保障虚币能够代表实币的价值发挥货币职能。

第三,禁止百姓在实币与虚币之间进行选择,强制百姓接受国家制造的虚币,以保障信用化金属货币的法定流通地位。

实现金属货币信用化的方式主要有三种:减少金属含量;提高名义价值;降低金属成色。

第一,减少金属含量。钱币的金属含量,原本应该与钱币的名义价值相符。以中国古代的半两钱为例,司马迁说:"铜钱识曰半两,重如其文。"希腊的德拉克马和罗马的阿斯,最初的金属含量也是符合名义重量的。减少金属含量是金属货币信用化最直接的方法。

第二,提高名义价值。金属含量不变,提高钱币的名义价值,与减少金属含量的方式相似,也可以达到名义价值中币材金属价值占比下降的结果。

第三,降低金属成色。降低金属成色,则是另一种减少钱币金属价值,使钱币中的币材金属价值占比下降的方式。然而,这种方式却不能增加钱币中的信用价值,百姓无法估计钱币金属成色的多寡,只好不再使用钱币交易,商品交换便退回到以物易物的原始交换方式。降低金属成色往往引发钱币制度的崩溃,国家不得不建立新的钱币制度,以恢复百姓对国家铸造钱币的信心。

本编的讲述,将依据世界历史上发生的以上三种金属货币信用化的实践案例展开分析,以期论证金属货币信用化在世界历史上的各个时期、各个王朝,有着大体相同、各具特色的表现,而金属货币信用化所遵循的各种规律,是货币发展、演化中的普遍规律。

第十三章
Chapter 13

减少金属含量的秦国半两钱

秦国半两钱源于远古时代作为礼品流通的玉璧,形制为青铜铸造、圆形方孔、重量半两,称为"半两钱"。

公元前336年,秦惠文王对半两钱实行国家垄断铸造。此后,秦国朝廷铸造的半两钱,金属含量迅速减少,与流通中足值的半两钱并行发挥货币职能,形成了大小钱混合等价流通的局面。朝廷铸造小钱而不废大钱,大钱便支撑了商品价格的稳定,而小钱使用的金属少于大钱,节约了大量的铜金属。小钱部分依靠发行者的信用和法律的支持,代表大钱的价值行使货币职能。

半两钱的演化过程,属于典型的金属货币信用化过程。

第一节 秦国最早出现的圜钱

春秋战国时期,中国铜钱的四大体系是:布币、刀币、铜贝和圜钱。圜钱有圆形圆孔和圆形方孔两种。秦国半两钱是圆形方孔的圜钱。圜钱的前身,是用作礼品的"玉璧"。圜钱在中国铜钱四大体系中出现最晚,并非出自秦国,而是出自魏国。中国古代最早出现的圜钱,是魏国的圆形圆孔的黍垣圜金。秦国最早的圜钱也不是半两钱,而是民间铸造的"一珠重一两"。公元前336年,秦惠文王将秦国的铜钱集中由国家垄断铸造,法定重量半两,由此确立了半两钱货币制度。

一、战国时期秦国的崛起

秦国在周朝各诸侯国中是后起之秀。

周平王元年(公元前770年)东迁,秦襄公护送周王有功,被封为诸侯。秦穆公时(公元前659年至公元前621年),秦国逐渐富强,东征为晋所阻,西征遂霸西戎。此时,中原地区晋国的空首布铜钱已经开始流通。秦国虽已崛起,但在此后的300年里,并无本国国家统一铸行的铜钱。

周安王十八年(公元前384年),秦献公即位,次年迁都栎阳。此后,秦献公七年(公元前378年)下令"初行为市",并编制户籍,启动了改革大业。秦献公的儿子秦孝公在位期间(公元前361年至公元前338年),下令招贤,商鞅自魏入秦,被任命为左庶长,开始变法。商鞅变法,统一秦国的度量衡。秦孝公十二年(公元前350年),商鞅主持实行:

废井田,开阡陌。平斗桶、权衡、丈尺。①

自此时开始,秦国统一了铢、两制度,为钱币制度的建立提供了必要的基础。

公元前338年,秦孝公去世,秦惠文王即位。次年,商鞅被车裂处死。然而,商鞅的变法继续影响着秦国的改革进程。公元前336年,商鞅死后的第二年,秦国便开始由国家垄断铸造半两钱。秦国国家垄断铸造铜钱,是件大事情,史有所载。

据考证,秦国"初行钱"是秦国首次由国家垄断铸造半两钱,在此之前,秦国百姓已经开始铸造铜钱。

---

① (宋)司马光:《资治通鉴》卷二《周显王十九年》,中华书局1956年版,第56—57页。

二、最早的圜钱"一珠重一两"

秦国圜钱的重量单位不同于魏国的"釿"、齐国的"化",而是"两",秦国最早的圜钱是"一两"。

布币行用区主要流通布币,后期也流通圜钱;刀币行用区主要流通刀币,后期也流通圜钱。秦国是一个相对独立的地区,既不属于布币行用区,也不属于刀币行用区。秦国境地流通的钱币,仅有圜钱。秦国的圜钱,最早出现的是圆形圆孔的,重量1两,今已发现的只有两种:一种是"十四·一珠重一两";另一种是"十二·一珠重一两"。然而,这两种青铜铸造的"一两",是否为铜钱,学界还有不同的看法。

战国时期,秦国实行斤、两、铢重量制度,1斤等于16两,1两等于24铢。秦国1斤重253克;1两重15.8125克;1铢重0.6589克。

根据对出土实物的测量,"一珠重一两·十四"的重量为9.4—16克;"一珠重一两·十二"的重量为8.3—14.4克。[①] 实测的结果略低于秦国1两,即15.8125克的理论重量。

钱币实际所含金属量低于其所代表的金属量,是正常的现象。特别是在百姓自由铸造钱币时期,钱币与金属称量货币并行流通,铸造钱币比直接使用金属称量货币增加了铸造成本,扣除铸造成本之后,钱币的含金量,就低于其所代表的金属量。

"十四"和"十二"意指什么,学界也有不同的猜想。

有学者猜想,"十四"意指秦孝公十四年;"十二"意指秦孝公十二年。然而,我们看到,"十四"的重量明显大于"十二"的重量。如果两者是指时间,那么,两者的重量就应该是"十四"轻于"十二",才符合钱币逐步减重的普遍规律。

还有学者猜想,"十四"和"十二"是重量砝码的编号。但是,如果说这些标明重量一两的铜环属于重量砝码,仍然有些牵强。因为它们

[①] 王昭迈:《东周货币史》,河北科学技术出版社2011年版,第441页。

的实际重量参差不齐,极不规范。世界各国出土的古代砝码的重量都比较准确、规范,作为重量砝码不应该像"一珠重一两"这样参差不齐,枚枚不同。

笔者猜想"十四"和"十二"是不同铸造商的标识。尽管秦国政府尚未垄断铜钱的铸行,商户可以自由铸造铜钱,但是,商户需要对自己的产品作出标识。商户对自己生产的钱币加刻标识,一则可以增强市场对这种产品的信心,二则可以防范他人对这种产品的伪造。

但是,如果说秦国国家垄断铸行的半两钱,是百姓铸造的一两铜钱发展的结果,仍然缺乏依据。迄今为止,秦国一两钱并没有出土记录。近百年来,出土战国时期墓葬或者窖藏的文物甚多,各国铜钱多有出土。然而,其中并无秦国的一两钱。目前存世的这些"一铢重一两",属于前人的收藏,缺乏出土的记录。

所以,秦惠文王始铸半两钱,并不能完全肯定是在秦国百姓自由铸造铜钱基础上的集中铸造。更可能的是,秦惠文王仿照两周圜钱,创建了秦国半两钱制度。

两周圜钱有安藏圜钱,重10克左右。公元前3世纪,两周被秦国攻灭时,两周圜钱的重量已经降至4克左右。公元前4世纪,秦惠文王创建半两钱制度时,两周圜钱的重量应该在半两(7.91克)左右。

秦国标榜自己为天下正统,效仿周室制度,可能性是很大的。

第二节 国家垄断铸造半两钱

公元前336年,秦始皇的高祖父秦惠文王将铜钱铸造集中为国家垄断,确立了半两钱制度。国家垄断铸造半两钱,为半两钱的信用化提供了必要的条件。

一、秦始皇的高祖父秦惠文王

秦惠文王是秦孝公的儿子。秦孝公任用商鞅变法,秦国逐步富强。秦惠文王继位后,杀了商鞅,放弃作为周朝册封的诸侯爵位,自立为王,自称"秦王",并且采用国家垄断方式开始铸造半两钱。

秦惠文王的儿子是个大力士,做过三年秦王,史称秦武王,在比赛举重时被自己举起的铜鼎砸死了。秦武王的弟弟继位秦王,是为秦昭襄王。秦昭襄王把自己的一个孙子送到赵国做人质,这个孙子便是秦始皇的父亲异人。

异人在赵国结识了吕不韦。吕不韦决心"投资"异人做秦王,并把赵国的美女送给异人,生了嬴政。不知是吕不韦运作出色,还是吕不韦运气出色,秦昭襄王去世了。异人的父亲做了三天秦王,被毒死了。异人做了三年秦王,也去世了。于是,异人的儿子嬴政继位秦王,便是秦始皇。

战国中期和战国晚期的秦国铸造和使用半两钱。公元前221年,秦始皇消灭了各诸侯国,统一天下,就废除了各诸侯国的各种铜钱,将秦国的半两钱推广到全国使用。

半两钱圆形方孔,青铜铸造,正面币文两字"半两",背面是光面,理论重量7.9063克。

半两原本是重量单位,即12铢。战国时期秦国1斤折合现代253克,等于16两;1两重15.8125克,等于24铢;1铢重0.6589克。因此,半两钱的理论重量为7.9063克。然而,秦国朝廷并没有持续按照这个重量标准铸造半两钱。实际上,战国后期秦国的半两钱大小不等,轻重差距悬殊,混在一起使用,被后人称为"秦半两大小钱之谜"。

二、史书记载秦国的"初行钱"

商鞅死后第二年(公元前336年),秦国便开始由国家垄断铸造半两钱。秦国始铸半两钱,是件大事,史有所载。《史记·秦始皇本纪》中说:

惠文王生十九年而立。立二年,初行钱。①

《史记·六国年表》中记载:

天子贺。行钱。②

《史记·秦始皇本纪》所言,是讲秦惠文王二年,秦国初行钱。《史记·六国年表》所言,是讲秦惠文王二年,有两件大事,一是天子对秦国表示祝贺;二是秦国开始铸行半两钱。

现代学者多认为秦惠文王二年天子贺,是为了秦国开始铸行自己的钱币。

钱剑夫先生说:

就在惠文王"行钱"的这一年,周天子还曾经向秦"贺行钱"(《史记·六国表》)。如果不是改行环钱,周天子就没有"贺"的必要了。③

张南先生说:

至秦惠文王嬴驷二年(前336年),才"初行钱"(《史记·秦始皇本纪》)并得到周显王姬扁的祝贺,"天子贺行钱"(《史记·六国年表》)。④

王雪农、刘建民先生说:

《史记·秦始皇本纪》里有这样一段文字:"秦文王生十九年而立。立二年,初行钱。"同书的《六国年表》中,还记有周天子对秦国的此次"行钱",特别予以的祝贺。⑤

然而,从《史记·六国年表》中的文字来看,天子贺,或许并不是为了秦国的"初行钱"。此时的秦国,可贺之事颇多。秦惠文君初登大位当贺,秦公转而称王,更是吓人的事情,不得不贺。周朝天子势力虚弱,随时都可能被秦国消灭,为了苟延残喘,不得不对秦国表示祝贺。

---

① (西汉)司马迁:《史记》卷六《秦始皇本纪》,中华书局1959年版,第289页。
② (西汉)司马迁:《史记》卷一五《六国年表》,中华书局1959年版,第727页。
③ 钱剑夫:《秦汉货币史稿》,湖北人民出版社1986年版,第28页。
④ 张南:《秦汉货币史论》,广西人民出版社1991年版,第15页。
⑤ 王雪农、刘建民:《半两钱研究与发现》,中华书局2005年版,第1—2页。

《史记·秦本纪》云：

  惠文君元年,楚、韩、赵、蜀人来朝。二年,天子贺。①

从这段文字看,天子贺是为了惠文君初登大位。然而,无论周天子祝贺的是惠文君登位,或是秦公称王,还是秦国"初行钱",秦惠文王二年"初行钱"是秦国朝廷首次铸行半两钱。115年之后,秦王政二十六年(公元前221年),秦国就用这种半两钱,取代了其他各诸侯国所铸的刀、布、贝、圜等各类铜钱,形成了全国统一的半两钱制度,并废除了珠玉、龟贝、银锡的货币功能,形成了以称量货币黄金、原始数量货币布和数量货币半两钱,三币法定流通的货币体系。

三、关于半两钱始铸时间的争论

但是,半两钱的始铸,是否发生在秦惠文王二年,学界还有不同的认识。许多学者认为半两钱的始铸,最迟是秦惠文王二年,应该早于秦惠文王二年。

认为半两钱始铸于秦献公七年(公元前378年)的,有杜维善、叶世昌先生。杜维善先生认为：

  半两最早出现在秦献公七年(公元前三七八年)或更早,到了秦孝公十八年(公元前三四四年)商鞅颁定度量衡器标准后,方孔圆钱成了定制。②

叶世昌先生认为：

  秦献公七年(前378年)"初行为市"时已有半两钱的流通。《史记·秦始皇本纪》说秦惠文王二年(前336年)"初行钱",可能是将半两钱定为秦国的法定货币。③

认为半两钱始铸于秦孝公十四年(公元前348年)的,有关汉亨先生。关汉亨先生认为：

---

① （西汉）司马迁：《史记》卷五《秦本纪》,中华书局1959年版,第205页。
② 杜维善：《半两考》,上海书画出版社2000年版,第2页。
③ 叶世昌：《中国金融通史》,中国金融出版社2002年版,第26—27页。

秦国城邑铸行"半两"钱大约开始于秦孝公十四年商鞅变法之后,直至秦惠文王二年止。这十余年间,秦中央政府仍未实施统一铸币,当允许地方自由鼓铸。只是在钱币计量单位上实行铢两制。①

认为半两钱始铸于秦惠文王二年(公元前336年)之前,是由民间私铸的,有朱活先生。朱活先生认为:

> 所谓"初行钱",不等于说秦国到了惠文时才开始铸钱,而是在这之前,钱币多为私人所铸,用以牟取暴利。现在王国政府规定,钱币一律由公家来铸。②

认为半两钱始铸于秦惠文王二年(公元前336年),此前有无半两钱的铸造,需要进一步考证的,有王雪农、刘建民先生。王雪农、刘建民先生认为:

> 所谓惠文王二年之前秦国就铸造了半两钱的观点,还有待于日后的进一步考察证实。但是,作为今天的研究者,我们起码可以大声地宣称:惠文王二年"初行钱",行的就是半两钱。从这时起,半两钱的铸造就正式载入中华史册啦!③

四、秦惠文王二年始铸半两钱

从《史记·秦始皇本纪》和《史记·六国年表》中记载秦国创建制度的文字看,"初"应该是国家首次创建某种制度的表示。譬如:"初租禾""初行为市""初为赋"等。"初行钱"与"初租禾""初行为市""初为赋"一样,是国家首次颁布一项具体的制度法令,即秦国政府首次颁布关于半两钱由国家统一铸造发行的法令。

因此,笔者认为,半两钱的始铸,应考定在秦惠文王二年(公元前336年)。此时半两钱的铸造,是秦国政府对半两钱开始进行统一的

---

① 关汉亨:《半两货币图说》,上海书店出版社1995年版,第10页。
② 朱活:《古钱新探》,齐鲁书社1984年版,第271页。
③ 王雪农、刘建民:《半两钱研究与发现》,中华书局2005年版,第3页。

铸造和发行。在此之前,秦国应该已经出现了金属铸币的铸造和流通,其中或许也有半两钱的铸造和流通。但是,秦惠文王二年以前秦国金属铸币的铸造和流通,不是秦国政府统一的铸造和法定的流通,而是百姓的私铸和市场自发的流通。而且,这种私铸和流通,可能是局部的和极不规范的。

20世纪50年代初期以前,人们还普遍认为半两钱是秦始皇统一六国、建立秦王朝时开始铸行的。这种观点,基于《史记·平准书》的记载:

及至秦……铜钱识曰半两,重如其文……①

到了秦朝,把全国的货币统一为三(二)等,黄金以镒为单位,称为上币;铜钱铭文"半两",重量与文字相符合,称为下币。

这种观点,自汉以来,作为历代学者们的共识,一直延续到20世纪50年代。

1954年,四川省考古工作者在巴县冬笋坝及昭化宝轮院两处战国秦墓中,发掘出土了半两钱。沈仲常、王家祐先生在发表的相关报道中,提出了半两钱可能始铸于秦统一之前的看法。② 然而,当时的学者对这种看法还是保持怀疑态度的。

1979年,四川省青川县郝家坪50号战国秦墓发掘出7枚半两钱。相伴半两钱出土的,有两件墨书木牍,书云:

(秦武王)二年十一月己酉朔朔日,王命丞相戊(茂)内史匽□□更修为田律。

据此考定,该墓为秦昭襄王元年(公元前306年)埋葬的墓葬。③

这就证实了,在秦始皇统一中国前的战国时期,秦国确实已有半两钱流通。以此推论,秦惠文王二年(公元前336年)"初行钱"所铸

---

① (西汉)司马迁:《史记》卷三〇《平准书》,中华书局1959年版,第1442页。
② 沈仲常、王家祐:《记四川巴县冬笋坝出土的古印及古货币》,载《考古通讯》1955年第6期。
③ 四川省博物馆、青川县文化馆:《青川县出土秦更修田律木牍》,载《文物》1982年第1期。

行的铜钱,就是半两钱。

秦国对半两钱实行国家垄断铸行,百姓不得私铸,秦国政府就可以减少铸造半两钱的用铜量,为半两钱的信用化提供了必要的条件。

第三节 半两钱的信用化过程

半两钱的信用化过程,并非一路平稳,而是有强有弱,跌宕起伏。但是,总体上看,半两钱的发展演化有着从金属性质向信用性质逐步转化的倾向,而信用化最为剧烈迅猛的阶段,在半两钱制度创建初期。

从近代出土的战国后期的窖藏或墓葬中的多批半两钱看,公元前336年,秦惠文王始铸半两钱时,半两钱是符合法定重量12铢的。然而,仅过了30年,秦武王去世前,就出现了3铢左右的半两钱。秦昭襄王统治时期(公元前306年至公元前250年),朝廷对半两钱的管理日臻完善,大小轻重差距悬殊的半两钱,千钱一畚,被放在一起,以待不时之支付。秦王政统治时期,超过法定重量的半两钱被窖藏或墓葬,近年来多有出土,使其重见天日。为什么到了秦王政时期会出现大钱?其原因是麻织的布币大量替代了半两钱的流通,使得秦国的铜金属不再稀缺。

半两钱信用化的发展,表现为半两钱的持续减重。朝廷铸造轻小的新钱,却不废黜重大的旧钱,新旧钱币的名义价值都是半两,于是就出现了大小钱等价混合流通的现象。这种现象,在湖北云梦睡虎地秦墓竹简《金布律》出土之前,被人们称为"秦半两大小钱之谜"。当人们看到《金布律》中关于百姓不得拒绝接受朝廷铸造的轻小劣质半两钱的法律条文之后,才明白秦国半两钱大小钱等价混合流通的局面,正是秦国严刑峻法造成的结果。

一、迅速信用化的半两钱

公元前307年,秦惠文王的儿子秦武王被自己举起的鼎砸死,弟弟继位,便是秦昭襄王。

自秦惠文王始铸半两钱至秦昭襄王继位的 30 年里,秦国国家垄断铸造的半两钱发生了严重的减重。这一点,可以在出土的秦昭襄王之前铸造的半两钱中得到证实。

1979 年,四川省博物馆在四川省青川县郝家坪 50 号战国秦墓发掘出土半两钱 7 枚,据考证是公元前 306 年之前生产的,即秦惠文王至秦武王时期生产的。根据是,该批半两钱与秦昭襄王元年(公元前 306 年)纪年木牍相伴出土。①

据考定,该墓为秦昭襄王元年(公元前 306 年)埋葬的墓葬。这批半两钱不可能是秦昭襄王元年之后的产物。这些半两钱大小厚薄轻重,枚枚不同,最轻的 2.1 克(3.2 铢),最重的 9.5 克(14.4 铢),轻重差距达到 4.5 倍。在这批半两钱中,最小的只有 3.2 铢,已经远不足 12 铢的法定重量。这说明,秦国"初行钱"之后仅 30 年,半两钱就已经发生了明显的信用化,其金属价值占比大幅度下降,信用价值占比大幅度上升,重量从 12 铢减至 3.2 铢,其金属价值在钱币整体价值中的占比从 100% 下降到 26.7%,发行者信用价值在钱币整体价值中的占比从 0 上升到 73.3%。

二、铸行小钱而不废除大钱

公元前 336 年,秦惠文王始铸半两钱。此后,秦国朝廷铸造的半两钱越来越小。秦国朝廷铸造小钱,却不废除大钱,让小钱与大钱等价并行流通。小钱与大钱的价值相同,所以被混杂在一起收藏。根据目前出土的各批半两钱情况,有官府收存的千枚一畚的半两钱,有百姓墓葬中陪葬的半两钱,有百姓窖藏中的半两钱。出土的半两钱,每批都呈现出大小混杂、轻重差距悬殊的情形。譬如:

(1)1976 年,河南省洛阳地区电业局工地发掘一座秦墓,出土半

---

① 四川省博物馆、青川县文化馆:《青川县出土秦更修田律木牍》,载《文物》1982 年第 1 期。

两钱7枚,重量枚枚不同,最轻的0.4克(0.6铢),最重的6.6克(10.0铢)。①

(2)1994年,河南省卢氏县官道口乡秦墓出土半两钱260枚,重量3—7克(4.6—10.6铢)。战国晚期,秦军东进,卢氏县是秦军必经之路。这座秦墓中出土有军中的炊具,应是战国晚期的墓葬。②

(3)1995年,陕西省咸阳市文物考古研究所在咸阳市北原塔尔坡考古发掘战国秦墓381座,出土文物1000余件,近100件文物上面有戳记或纪年錾刻,其中5座墓随葬有半两钱共31枚。据考证,这5座墓均为战国晚期,最晚在秦王政统一六国之前。发掘整理者对这些半两钱进行了实测,其重量相差较大,为2.2—6.4克(3.3—9.7铢)。③

秦国朝廷铸造小钱,节约了铜材;不废除大钱,又稳定了商品价格。秦国朝廷用大钱为商品定价,用小钱代表大钱的价值行使货币职能,一箭双雕,可以说是一种十分高明的货币政策。

战国时期的秦国,小钱与大钱并行100多年。大大小小参差不齐的半两钱,代表着同一个价值——半两青铜。因此,这些半两钱部分依靠币材金属价值,部分依靠发行者信用,基本上都是在一定程度上被信用化的铜钱。

三、大小半两钱混合等价流通

秦国始铸半两钱之后,半两钱迅速发生了信用化,大小半两钱混合在一起使用,买卖商品交易时,轻小的半两钱与足值的半两钱是等价的。这一点,我们根据出土半两钱的发掘报告进行分析。

近代考古出土的战国时期各批秦国半两钱,皆呈现大小钱混合在一起的情形,从未发现有轻重相近的整批半两钱出土。这说明,战国

---

① 范振安、崔宏伟:《洛阳泉志》,兰州大学出版社1999年版,第71页。
② 同上书,第67页。
③ 曹发展:《咸阳塔尔坡战国秦墓出土"半两"铜钱及相关问题》,载《陕西钱币论文集》(2000年8月陕西省钱币学会编)。

时期秦国市场上流通的半两钱,是大小钱混合在一起的。从出土的各批战国时期秦国半两钱的重量分布看,不能够按照重量将其区分成不同的品种。所以,我们推断这些大小半两钱在使用中是等价的,即同属于相同的价值——半两青铜的价值。

1962 年冬天,在距离陕西省西安市 10 公里处的长安县(今西安市长安区)韦曲乡首帕张堡村,农民掘土时发现了铜钱的窖藏。窖藏共出土 5 件内盛铜钱的陶釜,完整的 1 件毛重 8 千克,内藏铜钱 1000 枚,其中半两钱 997 枚,"两甾"钱 2 枚,"賹化"钱 1 枚。1000 枚铜钱共计净重 4484 克,平均每枚重量为 4.484 克(6.805 铢)。[①] 盛钱陶釜为褐红色夹沙陶,手工捏制,圆肩单耳,鼓腹圜底,腹下底部有小方格纹。此类陶釜是战国时期秦人的典型器物之一,在青川战国秦墓 M50、咸阳黄家沟战国秦墓、大荔县朝邑战国秦墓均有出土。盖压在这件陶釜口部的平底罐残底中央,还印有阴文篆书戳印"杜市"二字。据考证,"杜市"为战国时期秦国的杜县,遗址在出土地邻近的杜城村。

陶釜内 1000 枚古钱基本完好,但大小轻重不一,大多数重量为 4—5 克(6.1—7.6 铢),占总数的 49.5%,最重的 11 克(16.7 铢),最轻的 1.7 克(2.6 铢),轻重差距高达 6.5 倍。[②]

这批半两钱,应该是秦昭襄王时期(公元前 306 年至公元前 250 年)生产的,而不是他父亲秦惠文王或者他哥哥秦武王时期生产的。根据是:第一,出现了"千钱一釜"的制度。这制度应是在半两钱发展到一定时间之后的产物;第二,出现了比公元前 306 年之前生产的最轻的半两钱(3.2 铢)更为轻小的半两钱(2.6 铢);第三,不像秦王政时期(公元前 246 年至公元前 221 年)窖藏或墓葬那样出土了许多大个儿的半两钱。

从整批出土大量的半两钱称量数据来分析,我们不能将其区分为

---

① 战国时期秦国 1 斤为 253 克,1 两为 15.8125 克,1 铢为 0.6589 克。
② 陈尊祥、路远:《首帕张堡窖藏秦钱清理报告》,载《中国钱币》1987 年第 3 期。

不同的品种，所以说，这些混在一起的半两钱应该是等价的，轻小的半两钱可以当作足值的半两钱一样使用。此外，出土秦律条文也证实了这一点。

1975年，我国考古队在湖北云梦睡虎地秦墓发掘到秦律竹简，其中《金布律》第1条规定，百姓在使用钱币交易时，钱币质量好坏，要一起通用，不准对好坏钱币进行选择。

陕西省长安县韦曲乡首帕张堡村出土的陶釜整装的1000枚铜钱，数量整千，美恶杂之，情况恰与云梦睡虎地秦墓竹简秦律的规定相符。这些装有半两钱的陶釜出土时间在1962年，早于云梦睡虎地秦墓竹简出土的1975年。因此，这些陶釜及铜钱绝非根据云梦睡虎地秦墓竹简秦律所伪造，具有很高的可信度。

陶釜中有半两钱997枚、"两甾"2枚、"賹化"1枚，说明半两钱在战国时期的秦国可以与两甾、賹化混合流通。两甾是秦国货币，币文"两甾"，一甾6铢，两甾12铢，实际上也是半两，只不过是铭文"两甾"，而不是铭文"半两"的钱币。賹化却是战国晚期齐国的货币，也是圆形方孔，铭文"賹化"，重约2克(3.0铢)左右。两甾和半两钱同为秦国钱币，两者混合流通，容易理解。但是，賹化与半两钱混合流通的现象，具有重要含义。它说明，秦国的法律并不禁止外国钱币在本国流通。

秦国境内的外国钱币，不仅在民间流通，官府也可以接受。千钱一畚的铜钱，应该是百姓向官府缴纳的铜钱。賹化轻于半两钱，与半两钱混合在千钱一畚中，被官府所接受，也充当着1枚半两钱的价值。然而，賹化轻小，也可同于半两钱进入流通，是否会引起賹化从齐国大量流入呢？似乎不会，因为在千钱一畚中只发现了1枚賹化。究其原因，一是交通不便，秦齐两国民间钱币交易甚少；二是战国晚期各国敌对，兵关阻隔，国际贸易及钱币出入国境十分不畅。

陕西省长安县首帕张堡村出土的半两钱，以及湖北省云梦睡虎地出土的秦律，都证明了战国时期秦国的轻小半两钱，与足值半两钱是等价的，是代表半两青铜价值发挥货币职能的。

秦王政继位之后,半两钱的铸造情况发生了变化。

四、秦王政时期再铸大钱

近代出土秦王政时期(公元前 246 年至公元前 221 年)墓葬或窖藏的半两钱,多有超过法定重量 12 铢者。

(1)1976 年,内蒙古敖汉旗小各各召村秦汉遗址北侧出土窖藏半两钱 26 枚,重 10.2—12.3 克(15.5—18.7 铢),轻重差距 1.2 倍。杜维善先生除从钱币形制、标准等方面考证认为这批铜钱是战国晚期的半两钱之外,还指出:

> 从地望上来说,敖汉旗在长城北面,属辽西郡,秦始皇帝设辽西郡是秦王政二十二年,天下尚未统一,仍应该归在战国晚期。因此这个窖藏中的二十六枚半两应该是战国中、晚期的半两。[①]

秦军进攻燕国,经由北路,即今赤峰、敖汉旗一带。秦王政二十二年(公元前 226 年),秦破燕。4 年之后,王贲大军沿此路进军辽东,虏燕王喜。

(2)1985 年,甘肃省环县曲子乡战国墓出土 5 枚半两钱,平均每枚重 13 克(19.7 铢)。整理者结合墓葬的类型和出土器物分析,墓葬为战国晚期的秦墓。[②]

(3)1987 年,河南省洛宁县涧口乡红岩村出土了一批半两钱。洛宁是战国末年秦军进攻韩国的必经之路。估计该批半两钱是战国晚期的秦半两钱,每枚重量为 10.3 克(15.6 铢)。[③]

(4)1987 年冬至 1991 年春,河南省洛宁县赵村乡东王村出土半两钱多枚。洛宁是战国末年秦军进攻韩国的必经之路。估计该批半两钱为战国晚期铸行,重量 6.2—15 克(9.4—22.8 铢),轻重差距

---

① 杜维善:《半两考》,上海书画出版社 2000 年版,第 19 页。
② 周延龄、林振荣:《从环县墓葬出土的战国秦半两谈陇东早期货币》,载《甘肃金融》1987 年增刊。
③ 范振安、崔宏伟:《洛阳泉志》,兰州大学出版社 1999 年版,第 68 页。

2.3倍。①

（5）1990年,河南省洛宁县山底乡南洞村秦墓出土13枚半两钱,估计该批半两钱为战国晚期铸行,重13.7—15.9克(20.8—24.1铢)。

（6）1992年,陕西省神木县墓葬出土半两钱100余市斤,其中多有形大厚重者,最重的达到20.8克(31.6铢)。神木半两钱的流通时间,应该是在战国晚期。②

这是一个十分奇怪的现象,战国晚期墓葬中出现超过法定重量12铢的半两钱。这些钱真的是战国晚期铸造的吗？当时秦国处于战争最激烈时刻,为什么用过多的青铜来铸造铜钱,而不将这些青铜用于制造军用器械？分析其原因,可能有三：

（1）半两钱流通百年之后,由于大小钱混合等价流通,所以出现了劣币驱逐良币的现象,小钱成为"热钱",在流通领域快速流动,大钱被收存窖藏或者墓葬。所以,近代出土的战国晚期秦国墓葬或窖藏的半两钱呈现大个儿为主的现象。

（2）战国晚期,秦国政府命令百姓用麻织造布币,替代半两钱进入流通,币材所用青铜不再短缺,所以铸造大钱。

（3）战国晚期,秦军攻占了境外的铜矿,采矿冶铜获得了大量的铜金属,所以铸造大钱。

第四节　半两钱信用化的法律支持

除了国家垄断铸造,金属货币信用化还需要相关的法律支持。秦国实行称量货币黄金、原始数量货币布和数量货币半两铜钱的三币流通货币制度。由于称量货币黄金和原始数量货币布都不具备信用化的能力,所以秦律只支持半两铜钱的信用化。

---

① 范振安、崔宏伟:《洛阳泉志》,兰州大学出版社1999年版,第68页。
② 王雪农、刘建民:《半两钱研究与发现》,中华书局2005年版,第13页。

一、黄金和布都不具备信用化条件

黄金作为称量货币,不依靠提供者的信用,而是依靠本身金属价值发挥货币职能,所以不具备信用化的条件。

麻布作为原始数量货币,由百姓织造,法律规定其必须符合国家颁布的规制,百姓不得减少使用币材,亦不得降低麻布的质量。因此,麻布依靠本身的质量发挥货币职能,也不具备信用化的条件。

不符合法定质量的布,不可以作为货币使用,但是作为一种有价值和使用价值的商品,在物物交换中仍然会被广泛地接受。因为,在古代商品交换经济中,货币媒介的交换行为与以物易物的交换行为,长期以来都是同时并存的。布也可以作为普通商品用铜钱或者黄金来买卖,就像金属在被铸成钱币之前也可以作为普通商品被买卖一样。

半两钱作为数量货币,由国家垄断铸造,法律保护国家垄断铸造的轻小劣质的半两钱按照其名义价值行使货币职能,所以,半两钱就具备了信用化的条件。

秦国铸造半两钱初期,半两钱应该符合半两,或者12铢的重量。由于国家垄断半两钱的铸造,法律保护轻小劣质的半两钱按照名义价值行使货币职能,所以国家在铸造半两钱时,可以减少半两钱的金属投入。秦国政府通过减少半两钱的金属投入,节约铜材,用于消灭六国、统一天下的战争。于是,半两钱就发生了信用化的过程。新铸造的轻小的半两钱,与最初铸造的、符合法定规制的、足值的半两钱并行流通。足值半两钱的流通,维护了货币与商品的原有价格。它们之间的交换,仍然属于金属与普通商品的等价交换。而轻小的半两钱,譬如,重量减少到6铢的半两钱,就要使用50%的金属价值,以及50%的发行者信用,与普通商品进行交换。这种交换,从物质价值的角度来看,就是"非等价交换"。

二、秦律支持半两铜钱的信用化

当发行者和使用者之间,关于物质价值与信用价值的交换是否为等价交换的观念上出现差异的时候,发行者不得不动用法律武器,强制使用者接收发行者的信用。于是,专门的货币立法就产生了。而专门的货币立法则进一步支持了金属货币的信用化。以半两钱相关法律为例:

秦国制定《金布律》,第1条就规定:

……百姓市用钱,美恶杂之,勿敢异。①

……百姓在使用半两钱交易商品时,钱币质量好坏,要一起通用,不准对好坏钱币进行选择。

这就是秦朝通过法令支持信用化的半两钱,譬如金属含量减少的或者磨损、残坏的劣质半两钱,按照半两青铜的价值,行使货币职能。在这个法律下,轻小的半两钱与足值的半两钱的价值是等同的。

根据对出土秦国半两钱和相关文献的分析,我们可以认识到,通过减少金属含量实现金属货币信用化,至少需要四个条件:(1)钱币的诞生是金属货币信用化的前提,只有钱币才能实现金属货币信用化,而称量货币则不具备信用化条件。(2)国家垄断铸造钱币是金属货币信用化的必要条件。只有国家垄断铸造的钱币才具备信用化的条件。百姓分散铸造的钱币不具备信用化的条件。(3)足值的大钱与减重铸造的小钱并行流通,是金属货币信用化的制度保障。减重铸造的小钱,被投入市场后,应与足值的大币并行流通。在大小钱并行流通的情况下,国家才可以依靠大钱来稳定市场上的商品价格,同时通过铸造小钱来获取铸币利益,从而使金属货币信用化的局面得以稳定持续。(4)法律的支持是金属货币信用化的有力手段。只有在法律的支持下,百姓才能长期持续地使用信用化的钱币,不将其融销,不将其收藏。

如果国家铸造小钱时,废除大钱,市场上的钱币一起小下去,就会引发商品价格上涨,金属货币信用化的效果就会被冲销,信用与商品

---

① 睡虎地秦墓竹简整理小组:《睡虎地秦墓竹简·金布律》,文物出版社1978年版,第55页。

的交换会被放弃,金属价值与普通商品价值就会恢复其对应关系,货币与商品的交换就会重新回到类似于以物易物的等价交换状态。

只有具备了上述四个条件,通过减少金属含量的方式来实现金属货币信用化,才是切实可行的。

第十四章
Chapter 14

减少金属含量的楚国巽字铜贝

我们认识秦国半两钱的信用化过程之后,就比较容易理解楚国巽字铜贝信用化的情形。就我们目前掌握的历史资料看,楚国是世界上第一个实现国家垄断铸造钱币的国家,所以也是第一个实现金属货币信用化的国家。但是,楚国的文字被秦始皇废除,我们对于出土的楚国文物的断代有着较大的困难,所以不得不先说秦国,用关于秦国半两钱信用化的认识,来理解楚国巽字铜贝信用化的过程。

楚国巽字铜贝是青铜铸造的、海贝形状的金属数量货币——铜钱。楚国巽字铜贝与秦国半两钱一样,始铸初期便发生了明显的信用化过程,并且,楚国巽字铜贝的信用化过程比秦国半两钱的信用化过程大约要早300年。

周平王东迁洛邑,周室式微。公元前7世纪,楚国攻占了周王室的铜矿产地——铜绿山。楚国使用国家垄断的方式采矿冶铜,自然也使用国家垄断的方式铸造铜贝钱币。因此,楚国成为世界上最早的由国家垄断铸造钱币的国家。国家垄断铸造金属货币,为金属货币信用化提供了必要的条件。此时,楚国正在扩军备战,进行着争霸天下的战争。战争需要钱财,楚国采用虚币敛财的措施,减少铸造铜贝的用铜量。于是,楚国的巽字铜贝,在国家垄断铸造的条件下,很快就出现了信用化的状况。

第一节　楚人铸造铜贝的优势

据说,楚人是火神的后代,善于用火。但是,铸造铜贝不仅需要用火,还需要铜材。于是,楚武王攻占了周天子的铜绿山,掌控了天下最丰富的铜矿资源,采矿冶铜,为楚国的生产和军事提供了极为有利的条件。到了楚武王的重孙楚庄王时候,楚国军事强大,东征西杀,成为天下的霸主。楚国争霸天下,而战争花费了大量的钱财,便是楚国铜贝信用化的重要原因。

一、楚人是火神的后代

为帝喾管理火的官员是颛顼高阳氏的后代重黎。重黎专职管理火,让天下光明,民间温暖,所以被人们称作祝融。楚人的祖先就是祝融,因其擅长用火,被楚人奉为"火神"。

根据《楚居》记载,祝融的后裔分为8个部落,其中一个部落的首领名叫鬻熊,妻子名叫妣厉。妣厉难产,巫师给她做了剖腹产手术,用荆条缝合她的肚子。孩子诞生了,妣厉死去了。楚人为了纪念这位为繁衍后代而牺牲的母亲,将部落取名"楚",即荆条的意思。后世人们都将去世的母亲尊称为"妣"。

商朝末年,楚人深受商朝的压迫。

周文王姬昌邀请许多部落攻打商朝,鬻熊病死在战争中。周武王姬发打败商纣王,分封诸侯,没有分封楚人爵位。周成王大量分封诸侯的时候,封鬻熊的重孙熊绎为子爵,居住在南方的丹阳(今江苏丹阳市)。

中原人瞧不起楚人,楚人只好向南扩张。扩张需要利器,当时的利器便是青铜兵器,而铜矿山掌握在周天子手里。楚人擅长用火,但是冶铜不仅需要火,还需要铜材。

公元前770年,周平王东迁雒邑,王室式微,楚人的机会来了。于是,楚人开始谋划占领周天子的铜矿山。

攻打周天子铜矿山的人是楚国的国君熊通。公元前741年,熊通策划了一场宫廷谋杀,在他的哥哥楚厉王去世之后,杀死了刚继位不久的侄子,自立为楚王,是为楚武王。50年之后,熊通已经老了,他却开始亲自率领军队攻打通往铜绿山道路上的随国,开始执行夺取周天子铜绿山的计划。

二、楚武王攻占铜绿山

"我蛮夷也。"[①]

这是楚国国君熊通的一句名言,是攻打随国时对随国强词夺理的一句话,翻译成现代语言,意思就是"我是流氓我怕谁!"

公元前704年,楚国逼迫随国为楚国向周天子讨封尊号,周天子拒绝,熊通便自立为王,是为楚武王。公元前690年,楚武王亲自率军攻打随国。

楚国之所以总要与随国过不去,是因为随国为周天子守卫着铜绿山的进出道路——随枣走廊。铜绿山位于今湖北大冶市西南,面积两平方公里,山上长满紫色的铜草花,下面是铜矿。考古发现这里是古人采矿冶铜的遗址,遗留炼铜炉渣达40万吨,产铜量大约12万吨。

青铜时代的铜,是最重要的生产、生活金属材料。周天子将本家姬姓族人封在这里驻守,共有数十封国,史称"汉阳诸姬",守卫着矿山和进出的道路。随国守卫的是铜绿山的必经之路——随枣走廊。

楚武王在讨伐随国的路上去世了。但是,楚军取得了对随国战争的胜利,随国臣服了。楚国获得了铜绿山的铜矿资源,并且从随国那里学会了先进的铸剑技术,楚军的战斗力得到进一步提升。

春秋时期,青铜仍是稀缺物资。为了独占青铜利器,保持楚军的优势,楚国限制铜金属出口。国君送给外国国君的礼品铜,也要限制

[①] (西汉)司马迁:《史记》卷四十《楚世家》,中华书局1959年版,第1695页。

其用途,不可以用于铸造兵器。《左传》云:

> 郑伯始朝于楚,楚子赐之金,既而悔之,与之盟曰:"无以铸兵。"故以铸三钟。①

公元前642年,楚成王送给郑文公青铜,立刻又后悔了,与郑文公约定,不可以用这些青铜铸造兵器。于是,郑文公用这些青铜铸成三钟。

钟是乐器,能够发出声响。如果作为量器,钟的容量等于古代800升,相当于现代160升。3钟的容量等于古代2400升,相当于现代480升。楚成王送给郑文公的青铜不多,还要限制用途,甚至两位国君为此誓盟。这说明,当时的青铜资源是十分稀缺宝贵的。楚人掌握了铜矿资源,就获得了铸造铜贝的优势。

三、春秋霸主楚庄王

楚庄王熊侣是春秋五霸之一,他的高祖父是自称蛮夷的楚武王熊通。

公元前741年,熊通杀死侄子成为楚国的国君。公元前704年,熊通摒弃周王室封赏的子爵,自立为楚王。

公元前690年,熊通去世,他的儿子熊赀继位,是为楚文王。楚文王打败了蔡国,灭掉了息国、邓国,迁都郢城。

公元前675年,楚文王去世,他的大儿子继位,后来被小儿子熊恽夺取了王位,是为楚成王。楚成王镇抚夷越,使楚国版图扩张千里,并在泓水战役中打败了当时的霸主宋襄公,在城濮战役中败给后来的霸主晋文公。

公元前626年,楚成王的儿子熊商臣发动军事政变,逼迫楚成王自杀,接替了楚王的位置,是为楚穆王。楚穆王灭掉江国、蓼国,逼迫陈国臣服。

---

① 《左传·僖公十八年》,上海古籍出版社1997年版,第311页。

公元前614年,楚穆王去世,他的儿子熊侣继位,就是楚庄王。楚庄王穷兵黩武,东征西杀。公元前606年,楚庄王的军队打到周天子都城洛邑附近,在周天子的地面上阅兵。周天子派大臣王孙满慰劳楚庄王和楚军。楚庄王问到周天子九鼎的轻重,受到王孙满的蔑视。楚庄王说:"我没有九鼎,但是楚国兵戟上的铜钩折下来,足够铸成九鼎。"王孙满则说:"天子的地位,在德不在鼎。"

楚庄王经过反思,知道仅靠武力并不能得到中原人的尊重,就启用孙叔敖为令尹,在楚国实行文化改革,最后终于打败了陈国、郑国、晋国,成为各诸侯国认可的霸主。

四、楚国铜贝流通的终结

楚国国家垄断铜贝的铸行,始于公元前7世纪后期楚庄王统治之前,结束于公元前3世纪后期秦始皇统一天下、统一货币之时。

公元前223年,王翦率领的秦军攻入楚国的都城寿春,俘获楚王负刍,楚灭亡。

公元前221年,王贲率领的秦军攻打齐国,俘获齐王建,齐国灭亡。秦王政统一天下,称始皇帝。秦始皇统一全国法令、统一度量衡、统一文字、统一货币。其中,统一文字的结果最为明显。楚国文字从此断绝,以致我们无法辨识铜贝上的文字,近代出土的铜贝也无法界定其铸造时间和埋藏时间。

秦始皇废除各诸侯国的货币,令天下统一使用秦国的铜钱——半两钱,楚国铜贝的流通便宣告终结。

根据司马迁的记载,秦统一天下的货币为三等:黄金、麻布和铜钱。其中麻布没有被提及,而"三等"二字,经过2000年的传抄,也变成了"(二)〔三〕等"。直到1975年,湖北云梦睡虎地出土秦律竹简,其中《金布律》证实了战国晚期及秦朝,存在着麻布货币的流通。秦朝废除各诸侯国的货币,统一使用黄金、麻布和铜钱,经历怎样的过程,尚需进一步考证。

楚国铜贝退出流通,一定也经历了一个过程。铜贝由铜金属铸造,币材本身具有价值。楚国灭亡之后,铜贝在某些地区继续流通也是很自然的事情。但是,大体上看,楚国灭亡之后,楚铜贝的流通便宣告终结,被废黜不用的铜贝在各地市场上逐渐消失。

除了铜贝之外,楚国的货币还有黄金。楚国黄金货币的形态是"金版",由若干小方块组成,就像联张的邮票,上面有字,最常见的字是"郢爰"。

秦始皇废除各诸侯国货币之后,楚国的金版,可能被切割、重铸,或者以原状发挥货币职能。因为,秦汉时期,黄金是法定货币,而黄金货币的一个重要功能是保藏功能。所以,秦始皇统一货币之后,楚国黄金货币继续流通的时间比铜贝钱币继续流通的时间更为长久。

第二节 国家垄断铸造巽字铜贝

根据对出土铜贝的考证,有文铜贝为楚国所独有,其他诸侯国只有无文铜贝。楚国铸造铜贝,一开始就采用了国家垄断铸行的方式。并且,楚国国家垄断铸行的有文铜贝,从始至终主要使用"巽"字作为币文。其他币文的铜贝,占有文铜贝总数不足1%,是楚国国家授权少数楚国贵族铸造的。

一、楚国铜贝多是巽字铜贝

上文说到,商代墓葬里出现了无文铜贝,而西周墓葬几乎没有铜贝。春秋时期的墓葬,又出现了无文铜贝。春秋时期的无文铜贝,出现在多个诸侯国境地。春秋中期的墓葬,出现了有文铜贝。有文铜贝的出现,仅限于楚国境地。楚国铜贝的文字,以"巽"字为最多,超过有文铜贝总数的99%,"夆朱"字位居第二,大约为有文铜贝总数的0.4%。

夆朱铜贝与巽字铜贝并行流通,所以,两者的窖藏或墓葬也经常混合在一起。

(1)1962年,陕西省咸阳市长陵车站出土窖藏巽字铜贝73枚,重0.6—4.1克;牵朱铜贝48枚,重1—3.6克。①

(2)1987年,河南省信阳市固始县出土巽字铜贝4700余枚,重1.1—2克;牵朱铜贝400余枚,重1.2—1.7克。②

对同批出土的巽字铜币和牵朱铜币进行比较,两者的重量相近。由此推论,两者币文应是不同的地名,而非不同的货币单位或不同的重量单位。有学者认为,"巽"是地名"鄂",是西周楚国的封邑;"牵朱"是地名"象禾",是东周楚国的一个城邑。这两个地方是楚国铸造铜贝的中心。除了巽字铜贝和牵朱铜贝,其他币文的铜贝数量极少,加在一起的数量,在出土有文铜贝中的占比还不到0.1%。赵德馨先生认为,巽字铜贝是楚国国家铸造的,而其他文字铜贝,则是楚国国家授权少数楚国贵族铸造的。

二、近代出土的巽字铜贝

早在宋代之前,楚国铜贝就有发现。然而,楚国铜贝的大量出土,则是近代发生的事情。

出土的巽字铜贝呈椭圆形,上窄下宽,孔在窄的一方,源于佩饰悬挂上轻下重,一般有孔不透。这个形状显然是仿照佩饰海贝或佩饰铜贝铸造的。海贝小头有孔在上,穿绳挂在脖子上,作为饰坠,大头在下保持稳定。铜贝从无文到有文,从原始数量货币到数量货币,渐渐失去了佩饰的功能,穿绳用的孔就自透孔变为不透孔。

目前大批出土的铜贝有:

(1)1958年,江苏省苏州市昆山县(现昆山市)正仪乡出土巽字铜贝200千克,约计6万余枚。③

---

① 陕西省博物馆:《秦都咸阳故城遗址发现的窖址和铜器》,载《考古》1974年第1期。
② 方宇光:《一批珍贵的楚贝币》,载《中国钱币》1990年第3期。
③ 黄锡全:《先秦货币通论》,紫禁城出版社2001年版,第358页。

（2）1972年，山东省济宁市曲阜县董大城村出土巽字铜贝一坑，总计15978枚。①

（3）1981年，安徽省巢湖地区巢县（现巢湖市）黄山乡出土巽字铜贝1罐，总计5000余枚。②

（4）1982年，安徽省六安市西古城出土巽字铜贝2000余枚。③

（5）1985年，安徽省合肥市肥西县新仓乡出土铜贝11279枚，其中巽字贝11231枚，夆朱铜贝20枚，安字铜贝15枚，君字铜贝10枚，忻字铜贝3枚。④

（6）1987年，河南省信阳市固始县出土铜币5141枚，其中巽字铜贝4700余枚，夆朱铜贝400余枚，君字铜贝37枚，全字铜贝3枚，忻字铜贝1枚。⑤

（7）1992年，山东省临沂市出土巽字铜贝1罐，总计3000余枚。⑥

在上述7批出土铜贝总计102398枚中，巽字铜贝总计101909枚，占总数的99.52%，夆朱铜贝420枚，占总数0.41；其他币文的铜币69枚，占总数的0.07%。

三、巽字铜贝的铸行年代

楚国于春秋中期（公元前672年至公元前575年）的前夕，攻占铜绿山，开始了国家垄断采矿冶铜，并严格控制铜金属资源。此时，中原晋国已经开始流通铲形的青铜布币。在中原钱币流通的影响下，很快，楚国也开始铸行青铜钱币。由于楚国国家垄断铜金属资源，对于青铜铸币，当然也要实行国家垄断。否则，国家垄断铜金属资源就失

---

① 孔繁银：《曲阜董大城村发现一批蚁鼻钱》，载《文物》1982年第3期。
② 黄锡全：《先秦货币通论》，紫禁城出版社2001年版，第359页。
③ 同上书，第360页。
④ 吕长礼、梅凌：《安徽肥西县新仓乡出土蚁鼻钱》，载《中国钱币》1994年第3期。
⑤ 方宇光：《一批珍贵的楚贝币》，载《中国钱币》1990年第3期。
⑥ 《中国钱币论文集》第三集，中国金融出版社1998年版，177页。

去了意义。所以,楚国始铸铜贝,从一开始就采取了国家垄断铸造的形式,并且采取了有文铜贝的形制。从出土有文铜贝的情况看,巽字铜贝远比其他文字铜贝为多,占铜贝总数 99% 以上。所以,可以推断,楚国铸行有文铜贝,自始采用了巽字。楚国始铸巽字铜贝,发生在春秋中期,楚庄王统治时期(公元前 613 年至公元前 591 年)之前。文献中记载了楚国攻打铜绿山,楚成王限制铜金属出境,楚庄王实行钱币改革的事情,证实了楚国巽字铜贝的始铸时间在楚庄王统治时期之前。为什么楚国采用有文铜贝作为国家垄断铸造的钱币,赵德馨先生说:

> 春秋中叶,楚国的势力迅速强大。眼见周王室衰微,齐、晋、宋等诸侯国称霸,各自建立自己的政治经济制度。楚王室为了争霸,为了形成能立国的独特制度,在各个方面进行了一系列的改革。这种改革所带来的楚国特色的出现,在出土的春秋中期楚文物上有鲜明的体现。在货币方面,这种改革就是确定有文铜贝为楚国的主要铜币,以与西周时期流通的、即传统的、春秋早中期中原地区一些诸侯国仍在使用的无文铜贝相区别。这项改革的成果就是楚国特色铜币制度。①

关于楚国铜贝的特点和演化趋势,赵德馨先生说:

> 所以这个时期有文铜贝的特点是:形体厚重、制作工整、币文种类多,主要流通在春秋中期,中晚期楚国的管辖境内。从现在出土物看,那种重 7 克、6 克,以及 5 克多,而形制又规整的有文铜贝……明显地显现出一种衰退现象。②

从文献记载的文字、出土文物的考证,以及现代考古研究的观点等资料综合来看,巽字铜贝产生于春秋中期,楚庄王统治时期之前。

四、管理巽字铜贝的专门机构

楚国铸造的各种铜贝,最多的是巽字铜贝。为了铸造巽字铜贝,

---

① 赵德馨:《楚国的货币》,湖南教育出版社 1995 年版,第 233 页。
② 同上书,第 235 页。

楚国设立了管理巽字铜贝的专门机构和主管官员。《古玺汇编》中有"铸巽客玺"印章,上海博物馆藏"右铸巽玺"印章,说明楚国设立有"铸巽客"和"右铸巽"等官职,作为管理巽字铜贝的专门机构。

从上述文物看,楚国确实曾经建立有管理巽字铜贝的专门机构。然而,这些机构自何时建立,目前尚无定论。除了管理巽字铜贝的专门机构,楚国还设有专门储藏钱币的库府。司马迁在《史记·越王勾践世家》中讲到楚国有"三钱之府"。

> 每王且赦,常封三钱之府。

每当楚王将要发布赦令时,常常要封闭三钱之府。

这个故事发生在战国初期,即范蠡归隐(公元前468年)至范蠡去世(公元前448年)之间的这段时间。当时的楚国,在楚惠王(公元前489年至公元前432年)统治之下。

上述故事是讲范蠡派他的大儿子去楚国行贿,要把在楚国犯罪入狱的二儿子救出来。当大儿子将财宝送给办事人之后,楚国朝廷传出消息,楚王下令封闭三钱之府。这是楚王即将发布赦令的明显信号。于是,范蠡的大儿子就把行贿的东西要了回来。办事人很生气,又做了一些手脚。楚王就下令把范蠡的二儿子处死了。

三钱之府是干什么的呢?有学者认为,三钱之府是楚国储藏金钱、银钱、铜钱的库房。这个说法源于司马迁的一句话:

> 虞夏之币,金为三品,或黄,或白,或赤;或钱,或布,或刀,或龟贝。[1]

虞朝和夏朝的货币,金可以分为三种:黄金、白银和青铜,又有钱、刀、布,还有龟贝。

在这句话里,"金"指的是金属,泛指金属称量货币,有黄金、白银和青铜。"钱"是圜形的铜钱,刀是刀形的铜钱,布是铲形铜钱。另外还有龟贝,是海生壳类货币。从司马迁对货币的认识看,他讲的故事

---

[1] (西汉)司马迁:《史记》卷三十《平准书》,中华书局1959年版,第1442页。

里的"三钱",不应该是金、银、铜,而应该是青铜铸造的数量货币。然而,当时的楚国并没有刀币。所以,三钱之府也不是储藏圆钱、布币和刀币三种钱币的库府。那么,三钱之府里的三钱究竟是哪三种钱呢?

逻辑地进行分析,为什么杀人要使用"三钱之府"? 为什么赦免死罪要封闭"三钱之府"。这之间一定有一些联系。在中国古代,杀人是一种仪式,用这种仪式来上告苍天,下镇妖邪。并且,这仪式要开支一些费用的。"三钱"可能是指执行这种仪式所需支付的三种费用,而不是整个的国家财政库府。如果仅仅因为赦免死罪,就把整个国家财政库府封闭,那么国家各项财政收支如何运行? 合理的解释是,"三钱之府"是国家财政库府的一部分,是支付与杀人仪式相关费用的钱币库府。

总之,当时的楚国,不仅有管理巽字铜贝的专门机构,还有储藏巽字铜贝的库府。

第三节 巽字铜贝信用化的时间

从出土楚国铜贝看,当时楚国大小铜贝混合等价流通。楚国巽字铜贝的重量标准为半两。楚国国家垄断铸造巽字铜贝之后,很快就采取了节铜减重的措施,巽字铜贝迅速信用化。巽字铜贝信用化的时间发生在公元前7世纪晚期。从此,轻小铜贝代表足值铜贝的价值行使货币职能,大大小小的铜贝混合等价流通。这种情形,延续了大约400年,直到秦始皇统一天下,废除各诸侯国货币才告结束。

一、整批出土的大小巽字铜贝

铜贝被大量发掘出土,是近几十年的事情。我们从1961年至1985年出土的各批铜贝中随意抽取10批铜贝进行观察,各批铜贝都呈现出大小混杂在一起的情形。

(1)1961年,河南省南阳市西峡县五里桥乡槐树湾村出土一罐巽字铜贝,共 5 千克,各枚重 0.75—3.9 克。①

(2)1962 年,陕西省咸阳市长陵车站出土窖藏巽字铜贝 73 枚,各枚重 0.6—4.1 克。②

(3)1962 年,山东省济宁市曲阜县鲁故城遗址出土有文铜贝,各枚重 0.5—2.7 克。③

(4)1963 年,湖北省孝感市野猪湖出土铜贝大约 4745 枚,各枚重 2.5—5.4 克。④

(5)1972 年,山东省济宁市曲阜县董大城村出土巽字铜贝 15978 枚,各枚重 0.6—4.2 克。⑤

(6)1976 年,安徽省蚌埠市固镇县濠城乡出土巽字铜贝 3856 枚,各枚重 1.06—5.65 克,一般重 2.5—3.5 克。⑥

(7)1982 年,湖北省黄石市大冶县(现大冶市)金牛镇黄牛村出土有文铜币 5 枚,其中巽字铜贝 4 枚,夆朱铜贝 1 枚,各枚重 4.5—7.0 克。⑦

(8)1983 年,山东省济宁市泗水县官元村出土巽字铜贝 95 枚,各枚重 1.5—3.8 克。⑧

(9)1983 年,安徽省阜阳市临泉县崔寨乡史庄村出土巽字铜贝 2355 枚,各枚重 1.4—3.6 克。⑨

(10)1987 年,湖北省云梦楚王城遗址出土巽字铜贝 33 枚,各枚重 1.6—4.4 克。⑩

---

① 柴中庆、谢宏亮:《西峡县出土一批楚铜贝》,载《中原文物》1986 年第 1 期。
② 陕西省博物馆:《秦都咸阳故城遗址发现的窑址和铜器》,载《考古》1974 年第 1 期。
③ 朱活:《古钱新探》,齐鲁出版社 1984 年版,第 197 页。
④ 程欣人:《湖北孝感野猪湖中发现大批楚国铜贝》,载《考古》1964 年第 7 期。
⑤ 孔繁银:《曲阜董大城村发现一批蚁鼻钱》,载《文物》1982 年第 3 期。
⑥ 王昭迈:《东周货币史》,河北科学技术出版社 2011 年版,第 453 页。
⑦ 大冶县博物馆:《大冶县出土战国窖藏青铜器》,载《汉江考古》1989 年第 3 期。
⑧ 赵宗秀:《山东泗水县出土蚁鼻钱》,载《考古与文物》1987 年第 2 期。
⑨ 冯耀堂:《临泉出土一批鬼脸钱》,载《中原文物》1985 年第 1 期。
⑩ 杨熙春:《钱币研究文选》,中国财政经济出版社 1989 年版,第 284 页。

这10批出土铜贝是随意抽取的,具有一定的代表性,其中最小的铜贝重0.5克,最大的铜贝重7.0克。从重量分布看,不能将其区分为不同的品种,所以,可以推定这些铜贝代表着相同的价值。

二、巽字铜贝的重量标准

黄锡全先生说:

> 根据河南固始及各地的发现,知其早期应为类似自然贝的空腹空背型,然后变为实心,由椭圆向圆形发展,个体由大变小,重量由重变轻。以"巽"字贝为例,一般通长1.2—2.1、宽0.8—1.4厘米,重0.6—5.5克,多为3.2克左右。在湖北大冶,与"视金"铜钱牌同出一窖藏的有铜贝5枚(四枚"巽",一枚"夆朱"),重者高达7克,小者也有4.2克。[①]

楚国国家垄断铸造巽字铜贝,随着时间的推移,形状从空心转为实心,越铸越小,越铸越轻。从近代出土的巽字铜贝看,其重量从7克至0.5克不等。黄锡全先生举例中的5枚铜贝,最重的7克,最轻的4.2克,放在一起,显然曾经混合等价流通。

楚国的重量制度1镒等于16两,1两等于24铢。战国时期,楚国1镒重量250克;1两重量15.625克;1铢重量0.6510克。如果巽字铜贝的理论重量为半两,即7.81克,去掉铸造成本及铸币税,巽字铜贝的重量应该在7克左右。因此,我们可以推定,巽字铜贝的单位是1贝,1贝最初的重量标准为半两。

南宋洪遵著《泉志》记巽字铜贝曰:

> 此钱上狭下广,皆平面凸,长七分,下阔三分,上锐处可阔一分,重十二铢,文如刻镂,不类字,世谓之蚁鼻钱。

南宋人说楚国巽字铜贝重量12铢,即半两。古代楚国半两的重量,折合现现代7克多。南宋洪遵的考证,可以作为巽字铜贝最初重

[①] 黄锡全:《先秦货币通论》,紫禁城出版社2001年版,第362页。

量半两的一个佐证。

那么,楚国是否流通过重量1两的铜贝?从大量出土铜贝的重量情况看,楚国最初的铜贝重量为半两,而不是1两。早在商代的无文铜贝,甚至早在夏代的海贝,在相关墓葬中都有出土。然而,迄今为止,我们没有发现超过半两重量的铜贝在原楚国境内出土。这说明,楚国铜贝最初的重量标准只是半两。如果有1两重量标准的铜贝曾经作为货币在楚国广泛流通,那么,一定会留下遗迹,或窖藏,或墓葬,终究会被后人发现。

随着时光流转,楚国巽字铜贝发生着明显的信用化,越来越小,越来越轻,重量下降至0.5克左右。在这个信用化的过程中,楚国大小铜贝按照等同的价值发挥货币职能。

三、信用化发生在春秋中期

上文说到,巽字铜贝始铸于春秋中期,楚庄王统治之前。那么,巽字铜贝的信用化发生在什么时间呢?

从目前出土的巽字铜贝看,每批出土的巽字铜贝,都呈现大小混杂的状况,从未发现有整批半两足重的巽字铜贝出土。这说明,巽字铜贝的信用化,发生在楚国始铸巽字铜贝初期。也就是说,楚国铸行巽字铜贝不久,巽字铜贝就发生了信用化,大小铜贝就开始混合等价流通。所以,在窖藏或墓葬中没有整批半两足重的巽字铜贝出现。

楚国始铸巽字铜贝不久,巽字铜贝就发生了信用化。这与秦国铸行半两钱的情形一样。秦国始铸半两钱的时间在公元前336年,比楚国要晚大约300年。秦国始铸半两钱之后大约30年,半两钱的重量就出现了大幅度的下降,从12铢下降到3铢左右。此情形有出土半两钱为证。

与秦国相同的另一点是,楚国政府铸造轻小铜贝,并不废除足值铜贝,让大小铜贝混合等价流通。这样做的好处是,足值铜贝的流通可以稳定商品价格,轻小铜贝代表足值铜贝的价值发挥货币职能,为楚国节约了大量的铜材,支持了楚国争霸天下的战争。

楚国最初铸行的巽字铜贝与秦国最初铸行的半两钱,两者都很快发生了大幅度的减重,或者说都发生了大幅度的信用化。其中原因是,两国最初铸行钱币的时候,都在进行争霸天下的战争。两国朝廷都需要从铜钱减重中获得利益,以支持战争。

楚国在这段时间里成为春秋五霸之一。公元前626年,楚成王的儿子熊商臣发动军事政变,逼楚成王自杀,接替了楚成王的位置,是为楚穆王。楚穆王灭掉江国、蓼国,逼迫陈国臣服。公元前614年,楚穆王去世,他的儿子熊侣继位,就是楚庄王。楚庄王穷兵黩武,东征西杀。最后终于打败了陈国、郑国、晋国,成为天下各诸侯国认可的霸主。

连年不断的战争消耗着大量的钱财,楚国需要从铜钱减重的过程中收敛钱财。所以,楚国在始铸巽字铜贝之后,很快就采用了虚币敛财的措施,使巽字铜贝大幅度减重。于是,巽字铜贝中的金属价值占比迅速下降,信用价值占比急剧上升,完成了楚国钱币最初时期的信用化过程。这个过程,发生在楚穆王和楚庄王时期(公元前626年至公元前591年)。

四、大小巽字铜贝长期混合等价流通

自公元前7世纪楚国始铸巽字铜贝,至公元前221年秦始皇统一天下,废除各诸侯国货币,巽字铜贝的流通时间总计大约400年。从出土的各批巽字铜贝来看,这期间流通的巽字铜贝都是大小轻重混合在一起的。从出土整批巽字铜贝的轻重分布看,无法从中分类。由此判断,这些巽字铜贝都代表着同一价值。

如果1枚0.5克的巽字铜贝可以当作7.0克的巽字铜贝使用,那么,为什么百姓不把7.0克的铜贝销毁,将这铜金属更铸为14枚0.5克的铜贝来使用?销毁大铜贝,更铸小铜贝,其中利益巨大,足以使百姓铤而走险。然而,这种情形并没有出现。其原因有二:一是楚国政府财政收支接受轻小铜贝按照足值铜贝的价值进行缴纳;二是楚国政

府严禁百姓铸造铜贝,严禁百姓销毁铜贝,不许百姓在商品交易时拒绝接受国家铸造的轻小铜贝。所以,巽字铜贝能够长期保持着大小轻重混合等价流通的局面,以至于出土各期铜贝都呈现着大小轻重混杂在一起的情形。

但是,迄今为止,我们并未发现有楚国相关法令简文出土。楚人在各个不同时期窖藏或者墓葬的巽字铜贝都是没有选择地混杂在一起。巽字铜贝大小轻重等价流通是怎样做到的,还是一个没有证据的谜案。揭开这个谜底,仍有待于今后有更多文物出土和文献发掘的可靠证据。

第十五章 Chapter 15

减少金属含量的罗马钱币

中国战国时期金属货币发生信用化的同时,远在西方的罗马也发生着相同的事情。东西两大古国的金属货币信用化,都采取了减少金属含量的方式。

公元前289年,罗马共和国开始由国家垄断铸造阿斯铜币,1阿斯铜币的理论重量为327克。公元前27年,罗马共和国转向罗马帝国的时候,阿斯铜币的理论重量已经减少到11克左右。

金属货币信用化需要具备的四个条件,阿斯铜币也基本具备,只不过与中国半两钱的情况略有差异。相同的是:阿斯铜币也属于金属数量货币——钱币;阿斯铜币也是由国家垄断铸造。不同的是:阿斯铜币信用化并没有出现大小钱混合等价流通的局面,而是出现了足值银币与信用化铜币并行流通的局面,政府规定了银币与铜币之间的法定比价,大幅度减少金属含量的铜币依法代表足值银币的价值发挥货币职能。此外,与半两钱相比较,阿斯铜币信用化更多地依靠市场力量,法律强制的力量相对较弱。

到了罗马帝国时期,阿斯铜币减重的空间已经不大,政府虚币敛财的重点从铜币转向银币,于是又发生了银币的信用化。

第一节 阿斯铜币金属含量的减少

公元前289年,罗马开始由国家垄断制造阿斯铜币。很快,阿斯铜币就出现了大幅度的减重,信用性质上升,金属性质下降。在此期间,阿斯铜币金属含量减少的原因是接连不断的战争。公元前211年,第二次布匿战争尚未结束,阿斯铜币的重量已经从最初的327克减少到54.5克。此后,罗马共和国的对外战争断断续续,继续耗费着大量的钱财。公元前27年,罗马共和国转为罗马帝国时,阿斯铜币的重量减少到11克左右,仍然代表327克青铜发挥货币职能,基本上已经成为信用货币。

一、皮洛士战争时期的阿斯铜币

罗马青铜铸币的持续减重,原因是战争扩大了罗马对于货币供应的需求。公元前280年,伊庇鲁斯(今希腊西北部及阿尔巴尼亚南部)与罗马之间爆发了一场战争,这是一场特别耗费钱财的战争。

公元前280年,伊庇鲁斯国王皮洛士率领2万步兵、3000骑兵和20头战象攻入意大利,击败罗马军团。罗马军团损失7000多人,皮洛士损失4000多人。公元前279年,两军再战,皮洛士又一次击败罗马军团。罗马军团损失6000多人,皮洛士损失了3500多人。皮洛士说:"如果我再胜利一次,我可能就没有军队了。"后人将这种胜利称为"皮洛士式胜利",意为代价高昂的胜利。

然而,皮洛士战争使罗马出现了大量的货币需求。

> 自皮洛士战争时期以来,罗马一直在不间断地发行钱币。毋庸置疑,这些钱币很大程度上是为了支付罗马军队而生产的。[1]

---

[1] [英]迈克尔·H.克劳福德:《罗马共和国货币史》,张林译,法律出版社2019年版,第47页。

于是,阿斯青铜铸币发生了小幅度的减重。以公元前280年至公元前276年在罗马造币厂制造的一枚屈莱恩青铜铸币为例,实测重量94.55克。

屈莱恩铜币即1/3阿斯,理论重量为109克,样本实测重量是94.55克,实测重量比理论重量减少了14.45克,减少幅度为13.3%。假定制造成本和铸币税总计为10%,这枚铸币减重幅度只有3.3%。这枚铸币的生产时间是公元前280年至公元前276年,距罗马人始铸铜币的时间只过了大约10年,却已发生较小幅度的减重。减重的原因,是皮洛士战争扩大了罗马对于货币的需求。

不久,更大、更持久、更废钱的战争爆发了。

公元前3世纪,罗马已经成为意大利半岛的主人。但是,此时罗马的经济还十分落后。当时的迦太基(今北非突尼斯)商业发达,是西地中海沿岸的强国。当时罗马称迦太基为布匿库斯。迦太基有一只海军船队,保护着迦太基在地中海经营的贸易。公元前3世纪初,罗马在西西里还没有任何重大的商业或政治利益。当时西西里大部分属于迦太基,只有东方两个大城市是希腊人的殖民城,一个名叫叙拉古,另一个名叫麦散那。公元前288年,叙拉古一支自称"战神之子"的恐怖分子队伍攻入麦散那,叙拉古正规军前去麦散那进行围剿。战神之子引来迦太基的军队。迦太基的军队所向无敌,打败了叙拉古的正规军。并且,迦太基的军队来了就不想走了。公元前264年,战神之子转头求助于罗马。

如果迦太基占领了麦散那,他们就得到了进攻意大利的据点。罗马人派兵支援战神之子。于是,布匿战争爆发了。

二、两次布匿战争时期的阿斯铜币

战争促进了钱币的增发,而钱币在战争过程中是不断减重的。

第一次布匿战争时期(公元前264年至公元前241年),罗马人打制了轮形纹饰的青铜币,这种青铜币的发行可能是为了支付罗马舰队的费用。

图 15－1 阿斯青铜铸币,公元前 240 年至公元前 225 年在罗马造币厂生产,重 267.05 克,正面是门神雅努斯双面神浓须头像,背面是战船船首的图案。

图 15－1 这枚阿斯青铜铸币是第一次布匿战争爆发之后铸造的,实测重量比理论重量减少了 59.95 克,减少幅度为 18.3%,仍然属于小幅度的减重。阿斯铜币的大幅度减重发生在第二次布匿战争时期。

公元前 218 年,迦太基名将汉尼拔攻打罗马,第二次布匿战争(公元前 218 年至公元前 201 年)爆发。这次战争军费开支巨大。第二年,阿斯铜币的重量就减少到 6 盎司,即半个阿斯的重量。

> 青铜铸币的重量标准也经历了一系列变化。毋庸置疑,战争爆发时 1 阿斯理论上仍重 10 盎司,但实际操作中会少于 10 盎司。起初,重量标准减到原标准的 1/2,亦即理论上 1 阿斯变成 6 盎司,然后降低至 1/3,最后到 1/4。考虑到这段时期罗马钱币的整体年表,我认为标准重量减半最合理的时间是公元前 217 年。[①]

克劳福德认为阿斯的标准重量在公元前 217 年减到 6 盎司,然后又减到 4 盎司、3 盎司。

公元前 216 年,罗马军队在坎尼战役中惨败。公元前 215 年,罗马扩军备战,加征公民税。此后,战争终于发生了转机,罗马转败为胜。公元前 211 年,罗马军队攻陷叙拉古,古代著名科学家阿基米德死于罗马军人之手。

就在这一年,罗马共和国开始制造狄纳里银币。阿斯铜币也改为

---

① [英]迈克尔·H.克劳福德:《罗马共和国货币史》,张林译,法律出版社 2019 年版,第 67 页。

打制,不再采用铸造的方式。于是,罗马共和国建立起一整套全新的货币体系。该体系基于塞克斯坦标准,即1阿斯的重量只有2盎司。

自公元前289年至公元前211年,共计78年的时间里,1阿斯铜币的重量从12盎司降到2盎司,即从327克降至54.5克,降幅为83.3%,平均每10年降幅超过10%,呈现出迅速信用化的趋势。

三、屋大维统一阿斯铜币的制造

罗马货币的统一,经历了两个过程:一是货币种类从繁杂走向单一,统一为阿斯;二是铸币权从多元走向一元,集中到罗马元首手中。这两个过程,都是在屋大维执政期间完成的。

> 整个罗马世界逐步建立单一货币体系,之后则是铸币权向军事指挥官并最终逐步集中于单一个人。尽管后来有些许发展变化,但到奥古斯都统治末期这两个进程都已基本完成。①

公元前221年,在遥远的东方,秦始皇击灭六国统一天下,废弃了各诸侯国的各种货币,全国统一使用秦半两铜钱,铸币权也从分散改为统一由中央朝廷行使。

100多年之后,公元前43年,屋大维开始做同样的事情。首先,他重建罗马货币体系——以铜币为核心的货币体系;然后,他夺取了元老院的铸币权,将铸币权逐步集中到自己的手里。

> 奥古斯都在公元前43年夺取了铸币权并在此后17年的革命岁月里一直握有此项权利。②

公元前27年,屋大维宣布将国家权力归还给元老院和罗马人民,其中包含了作为最高权力标志的铸币权。但是,公元前19年,屋大维又恢复了铸币权。此后,他不仅成为罗马世界的中央铸币权威,而且还彻底重构了罗马主要的流通货币——铜币体系。

---

① [英]迈克尔·H.克劳福德:《罗马共和国货币史》,张林译,法律出版社2019年版,第293页。

② 同上书,第295页。

公元前19年,屋大维恢复制造货币,刻印有屋大维肖像的银币是在西班牙造币厂生产的。(见图15-2)

图15-2 狄纳里银币,公元前19年至公元前18年在西班牙某造币厂生产,重3.69克。正面图案是屋大维月桂冠面朝左肖像,两侧币文为"CAESAR·AVGVSTVS"(恺撒·奥古斯都);背面图案是八芒彗星,最上方芒线有光尾,上方币文为"DIVVS"(先圣),下方币文为"IVLIVS"(尤利乌斯)。

此后,罗马各届元首的肖像,大多采用月桂冠。据说,这一年彗星出现,人们认为是恺撒灵魂再现,所以制造了这种钱币,并在八芒彗星的周围印有纪念恺撒的币文"先圣尤利乌斯"。

四、阿斯铜币是罗马共和国的核心货币

金属货币信用化是国家政府对核心货币实行的货币政策。

罗马共和国时期,阿斯铜币是罗马的核心货币。罗马发行铜币,行省却在发行银币。罗马铜币信用化的时候,银币的价值却相对稳定。到了罗马帝国时期,银币成为罗马的核心货币,金属货币信用化的对象就从铜币转向银币。

罗马共和国早期,流通中的货币是青铜称量货币,货币单位是阿斯。罗马共和国中期,罗马人开始制造青铜数量货币——青铜铸币,货币单位仍然是阿斯。罗马共和国后期,罗马人开始制造打制的铜币、银币和金币,货币体系日渐成熟,其中铜币是核心货币。

铜币是古罗马的核心货币,占据本位币的地位,但是流传至今者不多,作为传世的古钱,远不如金币和银币那样品相繁多。这里的原因是铜币的收藏价值不如金币和银币,所以很少被人们保存下来。然而,

从货币的历史作用看,罗马共和国的铜币远比金币和银币更为重要。

屋大维统一制币权,经历了一个漫长的过程。从公元前44年恺撒被刺杀,至公元前31年亚克兴海战,流通中的主要货币是安东尼的货币。从公元前31年亚克兴海战,至公元前27年元老院授予屋大维"奥古斯都"称号,屋大维只发行了一些金币和银币,用来遣散参战的军人。公元前27年,屋大维宣布归政于民,他停止在罗马发行货币,但在小亚细亚半岛和西班牙行省发行了一些金币和银币。公元前19年,屋大维被推举为终身执政官,便恢复了他的铸币权,重新在罗马发行货币,从此开始了统一货币的进程。

奥古斯都不仅变成了罗马世界的中央铸币权威,他还彻底重构了罗马主流的青铜币。[①]

继承罗马共和国的货币制度,铜币一直是信用货币。屋大维时期的阿斯铜币的重量,只有罗马共和国制造阿斯铜币初期重量的1/24,即从12盎司减少至半盎司。

奥古斯都生产的新阿斯铜币,重约半盎司。[②]

根据罗马共和国的重量制度,半盎司重量等于四德拉克马重量,理论上是13.625克。但是,四德拉克马银币的实际重量只有12克左右。这时候,阿斯铜币的重量往往比银币还要轻些,只有11克左右,主要依靠发行者的信用进入流通。

第二节 铜币的减重与银币的相对稳定

一、金属含量相对稳定的狄纳里银币

公元前211年,罗马共和国建立了狄纳里银币制度。

[①] [英]迈克尔·H.克劳福德:《罗马共和国货币史》,张林译,法律出版社2019年版,第295页。

[②] 同上书,第297页。

狄纳里(denarius)这个词汇源于拉丁文"deni",意思是10,即指价值等于10枚阿斯铜币。此时,罗马共和国规定,1枚狄纳里银币等于10枚阿斯铜币。1罗马磅白银打制72枚狄纳里银币。1罗马磅的重量327克,1枚狄纳里银币的理论重量为4.54克。(见图15-3)

图15-3 狄纳里银币,公元前211年至公元前210年生产,重4.38克。正面图案是罗马女神戴盔肖像,头后有"X"标识,表示价值等于10阿斯铜币;背面的图案是狄俄斯库里兄弟持矛骑马向右奔跑,下方币文为"ROMA"(罗马)。

这时候,阿斯铜币的重量为2盎司,即54.5克。

公元前201年,第二次布匿战争结束时,狄纳里银币的标准重量从1/72罗马磅减少到1/84罗马磅,即从4.54克减少到3.89克。此后,狄纳里银币的重量保持了相当一段时期的稳定。

到了罗马帝国初期,阿斯铜币的理论重量为半盎司,即13.625克,实际重量在11克左右。

图15-4 阿斯铜币,公元前12年至公元前11年在罗马造币厂生产,重11.2克。正面图案是屋大维光头面朝左头像,周围的币文为"IMP·CAESAR·DIVI·F·AVGVSTVS·IMPXX"(最高统帅·恺撒·先圣之子·奥古斯都·二十届最高统帅);背面中央币文为"SC"(元老院批准),周围币文为"PONTIFMAXIM·TRIBVN·POTXXXIIII"(大祭司·三十四届保民官)。

罗马共和国阿斯铜币大幅度减重的同时,与其有着固定的法定比价的狄纳里银币却保持长期的相对稳定。于是,阿斯铜币逐步成为虚币,狄纳里银币逐步成为实币,铜币与银币之间的比价出现了扭曲。然而,正是这种价值扭曲,保障了阿斯铜币信用化的持续发展,使金属货币信用化达到了政府所需的效果。

图 15-5 狄纳里银币,公元前 12 年在罗马造币厂生产,重 3.71 克,正面图案是屋大维橡枝冠头像,周围币文"AVGVSTVS·[XI]COS"(奥古斯都·十一届执政官);背面图案是阿格里帕戴城齿冠头像,周围币文"M. AGRIPPS·COS·TER"(阿格里帕·三届执政官),以及制币官名称"COSSVS LENTVLVS"(柯苏斯)。

图 15-4 的阿斯铜币和图 15-5 的狄纳里银币是同一时期、同一造币厂生产的,具有可比较性。阿斯铜币的实测重量略低于理论重量;狄纳里银币的实测重量也略低于理论重量。因此,我们可以采用理论重量进行比较。

从公元前 211 年至公元前 12 年,经历了 200 年的时间,阿斯铜币的重量从 54.5 克下降至 13.625 克,减少了 40.875 克,下降幅度为 75%;狄纳里银币的重量从 4.54 克下降至 3.89 克,减少 0.65 克,下降幅度为 14.3%。并且,狄纳里银币重量下降发生在最初的 10 年,即第二次布匿战争后期(公元前 211 年至公元前 201 年),在此后的大约 190 年里基本保持不变。

阿斯铜币重量大幅度下降时,狄纳里银币重量却相对稳定,说明阿斯铜币的信用货币性质上升,成为虚币;而狄纳里银币保持着金属货币的性质,成为相对足值的实币。

二、阿斯铜币与狄纳里银币的比价

公元前211年,罗马共和国建立狄纳里银币制度的时候,1枚狄纳里银币兑换10枚阿斯铜币。

狄纳里银币与阿斯铜币的比价,是根据过去德拉克马银币与阿斯铜币的法定比价制定的。公元前211年以前,罗马已经开始仿照希腊银币的规制制造和使用二德拉克马银币。二德拉克马银币与阿斯铜币的比价是1∶20,即1枚二德拉克马银币兑换20枚阿斯铜币。由此推论,一德拉克马银币兑换10枚阿斯铜币。根据这个比价,罗马共和共开始制造本国的银币,采用一德拉克马的重量,制造等于10枚阿斯铜币价值的银币,称之为"狄纳里"。

此后,阿斯铜币的重量发生了大幅度的减重,而狄纳里银币的重量却保持了相对的稳定。如果以狄纳里银币表示的商品价格保持着稳定的话,并且阿斯铜币与狄纳里银币的比价仍然为10∶1的话,那么,阿斯铜币就是在代表1/10狄纳里银币发挥货币职能,其信用化就取得了完全的成功。

然而,市场对于阿斯铜币的信用化是有反应的,并且从铜银金属比价的扭曲中发现了获利的空间。阿斯铜币信用化的过程中,使用青铜制造铜币是有利可图的,而使用白银制造银币是没有利益的,甚至是亏损的。

罗马共和国后期的货币体系建立在阿斯铜币的基础上,而阿斯铜币的价值逐步转到发行者——国家政府的信用上。

显然,罗马在一定程度上总是基于信用来打制青铜币,但这并未妨碍它们被窖藏。[①]

克劳福德指出,到了屋大维的时代,阿斯铜币是基于信用制造的,而不是基于青铜的金属价值制造的。为了说明这一点,他指出当时银、铜的比价是扭曲的。

---

① [英]迈克尔·H.克劳福德:《罗马共和国货币史》,张林译,法律出版社2019年版,第298页。

在采用了安息重量标准后的钱币中,银对铜的比率为1∶110,而奥古斯都的狄纳里和阿斯所隐含的银对铜的比率则为1∶55。[1]

少量价值的铜币,可以兑换多量价值的银币。这说明,在钱币制造中,制造铜币获得的铸币税多于制造银币。同时,这种现象也说明,罗马共和国后期的贵金属货币与贱金属货币在性质上出现了不同。中国古代也有类似的情况,金银货币是称量使用的,其中并无发行者的信用支持;铜币却是不用称量即可使用,主要依靠发行者的信用和法律的支持行使价值尺度和流通手段的货币职能。这一点,罗马与中国有着惊人的相似,尽管两国远隔千山万水,当时东方世界与西方世界的信息也并不通畅,两者却不约而同地采用了同样的方法。

因为制造狄纳里银币成为亏损的事情,市场上阿斯铜币与狄纳里银币的实际比价已经大幅度地脱离了10∶1的法定比价。公元前141年,罗马共和国政府修改了相关法律,规定16枚阿斯铜币兑换1枚狄纳里银币,以缓解两者比价扭曲的问题。

普林尼在《博物志》书中记载了这件事情。

……并且决定16阿斯应该兑换1狄纳里。[2]

根据罗马古钱币,公元前140年生产的狄纳里银币上的价值标志"XVI"(16),证明了普林尼的讲述。

三、银币并行是铜币信用化的制度保障

实币与虚币并行流通,一起发挥货币职能,具有重要的经济意义,是古人智慧的体现。

如果没有实币的并行流通,市场上全部钱币一起信用化,一起减

---

[1] [英]迈克尔·H.克劳福德:《罗马共和国货币史》,张林译,法律出版社2019年版,第298页。

[2] [古罗马]普林尼:《博物志》第三十三卷。转引自[英]迈克尔·H.克劳福德:《罗马共和国货币史》,张林译,法律出版社2019年版,第167页。

重,商品以钱币计量的价格就会跟随钱币减重的幅度而上涨,减少钱币金属含量的效果将会被商品价格的上涨所冲销。

于是,古人在创造虚币的同时,并不放弃实币,让实币与虚币并行流通。有了实币的并行流通,用实币保持各类商品价格的稳定,用虚币代表实币的价值发挥货币职能,金属货币信用化才能在商品价格稳定的情况下,节约使用金属,达到让钱币的名义价值中币材金属价值的占比持续下降和发行者信用价值的占比持续上升的目的。

金属货币信用化,不仅是古代各国战争的需求,而且是商品经济发展的需求。商品经济的发展使商品的品类日益丰富多样,其价值规模的增长远远超过金属类产品价值规模的增长。换句话说,金属货币供给的增长速度不能满足众多商品种类供给的增长速度。金属货币信用化,在一定程度上缓解了货币流通总量增长缓慢的问题。

实币与虚币并行流通,是实现金属货币信用化的制度保障。罗马共和国时期,铜币与银币比价扭曲,是实币与虚币并行的体现。正是铜币与银币比价的扭曲,实现了罗马共和国的金属货币信用化,从而为罗马共和国的对外扩张战争,以及商品经济的发展提供了必要的货币条件。

最早创造这种制度的国家,是公元前7世纪中国的楚国,体现为大小铜贝混合等价流通。公元前3世纪的秦国,则将楚国的这种制度发挥到了极致。大小半两钱混合等价流通,从而使秦国从中获得了巨额利益,用以消灭六国,统一了天下。此后,西方的罗马共和国也采用了相同的制度,从中获取利益,将罗马的势力扩张到地中海沿岸的广大地区。西方的罗马与东方的中国,采用了相同的制度。不同的是,中国古代实币与虚币并行,采用的是大小铜钱并行的方式,即大钱实币与小钱虚币并行的方式;罗马古代实币与虚币的并行,采用的是白银实币与铜币虚币并行的方式。

制定这种制度的结果是,实币与商品保持着等价交换,不等价交换被安排在实币与虚币的比价上。于是,为了实币与虚币非等价交换的持续性,以及虚币与商品之间的非等价交换的持续性,国家制定了专门的货币法律。

第三节 银币金属含量的减少

到了罗马共和国末期，阿斯铜币的重量已经从 327 克减少到 11 克。罗马政府继续减少阿斯铜币金属含量的空间有限，所以将虚币敛财的重点从铜币转向银币。

首先，罗马执政官安东尼仿照古希腊城邦帕加马王国的做法，将小亚细亚地区的四德拉克马银币的用银量减少到 3 德拉克马。到了罗马帝国时期，罗马城被大火焚毁，尼禄为了重建罗马城，降低了银币和金币的法定重量标准。此后，罗马元首卡拉卡拉将价值两个狄纳里银币的用银量减少到 1.5 狄纳里，建立了安敦尼银币制度，同时又降低了金币的法定重量。罗马元首卡里努斯进一步减少狄纳里的白银金属含量，将四狄纳里银币的含银量减少到不足 1 狄纳里银币的重量。这些减少银币和金币金属含量的做法，使罗马统治地区的钱币出现了明显的信用化趋势。

一、安东尼制造的蛇篮币

蛇篮币是银币，是使用 3 个德拉克马的白银打制的、名义价值为四德拉克马的银币。

希腊化时期，小亚细亚半岛西北部有个古城名叫帕加马，帕加马王国的最后一个王朝是阿塔罗斯王朝（公元前 282 年至公元前 128 年）。公元前 180 年至公元前 160 年，帕加马王国的国王欧迈尼斯二世统治时期，铸造了重量只有阿提卡标准 3 个德拉克马的一种银币，代表了四德拉克马银币的价值。这种银币的特点是，图案中有蛇从篮子里爬出来。在帕加马王国的领土内，这种 3 个德拉克马重量的银币被当作四德拉克马银币使用。国王欧迈尼斯二世为了节约白银，创建了一个封闭的货币特区，让这种银币在这个与其他地区相隔离的区域内流通。

公元前44年,罗马元老院的一些共和派元老们刺死恺撒,终结了前三头同盟以及恺撒的独裁。但是,亲恺撒派的人们采用武力反攻成功,迫使共和派逃出罗马。当时的执政官安东尼接管了恺撒的权力。此后,恺撒的养子屋大维、罗马市政官骑兵司令雷必达和安东尼三人结成后三头同盟,分割势力范围,统治整个罗马。安东尼的势力范围主要在东方。

公元前40年,为了加强与安东尼的政治联盟,屋大维把他的姐姐屋大维娅嫁给安东尼。公元前39年,安东尼在小亚细亚半岛制造了他与屋大维娅两人叠面肖像的蛇篮币。(见图15-6)

图15-6 安东尼蛇篮币,币值四德拉克马,公元前39年在以弗所造币厂生产,重12.1克。正面图案是安东尼和屋大维娅叠面肖像,周围币文为"M·ANTONIVS·IMP·COS DESIG ITER ET TERT"(玛尔库斯·安东尼·最高统帅·连任三届执政官);背面图案是两条大蛇竖立起来拱卫着蛇篮,蛇篮上方站立着手持酒壶、依靠在藤杖上的酒神巴克斯,两侧币文为"Ⅲ VIR·RPC"(治理共和国三巨头)。

安东尼制造的蛇篮币,减少白银用量25%,即在白银钱币中增加了25%的信用成分。

总而言之,蛇篮币是只有3个德拉克马的重量却被当作四德拉克马使用的银币。此后,这种方法逐步传播开来。从流通区域看,这种规则不再仅限于帕加马城邦,而是扩展到更为广泛的区域;从银币形制看,无论其有无蛇篮的图案,这种用3个德拉克马重量的白银制造的四德拉克马银币,广义地被称为"蛇篮币"。

二、尼禄实行的货币改革

罗马帝国元首尼禄(公元54—68年在位)实行的货币改革是将狄纳里银币和奥里斯(aureus)金币的法定重量降低,通过增加银币和金币信用成分的方式,从民间掠夺钱财。

公元前27年,恺撒的养子屋大维被尊为"奥古斯都",罗马共和国转为罗马帝国。屋大维对罗马实行独裁统治,建立了元首制的家族世袭王朝。这个王朝的最后一任元首便是尼禄。尼禄改革货币、虚币敛财的原因是罗马城被大火焚毁,需要大量的资金来重建。

罗马帝国时期,1罗马磅重量327克。罗马狄纳里银币的重量是1/84罗马磅,即3.89克;罗马奥里斯金币的重量是1/40罗马磅,即8.18克。

罗马帝国初期,狄纳里银币和奥里斯金币的实际含金量已经发生了明显的减少,这种减少是逐步发生的。

屋大维时期,1磅白银可以打制出84枚狄纳里银币。提比略时期,1磅白银可以打制出85枚狄纳里银币。到了尼禄早期,1磅白银可以打制出89枚狄纳里银币。屋大维时期,1磅黄金可以打制出40枚奥里斯金币。提比略时期,1磅黄金可以打制出42枚奥里斯金币。到了尼禄早期,1磅黄金可以打制出43枚奥里斯金币。

公元64年,大火烧毁了罗马城。为了筹集资金重建罗马城,尼禄施行货币改革,同时加大对罗马人民的税赋。

尼禄早期,狄纳里银币和奥里斯金币实际上已经出现了明显的减重。但是,从法律角度看,狄纳里银币和奥里斯金币的法定重量并没有发生变化。尼禄的货币改革改变了狄纳里银币和奥里斯金币的法定重量。尼禄实行货币改革后的货币重量标准是:1磅白银打制96枚狄纳里银币,1枚狄纳里银币的法定重量降低至3.41克,比原来的法定重量下降了12.34%;1磅黄金打制45枚奥里斯金币,1枚奥里斯金币的法定重量至7.27克,比原来的法定重量下降了11.11%。

尼禄实行的货币改革,从法定标准上将狄纳里银币和奥里斯金币的重量都下降了百分之十几。但是,尼禄货币改革所引起的狄纳里银币和奥里斯金币重量的实际下降幅度却没有那么大。尼禄早期,狄纳里银币的实际重量已经下降至3.67克,尼禄将其继续下降至3.41克,下降幅度只有7.08%。尼禄早期,奥里斯金币的实际重量已经降至7.60克,尼禄将其继续下降至7.27克,下降幅度只有4.34%。无论如何,银币和金币法定金属含量的减少,使其信用成分明显增加。

尼禄的货币改革具有从民间敛财的性质,使百姓的货币资产发生了一定程度的缩水。尼禄掠夺了百姓,所以百姓要起来造反了。

大火过后,尼禄在大片被毁地区建起新的巨大宫殿,取名金宫。金宫的入口处,耸立着30米高的尼禄铜像,从而加深了百姓关于尼禄放火的疑心。尼禄采用货币改革的方法剥夺百姓,此外还大幅度地增加了税赋。百姓对尼禄表示不满,尼禄便以残酷的屠杀来镇压人民,终于引发了各行省的反抗。

公元68年,军人叛乱爆发。元老院支持军人们的叛乱,宣布判处尼禄死刑。很快,近卫军也抛弃了尼禄。于是,尼禄在秘书的帮助下,使用匕首自刎,结束了屋大维建立的、罗马帝国的第一王朝——尤利亚·克劳狄王朝。

三、卡拉卡拉创建安敦尼币制

玛尔库斯·奥勒利乌斯·安敦尼是罗马帝国塞维鲁王朝的第二任元首(公元211—217年在位),人称"卡拉卡拉"。遵照父亲塞维鲁的遗嘱,卡拉卡拉竭力搜刮民财,让士兵们发财,以保障自己的统治。为了搜刮民财,卡拉卡拉创建了安敦尼币制,将价值两枚狄纳里银币的用银量减少到1.5枚狄纳里银币的重量,收敛了大量的钱财,为士兵们涨了工资。卡拉卡拉死后,安敦尼币制流传下来,被罗马帝国多任元首使用,继续发挥着虚币敛财的功能。

为了让士兵们发财,首先要扩大税源。卡拉卡拉在公元212年颁布敕令,对帝国境内所有自由民授予罗马公民身份,让大家都来交税。随后,卡拉卡拉又将罗马公民的继承税从5%提高到10%。卡拉卡拉的税务改革标志着罗马帝国由盛转衰。

除了扩大税源,卡拉卡拉还采取了虚币敛财的措施。

公元215年,卡拉卡拉创建了安敦尼币制(antoninianus)。安敦尼币是银币,等于两个狄纳里,却只有1.5个狄纳里的重量。狄纳里的理论重量是1/96罗马磅,即3.41克。两个狄纳里的理论重量是1/48罗马磅,即6.82克。1.5个狄纳里的重量是3.41克×1.5=5.12克。(见图15-7)

图15-7 塞维鲁王朝安敦尼银币,公元215年生产,重5.31克。正面图案是卡拉卡拉芒冠面朝右头像,周围币文为"ANTONINVS·PIVS·AVG·GERM"(安敦尼·虔诚者·奥古斯都·日耳曼征服者);背面图案是一只雄狮头部放射光芒朝左行进,爪下有霹雳,币文为"PM·TRPXVIII·COS II II·PP"(大祭司·十八届保民官·四届执政官·国父)。

卡拉卡拉实行的货币改革,不仅发行了重量小于法定标准的银币,还将金币奥里斯的法定重量从1/45罗马磅减少到1/50罗马磅。1罗马磅为327克,1/45罗马磅的重量是7.27克;1/50罗马磅的重量就是6.54克,奥里斯金币的重量减少了0.73克,下降幅度为10.04%。

有了增收的税金和虚币敛财获得的资金,卡拉卡拉将军人的工资从每年500狄纳里提高到每年750狄纳里,因而得到军人们的广泛拥护。然而公元217年,做了6年罗马元首的卡拉卡拉,还是被军人们杀害了。

四、安敦尼币进一步信用化

卡拉卡拉死了,他创建的安敦尼币制却流传下来,继续发挥着虚币敛财的作用,或者说,让银币进一步信用化。

卡拉卡拉去世 68 年之后,罗马帝国元首卡里努斯制造的安敦尼币又有了新的变化。

卡里努斯的父亲卡鲁斯原本是罗马帝国的将军。公元 276 年,卡鲁斯趁罗马帝国元首普鲁布斯率军出征波斯之机发动政变,成为罗马帝国的元首。公元 283 年,卡鲁斯将长子卡里努斯和幼子努梅里安任命为共治元首(奥古斯都)。就在这一年,卡鲁斯在攻打波斯途中被雷电劈死,努梅里安率领军队撤退至小亚细亚时被谋杀,努梅里安的卫队长、大名鼎鼎的戴克里先被军人们拥立为罗马帝国的元首。留守罗马的卡里努斯又坚持了两年,直到公元 285 年,才被自己部队的军人杀害。在这两年里,卡里努斯制造的安敦尼币,已经远不足 1 枚狄纳里的标准重量,却被法定兑换 4 枚狄纳里。

自从公元 215 年卡拉卡拉创建安敦尼币制,使用 1.5 枚狄纳里银币重量的白银制造等于 2 枚狄纳里银币价值的银币,至公元 283 年卡里努斯制造减重的安敦尼银币,这期间的 68 年里,历代罗马元首无不大量发行安敦尼币,以暴敛民财。安敦尼币越来越小,而其所代表的价值,到了卡里努斯的时候,却已经涨到法定兑换 4 枚狄纳里银币。(见图 15-8)

图 15-8 卡里努斯安敦尼银币,公元 283—285 年在罗马造币厂生产,重 2.87 克。正面图案是卡里努斯芒冠面朝右头像,周围币文为"IMP·CARINVS·PF·AVG"(最高统帅·卡里努斯·虔诚和幸运者·奥古斯都);背面图案是朱庇特站像,左手持杖,右手持维多利亚胜利女神,脚前有鹰,周围币文为"IOVI·VICTORI"(致意胜利的朱庇特),线下有币文"KA·新月·B"。

4枚狄纳里的理论重量是13.63克,出土的卡里努斯安敦尼币的重量只有2.87克,比理论重量减少10.76克,减少幅度为78.94%。

识别安敦尼币的主要特征是钱币正面人物肖像头戴太阳冠,而狄纳里正面人物肖像是不戴太阳冠的。罗马帝国初期,钱币上的人物肖像头戴太阳冠表示此人已经升天成神。自从尼禄货币改革以来,钱币上的人物肖像头戴太阳冠则表示这枚钱币当两个使用。这种情形,不仅用在银币上,而且还用在金币和铜币上。

罗马帝国时期,银币的金属含量被大幅度地减少。除此之外,银币的成色也出现了严重的问题。这一点,我们在后面再作讲述。

第十六章
Chapter 16

提高名义价值的中国铜钱

金属货币信用化最典型的方式是减少钱币的金属含量,即减少金属价值在钱币名义价值中的占比,提高信用价值在钱币名义价值中的占比。不减少金属含量,直接提高金属货币的名义价值,也可以达到减少金属价值在钱币名义价值中占比的结果。

减少金属含量的操作,是政府静悄悄的操作,通过较长的时期一次次地铸行减重的钱币,让新铸钱币的金属含量逐步减少。减少金属含量的过程,是一个渐变的过程。提高名义价值,则是政府大张旗鼓的操作,需要颁布法令,让钱币骤然升值,或者是让新钱的名义价值远远高于旧钱的名义价值,并且远远高于新钱币材金属的价值。提高名义价值的过程,是一个剧变的过程。

提高名义价值的途径有两种:一是对流通中的钱币提高其名义价值。中国古代楚庄王货币改制使用的就是这种办法,结果遭到失败。二是对新造钱币提高其名义价值,让新钱与旧钱并行流通。西汉末年王莽实行货币改制,使用的就是这种办法。采用这种办法实现金属货币信用化,新铸钱币所用的金属显然远远少于它所代表的金属货币的名义价值。新铸钱币一经生产,便具备了信用货币的性质。这种信用化的金属货币被称为"虚钱"。而流通中的旧钱,相对"虚钱"而言,则被称为"实钱"。为了以一当多地充当实钱使用,"虚钱"理论上要比"实钱"略大一些,所以又被称为"大钱",或者"虚币大钱"。

中国古代,不仅西汉末期出现了虚币大钱,魏晋南北朝、唐朝、宋朝,也出现过虚币大钱。

第一节 隋朝以前出现的虚币大钱

中国古代皇帝专制时期的历史可以分为两个阶段:隋代以前和唐代以后。朝廷通过提高名义价值,实现铜钱信用化来收敛民财的方式,在隋代以前就已经屡屡发生。其中最早的案例,发生在公元前7世纪末期,春秋五霸之一的楚庄王统治下的楚国。

一、楚庄王"以小为大"的改革

有文字记载的、人类历史上最早的提高货币名义价值的事情,发生在中国春秋中期的楚国。

公元前7世纪末期,楚国已经开始铸行铜贝钱币。楚庄王(公元前613年至公元前591年)实行货币改革,采用的便是对流通中钱币提高名义价值的办法,很快就遭到失败。这件事情,被记载在《史记·循吏列传》中:

> 庄王以为币轻,更以小为大,百姓不便,皆去其业。市令言之相曰:"市乱,民莫安其处,次行不定。"相曰:"如此几何顷乎?"市令曰:"三月顷。"相曰:"罢,吾今令之复矣。"后五日,朝,相言之王曰:"前日更币,以为轻,今市令来言曰,市乱,民莫安其处,次行之不定。臣请遂令复如故。"王许之。下令三日而市复如故。①

楚庄王认为钱贱物贵,就下令将小钱当作大钱使用。百姓因其产品的价格大幅度下跌,纷纷失业。市场主管官员向孙叔敖报告:"市场价格混乱,百姓不能营业,下一步不知他们会去什么地方。"孙叔敖

---

① (西汉)司马迁:《史记》卷一一九《循吏列传》,中华书局1959年版,第3100页。

说:"这情形有多久啦?"市场管理官员回答:"3个月了。"孙叔敖说:"那好吧,我现在就让旧法恢复!"于是,5天之后朝议时,孙叔敖对楚庄王说:"前些日子改革币制,原因是钱贱物贵。现在市场管理官员来说,市场价格混乱,百姓不能继续营业,下一步不知他们会去什么地方。所以臣请求取消这次货币改制。"楚庄王批准了孙叔敖的意见。恢复货币旧制的命令下达3天之后,市场便恢复了原来的稳定。

从这段文字看,楚庄王的时候,楚国已经有了金属数量货币——铜贝。这种铜贝已经不是称量货币,因为它的贵贱不是由秤砣确定的,而是由楚国政府确定的。在这次货币改制过程中,楚国政府改变铜贝的法定价值,影响了市场上的商品交易。

我们想象一下,改变铜贝的轻重贵贱,如何会使百姓"皆去其业"并"莫安其处,次行不定"?

楚国自占领铜绿山以来,政府垄断铜材,自然也垄断了铜贝的铸造。楚庄王"以为币轻",自然是认为楚国政府铸造的铜贝的价值定低了,而不是认为其铸造使用的铜材用少了。所以,楚庄王采取了"以小为大"的措施,即下令将铜贝的法定价值从小改为大。换句话说,令商品的铜贝价格下降,让铜贝的货币购买力上升。物价下降,百姓出售产品亏损,才会"皆去其业"以及"莫安其处,次行不定"。

百姓无法生存,欲将行往他国,楚庄王当然不能忍受。在令尹孙叔敖的请求下,楚庄王立刻收回成命,恢复了铜贝原来的法定价值,市场也就立刻回归稳定。

楚庄王"以小为大"货币改革的主要内容是提高铜贝货币的名义价值,使其能够购买更多的商品。根据历史记载,这次货币改革失败了。但是,这次货币改革为后来各王朝制定货币法规和货币政策提供了经验。

二、王莽铸行的"大泉五十"

直接提高流通中钱币的名义价值,从而实现钱币的信用化,会影响商品生产和商品交换,不利于市场稳定。所以,西汉末年新朝皇帝王莽采用了铸行新钱的方式,将新钱的名义价值法定为远高于其金属价值的水平,从而达到提高金属货币名义价值的效果。

王莽货币改革多次,第一次改革就铸行了法定价值等于 50 枚旧钱的新钱——"大泉五十"。"大泉五十"法定重量 12 铢,比 1 枚五铢钱的重量多 7 铢,价值却等于 50 枚五铢钱,其金属价值远远达不到它所代表的名义价值,显然属于提高了名义价值的"虚币大钱"。(见图 16-1)

图 16-1　大泉五十

然而,楚庄王提高货币名义价值的改革实行了 3 个月,便以失败告终。王莽铸行提高名义价值的"虚币大钱",却实行了 16 年,直到搞得天下百姓都活不下去,爆发了全国性的大起义,才算终止。

西汉末年的社会问题主要是贫富分化。富人兼并土地,使奴唤婢,生活奢侈腐化;穷人失去土地生产资料,形成流民,举旗造反。王莽弑君篡位,建立新朝,实行改革,试图解决这些问题。

王莽改革的目标十分明确:"抑兼并、齐庶民",坚决消灭贫富分化。但是,怎样才能"齐庶民",让大家一样呢? 让大家一起富起来,王莽没有这个能力。让富人穷下去,王莽觉得还有些可能。仔细想想,富人的另一个名字又叫"有钱人",把天下大部分钱币收归国有,有钱人就没钱了,就与穷人一样了。于是,王莽开始实行货币改革。王莽货币改革的主要内容是铸行虚币,提高金属货币的名义价值,用来收兑旧钱,让百姓手里的货币资产缩水。

> 五月,更造货:错刀,一直五千;契刀,一直五百;大钱,一直五十,与五铢钱并行。民多盗铸者。禁列侯以下不得挟黄金,输御府受直,然卒不与直。①

公元7年5月,王莽发行新货币:错刀,1枚价值5000枚五铢钱;契刀,1枚价值500枚五铢钱;大钱,1枚价值50枚五铢钱,3种新钱与五铢旧钱并行流通。百姓多有盗铸者。同时,法律禁止列侯以下的人持有黄金。如果有人持有黄金,则应送到皇家库府,皇家库府给予等值的铜钱。但是,交出黄金的人最终也没有得到等值的铜钱。

王莽铸行的大泉五十,法定重量12铢,以12铢重量的铜钱兑换50枚总共250铢重量的铜钱,净盈利238铢。况且,朝廷收兑来的五铢旧钱又可以销毁更铸为大泉五十,再兑换五铢旧钱。如此循环往复,朝廷将百姓手中的五铢钱更换一遍,百姓手中的铜钱便缩水95.2%,其价值都归朝廷所有。此后,王莽又发动了多次货币改革,都是以收敛百姓钱财为目的。但是,当百姓手里的货币资产只剩下4.8%的时候,进一步的收敛就只是锦上添花,意义不大了。王莽的货币改革,搞得天下农商失业,食货俱废,民人至涕泣于市道。有钱人的货币资产被收走,还可以依靠实物资产生活;劳动者的货币资产被收走,生活就难以为继。于是,大规模的农民起义爆发了,王莽被斩杀于渐台。

三、三国时期刘备铸行"直百钱"

两汉时期,商品经济非常发达,五铢钱流通十分繁盛,经常会出现货币流通总量不足的情况。朝廷惯用的手段是将钱币减重,通过节铜增铸的方法来扩大货币流通总量,并获得更多的铸币利益。三国魏晋南北朝时期,国家分裂,各地政权对立,商品交换萎缩,货币经济衰败,铸行减重货币已经达不到预期的效果,所以,铸行虚币大钱成为各个

---

① (东汉)班固:《汉书》卷九九上《王莽传》,中华书局1962年版,第4087页。

政权掠夺民间财富用来支持战争的有效手段。此时,率先开铸虚币大钱先河者,便是刘备。

汉献帝建安十九年(公元214年),刘备攻打益州的刘璋,包围了成都。

> 初攻刘璋,备与士众约:"若事定,府库百物,孤勿预焉。"及拔成都,士众皆舍干戈,赴诸藏竞取宝物。军用不足。备甚忧之。巴曰:"易而,但当铸直百钱,平诸物价,令吏为官市。"备从之,数月之间,府库充实。①

攻打刘璋之初,刘备对将士们承诺:"如果攻下成都,库府中的财物都是你们的,我分文不要。"攻入成都时,将士们扔下武器,到各库府争抢财宝。刘备没有拿到刘璋的财宝,部队给养就出了问题。刘备十分发愁。左将军西曹掾刘巴建议说:"这事情容易,应该铸造直百钱,按照现行的商品价格,让官吏们去收购物资。"刘备接受了刘巴的建议,几个月后,刘备的库府里就装满了物资。

提高名义价值,使金属货币信用化,发行者从中获取利益,需要法律的支持。刘备铸行直百钱,用来收购物资,并非依靠法律支持,而是依靠军队的支持。这种信用货币,有军队的支持,百姓自然不敢拒绝接受。

目前已经出土的刘备蜀汉政权铸行的直百钱有两种类型:一种铭文"直百五铢";另一种铭文"直百"。铭文"直百五铢"者,比一般的五铢钱大一些,而铭文"直百"者,比一般的五铢钱还小。

根据对出土实物的测量,"直百五铢"钱重量一般为8.0—9.5克(14.0—16.6铢)②,轻者不足3克(5.2铢)。而"直百"钱重量约为2克(3.5铢),小者不足0.5克(0.9铢)。"直百五铢"钱体大,应该是刘备初行直百钱的品种。当时,1枚"直百五铢"兑换一百枚五

---

① (晋)陈寿:《三国志》卷三九《刘巴传》,中华书局1959年版,第982页,注引《零陵先贤传》。

② 三国魏晋及南朝时,1斤折合现代220克,1铢相当于现代0.5729克。

铢钱。此后,蜀汉政权继续铸造直百钱,并逐步实施减重措施。"直百"钱应是"直百五铢"钱减重后的异变品种。

刘备铸行直百钱,以重量不足 10 铢的青铜代表 500 铢青铜,有效地抢掠了民间钱财,数月之间,就搞得府库里装满了物资。刘备铸行直百钱所获得的价值,就用来支持所需的军事开支。(见图 16-2)

图 16-2 直百钱

四、南北朝时期的几种虚币大钱

南北朝时期(公元 420—589 年)铸行的虚币大钱有:四柱五铢、布泉、五行大布和永通万国。这几种虚币大钱的出现,都在南北朝晚期。

南梁敬帝太平二年(公元 557 年),南梁受到西魏和北齐的攻击和蚕食,南梁朝廷铸行"四柱五铢",以解财政危局。四柱五铢与五铢钱并行流通,1 枚四柱五铢法定兑换 20 枚五铢钱,后来改为法定兑换 10 枚五铢钱。南梁铸行四柱五铢的当年,陈霸先代梁自立,建立了陈朝。不久,四柱五铢与五铢钱并行的制度,就被陈五铢所替代。

与南朝相比较,北朝铸行虚币大钱的种类更多。

北周(公元 557—581 年)由西魏政权转化而来,初年仍使用西魏五铢钱。北周武帝保定元年(公元 561 年),北周王朝铸行"布泉",法定 1 枚布泉兑换 5 枚五铢钱,与五铢钱并行流通。

> 后周之初,尚用魏钱。及武帝保定元年七月,及更铸布泉之

钱,以一当五,与五铢并行。①

后周初期使用的钱币是西魏的五铢钱。到了周武帝保定元年 7 月,朝廷铸行"布泉"钱,1 枚布泉钱法定兑换 5 枚五铢钱,与五铢钱并行流通。

从出土实物观察,布泉钱铭文"布泉",自左向右,重约 4.3 克(7.5 铢)。② "布泉"已经不是铭文"五铢"的钱币。

此时,北周人口大约 1250 万,其中 10% 是寺院人口,影响了北周王朝的税赋和兵源。公元 574 年,北周武帝下令断佛、道二教,勒令僧尼还俗,焚烧经书,没收寺院财产。于是,北周王朝的税赋和兵源都得到明显的增长。周武帝扩大税赋和兵源,是为了消灭北齐政权。北齐政权拥有 2200 万人口,是北周政权的劲敌。周武帝不仅需要兵源,还需要更多的物资。所以,除了扩大税赋,周武帝还铸行了虚币大钱,敛取更多的钱财,用来支持战争。于是,灭佛的当年,周武帝铸行"五行大布",法定 1 枚五行大布兑换 10 枚五铢钱,与五铢钱及布泉钱三品并行流通。

> 建德三年六月,更铸五行大布钱,以一当十,大收商估之利,与布泉钱并行。③

周武帝建德三年(公元 574 年)6 月,朝廷铸造五行大布钱,1 枚五行大布钱兑换 10 枚五铢钱,获取了巨额的铸币利益,五行大布钱、五铢钱和布泉钱并行流通。

从出土实物观察,五行大布铭文"五行大布",重约 4 克(7 铢)④。但是,五行大布以一当十,可以兑换 10 枚五铢钱。而"布泉"的体积比"五行大布"还要大,却只能兑换 5 枚五铢钱。官民双方自然舍"布泉"而造"五行大布"。不久,"布泉"就被废黜并退出了流通领域。

---

① (唐)魏徵等:《隋书》卷二四《食货志》,中华书局 1973 年版,第 691 页。
② 昭明、马利清:《古代货币》,中国书店 1999 年版,第 154 页。
③ (唐)魏徵等:《隋书》卷二四《食货志》,中华书局 1973 年版,第 691 页。
④ 昭明、马利清:《古代货币》,中国书店 1999 年版,第 154 页。

公元576年,北周武帝亲率大军攻打北齐,第二年便俘获齐后主,齐国灭亡。公元578年,周武帝病死。

周武帝的孙子周静帝大象元年(公元579年),北周王朝铸行"永通万国",法定兑换10枚五铢钱。此时,布泉钱已经被废黜,永通万国、五行大布和五铢钱一起形成三品并行流通的局面。

北朝政权发行多种虚币大钱,以提高名义价值的方式实现金属货币信用化,皆是因为备战的原因。公元581年,杨坚代北周称帝,国号隋。公元589年,隋朝的军队攻灭南陈,南北朝归于一统。

第二节 唐朝铸行以一当十的铜钱

公元621年,唐高祖李渊始铸开元通宝,结束了西汉武帝五铢钱长期流通的局面,开启了非纪重铜钱流通时代。提高名义价值,制造虚币大钱,实现金属货币信用化的方式,在唐朝已经趋近成熟。但是,唐朝政府铸行的虚币大钱,都是流通一段时间之后,便退出了流通领域。

一、唐高祖创建开元通宝钱币制度

唐高祖李渊创建的开元通宝钱币制度中,开元通宝法定形制:

径八分,重二铢四絫,积十文重一两,一千文重六斤四两。[①]

开元通宝钱币直径8分,重量2铢4絫,10枚开元通宝重量1两,1000枚开元通宝重量6斤4两。

1枚开元通宝,可以称作"1文",10文开元通宝重量1两,1000文的重量就是100两。16两等于1斤,100两就是6斤4两。

秦汉以来的重量制度,1两等于24铢。1枚开元通宝的法定重量

---

① (后晋)刘昫等:《旧唐书》卷四八《食货上》,中华书局1975年版,第2094页。

为2铢4絫,即1/10两。这里所说的2铢4絫,是指南北朝晚期北朝制度的2铢4絫,而非南朝制度的2铢4絫。唐朝继承南北朝晚期的北朝制度,由于北朝重量标准正在快速上升,所以唐朝初期的重量标准比北朝晚期的重量标准更重一些。北朝晚期1斤的重量为600克;唐朝初期1斤的重量为667克。

唐朝1斤为667克;1两为41.69克;1铢为1.737克。铢以下还有一个单位——絫,即1/10铢,重0.1737克。

唐朝1两为41.69克,即24铢。开元通宝法定重量2铢4絫,即1/10两,或者4.169克。

开元通宝的铸行,影响了中国的重量单位。唐朝以前的重量单位是斤、两、铢、絫。1斤为16两,1两为24铢,1铢为10絫。开元通宝钱制规定,10钱为1两。此后,"钱"逐步被人们接受为重量单位,代表1/10两,或者是北朝制度的2铢4絫。

唐朝的重量制度有大小制之分,大制每斤折合现代667克,小制每斤折合现代222克。唐朝重量的大制,继承了北朝制度的重量单位标准;唐朝重量的小制,继承了南朝制度的重量单位标准。中医文化流于南朝,医药处方散于民间,难以修改,所以,唐朝医药用称来称量,继续采用小制。《通典》云:

  调钟律,测晷景,合汤药及冠冕制,用小升、小两,自余公私用大升、大两。[①]

虽然唐朝明文规定医药称量时要用小制,实际上是大、小制并用,或者逐渐用大制替代了小制。

"钱"成为重量单位是由唐朝初期颁布钱币法令而形成的。但是,唐朝颁布钱币法令只不过是规定了开元通宝的法定重量,开元通宝的实际重量在不同时期铸造时各有差异。因此说,"钱"作为重量单位被广泛使用并不是法律规定的,而是民间约定俗成的。唐代法律

---

① (唐)杜佑:《通典》卷六《食货六》,中华书局1988年版,第108页。

规定的重量单位,依旧是"斤""两""铢"制度。《唐六典》云:

> 凡权衡以秬黍中者百黍之重为铢,二十四铢为两,三两为大两,十六两为斤。①

尽管如此,"钱"作为重量单位在唐朝还是被民间广泛地接受了,近代出土的唐朝许多金银器物上面铭文有"若干两若干钱"的字样。

此外,开元通宝并非年号钱,此时朝廷的年号是武德,而不是开元。

二、唐高宗的虚币大钱"乾封泉宝"

如果我们把开元通宝看作"实钱",即代表 1/10 两铜金属的钱币,那么唐朝最早出现的"虚钱",便是唐高宗李治铸行的乾封泉宝。

李治是唐太宗李世民的儿子。贞观二十三年(公元 649 年),唐太宗李世民去世,李治即位,是为唐高宗。

唐代是个战争十分频繁的朝代,唐代初期的战争更是连年不断。李世民征战一生,到了唐高宗李治的龙朔年间,唐朝的军队所向无敌,把大唐朝的版图扩张到唐代的最大规模。

唐高宗即位后,经历了大约 20 年的战争。随着一系列军事行动的胜利,唐王朝的军费开支不计其数。在此期间,为了军事上的需要和朝廷多项开支的需要,唐王朝不得不开始铸造减重铜钱,铸币利益迅速上升,引发了民间大规模的盗铸。朝廷和民间都在铸造轻薄小钱,结果是流通中劣币日益增多,钱币的质量江河日下。唐高宗显庆五年(公元 660 年),正是唐王朝的军队攻入百济都城的当年,恶钱已经充斥市场,唐高宗诏令收兑恶钱。

> 显庆五年九月,敕以恶钱转多,令所在官私为市取,以五恶钱酬一好钱。百姓以恶钱价贱,私自藏之,以侯官禁之弛。高宗又令以好钱一文买恶钱两文,弊仍不息。②

---

① (唐)李林甫等:《唐六典》卷三《尚书户部》,中华书局 1992 年版,第 81 页。
② (后晋)刘昫等:《旧唐书》卷四八《食货上》,中华书局 1975 年版,第 2095 页。

显庆五年(公元660年)九月,唐高宗诏令认为恶钱越来越多,命令地方官私下收购,用1枚好钱收购市场上5枚恶钱。百姓因官定收购价格太低,私下收藏恶钱,等待官禁放松时再使用。唐高宗又下令以1枚好钱收购市场上2枚恶钱,百姓还是不肯兑换。

这里所讲的好钱,是唐太宗李世民执政时期铸行的旧钱,重量约为4.5克(1.079钱)[1]。这里所讲的恶钱,是唐高宗李治执政时期铸行的轻薄小钱,其中有朝廷铸造的,也有民间盗铸的,重量约为3克(0.720钱)[2]。唐高宗诏令以好钱1枚兑换恶钱5枚,是用4.5克铜换取15克铜,百姓当然不肯。唐高宗将兑换率改为好钱1枚兑换恶钱2枚,是用4.5克铜换取6克铜,百姓仍然不来兑换。百姓收藏恶钱,是因为不相信唐高宗的法令能够持久执行,并期望未来待朝廷废弃该项法令时,恶钱能够恢复到原来的法定价值。采用市场收兑的方式收效不大,恶钱继续泛滥成灾,唐王朝只好寻求更为有效的办法。

乾封元年(公元666年)五月,封禅泰山之后,唐王朝的军队正准备攻打高句丽,唐高宗诏令铸行以一当十的铜钱,文曰"乾封泉宝",用来收兑流通中的轻薄小钱。

> 至乾封元年封岳之后,又改造新钱,文曰乾封泉宝,径一寸,重二铢六分。仍与旧钱并行,新钱一文当旧钱之十。周年之后,旧钱并废。[3]

到了唐高宗乾封元年(公元666年)封禅泰山之后,朝廷又改铸新钱。新钱铭文"乾封泉宝",直径1寸,重量2铢6分,与开元通宝旧钱并行流通。新钱1文折合旧钱10文。计划在1年之后,旧钱全部作废。(见图16-3)

新钱与旧钱重量相差不多,法定以1枚新钱兑换10枚旧钱。所以,这种新钱属于典型的虚钱。文中所云"二铢六分"中的"分"字,等

---

[1] 昭明、马利清:《古代货币》,中国书店1999年版,第161页。
[2] 同上书,第162页。
[3] (后晋)刘昫等:《旧唐书》卷四八《食货上》,中华书局1975年版,第2095页。

于过去的"絫"字,1铢等于10分,或者说等于10絫。"二铢六分"便是2.6铢(4.5克)。当时流通中的开元通宝恶钱,重量大约为1.7铢(3克)。乾封泉宝的重量相当于流通中恶钱重量的1.5倍,法定以1换10,便是以4.5克铜换取30克铜,朝廷自然可以大发其财。朝廷铸造这种虚钱所获得的利益,便用于攻打高句丽的战争。唐高宗计划得好,虚钱乾封泉宝铸行1年之后,便将流通中的开元通宝旧钱全部废止。朝廷采用法律强制来解决问题,百姓不换也不行。然而,实际情况远不如唐高宗所愿。此时,贞观盛世的政治强大局面已经结束,纲纪松弛,朝廷的法度难以执行。唐王朝铸行虚钱,用来收敛流通中的恶钱,其结果与先前各朝的情况相似,虚钱流通引发了严重的通货膨胀,米帛价格暴涨,商业衰败。朝廷铸行虚钱,用少量的铜材铸造更多的名义货币,从中可以获得巨大的铸造利益,自然引发了民间盗铸。朝廷和百姓共同铸造虚钱,造成流通中名义货币量剧增,引起物价大幅度上涨。

但是,根据《旧唐书》所云,当时物价上涨的原因,是乾封泉宝的表面文字出现了错误,百姓不愿意接受,所以需要更多的铜钱才能买到商品。

乾封二年(公元667年)正月,朝廷经过讨论,决定废止使用乾封泉宝新钱,恢复使用开元通宝旧钱。至此,乾封泉宝总共流通了7个月,便被废弃不用。

图16-3 乾封泉宝

三、唐肃宗的虚币大钱"乾元重宝"

92年之后,唐王朝再次铸行虚币大钱,铭文乾元重宝。(见图16－4)

公元758年,唐肃宗铸行乾元重宝,又是以一当十兑换旧钱,属于信用性质的金属货币。这次铸行虚币大钱的原因,是为了支付平定安史之乱战争的军费。

公元755年(唐玄宗天宝十四年),安禄山以诛杀奸臣杨国忠为名,在范阳起兵南下,与唐朝军队展开了长期持续的战争。

连年不断的战争,耗费了朝廷和百姓大量的钱财。各地节度使乘机扩大地方军事割据力量,藩镇与朝廷对峙的局面逐步生成。

百姓穷苦,流离失所,就要卖儿卖女。朝廷穷苦,打仗缺钱,就要想办法从百姓手里掠取钱财。战争期间,税收困难,朝廷从百姓手里掠取钱财最有效的办法,就是铸行虚币大钱。

公元758年(唐肃宗乾元元年),正值朝廷组织军队围剿安、史叛军之时,铸钱史第五琦奏请朝廷铸行"乾元重宝",以一当十,收敛百姓财富。

> 肃宗乾元元年,经费不给,铸钱使第五琦铸"乾元重宝"钱,径一寸,每缗重十斤,与开元通宝参用,以一当十。[①]

唐肃宗乾元元年(公元758年),朝廷经费供应不足,铸钱使第五琦铸造乾元重宝钱,直径1寸,1000枚乾元重宝的重量为10斤。1枚乾元重宝兑换10枚开元通宝,两者并行流通。

在直径和重量两方面,乾元重宝比流通中的开元通宝都要大一些。乾元重宝法定直径1寸,每千枚重10斤。我们知道,开元通宝法定直径8分,每千枚重6.25斤(六斤四两)。乾元重宝的直径比开元通宝大25%,重量比开元通宝重60%。但是,1枚乾元重宝法定兑换10枚开元通宝,朝廷用10斤铜就可以从百姓手里兑换62.5斤铜。所

[①] (宋)欧阳修、宋祁:《新唐书》卷五四《食货四》,中华书局1975年版,第1386页。

以,铸行乾元重宝是朝廷发财的捷径,是朝廷为了支持战争而从百姓手里掠取钱财的有效措施。

乾元重宝的铸行,达到了朝廷预期的效果。不久之后,第五琦出任宰相。唐肃宗乾元二年(公元759年),第五琦下令铸行以一当五十的重轮乾元钱,期望扩大胜利成果,结果引发了严重的通货膨胀。

> 法既屡易,物价腾踊,斗米钱至七千,饿死者满道。初有"虚钱",京师人人私铸,并小钱,坏钟、像,犯禁者愈众。郑叔清为京兆尹,数月榜死者八百余人。①

钱币频频改变之后,商品价格上升,1斗米的价格涨到7000文钱,道路上躺满饿死的人。开始有"虚钱"时,京城里人人私铸大钱,合并小钱,毁坏钟、像,违反禁令的人越来越多,郑叔清出任京兆尹,几个月内拷打死800多人。

朝廷铸造虚币大钱收兑百姓的开元通宝,开元通宝瞬间缩水,价值只有过去的10%。市场上的粮食物资,被官府使用虚币大钱洗劫一空,许多百姓饿死。为了活下去,京城里的人们都在盗铸虚币大钱。

第五琦搞乱了币制,当年就丢掉了宰相的职务,被贬到忠州做长史。然而,第五琦没有能够走到忠州,半路被朝廷派员截住,将他发配到夷州去了。

公元762年,"安史之乱"平息后,朝廷将所有钱币的价格统一起来,都是以一兑一地进入流通。于是,乾元重宝逐步地退出流通领域。

图 16-4 乾元重宝

---

① (宋)欧阳修、宋祁:《新唐书》卷五四《食货四》,中华书局1975年版,第1387页。

四、实钱与虚钱并行是钱币信用化的制度保障

减少金属含量,实现金属货币信用化,需要有足值金属货币并行的支撑,让足值的金属货币与信用化的金属货币混合等价流通,即在足值金属货币保障商品价格结构稳定的条件下,让减少金属含量的金属货币实现信用化。如果没有足值金属货币的支撑,对全部金属货币减少金属含量,结果将是商品价格的普遍上涨,并不能达到金属货币信用化的效果。

这一点,在秦国半两钱、楚国巽字铜贝钱币制度上都有明显的体现,而罗马共和国阿斯铜贝的信用化,则有着不同的特点。

阿斯铜币信用化,罗马共和国政府也采取了减少金属含量的方式,却没有保留足值的阿斯铜币与减少金属含量的阿斯铜币并行流通,而是让德拉克马银币和狄纳里银币与减少金属含量的阿斯铜币并行流通,从而保障了阿斯铜币的信用化进程。

提高名义价值实现金属货币信用化的方式不同于减少金属含量的方式,但是,也需要有足值金属货币并行的支撑。譬如,国家制造新钱,提高其名义价值,法定其价值等于旧钱的 10 倍,也需要有相对足值旧钱的并行支撑。在这种情况下,旧钱作为相对足值的金属货币,保障商品价格结构稳定,让提高名义价值的新钱代表相对足值的旧钱发挥货币职能。否则,如果让所有钱币的名义价值都提高 10 倍,结果将会是商品价格的普遍上涨,达不到金属货币信用化的目的。

国家政府制造这种提高名义价值的新钱,在相对足值的旧钱并行流通的支撑下,就直接成为信用化的金属货币,被人们称为"虚钱",而相对足值的旧钱,就被人们称为"实钱"。

实钱与虚钱并行流通,是通过提高名义价值实现金属货币信用化的制度保障。

然而,唐朝政府铸行的虚币大钱,却都是流通一段时间之后,很快便退出了流通领域。

第三节　宋朝铸行以一当多的铜钱

宋朝的商品经济达到中国古代皇帝专制时期的顶峰,宋朝制造的钱币数量也是中国古代皇帝专制时期中最多的。宋朝从始至终流通的铜钱被称为"小平钱",具有实钱的性质;随时立制铸行的,有折二、折三、当五、折十等,都是依靠法律提高名义价值制造的虚币大钱。

一、宋朝最早的虚钱——"大铜钱"

宋仁宗康定元年(公元1040年)爆发的宋夏战争,对宋朝钱币制度产生了重大的影响。战争不仅造成了陕西、河东的铁钱流通区,而且促进了宋朝最早的虚钱的铸行。

> 既而陕西都转运使张奎、知永兴军范雍请铸大铜钱与小钱兼行,大钱一当小钱十……大约小铜钱三可铸当十大铜钱一,以故民间盗铸者众,钱文大乱,物价翔踊,公私患之。[①]

不久陕西都转运使张奎、永兴军知府范雍请示铸大铜钱与小钱并行流通,大钱1枚当小钱10枚……用3枚小铜钱的铜材大约可铸1枚法定兑换10枚小铜钱的大铜钱。于是,民间盗铸大铜钱者众多,币值大乱,物价飞涨,公私都受其害。

这种大铜钱的铭文为"庆历重宝"。1枚庆历重宝法定兑换小平钱10枚,所以又被称为"折十钱"。宋仁宗庆历年间(公元1041—1048年),朝廷铸行庆历重宝。截至目前,此类铜钱出土较多,可以佐证文献中的记载。(见图16-5)

宋王朝铸行大铜钱,并规定大铜钱与小平钱之间的比率为1:10。从铸造所需铜材来看,铸造3枚小平钱所需的铜材,可以铸造1枚大

[①] (元)脱脱:《宋史》卷一八〇《食货下二》,中华书局1985年版,第4381页。

铜钱。而铸造1枚大铜钱却可以兑换10枚小平钱。显然,这种大铜钱是典型的虚币,存在着巨大的铸造利益,因此引发了民间大规模的盗铸,从而产生了严重的通货膨胀。宋仁宗庆历末年(公元1048年),三司使叶清臣等提出货币改制建议:

> 庆历末,叶清臣为三司使,与学士张方平等上陕西钱议,曰:"关中用大钱,本以县官取利太多,致奸人盗铸,其用日轻。比年以来,皆虚高物估,始增直于下,终取偿于上,县官虽有折当之虚名,乃受亏损之实害。救弊不先自损,则法未易行。请以江南、仪、商等州大铜钱一当小钱三,小铁钱三当铜钱一,河东小铁钱如陕西,亦以三当一,且罢官所置炉。"自是奸人稍无利,犹未能绝滥钱。其后,诏商州罢铸青黄铜钱,又令陕西大铜钱、大铁钱皆以一当二,盗铸乃止。①

宋仁宗庆历末年(公元1048年),叶清臣任三司使,他和学士张方平等上《陕西钱议疏》说:"关中使用大钱,原本是因为官府得利太多,以致奸人盗铸,钱币一天天贬值。近年以来,大家都虚估商品的价值。民间虚估商品的价值,最终还是得由朝廷来补偿。官府虽然落得实施虚币,大小钱折几当几的虚名,实际还要受到采购价格上涨、朝廷开支增加的亏损之害。纠正弊端,如不付出一定代价,那么法律就难得实行。建议把江南、仪州、商州等地的大铜钱,规定为1枚法定兑换小钱3枚,小铁钱3枚法定兑换小铜钱1枚,河东小铁钱像陕西一样,也用小铁钱3枚法定兑换小铜钱1枚,再把官府设的冶炼炉也停止使用。"这样办理以后,奸人获利稍小了些,但还是没有禁绝滥铸钱币。随后,皇帝诏令商州停铸青黄铜钱,又令陕西的大铜钱、大铁钱以1枚法定兑换2枚小钱,盗铸的活动才停止了。

叶清臣讲了一个道理:铸造虚币大钱,朝廷获利过多,所以坏人盗铸求利,结果造成通货膨胀,物价暴涨。朝廷需要的是物资,而不是铜

---

① (元)脱脱:《宋史》卷一八〇《食货下二》,中华书局1985年版,第4381—4382页。

钱。物资价格上涨,朝廷收购物资的开支也就随之上涨。朝廷担当了铸造虚币的恶名,却又承受了收购物资开支上涨的实际损失,这事情简直是岂有此理。所以,叶清臣请求将江南、仪州、商州等地所铸的大铜钱法定兑换3枚小平钱使用,从而使铸造虚币的利益缩小,使民间盗铸无利可图。但是,盗铸的现象仍然没有灭绝。后来,朝廷命令陕西大铜钱1枚只能兑换小平钱2枚,盗铸的现象才消失。

宋仁宗的庆历重宝折十大铜钱的流通时间,在庆历年间总共7年。

图 16-5 庆历重宝

二、北宋王朝大规模铸行折二钱

宋神宗熙宁二年(公元1069年),王安石开始实行变法,史称熙宁变法。宋神宗熙宁四年(公元1071年),北宋王朝大规模铸行折二钱:

> 陕西转运副使皮公弼奏:"自行当二钱,铜费相当,盗铸衰息。请以旧铜铅尽铸。"诏听之。自是折二钱遂行于天下。①

陕西转运副使皮公弼上奏说:"自从发行每枚法定兑换2枚小平钱的折二钱之后,工料耗费与钱值相等,盗铸钱币的活动才停止。请命令把旧铜铅都铸成这种钱。"朝廷下诏采纳了这一建议。从此,折

---

① (元)脱脱:《宋史》卷一八〇《食货下二》,中华书局1985年版,第4382页。

二钱便通行全国。

　　折二钱是一种虚钱,当王安石要在京师流通折二钱时,宋神宗担心让外国人知道,使他们认为宋朝贫穷,瞧不起宋朝。王安石解释说,贫穷并不丢人:

　　　　自古兴王如唐太宗、周太宗时极贫,然何足为耻?①

　　自古以来,兴盛邦国的皇帝有唐朝的李世民、后周的柴荣,他们的时代最为贫穷,又有什么可耻呢?

　　如果折二钱是实钱,宋神宗就不会担心外国人耻笑了。

　　宋神宗元丰年间(公元1078—1085年),是宋朝铸钱最多的时期,每年铸造铜钱500多万贯(50多亿文)、铁钱100多万贯(10多亿文)。

　　宋神宗时期,铜钱铸行量大增,其主要原因之一是王安石变法。按照新法的规定,税收中直接征收钱币的数量剧增,因此民间对钱币的需求出现了上升。朝廷批准大规模铸造折二钱。于是,折二钱从陕西推广到全国。宋神宗铸行的折二钱,铭文"熙宁重宝",出土甚多。

　　王安石变法的目的在于富国强兵,这一目标很快就实现了,朝廷获得了足够的军事物资和兵源。元丰四年(公元1081年),宋神宗发动了对西夏的大规模战争,结果宋军惨败。宋神宗欲立盖世奇功的梦想破灭,很快就忧郁病死。

　　宋神宗死后,赵煦即位,是为宋哲宗,朝廷的实际掌控人是宋神宗时期的高太后。高太后此时成为太皇太后,把持朝政,否定熙宁变法,开始了元祐更化。高太后病死后,熙宁党人势力又起,元祐党人纷纷遭贬。宋哲宗英年早逝,没有儿子,他的异母弟弟赵佶即位,即宋徽宗。宋徽宗即位后,朝廷权力移至向太后手中。向太后也反对熙宁变法,熙宁党人再遭打压,元祐党人势力又起。半年之后,向太后生了病,宋徽宗开始主政,宣布平息党争,建元年号"建中靖国",意思是不

---

　　① (宋)李焘:《续资治通鉴长编》卷二七六《神宗熙宁九年》,中华书局1992年版,第6745页。

偏不倚，团结治国。不料，向太后很快就去世了，宋徽宗立刻更改年号为"崇宁"，开始崇尚熙宁变法，启用熙宁党人。

蔡京的弟弟蔡卞是王安石的女婿。熙宁年间，经王安石举荐，蔡京进入中书礼房学习公事。由于王安石的支持，蔡京官运亨通，一路扶摇直上，不久官至中书舍人、龙图阁侍制、权知开封府。元祐更化时期，蔡京作为熙宁党人，被贬出朝廷，到地方为官。宋徽宗亲政之后，启用熙宁党人。此时，王安石早已去世，蔡京便以熙宁变法继承者的形象出任宰相，重新启动了变法改革的大业。

三、宋徽宗时期铸行的当十钱

北宋王朝铸行虚币大钱，起因是宋仁宗时期的宋夏战争。战争需要钱财，所以北宋朝廷在陕西境内铸行大铜钱，铭文"庆历重宝"，1枚庆历重宝法定兑换10枚小平钱。

北宋王朝向全国推行折二钱，起因是王安石变法，变法使钱币需求量剧增，朝廷不得不大量铸行折二钱，铭文"熙宁重宝"，折二钱从此流通天下。

北宋王朝在全国范围推行当十钱，则发生在临近灭亡的宋徽宗时期，是蔡京变法的结果。

崇宁元年（公元1102年），蔡京被任命为宰相，上任后立即下令重新推行宋神宗时期的各项新法。此时，有个名叫许天启的熙宁党人，当时担任陕西转运副使，为了迎合蔡京，请求朝廷铸造折十钱。王安石变法时，曾经大量铸行折二钱。此时若铸行折十钱，名义价值比折二钱骤增五倍，侵害百姓利益的意图过于明显，蔡京颇为顾忌，所以暂铸折五钱，试行以观其效。当年五月，朝廷下令陕西、江州、池州、饶州、建州，将准备当年铸造小平钱的铜料用来铸造折五钱。折五钱铭文"圣宋通宝"，其重量比小平钱略重一些。折五钱名义价值是折二钱的两倍半，试行成功，未出问题。不久之后，朝廷即下令按照陕西大钱形制铸造折十钱，限当年铸行折十铜钱3亿文，折十铁钱20亿文。蔡京之所以这么做，一是认为折十钱在折五钱已经进入流通的基础上铸行,比折五钱仅大两倍,不会引起市场的剧烈反应;二是估计当时钱币流通总量约为 2000 亿—3000 亿文,初行折十钱的数量不足钱币流通总量的 1/10,对货币购买力影响不会太大;三是考虑折十钱在宋仁宗时期已有先例,可以参照祖制铸造。

与王安石的遭遇类同,蔡京的做法也遭到朝野众人的反对。但是,蔡京此时当权,大家反对也没有用。崇宁五年(公元 1106 年)二月,天上出现彗星,有人乘机上书,指责蔡京的过失,蔡京被罢免了宰相的职务。不过,百姓盗铸当十钱的情形依旧未见好转,群臣纷纷上书批评当十钱。御史大夫沈畸上书说:

> 小钱便民久矣,古者军兴,锡赏不继,或以一当百,或以一当千,此权时之宜,岂可行于太平无事之日哉? 当十鼓铸,有数倍之息,虽日斩之,其势不可遏。①

长期以来,百姓使用小平钱很方便。古代发生战争的时候,朝廷发行虚币大钱,1 个可以当 100 个,或者当 1000 个,这种措施只是权宜之计,怎么能够用在太平无事的年代呢? 铸造当十的大钱,可以获得几倍的利益。铸造大钱的利益如此巨大,百姓自然盗铸。在这种情况下,即使朝廷每天都行刑斩杀盗铸者,盗铸大钱的情形也是遏制不住的。

宣和六年(公元 1124 年),蔡京第五次拜相。此时,北宋王朝已经摇摇欲坠。一年之后,宋徽宗禅位给其子宋钦宗,自己逃到镇江避难。

宋徽宗宣和年间(公元 1119—1125 年),流通中当十钱的数量越来越多,通货膨胀也愈演愈烈,米价涨到每石 400—1500 文,比北宋初期米价每石 100—300 文的价格上涨了 3—5 倍;绢价每匹大约 2000 文,比较北宋初期绢价每匹 1000 文左右的价格上涨了大约两倍。严重的通货膨胀,使百姓的生活日益艰难。

---

① (元)脱脱:《宋史》卷一八〇《食货下二》,中华书局 1985 年版,第 4388 页。

公元 1126 年,金兵攻入开封,北宋王朝灭亡,宋徽宗的当十钱流通终于宣告结束。

四、随时立制的虚币大钱流通制度

《宋史·食货下二》开篇即说:

> 钱有铜、铁二等,而折二、折三、当五、折十,则随时立制。行之久者,唯小平钱。①

钱有铜钱和铁钱两种,而把钱币铸成折二钱、折三钱、当五钱、折十钱等钱币,那是随时根据情况而制定的办法。通行较久的钱币,只有小平钱。

铜钱总量不足,铸铁钱以补充;实钱总量不足,铸虚钱以补充,这就是宋代钱币流通的基本状况。小平钱是基础货币,是实钱,持久流通。虚币作为补充,根据随时的需要,确定其与小平钱的法定兑换比率,与小平钱并行流通。宋代的虚币种类繁多,并不是特殊时期偶而为之,而是随时立制,经常铸造。虚币与实钱并行流通,成为宋代钱币流通的一种常态。

南宋时期,淮河以北地区全部沦丧,长江与淮河之间的地区成为宋金对峙的前线,经济遭受严重破坏,南宋王朝的经济主要依靠四川和长江以南地区,相比北宋时期,南宋的经济实力大大减弱。物价上涨造成铸钱成本上升,出现了铜贵钱贱的现象。相比北宋时期,南宋时期铸钱数量陡然下降。南宋经济总量下降,钱币流通总量相对充足,铸行虚币大钱的动力也就随之减弱。在此情况下,南宋前、中期铸行的钱币主要是小平钱和当二钱。

宋理宗端平元年(公元 1234 年),南宋与蒙古联合攻灭金朝。宋蒙战争随之开始。战事一起,朝廷财政立见不足,宋理宗端平、嘉熙、淳祐年间多铸虚币大钱。此后,随着战争的持久深入,铸行虚币大钱

---

① (元)脱脱:《宋史》卷一八〇《食货下二》,中华书局 1985 年版,第 4375 页。

效果衰减,货币经济亦出现衰败,商品交换越来越多地采用以物易物的方式。

宋朝灭亡。此后建立的元朝以落后的生产方式和政治制度替代了宋朝的经济繁荣与社会文明,中国社会出现了暂时的倒退。

第十七章
Chapter 17

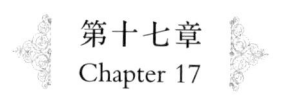

提高名义价值的日本铜钱

通过提高钱币名义价值实现钱币的信用化，不仅发生在中国古代，而且也发生在日本古代。而日本古代采用提高钱币名义价值来实现金属货币信用化的方法，是从中国唐朝学习的。日本古代金属货币的信用化，发生在天皇专制达到鼎盛的奈良时代（公元710—794年）和平安时代前期（公元794—958年）。

尽管日本天皇世世相传，号称万世一系，有史以来保持着家天下的稳定，但其皇权统治，除了奈良时代和平安时代前期，大多时期呈现大权旁落的态势。日本天皇专制制度在飞鸟时代（公元592—710年）得到加强，在奈良时代和平安时代前期达到鼎盛。到了平安时代后期（公元958—1192年），天皇权力逐步旁落，最后终于被幕府统治所替代。

与此同步的是，日本古代的货币经济在奈良时代和平安时代前期达到鼎盛。在此期间，日本朝廷铸行过12种铜钱，史称"皇朝十二钱"。在这12种铜钱中，多数种类属于提高名义价值的虚币大钱。到了平安时代后期，日本的货币经济衰落下去，进入长达600年的无铸币时代。

第一节　日本封建皇朝的鼎盛时期

推古天皇的继位，开启了日本的飞鸟时代。此时日本的政治中心迁到奈良县的飞鸟,所以称为飞鸟时代。飞鸟时代是日本天皇权力逐步加强的时代。

推古天皇继位后,便发动了政治改革,使天皇权力得到加强。此后,大化年间(公元645—650年),孝德天皇推行大化改新,使天皇获得完整的国家权力,日本的封建天皇专制制度从此建立。

公元710年(和铜三年),元明天皇迁都平城京(奈良),开启了奈良时代。从此,日本封建社会日渐繁荣,奈良时代和奈良文化便成为日本封建社会繁荣的代名词。正是这位元明天皇,在奈良时代前夕开始铸行日本官方发行的第一种钱币——和同开珎。

日本本土钱币的起源和发展,与日本天皇权力的加强和发展是同步的。

一、天皇专制制度的逐步加强

一万年前,经历了数十万年的石器时代,日本进入陶器时代,又称绳文时代。公元3世纪,日本经济从采集转向农耕,开始了弥生时代。此时,日本出现了"邪马台国",国王是一位名叫"卑弥呼"的女王。卑弥呼女王派使臣来中国,与三国时期的曹魏政权有过一些往来。但是,我们至今不知道这个邪马台国在日本的具体位置。公元4世纪,大和民族崛起,建立了大和国,武力征服了日本列岛上的一些国家,呈现出一个走向统一的日本雏形。大和国建立之后,开始了扩张版图的战争。

据传说,早在公元前660年,日本就有了天皇,号称"神武天皇",是天照大神的后裔,建立了大和政权。日本的天皇制度自始至终为皇室一系,目前传至第126位的"德仁天皇"。然而,天皇在日本作为专制统治者的时间并不长,自公元6世纪大和国统一日本,天皇权力逐步加强,至奈良时代和平安时代前期达到顶峰,之后便出现了大权旁落的局面。

大和国是由葛城氏、石川氏等豪强联合建立的政权,天皇没有绝对的话语权。所以,在皇室斗争之外,日本朝廷里还存在着权臣们的斗争。在这些斗争中取得优势的,是天皇的外戚。

公元541年,钦明天皇纳财政大臣苏我稻目的两个女儿为妃,生下用明天皇、崇峻天皇和推古天皇等子女。苏我稻目死后,他的儿子苏我马子又将三个女儿分别嫁给皇室中的三个外甥,以外戚的身份掌握了国家权力。此时,掌握军队的大臣是物部氏,与苏我氏发生了斗争。

物部氏与苏我氏的矛盾首先爆发在宗教信仰方面。公元552年,佛教从朝鲜传入日本。物部尾舆认为"外来佛"会惹怒"日本神",反对佛教传入。苏我稻目则支持佛教传入。苏我稻目去世后,苏我马子成为苏我氏的领袖。

苏我马子的外甥用明天皇去世后,为了确立新天皇,苏我马子与物部守屋发生火并,物部守屋被杀,苏我马子把持朝政,立他的另一个外甥为天皇,即崇峻天皇。公元592年,苏我马子与崇峻天皇之间产生了矛盾。苏我马子害死崇峻天皇,立外甥女为天皇,这便是日本历史上的第一个女天皇——推古天皇。

推古天皇是钦明天皇的女儿,人称额田部皇女。她嫁给异母哥哥敏达天皇,成为皇后。公元585年,敏达天皇去世,她的同母哥哥用明天皇继位。公元587年,用明天皇去世,她的又一个同母哥哥崇峻天皇继位。公元592年,崇峻天皇被刺杀,她便成为天皇,即推古天皇。推古天皇任命用明天皇的儿子圣德太子为摄政大臣,开始了改革大业。推古天皇的改革,取消了官员世袭,削弱了贵族的力量,从而使天皇的权力得到加强。

推古天皇实行的改革,史称"推古改革"。推古天皇推行了一系列措施,加强了皇权,推广了佛教,使日本进入一个快速发展时期。推古天皇时期,日本废除了官僚世袭制度,从而确立了以天皇为中心的皇权思想和中央集权制度。日本天皇权力由此走向顶峰。

公元10世纪,天皇的权力被架空。幕府时代,天皇更无实权。直到19世纪中后期,明治天皇时期,天皇才重新获得权力。第二次世界大战结束后,天皇成为象征性的国家元首,日本的政治实权掌握在内阁手里。

二、大化改新与律令制的建立

公元607年，推古天皇派遣小野妹子到中国，学习中国隋朝的典章制度。公元618年，中国的隋朝灭亡，唐朝建立，日本遣隋使从此改为遣唐使，继续向中国学习先进文化和制度。在此期间，苏我氏作为皇室外戚，仍然在朝廷中拥有很大的权力。

公元645年，中大兄皇子（舒明天皇和他的皇后皇极天皇的儿子）联合中臣镰足，在从唐朝归国的留学生的帮助下，铲除了苏我氏外戚权臣的势力，进一步加强了皇权。当时的女天皇——皇极天皇退位，欲让位给儿子中大兄皇子。中大兄皇子却拥立自己的舅舅孝德天皇。孝德天皇继位后，建元"大化"，发动改革，史称"大化改新"。

大化改新的主要内容是废除部民制，仿照唐朝制度建立班田收授制和租庸调制；废除贵族世袭制，建立中央集权的天皇制国家，完成从奴隶制社会向封建制社会的过渡。

孝德天皇去世后，中大兄皇子的母亲皇极天皇复位，改称齐明天皇。齐明天皇去世后，中大兄皇子继位，是为天智天皇。

天智天皇学习唐朝的制度，决心结束兄终弟及的天皇继承制度，实现嫡长子继承制度。公元672年，天智天皇去世，皇弟大海人皇子出家归隐，嫡长子大友皇子继位。于是，当年就爆发了壬申之乱。大海人皇子起兵击败大友皇子，成为天武天皇。此后，日本进入完善法律制度时期。

天武天皇仿照中国唐朝的制度，努力完善日本的法律。天武天皇去世后，他的皇后继位，成为又一个女天皇——持统天皇，继续完善法律。天武天皇和持统天皇颁布了一系列法令，形成以天皇为中心的中央集权制以及与之相配合的官僚体制，终结了过去的贵族部民制。

持统天皇之后，孙子文武天皇继位，于公元701年颁布《大宝律令》。文武天皇早逝，他的母亲继位，便是元明天皇。公元710年，元明天皇迁都平城京（奈良），开启了日本的奈良时代。

公元715年，元明天皇传位给女儿元正天皇。元正天皇在公元718年(养老二年)颁布《养老律令》，对日本的行政区划、身份等级、军事制度作了规定，使日本社会进入一种较为稳定的状态。

三、奈良时代商品经济的繁荣

奈良时代是日本封建社会商品经济最为繁盛的时代。奈良时代也是日本最早使用钱币进行商品交易的时代。

说到商品经济的繁盛，首先要了解社会文化的进步。人们一提起日本的古代文化，绝大部分人首先想到的，便是日本的奈良时代。

奈良时代文化的兴盛，首先表现为佛教的兴盛。公元753年，受日本僧人邀请，中国高僧鉴真和尚东渡日本，传道解惑，弘扬佛法。公元756年，鉴真和尚被日本政府封为"大僧部"，统领日本所有僧尼，在日本建立了戒律制度。鉴真和尚东渡不仅弘扬佛法，而且对日本的医学、艺术、文化、雕塑、建筑等方面都产生了深远的影响。

奈良时代的特征是实行律令制度。据此，天皇的权力得到加强。但是，官僚体系仍由贵族充任，皇室与贵族的斗争并没有结束。

在中大兄皇子铲除苏我氏的斗争中，中臣镰足功劳最大。所以，中大兄皇子成为天智天皇的时候，就赐给中臣镰足姓氏"藤原"。中臣镰足的儿子称为"藤原不比等"。正是这个藤原不比等，起草了著名的成文法《大宝律令》。藤原不比等把自己两个女儿分别嫁给了天武天皇和圣武天皇，藤原家族就成为新的外戚权臣家族，辅佐天皇管理朝政。天皇幼小时，藤原氏便充当"摄政"；天皇长大时，藤原氏便作为"关白"，继续辅佐天皇管理朝政，从而形成"摄关政治"。皇族势力强大时，便摆脱了藤原氏的控制。但是，皇族也喜欢幼小的天皇，天皇的父亲以"法皇"身份居住在自己的"院"里掌握朝政，形成"法皇院政"。

商品经济的繁荣，加速了社会贫富分化，班田制随之崩溃。日本朝廷为了保证财政收入，不得不采用新的租赋征课方式，让那些有一些财力的农户承包一定面积的耕地去租种，同时向国家缴纳相应的赋税。这些土地承包人被称为"田堵"。田堵将租种的土地冠上自己的名字，就形成了"名田"。"名田"可以继承和转让，国家土地就被私有化了。接下来的贫富分化以及土地兼并，使日本经济逐步走向庄园经济。

四、平安晚期天皇权力的旁落

因为皇族万世一系，天皇世世相传，不曾改变，日本历史上的各个朝代便以行政中心所在地来界定。公元710年，元明天皇迁都奈良，飞鸟时代结束，奈良时代开始。公元794年，桓武天皇迁都平安京（京都），奈良时代结束，平安时代开始。平安时代的日本，在文化、经济、军事等方面都发生了进一步的变化。

文化方面，如果说飞鸟时代和奈良时代的日本文化是汉文化的遗风，平安时代的日本文化就具备了自己的独自特色：平安时代日本小说的代表作有《源氏物语》；佛教则从知识阶层传至广大民众，净土宗兴起，往生成为苦难民众的解脱之路。

经济方面，土地兼并兴起，出现了小名主和大名主。寺院和神社也掌握了大量的土地，庄园经济逐步形成。

军事方面，为了保护土地，一些庄丁成为专业的武士，武士聚成集团，成为新兴势力。武士集团作为强大的军事集团和社会力量，必然会登上政治舞台。随着平安时代律令制的崩溃，日本社会在表面的繁荣下陷入混乱，各地武士集团纷纷叛乱。天皇派遣军人们去平定叛乱，取得战争胜利的军人领袖又成为更大的武士集团首领。

在平定叛乱的军事行动过程中，源氏武士集团崛起，试图控制天皇。天皇依赖平氏武士集团打败源氏，杀死其首领源义朝。

公元1181年，源义朝的儿子源赖朝组织力量，东山再起，打败平氏，攻入镰仓。赢得源平之争的源赖朝在镰仓设置"幕府"。从此，天皇失去权力，直到德川幕府垮台，武家制度始终作为日本治理国家的唯一方式，并以拥有强大军事实力的将军"代替"天皇统治日本。幕府时期的权力斗争，已经不是皇室与外戚的宫廷斗争，而是军事集团之间的兵戎相见。于是,日本当时战争不断,社会经常地陷入动荡,人民陷入长期的痛苦。

第二节　日本历史上最早的铜钱

日本古代铜钱的流通和信用化过程,发生在天皇统治鼎盛时期——奈良时代和平安时代前期。日本官方最早发行钱币,发生在飞鸟时代临将结束的时候,兴盛于奈良前期,有效地支持了奈良时代商品经济的发展。但是,几十年后,奈良时代中期,日本朝廷学习唐朝制造虚币大钱的方法,将新造钱币的名义价值提高10倍,日本铜钱信用化的过程就此开始。

日本古代官方发行的第一种钱币是和同开珎,是元明天皇统治时期日本朝廷仿照中国唐朝的开元通宝铜钱铸造的。

一、始铸铜钱的元明天皇

元明天皇原名"阿陪皇女",是奈良时代的首位天皇。她是天智天皇的女儿,嫁给她的堂弟兼外甥草壁皇子。草壁皇子没等继位天皇就去世了。"阿陪皇女"的姐姐兼婆婆持统天皇让位给孙子,也就是"阿陪皇女"的儿子"轻",即文武天皇。文武天皇做了10年天皇也去世了。公元707年,阿陪皇女接替儿子做了天皇,即元明天皇。元明天皇仅仅做了8年天皇,公元715年,便让位给她的女儿元正天皇。在做天皇的8年里,元明天皇做了许多大事。

公元708年(庆云五年),武藏国秩父郡进献和铜,日本从此有了自己采矿冶炼的铜金属。于是,元明天皇大赦天下,改年号为"和铜"。当年,元明天皇命人模仿中国唐朝的"开元通宝",铸行"和同开珎"。这是日本历史上官方铸行的第一种铜钱。同时,元明天皇命人模仿中国唐朝的都城长安,建筑平城京(今奈良)。

公元710年(和铜三年),元明天皇迁都平城京,开启了奈良时代。

公元711年(和铜四年)，元明天皇颁布"蓄钱叙位法"，规定储蓄钱币的人可以晋升官阶。"蓄钱叙位法"规定：从六位以下者储蓄10贯铜钱以上晋升1级；储蓄20贯以上晋升2级；初位以下者每储蓄5贯晋升1级；正六位以上者储蓄10贯以上临时听敕，成为晋升审核对象；借用他人钱币欺骗朝廷者，其钱币没收充公，徒刑1年。

元明天皇时期的权臣是藤原不比等，他修正并推行了701年(大宝元年)制定的《大宝律令》。

公元712年(和铜五年)，元明天皇颁布国郡司政绩考核三条，奖贤罚贪，并禁止地方豪强、寺院多占土地。

公元713年(和铜六年)，元明天皇宣布废除公私高利贷债务，限制农民逃亡，奖励和推广养蚕业、丝织手工业，并诏令太安万侣完成《古事记》三卷。

公元715年(和铜八年)，元明天皇让位给她的女儿元正天皇。

二、仿照开元通宝铸行的和同开珎

公元621年，中国唐朝高祖李渊创建开元通宝钱币制度，开元通宝法定直径8分，重量2铢4絫，10枚开元通宝总重1两。

公元708年，就在唐高祖李渊始铸开元通宝的87年之后，日本朝廷按照开元通宝的形制，创造了日本历史上第一种官方铸行的钱币——"和同开珎"。(见图17-1)

唐朝肇建初始，日本便继续遣隋使的方式，展开遣唐使活动，即派遣使团来中国学习典章制度和先进文化。公元8世纪初，日本遣唐使活动达到鼎盛。学习了唐朝的货币制度之后，日本开始按照开元通宝的形制铸行了自己本国的钱币。

元明天皇能够始铸铜钱，不仅因为学习到唐朝的货币制度，而且因为日本开始了采矿冶铜，有了自己本国的铜金属资源。公元708年，武藏国(今东京都、埼玉县、神奈川县一带)向天皇进献铜金属。在此之前，日本的铜金属是从境外输入的。有了日本自己的铜金属，元明天皇将当时朝廷的年号"庆云五年"改为"和铜元年"。"和"是日本,"和铜"是指日本自己的铜金属。就在这一年,日本朝廷设置铸钱司,开始铸行"和同开珎"铜钱。和同开珎的法定形制:直径8分、重量1匁(mangmi)。

这里所说的直径八分,与开元通宝的直径八分是一样的,都是近代的24毫米。这里所说的重量1匁,与开元通宝的重量1钱也是一样的。近代日本学者对和同开珎进行实物测量,确定其为日本近代重量的1.2匁,即4.5克(日本近代1匁的重量为3.75克)。近代中国学者对唐高祖李渊武德年间铸造的开元通宝进行实物测量,确定其为中国近代重量的0.09两,也是4.5克。[①] 这说明,日本按照开元通宝铸行的和同开珎,无论直径还是重量,都与开元通宝保持了一致。

至于钱币上的文字"和同开珎",日本学者狩谷棭斋认为:"同"应该是"铜"字的省文,"珎"应该是"宝"字的省文,故"和同开珎"应读为"和铜开宝"。日本明治时期的古钱币专家成岛柳北赞同狩谷棭斋的观点,并得到当时一些古钱币专家的附和响应。按照这种观点,"和同开珎"属于年号钱一类,钱币文字的意思是:"和铜年间开始流通的宝货。"

当然,也有人反对这个观点,认为和同开珎应该读作"和同开珍"。

图17-1 和同开珎。左:古和同;右:新和同

---

① 昭明、马利清:《古代货币》,中国书店1999年版,第161页。

三、银钱与和同开珎铜钱并行

和同开珎铜钱是日本历史上官方铸行的第一种铜钱。日本朝廷始铸和同开珎铜钱的当年,还铸行了和同开珎银钱,让银钱与和同开珎铜钱并行流通。

瀧本诚一著《日本货币史》云:

> 和铜元年(公元708年)二月甲戌设置铸钱司,任命从五位上多治比真人三宅磨吕掌管,与银钱一并铸造铜钱。同年五月壬寅开始铸造银钱(直径八分,重一文二分)。同年八月,铜钱(直径明分,重一文)开始流通。依据《续日本纪》元明天皇和铜元年(公元708年)的记载,铸钱司铸造的铜钱与近江国铸造的铜钱如出一辙。根据同书,和铜三年(公元710年)"五月丙寅,太宰府献铜钱。戊寅,播磨国献铜钱",由此可知铸币绝不仅限于近江。银钱、铜钱的钱文均为和同开珎(同珎是当时各种铜钱的简称),由鱼养书写。和同开珎铜钱现今仍然偶在市井散见,这是因为其后开设铸币厂时,认为先前铸造和同钱是一种吉兆,又陆续铸造了许多的缘故。今天见到的和同开珎钱币,未必都是和铜年间的古钱。①

作者的讲述并不十分严谨,2月份设置铸钱司;5月份开始铸造银钱,8月份铜钱开始流通;第三年,播磨国献铜钱;铜钱的铸造不仅限于近江。这些讲述,似乎是东一句西一句,跳跃频繁。不过,我们还是能够了解作者的意思。银钱的制造早于铜钱的流通,制造和流通属于不同的阶段。然而,无论如何,银钱和铜钱是在同一年铸造的,银钱的重量比铜钱的重量多20%。到了第三年,藩国也铸造了铜钱。

公元709年(和铜二年),日本朝廷发布命令:

> 和铜二年三月甲申制,凡交关杂物,其物价,银钱四文以上,

---

① [日]瀧本诚一:《日本货币史》,马兰、武强译,中国金融出版社2022年版,第11—12页。

即用银钱,其价三文以下,皆用铜钱。①

银钱1文为1分,4分等于1两,这个制度来自中国唐朝。日本始铸钱币,朝廷颁布法令:1两白银价格以上的大额交易使用银钱;三分白银价格以下的小额交易使用铜钱。

命令下达5个月之后,到了8月份,日本朝廷下令废止银钱的流通,只允许铜钱流通。

公元710年(和铜三年)9月,日本朝廷再次下令禁止银钱流通。此后,民铸银钱逐步兴起,朝廷的禁令未被人们执行。11年之后,日本朝廷便放开银钱禁令,规定银钱与铜钱的法定比价:1两银钱兑换100枚铜钱。

公元721年(养老五年),日本朝廷下令:

> 令天下百姓,以银钱一,当铜钱二十五;以银钱一两,当一百钱,行用之。②

1枚银钱即1分白银,价值25枚铜钱。4分白银即1两白银,价值100枚铜钱。此时,1两白银的重量为4.8匁,即18克。由此可见,这里的"两"(4.8匁),作为日本银钱的量化单位,已经不是重量单位,而是货币单位,与当时日本的重量单位"两"(10匁)已经发生了脱离。

四、中日古代重量制度比较

日本的重量制度是仿照中国唐朝的重量制度制定的,其重量单位为贯、斤、两、匁(钱)、分、釐(厘)、毫(毛)。1贯等于100两(6斤4两),或者1000钱;1斤等于16两,或者160钱;1两等于10钱,1钱等于10分,1分等于10釐,1釐等于10毫。近代日本1毫为3.75毫克。

奈良时代前夕,日本朝廷始铸"和同开珎",法定重量1匁,实测

---

① [日]瀧本诚一:《日本货币史》,马兰、武强译,中国金融出版社2022年版,第12页。

② 同上。

重量 4.5 克。这与后世 1 匁的重量为 3.75 克不符。

在中国,"匁"是"两"字的简写,不是重量单位。在日本,"匁"是重量单位,其含义和使用,都与中国古代的重量单位"钱"字相同。

日本的"匁",即中国的"钱"。日本的"匁"的近代重量标准为 3.75 克,而古代却不一定是这个标准。文献记载,日本奈良年间最初铸行的和同开珎重量 1 匁,而近代日本学者对和同开珎实物进行测量,其实际重量是近代"匁"的 1.2 倍。这说明,日本近代"匁"的重量与古代"匁"的重量可能已经发生了变化。中国唐朝初期重量单位"钱"的重量标准是 4.169 克,而李渊始铸开元通宝的实际重量却是 4.5 克。两个数据为什么会不一致?这里有两个可能:一是李渊时期"钱"的重量标准不是 4.169 克,而是 4.5 克,后来发生了逐步的下降;二是李渊始铸开元通宝,重量超过法定标准。始铸一种钱币,其实际重量超过法定重量标准,用以彰显朝廷的物质富足和信用实力,在货币史上常有发生。所以,李渊铸行超过法定重量标准的开元通宝,也是可能的。无论如何,日本朝廷仿照开元通宝形制铸行和同开珎,事实上完全采用了开元通宝的直径标准和重量标准。

中国唐朝的"两"与日本奈良年间的"两",两者的下面都有分量,不仅有代表 1/10 两的"钱"和"匁",而且还有一个代表 1/4 两的中间单位——"分"。

"分"原本是 1/2 的意思。合二为一,谓之"两";一分为二,谓之"分"。所以,1 两等于 4 分。

这一点,从出土铭文重量的金银器物上可以看出。出土的唐朝金银器物,有铸铭重量单位文字者,多为"两""分""钱"等。其中"分"的数量,有 1 分、2 分、3 分、未见有 4 分及 4 分以上者。这说明,唐朝的"分"仍然是 1/4 两,而不是后世的 1/10"钱"。

第三节 奈良时代以一当十的铜钱

公元710年,元明天皇迁都平城京(今奈良),开始了日本第一次文化全面兴盛的"奈良时代"。

公元760年,始铸和同开珎的52年之后,日本朝廷铸行了万年通宝。这是日本历史上第一次铸行信用化钱币。万年通宝采用铜金属铸造,用铜量与和同开珎一样。1枚万年通宝法定兑换10枚和同开珎,属于典型的虚钱。十分明显,万年通宝并不是依靠币材本身铜金属价值发挥货币职能,而是依靠发行者——日本朝廷的信用和法律的支持发挥货币职能。万年通宝的铸行,开启了日本铜钱信用化的先河。日本朝廷铸行万年通宝,仿照的是中国唐高宗铸行的虚钱"乾封泉宝"和唐肃宗铸行的虚钱"乾元重宝"。

一、日本的第一种信用化铜钱——万年通宝

公元758年,第五琦为唐肃宗铸行虚钱"乾元重宝",搞乱了经济秩序。唐王朝迷途知返,次年便罢免了第五琦的官职,将他流放到夷州。奇怪的是,当时的日本朝廷却"知难而上",公元760年,就在第五琦被流放的第二年,便效仿中国唐朝铸行的虚钱,铸行万年通宝,也是以一当十,1枚万年通宝新钱兑换10枚和同开珎旧钱。(见图17-2)

公元760年(天平宝字四年)三月,淳仁天皇下达敕令:

> 钱之为用,行之已久,公私要便,莫甚于斯。顷者私铸稍多,伪滥既半,顿将禁断,恐有骚扰。官造新样与旧并行,庶使无损于民,有益于国。其新钱文曰万年通宝,以一当旧钱十。[①]

[①] [日]瀧本诚一:《日本货币史》,马兰、武强译,中国金融出版社2022年版,第13页。

淳仁天皇铸行万年通宝虚钱的理由，与唐高宗铸行乾封泉宝虚钱的理由一样，也是解决市场上恶钱流通的问题。淳仁天皇采用的新旧钱币比价，也是 1 枚新钱兑换 10 枚旧钱。1 枚万年通宝的重量，与 1 枚和同开珎的重量基本一致。同样重量的铜钱，只是表面文字不同，1 枚万年通宝就可以兑换 10 枚和同开珎，显然不是依靠币材本身铜金属价值发挥货币职能，而是依靠发行者——朝廷的信用和法律的强制发挥货币职能。

图 17-2　万年通宝

淳仁天皇铸行万年通宝之前，公元 758 年，孝谦天皇曾特许朝廷重臣藤原仲麻吕建炉铸钱。这种做法，在中国唐朝也是有过先例的。唐高祖李渊曾经特许秦王李世民和齐王李元吉建炉铸钱。藤原仲麻吕铸的铜钱是和同开珎，但铸造时间不长，只有两年的时间。两年之后，公元 760 年，淳仁天皇开始铸行万年通宝。万年通宝作为国家信用货币，不会允许臣子私铸。在万年通宝流通时期，铸行价值为 1/10 万年通宝的铜钱和同开珎，显然是亏损的事情，藤原仲麻吕也不会做这种亏损的事情。

藤原仲麻吕没有等到公元 772 年光仁天皇诏令新旧钱币等价并行流通，他在公元 764 年发动叛乱，战败被斩首。据说，为了消除藤原仲麻吕铸造铜钱的影响，日本朝廷铸行了另一种虚钱——神功开宝。

二、再铸信用化铜钱"神功开宝"

公元 765 年（称德天皇神护元年），藤原仲麻吕被杀的次年，日本朝廷铸行神功开宝铜钱，直径 8 分，重量 1 匁 5 厘，与旧钱并行，钱文由吉备真备书写。《续日本纪》记载：

> 再铸新钱，钱文曰：神功开宝。与以前的新钱一并发行。①

以前的新钱指的是公元 760 年淳仁天皇铸行的万年通宝。1 枚万年通宝法定兑换 10 枚和同开珎。神功开宝与万年通宝并行，应该与万年通宝等价，也是法定兑换 10 枚和同开珎。

7 年之后，到了公元 772 年（光仁天皇宝龟三年），日本朝廷下令废除了上述比价，和同开珎依照朝廷法令改变为与万年通宝及神功开宝等价流通。

> 天平宝字四年（公元 760 年）三月十六日，始造新钱，与旧并行，以新钱之一当旧钱之十。但以年序稍积，新钱已贱，限以格时，良未安稳。加以百姓之间，偿宿债者，以贱日新钱一贯当贵时旧钱十贯，依法虽相当，计价有悬隔，因兹物情扰乱，多致谊诉，望请新旧两钱同价施行。（奏可）②

钱币的法定价值大起大落，自然引起市场混乱。公元 772 年，日本朝廷下令旧钱——和同开珎铜钱的法定价值上升 10 倍，即从 10 枚和同开珎兑换 1 枚万年通宝，改为 10 枚和同开珎兑换 10 枚万年通宝。结果，此后百姓储藏旧钱以期升值，因而造成市场钱币流通总量减少，不利于商品生产与商品交换的稳定进行。

至于公元 765 年铸行的神功开宝，久光重平先生认为，称德天皇铸行神功开宝的目的是为了消除藤原仲麻吕的印记。然而，从公元 772 年光仁天皇诏令新旧铜钱等价并行流通的情形看，神功开宝的铸行，没有能够完全替代藤原仲麻吕铸造的和同开珎，更没有完全替代日本朝廷铸行的万年通宝，和同开珎和万年通宝仍然在流通流域中。

---

① ［日］久光重平：《日本货币史概说》，孟郁聪译，法律出版社 2022 年版，第 30 页。

② ［日］瀧本诚一：《日本货币史》，马兰、武强译，中国金融出版社 2022 年版，第 19—20 页。

神功开宝的铸行，只不过是增加了万年通宝这类虚钱的流通总量。

三、铜钱、银钱和金钱并行的货币体系

公元760年(天平宝字四年)三月，淳仁天皇下达敕令铸行万年通宝的时候，又敕令铸行银钱和金钱：

> 其新钱文曰万年通宝，以一当旧钱之十，银钱文曰太平元宝，以一当新钱之十，金钱文曰开基胜宝，以一当银钱之十。①

在淳仁天皇制定的货币体系下，1枚金钱开基胜宝等于10枚银钱太平元宝，或者等于100枚新铜钱万年通宝，或者等于1000枚旧铜钱和同开珎。

奈良时代的日本总共铸行了3种铜钱，2种银钱和1种金钱，其基本情况如表17-1所示。

表17-1 奈良时代铸行钱币基本信息

钱币名称	始铸年	日本年号	天皇	直径	重量
和同开珎铜钱	708	和铜元年	元明	8分	1匁
和同开珎银钱	708	和铜元年	元明	8分	1.2匁
万年通宝铜钱	760	天平宝字四年	淳仁	8分	1.2匁
太平元宝银钱	760	天平宝字四年	淳仁	未见	未见
开基胜宝金钱	760	天平宝字四年	淳仁	不知	不知
神功开宝铜钱	765	天平神护元年	称德	8分	1.05匁

目前能够见到日本古钱万年通宝，却很难看到当时铸行的金钱和银钱，金钱开基胜宝于1794年在奈良西大寺境内被发掘出土，银钱太平元宝至今未有发现。这说明，当时日本金钱和银钱的流通量很少。

---

① [日]瀧本诚一：《日本货币史》，马兰、武强译，中国金融出版社2022年版，第13页。

四、铜钱信用化引发的民间盗铸

发行万年通宝的时候,如果和同开珎保持了原先的价值,那么铜钱信用化只是发生在万年通宝上。万年通宝使用的铜金属与和同开珎使用的铜金属数量相同,却代表10枚和同开珎行使货币职能,显然属于虚币,或者说是依靠发行者信用发挥货币职能的信用货币。

如果将和同开珎销融成铜金属,重新铸造成万年通宝,即可获得10倍的利益。如此巨大的利益,引诱着百姓盗铸万年通宝。

从货币起源的过程看,早期的金属数量货币——钱币,是由百姓自发制造的。钱币发展一定阶段之后,国家垄断钱币的铸行,才开始禁止百姓制造钱币。在国家垄断钱币铸行之前,百姓制造钱币是合法的,在国家垄断钱币铸行之后,百姓制造钱币就要受到严厉的惩罚。

日本朝廷垄断铸行钱币后,就颁布了禁止百姓盗铸钱币的法令。公元709年(和铜二年),日本朝廷下令:

> 国家为政,兼济居光,去虚就实,其理然矣。向者颁银钱以代前钱,又铜钱并行,比奸盗利,私作滥铸,纷乱公钱。自今以后,私铸银钱者,其身没官,财入告人。行滥逐利者,加杖二百,加役常徒。知情不告者,各与其同罪。①

盗铸银钱牟利,杖二百,还要罚做劳役。到了公元711年(和铜四年),盗铸钱币的人,就不是杖刑,而是处死了。

> 凡私铸钱者斩,从者没官,家口皆流,五保知而不告者与同罪。②

朝廷垄断钱币铸造,百姓违反法律盗铸钱币,法律规定予以处死。当时日本对百姓实行联保制度,联保各户知情不告,也要处死。这个法令,比中国唐朝的相关法令还要严厉。

---

① [日]瀧本诚一:《日本货币史》,马兰、武强译,中国金融出版社2022年版,第23—24页。

② 同上。

一般来说,朝廷铸造足值金属货币,只是扣减少量铸造成本和铸币税,不会引发百姓盗铸钱币。人们不会因小利而冒被杀头的风险。但是,如果朝廷铸造虚钱敛财,铸币利益巨大,自然会引发百姓铤而走险,盗铸钱币。淳仁天皇铸造万年通宝,可以获得10倍利益,结果造成百姓盗铸万年通宝,市场价格混乱。

这种局面持续了12年,公元772年,日本朝廷不得不废黜了这种新旧钱币比价,让新旧钱币等价并行流通。日本朝廷先是立法将万年通宝的价值提高10倍,十几年后又把它的法定价值降低到正常水平,能够引起怎样的市场混乱,是可想而知的。到了平安时代,这种钱币法定价值跌宕起伏的局面,就被多次循环往复地演绎到了极致。

第四节 平安时代以一当十的铜钱

公元794年,桓武天皇将首都从奈良迁至平安京(现在的京都),开始了平安时代(公元794—1192年)。据说,桓武天皇迁都的原因是为了避开奈良佛教寺院的强大影响。公元1192年,源赖朝建立镰仓幕府,取得了国家权力,天皇便成为幕府的傀儡。平安时代上半叶(公元794—958年),日本朝廷陆续发行了九种钱币,多是以一当十的信用货币。经历了160多年各种虚钱流通的过程,日本终于将自己的货币经济彻底搞垮,从此进入长达600年的无铸币时代。

一、桓武天皇铸行隆平永宝

公元796年(延历十五年),即迁都平安京的第三年,桓武天皇诏令铸行隆平永宝:

> 如今私炉越来越多,奸商乱铸扰乱民生。使用这些私铸钱进行交易有辱经济。并且这些私铸钱也不堪储蓄。本应立即禁止,但毕竟突然着手清理会面临诸多困难。因而力求平稳过渡,以救流弊。由是再制新钱,并且增加其价值。钱文曰:隆平永宝。新

钱一枚合旧钱十枚,新旧两钱可以并行兼用。但旧钱从明年开始,最多在四年之内将被废止。①

隆平永宝是平安时代的第一种钱币,直径 8 分,重量 1 文,直径和重量皆与和同开珎一样。与前一种钱币万年通宝相比较,万年通宝直径 8 本,重量 1 文 2 分,新钱隆平永宝重量比旧钱万年通宝减少 2 分。

尽管含铜量减少,隆平永宝的法定价值却远远高于旧币,1 枚隆平永宝法定兑换 10 枚旧币。此时的旧币即奈良时代铸行的 3 种铜钱:和同开珎、万年通宝和神功开宝。

效法唐高宗铸行乾封泉宝的方法,桓武天皇诏令新钱发行 1 年,最多 4 年之后,旧钱作废,仅留新钱流通。唐高宗曾经试图以 1 枚好钱,收购百姓 2 枚恶钱,百姓不肯,朝廷政策终告失败。恒武天皇要用 1 枚新钱,收购 10 枚与新钱金属含量相等的旧钱,百姓更加不肯。于是,百姓藏旧钱而用新钱,市场货币流通总量大幅度减少。市场钱币短缺,朝廷关于旧钱在第二年、最晚在四年之内作废的计划,便无法执行。公元 808 年,隆平永宝始铸 12 年之后,平城天皇敕令:

> 民间新钱尚且不多。应该继续新旧兼用,以求暂时缓解民间缺钱之困。②

民间新钱不多的原因有二:

第一,此时日本封建王朝的商品经济发展进入高峰。经济发展迅猛,商品充斥市场,钱币供应不能满足市场对于钱币流通总量的需求。同时,铸钱缺乏铜材,朝廷铸行以一当十的新钱,虽然铸钱利益巨大,仍然得不到所需的铜材,来铸造足够数量的铜钱。

第二,朝廷不能铸造足够数量的铜钱,百姓更不能铸造铜钱。法律规定百姓盗铸钱币处死。所以,百姓不敢销毁旧钱,更铸新钱。百姓不仅不敢铸造铜钱,而且还要将旧钱收藏起来,等待朝廷更改法令,

---

① [日]久光重平:《日本货币史概说》,孟郁聪译,法律出版社 2022 年版,第 21—22 页。

② 同上书,第 22 页。

期望未来旧钱价值能够恢复到与新钱相等。百姓收藏旧钱的行为,使市场铜钱供应不足的问题进一步加剧。

市场上钱币流通总量不敷使用,朝廷铸造新钱数量不足,百姓收藏旧钱的行为进一步减少了市场上的钱币流通总量,所以,桓武天皇关于旧钱逐步作废的法令便执行不下去。到了平城天皇统治时期,只好继续新旧钱币兼用,允许旧钱合法流通。然而,旧钱与新钱的兑换比率能否维持,文献中没有记载,我们不得而知。实际情况应该是,旧钱与新钱的兑换比率出现了双轨制,即官方采用1∶10的法定比价,民间采用市场比价。但是,市场比价属于黑市价格,得不到法律的保护。

此时,元明天皇始铸和同开珎已经过去百年,当年蓄钱叙位令已经不再符合变化了的社会情况。桓武天皇后期,太政官颁布命令,禁止蓄钱,以缓解市场中铜钱不足的问题。

二、陆续发行以一当十的铜钱

平安时代前期的164年里(公元794—958年),日本朝廷陆续发行了九种铜钱,其重量从隆平永宝的0.9匁(3.375克),逐步降低至0.5匁(1.875克)。但是,越来越轻的铜钱,却法定等于10枚旧钱的价值。公元796年铸行隆平永宝之后,日本朝廷又陆续铸行了八种铜钱:

1. 富寿神宝

公元818年(弘仁九年),嵯峨天皇时期,日本朝廷铸行"富寿神宝",重0.8匁(3克)。相比旧钱,富寿神宝含铜比例下降,含铅比例上升。1枚富寿神宝是否法定兑换10枚旧钱,目前尚不清楚。

2. 承和昌宝

公元835年(承和二年),仁明天皇时期,日本朝廷铸行"承和昌宝",重0.7匁(2.625克)。这是日本第一次发行年号钱。相比旧钱,承和昌宝的直径和重量继续下降,含铅比例进一步上升。然而,1枚承和昌宝法定兑换10枚旧钱,具有明显的信用货币性质,引发了百姓盗铸的泛滥。

3. 长年大宝

公元 848 年(嘉祥元年),仁明天皇改年号"承和"为"嘉祥",并以更改年号为由,铸行"长年大宝",重 0.5 匁(1.875 克)。与最初的和同开珎相比较,长年大宝的重量已经不足和同开珎的一半。然而,1 枚长年大宝法定兑换 10 枚旧钱,新旧钱币并行流通。仁明天皇诏曰:

> 如果改变年号而不改变币制就会违反定制,将会受到世言的谴责。以此为由,规定以一枚新钱折合十枚旧钱,新旧钱并用。①

4. 饶益神宝

公元 859 年(贞观元年),清和天皇时期,日本朝廷铸行"饶益神宝",重 0.5 匁(1.875 克)。这是皇朝十二钱中最轻的一种。1 枚饶益神宝法定兑换 10 枚旧钱,新旧钱币并行流通。日本朝廷下令严禁百姓在良、劣钱币之间进行选择,违背法令者要处以杖刑。

5. 贞观永宝

公元 870 年(贞观十二年),清和天皇时期,日本朝廷铸行"贞观永宝",重 0.6 匁(2.25 克),采用铜铅合铸,含铜量只有 50%。尽管新钱比旧钱质量更差,日本朝廷仍然下令 1 枚贞观永宝法定兑换 10 枚旧钱,新旧钱币并行流通。

6. 宽平大宝

公元 890 年(宽平二年),宇多天皇时期,日本朝廷铸行"宽平大宝",重 0.6 匁(2.25 克)。宽平大宝的铸行数量极少,每年铸造数量只有 500—600 贯。

7. 延喜通宝

公元 907 年(延喜七年),醍醐天皇时期,日本朝廷铸行"延喜通宝",重 0.6 匁(2.25 克)。这是模仿铜钱铸造的铅钱。1 枚延喜通宝法定兑换 10 枚旧钱,新旧钱币并行流通。

---

① [日]久光重平:《日本货币史概说》,孟郁聪译,法律出版社 2022 年版,第 24 页。

8.乾元大宝

公元958年(天德二年),村上天皇时期,日本朝廷铸行"乾元大宝",重0.6匁(2.25克)。此后,日本进入长达600年的无铸币时代。乾元大宝,价值不详。

上述九种钱币基本信息如表17-2所示。

表17-2 平安时代铸行钱币基本信息

钱币名称	始铸年	日本年号	天皇	直径	重量
隆平永宝	796	延历十五年	桓武	8	0.9
富寿神宝	818	弘仁九年	嵯峨	7.58	0.8
承和昌宝	835	承和二年	仁明	6.58	0.7
长年大宝	848	嘉祥元年	仁明	6	0.5
饶益神宝	859	贞观元年	清和	6	0.5
贞观永宝	870	贞观十二年	清和	6	0.6
宽平大宝	890	宽平二年	宇多	6	0.6
延喜通宝	907	延喜七年	醍醐	6	0.6
乾元大宝	958	天德二年	村上	6	0.6

注:始铸年:公元;直径单位:分;重量单位:匁;资料来源:《日本货币史概说》。

三、平安时代铸行铜钱的主要特点

平安时代前期的164年里,日本朝廷陆续发行了九种铜钱,其主要特点有三:

第一,铜钱越铸越小,越铸越轻,直径从8分降至6分;重量从0.9匁降至0.5匁,后来又反弹到0.6匁。

第二,新钱铜金属成色越来越低。

公元818年,日本朝廷铸行富寿神宝的时候,铜金属材料已经开始短缺,新铸铜钱的铜金属成色已经下降,含铅成分开始上升。公元820年,有人提出铅钱字迹模糊,嵯峨天皇在给大藏省的批示中说:

铸钱司正在铸造的新钱,虽说币面文字不很清晰,但字势尚在。况且,即使存在小瑕疵也不妨碍其流通使用。因此还是应该研究一下予以接受为盼。①

公元835年,日本朝廷铸行承和昌宝,其铅金属成分进一步增加,铜金属成色进一步降低,铸造利益上升,引发百姓盗铸。

第三,新钱价值等于10枚旧钱。

新钱价值等于10枚旧钱的制度,始于公元760年奈良时代淳仁天皇发行万年通宝。12年后,公元772年,光仁天皇诏令新旧铜钱等价并行流通。到了平安时代,公元796年,桓武天皇发行隆平永宝,开启了平安时代发行信用化铜钱的先河。新铸1枚比旧铜钱轻小一些的铜钱,法定当作10枚旧钱使用,显然不是依靠铜钱本身的铜金属价值发挥货币职能,而是依靠发行者——朝廷的信用发挥货币职能。这种制度,在平安时代发行的九种铜钱中有六种在文献记载中说明是1枚新钱当10枚旧钱使用,其他三种铜钱是否当10枚旧钱使用,仍待考证。

四、新钱与旧钱比价的突升突降

公元796年(延历十五年),桓武天皇诏令铸行隆平永宝,重量1文,比万年通宝旧钱的重量减少2分。诏书中说,"新钱1枚合旧钱10枚"。此时的旧钱指的是奈良时代铸行的三种铜钱:和同开珎、万年通宝和神功开宝。

早在公元772年(光仁天皇宝龟三年),日本朝廷下令废除1枚万年通宝兑换10枚和同开宝的法令,让和同开珎与万年通宝及神功开宝三种铜钱等价流通。所以,桓武天皇下令隆平永宝新钱1枚兑换10枚旧钱,这里的旧钱,指的是价值已经一致的三种铜钱:和同开珎、万年通宝和神功开宝。

---

① [日]久光重平:《日本货币史概说》,孟郁聪译,法律出版社2022年版,第23页。

桓武天皇诏令中的新旧钱币比价并无问题,问题出在此后铸行的铜钱上。我们以陆续铸行的承和昌宝、长年大宝、饶益神宝等以一当十的三种虚钱为例来说明这个问题。

假定1:每次铸行新钱,各种旧钱的价值就归于一致。

公元835年,日本朝廷铸行承和昌宝,1枚承和昌宝新钱等于10枚隆平永宝旧钱。

公元848年,日本朝廷铸行长年大宝,1枚长年大宝等于10枚承和昌宝,或者等于10枚隆平永宝。铸行长年大宝之前,1枚承和昌宝等于10枚隆平永宝;铸行长年大宝之后,1枚承和昌宝等于1枚隆平永宝。隆平永宝的价值上涨了10倍。

公元859年,日本朝廷铸行饶益神宝,1枚饶益神宝等于10枚长年大宝,或者等于10枚承和昌宝,或者等于10枚隆平永宝。铸行饶益神宝之前,1枚长年大宝等于10枚承和昌宝,或者等于10枚隆平永宝。铸行饶益神宝之后,1枚长年大宝等于1枚承和昌宝,或者等于1枚隆平永宝。承和昌宝和隆平永宝的价值都上涨了10倍。

每次铸行新钱,比上次铸行的钱更旧的钱的价值就上涨10倍。有了这样的预期,百姓怎肯将10枚旧钱去兑换1枚新钱?正常的应对方法是:百姓把旧钱藏起来,等着上涨10倍时再去兑换新钱。

百姓将会把多少铜钱收藏起来?如果铸造新钱,让流通中的铜钱的价值总量增加100%,那么只铸造原有旧钱流通总量1/10数量的新钱就可以了,新钱的名义价值就等于原有旧钱流通总量的价值。如果百姓将旧钱收藏,铜钱数量就只剩下新钱,即原有旧钱流通总量1/10的数量。

假定2:每次铸行新钱,各种旧钱之间的比价不变。

公元835年,日本朝廷铸行承和昌宝,1枚承和昌宝新钱等于10枚隆平永宝旧钱。

公元848年,日本朝廷铸行长年大宝,1枚长年大宝等于10枚承和昌宝,或者等于100枚隆平永宝。

公元859年,日本朝廷铸行饶益神宝,1枚饶益神宝等于10枚长年大宝,或者等于 100 枚承和昌宝,或者等于 1000 枚隆平永宝。

同样大小的铜钱,谁肯用 1000 枚去兑换 1 枚? 正常的应对方法是:把只值 1 枚新钱的 1000 枚旧钱销毁,铸造铜器或者铸造新钱。

百姓将会把多少铜钱销毁? 如果铸造新钱,让流通中的铜钱的价值总量增加 100%,那么只铸造原有旧钱流通总量 1/10 数量的新钱就可以了,新钱的名义价值就等于原有旧钱流通总量的价值。如果百姓将旧钱销毁,铜钱数量就只剩下新钱,即原有旧钱流通总量 1/10 的数量。

如果朝廷每次铸行新钱,市场上的铜钱流通总量就减少 90%,那么用不了多久,市场上的铜钱就基本上消失殆尽。

当然,这只是理论上的推论。然而,无论如何,在这种制度安排下,朝廷每次铸行新钱,旧钱不是被百姓收藏,就是被百姓销毁。于是,日本商品交易市场上的铜钱流通总量,就呈现出迅速下降的趋势。其结果是:百姓进行商品交易,逐步放弃钱币媒介,转向以物易物的原始商品交换方式。

第十八章
Chapter 18

降低金属成色的各国古代钱币

除了减少金属含量和提高名义价值,降低金属成色也是实现金属货币信用化的一种方式。我们以罗马帝国的狄纳里银币、中国隋朝的五铢白钱和日本平安时代铅制的"铜钱"来介绍这种方式的发生和后果,比较减少金属含量、提高名义价值和降低金属成色这三种实行金属货币信用化的方式。降低金属成色是世界古代最少采用的方式,因为它往往会导致当时金属货币制度的崩溃。

第一节 罗马帝国银币成色的降低

罗马共和国后期,国家开始垄断铸行阿斯铜币。随后,阿斯铜币发生了大幅度的减重。当罗马共和国转为罗马帝国的时候,阿斯铜币的重量已经从最初的12盎司减少到半盎司左右。与此同时,银币保持了相对的稳定。罗马帝国前期,国家虚币敛财政策工具从阿斯铜币转向狄纳里银币。狄纳里银币金属价值的逐步减少,不是通过减少金属含量实现的,而是通过降低金属成色实现的。

一、狄纳里银币制度的建立

公元前211年,第二次布匿战争鏖战正酣,罗马共和国开始发行狄纳里银币。

此时,罗马共和国政府铸造的阿斯铜币已经流通了78年,并已发生了明显的信用化。自公元前289年罗马共和国始铸阿斯铜币,到公元前211年罗马共和国建立狄纳里银币制度,阿斯铜币的重量从12盎司减少到2盎司,即从327克减少到54.5克。阿斯铜币的信用化转变,为罗马共和国政府节约了大量的铜金属,可以铸造更多的阿斯铜币。然而,尽管罗马共和国增加了阿斯铜币的铸造,阿斯铜币总量仍然不能满足对外战争的需求。所以,罗马共和国需要制作价值更高、流通总量更大的钱币。于是,公元前211年,罗马共和国建立了狄纳里银币制度。

狄纳里银币与阿斯铜币的比价,是按照过去德拉克马银币与阿斯铜币的比价制定的。

公元前211年之前,古罗马已经仿制了古希腊德拉克马银币和斯塔特金币。罗马共和国的阿斯铜币与仿制古希腊的德拉克马银币和斯塔特金币之间的兑换比率是20枚阿斯铜币兑换1枚二德拉克马银币;240枚阿斯铜币兑换1枚斯塔特金币。延续这个比价,罗马共和共制造本国的银币,采用了相当于1德拉克马的概念,或者说是等于10阿斯铜币的银币,即狄纳里银币。狄纳里(denarius)这个词汇源于拉丁文"deni"(10),意思是10个阿斯铜币的价值。

古罗马的核心重量单位是罗马磅,即1阿斯,标准重量为327克;古希腊德拉克马重量的阿提卡标准是4.37克,让古罗马的重量单位与古希腊的重量单位接轨:

327克÷4.37克=74.83

即1罗马磅等于74.83德拉克马。于是,罗马共和国建立的狄纳里银币制度,规定1罗马磅白银,除去2.83德拉克马的成本,打制72枚狄纳里银币。1狄纳里银币的重量,理论上是略低于1德拉克马。

二、狄纳里银币白银成色的降低

公元前201年,第二次布匿战争结束时,狄纳里银币的标准重量从 1/72 罗马磅减少到 1/84 罗马磅，即从 4.54 克减少到 3.89 克。此后，狄纳里银币的重量保持了 265 年的稳定。

公元 64 年，已经是罗马帝国初期，罗马城被大火焚毁，罗马帝国元首尼禄为了重建罗马城，通过减少银币中的金属含量来收敛钱财，将狄纳里银币的法定重量从 1/84 罗马磅降至 1/96 罗马磅，即 3.41 克。

此时，阿斯铜币的重量已经降低到 11 克左右，继续减重的空间不大；狄纳里银币更为轻小，只有 3 克多的重量，减重空间更小。所以，罗马帝国只有通过降低狄纳里银币的白银成色来铸造更多的狄纳里银币，通过让百姓手中狄纳里银币的价值缩水，来实现虚币敛财的目的。于是，尼禄以后的罗马帝国各代元首在制造狄纳里银币时，总是减少白银的使用，更多地加入铜金属，以便制造更多的狄纳里银币。

狄纳里银币最初的成色在 90% 左右，到了戴克里先建立君主制、成为罗马皇帝的时候（公元 284 年），狄纳里银币的成色已经降到大约 3.6%。

公元 294 年，罗马帝国皇帝戴克里先针对狄纳里银币成色下降的问题，实行了罗马帝国历史上最彻底的一次货币改革。在这次货币改革中，戴克里先创建了阿根图（argenteus）银币制度。1 枚阿根图银币的理论重量是 1/96 罗马磅，即 3.41 克，其含银量为 90%，价值等于 100 枚狄纳里银币。（见图 18-1）

图 18-1 戴克里先阿根图银币，公元 294 年生产，重 3.83 克。正面图案是戴克里先月桂冠头像，周围币文为"DIOCLETIANVS·AVG"（戴克里先·奥古斯都）；背面图案是四位帝王在六塔营门三足祭坛前共同祭礼，两侧币文为"VIRTVS MILITVM"（军队的英勇）。

英国货币学家卡森说：

一种纯度在90%左右的优质银币被重新使用,其生产标准为1/96罗马磅,有时这种钱币上带有"XCVI"(96)的标记……

从1970年在阿芙罗迪西亚斯发现的阿根图币上的币文可以得知,在当时(比最初的改革稍晚一点的时期,即公元301年),仍然是1阿根图=100狄纳里。按照银的含量,这种阿根图币与改革前的纯度安敦尼币的比大约是25∶1,这意味着1安敦尼=4狄纳里。①

如果说阿根图币的含银量为90%,是改革前安敦尼币含银量的25倍,那么,戴克里先接手的货币制度中,安敦尼币的含银量就只有3.6%,属于含有少量白银的铜金属币。可以说,到了这个时候,罗马帝国的银币已经被历代元首们逐步换成铜币。

三、狄纳里银币制度的终结

戴克里先的货币改革,旨在恢复银币的本原。1枚阿根图银币兑换100枚狄纳里币或者25枚安敦尼币的货币制度,使狄纳里币和安敦尼币迅速瓦解。戴克里先以后的皇帝们不再打制狄纳里币和安敦尼币。于是,这两种货币逐步消失。狄纳里银币制度从此终结。

狄纳里银币制度已经不再存在,阿根图银币制度也没有能够持续很久,罗马帝国开始寻求信用度更高的钱币,核心货币开始从银币向金币的转化。

公元305年,戴克里先退位,群雄四起,天下大乱。公元306年,君士坦丁成为多个皇帝中的一位,他要通过血腥的战争,最终成为罗马帝国唯一的独裁者。

君士坦丁不再制造奥利斯金币,而是制造索利多金币,奥里斯金币只作为纪念币有过少量的生产。索利多金币的法定重量为1/72罗

---

① ［英］R. A. G. 卡森：《罗马帝国货币史》,田圆译,法律出版社2018年版,第502页。

马磅,即4.54克。

索利多(solidus)的意思是"厚重"。实际上,索利多金币并不厚重。戴克里先统治时期,奥里斯金币的重量为1/60罗马磅。君士坦丁对金币实行改制,将金币的法定重量调整为1/72罗马磅,改称"索利多"。这个货币改制,依旧执行的是一种钱币减重的措施。

君士坦丁在索利多金币制度上建立了西力克银币制度。"西力克"(siliqua)作为一种银币单位,代表1西力克重量黄金的价值。

西力克这个词原本是重量单位。

根据塞维利亚主教伊西多尔(公元560—636年)的记录,罗马帝国时期的重量单位如下:

1 罗马磅 = 12 盎司 = 96 德拉克马

1 德拉克马 = 3 斯克鲁普尔(scruple) = 6 奥波 = 18 西力克

1 罗马磅的重量为327克,等于96德拉克马,或者1728西力克。1 西力克的重量:$327 \div 96 \div 18 = 0.189$ 克。

1 罗马磅可以分为72索利多,1索利多则可以分为:$1728 \div 72 = 24$ 西力克。

君士坦丁发行的西力克银币,重量标准与狄纳里银币一样,1 罗马磅白银打制96枚,每枚重量3.41克。狄纳里银币最初价值等于1/25奥里斯金币,而西力克银币则代表1/24索利多金币行使货币职能。

既然此时的西力克银币与狄纳里银币一样,都是1/96罗马磅白银,为什么不称其为"狄纳里",而称其为"西力克"?原因是,狄纳里是代表白银价值行使货币职能的银币,而西力克则是代表黄金价值行使货币职能的银币。

罗马帝国初期,白银替代铜金属成为主要货币,奥里斯金币的价值等于25枚狄纳里银币。到了君士坦丁时期,银币经历了减重和成色大幅度下降的过程,信用已经出现了严重的问题,金币在人们眼中则成为更可靠的货币。"西力克"这个词是个重量单位,等于1/24索利多金币的重量。所以,君士坦丁采用西力克银币来代表1/24索利多金币的价值。

索利多金币的重量是 1/72 罗马磅,即 4.54 克黄金。西力克银币代表 1/24 索利多金币中黄金的价值:4.54 克 ÷ 24 = 0.189 克黄金。

君士坦丁统治后期,流通最广的是四倍西力克银币,其生产标准为 1/24 罗马磅,理论重量为 13.625 克。

君士坦提乌斯二世统治末期(公元 355 年前后),西力克银币的重量下降到 1/144 罗马磅,即 2.27 克。

此后,罗马帝国的各代皇帝们发行了许多种类的西力克银币。可以说,罗马帝国后期,狄纳里银币制度被西力克银币制度所替代。

第二节　隋朝铸造的五铢白钱

西方罗马帝国实现狄纳里银币信用化采用了降低金属成色的方式,结果造成了狄纳里银币制度的终结;东方中国隋朝实行五铢铜钱信用化也采用了降低金属成色的方式,结果也造成了五铢铜钱制度的终结。

一、隋文帝在五铢钱内加入锡镴

公元 581 年,杨坚代周称帝,是为隋文帝。当年,隋文帝铸行五铢钱,文曰"五铢",重如其文。隋文帝铸行五铢钱,采用的是南朝重量制度,1 斤 220 克,1 两 13.75 克,1 铢 0.5729 克。

隋文帝铸行五铢钱,目的在于使全国流通钱币标准规范。从现代出土文物看,这时的五铢钱质量较好,其重量也比较充足。根据昭明、马利清先生的考证,当时五铢钱重量在 3 克(5.2 铢)左右[1],是文重相符的钱币。

---

[1] 昭明、马利清:《古代货币》,中国书店 1999 年版,第 158 页。

隋朝开国初始,百废待兴,将流通中的钱币全部更换为新币,在操作上存在相当大的困难。所以,隋文帝的朝廷对于百姓私铸新钱的行为采取了比较宽容的态度。

> 是时钱既新出,百姓或私有镕铸。三年四月,诏四面诸关,各付百钱为样。从关外来,堪样相似,然后得过。样不同者,既坏以为铜,入官。诏行新钱已后,前代旧钱,有五行大布,永通万国及齐常平,所在用以贸易不止。①

这时朝廷铸行了新钱,有些百姓便私铸这种新钱。两年之后,到了开皇三年(公元583年)四月,隋文帝诏令发给四方每个关隘,各百枚样钱,据以核对入关的铜钱,符合规格者才可入关。不符合规格的铜钱,销毁为铜,没入官府。颁布诏令实行新钱以后,前代的旧钱,有五行大布钱、永通万国钱以及后齐的常平钱,各地仍用来交易,没有废止。

此时,朝廷对于民间铸造符合规范的五铢钱,视同官府铸造,允许进入流通。对于前朝的旧钱,也没有废止。然而,这项政策很快就发生了变化。

> 四年,诏仍依法不禁者,县令夺半年禄。然百姓习用既久,尚犹不绝。五年正月,诏又严其制。自是钱货始一,所在流布,百姓便之。②

开皇四年(公元584年),隋文帝下诏,对于仍然沿用旧钱而不加禁止的地方,县令扣罚半年俸禄。然而百姓习惯使用旧钱,法令仍然不能彻底奏效。开皇五年(公元585年)正月,隋文帝下令严格这一法令,终于实现了流通钱币的统一。五铢新钱的流通,方便了民间商品交易。

禁止前朝旧钱流通法令的颁布,发生在开皇三年四月至开皇四年之间。上述诏令,对没有禁止前朝旧钱流通地方,罚县官俸禄半年,是

---

① (唐)魏徵等:《隋书》卷二四《食货志》,中华书局1973年版,第691—692页。
② 同上书,第692页。

隋文帝再次诏令重申禁止前朝旧钱流通。

到了开皇五年,隋文帝又一次下诏,严格重申这一法令。至此,虽然五铢新钱的流通获得了统一,但是百姓私铸的问题仍然十分严重。其原因是,此时的五铢钱内加入锡镴,铸造利益较大,所以百姓私铸钱币,从中牟利。

> 是时见用之钱,皆须和以锡镴。锡镴既贱,求利者多,私铸之钱,不可禁约。其年,诏乃禁出锡镴之处,并不得私有采取。[1]

这时流通的铜钱,都必须加入锡镴。锡镴价格低贱,很多人为谋求私利进行私铸。私铸钱币的活动,官府无法禁止约束。这一年,朝廷下诏命令出产锡镴的地方,百姓不得私自开采。

二、皇子铸钱引发的私铸泛滥

皇子们带兵攻入南朝地界,遭到南朝民众的反抗,隋文帝诏令皇子立炉铸钱,解决军队开支问题。

开皇八年(公元588年),隋文帝派晋王杨广、秦王杨俊及大将杨素为行军元帅,发兵51万,分属90总管,皆归晋王指挥,大举伐陈。隋文帝又发布诏书历数陈后主罪状,缮写30万份,散布于江南。隋军东至沧海,西到巴蜀,旌旗舟楫,绵延数千里,以排山倒海之势向陈压来。开皇九年(公元589年),隋军攻入城中,活捉了陈后主,陈朝灭亡,南北分裂二百年的局面终于结束。

开皇十年(公元590年),江南发生了婺州人汪文进、会稽人高智慧等人领导的叛乱,范围遍及今江、浙、赣、闽、粤等省。杨素出军平定后,隋文帝将晋王杨广从并州总管调任扬州总管。南北统一战争和江南的叛乱使朝廷花费了大量的钱财,于是,隋文帝批准他的第二个儿子晋王杨广在扬州立五炉铸钱。

> 十年,诏晋王广,听于扬州立五炉铸钱。其后奸狡稍渐磨炉

---

[1] (唐)魏徵等:《隋书》卷二四《食货志》,中华书局1973年版,第692页。

钱郭,取铜私铸,又杂以锡钱,遞相仿效,钱遂轻薄。乃下恶钱之禁。京师及诸州邸肆之上,皆令立榜,置样为准。不中样者,不入于市。①

开皇十年(公元590年),隋文帝诏令晋王杨广,听任他在扬州设立五座冶炼炉铸钱。从此以后,奸诈狡猾的人逐渐开始磨锉钱的边廓,获取铜金属私下铸钱,又掺杂进锡钱。遞相仿效,钱因此就变得既轻又薄。朝廷于是就下达了对粗劣钱的禁令。京城及各州的旅社店铺之上,都让张设榜文,置放样品作为标准,与样品不符合的,不得流入市场。

杨广铸造的五铢钱比较轻薄,所以引发了民间的盗铸。钱币轻薄,降低铜金属成色,掺杂锡鑞,铸造者便有利可图,自然盗铸蜂起。开皇十八年(公元598年),隋文帝派他的第五子汉王杨谅率水陆军30万征伐高句丽。

> 十八年……二月……乙巳,以汉王谅为行军元帅,水陆三十万伐高丽。……九月乙丑,汉王谅师遇疾疫而旋,死者十八九。②

开皇十八年……二月……。乙巳日,任命汉王杨谅为行军元帅,水军陆军30万人征讨高句丽。九月乙丑日,汉王杨谅军队遇到瘟疫撤回,死亡人数十有八九。

大规模远距离的征战,自然十分耗费钱财,隋文帝允许汉王杨谅立炉铸钱。

> 十八年,诏汉王谅,听于并州立五炉铸钱。是时江南人间钱少,晋王广又听于鄂州白纻山有铜铆处,锢铜铸钱。于是诏令听置十炉铸钱。又诏蜀王秀,听于益州立五炉铸钱。③

开皇十八年,隋文帝诏令汉王杨谅,听任他在并州设立五座冶炼炉铸钱。这时江南民间钱少,晋王杨广又被听任在鄂州白纻山有铜矿

---

① (唐)魏徵等:《隋书》卷二四《食货志》,中华书局1973年版,第692页。
② (唐)魏徵等:《隋书》卷二《高祖纪》,中华书局1973年版,第43页。
③ (唐)魏徵等:《隋书》卷二四《食货志》,中华书局1973年版,第692页。

的地方炼铜铸钱,于是诏令他设置十座冶炼炉铸钱。又诏令蜀王杨秀,听任他在益州设立五座冶炼炉铸钱。

隋文帝允许儿子们放开手脚铸钱,于是钱制大乱,隋文帝就不得不加大了对民间盗铸的打击力度。

> 是时钱益滥恶,乃令有司,括天下邸肆见钱,非官铸者,皆毁之,其铜入官。而京师以恶钱贸易,为吏所执,有死者。数年之间,私铸颇息。①

这时钱更加粗劣,隋文帝就命有关部门收缴旅舍店铺中的现钱,不是官府铸造的,都予以销毁,销毁后的铜金属没收交入官府。而京城中用粗劣的钱交易,被官吏抓获,有被处死的。几年之后,私下铸钱的行为大体止息。

三、过度开支导致铜钱中铅锡增多

仁寿四年(公元604年)七月,隋文帝杨坚死于歧州之北的仁寿宫。杨广即皇帝位,是为隋炀帝。隋炀帝即位之时,天下殷富,于是立即营建东都、开凿运河。

> 炀帝即位,是时户口益多,府库盈溢,乃除妇人及奴婢部曲之课。男子以二十二成丁。始建东都,以尚书令杨素为营作大监,每月役丁二百万人……而东都役使促迫,僵仆而毙者,十四五焉。每月载死丁,东至城皋,北至河阳,车相望于道。②

隋炀帝即位时,天下人口户数更多,府库物资盈满溢出,于是就免除了妇女和奴婢部曲的赋税。规定男子以22岁为成年纳税人。此时开始营建东都,任命杨素为营作大监,每月役使丁夫200万人,而东都的劳役严促紧迫,丁夫倒地而死的,十有四五。每月运载死去丁夫的车,东到城皋,北到河阳,在路上相连不断。

同时,隋炀帝启动了开凿御河的工程,所用人丁数量,亦不下百

---

① (唐)魏徵等:《隋书》卷二四《食货志》,中华书局1973年版,第692页。
② 同上书,第686页。

万。《隋书·炀帝上》载：

> 大业元年……三月丁未，诏尚书令杨素、纳言杨达、将作大匠宇文恺营建东都……辛亥，发河南诸郡男女百余万，开通济渠，自西苑引穀、洛水达于河，自板渚引河通于淮。①

大业元年（公元605年）三月丁未日，隋炀帝诏令尚书令杨素、纳言杨达、将作大臣宇文恺营建东都。辛亥日，征发百余万黄河两岸各郡男女，开凿通济渠，从西苑引穀水、洛水通到黄河，从板渚引黄河水通到淮河。

几个月之后，隋炀帝就开始了巡游。

> 大业元年……八月壬寅，上御龙舟，幸江都……文武官五品以上给楼船，九品以上给黄篾。舳舻相接，二百余里。②

大业元年八月壬寅日，隋炀帝乘龙舟，到达江都。五品以上的文武官员乘坐楼船，九品以上的文武官员乘坐黄篾船，船只首尾相接，长达200余里。

比较营建东都和开凿御河，巡游更是纯粹的消费。200余里船队的大规模巡游团，所花费用不计其数。巡游不仅是纯粹的消费，而且启发了隋炀帝再兴巨型工程的思路。筑长城、修运河，动辄百万人众，工程不断。工程越做越多，结果男人不够用了，便开始征女人从劳役。就是这样折腾，拼命地花钱，还没将国民经济整垮。于是，隋炀帝另辟蹊径，发动了对高句丽的战争。与汉武帝时代的情况类似，战争消耗与水患灾害同时发生。

隋炀帝征发无度，大量人口死于战争和劳役。隋文帝时期社会积累的财富消耗殆尽，社会生产已无法正常进行，人民无法生活，强者聚而为盗，弱者自卖为奴婢。

大业七年（公元611年），山东爆发农民起义。隋炀帝对于农民起义并未在意，继续进行征伐高句丽的战争。大业八年（公元612

---

① （唐）魏徵等：《隋书》卷三《炀帝上》，中华书局1973年版，第63页。
② 同上书，第65页。

年),隋炀帝亲率百万大军渡过辽水,进围辽东城,结果大败而归。大业九年(公元 613 年),隋炀帝再次亲率大军征发高句丽,亦未能成功。没完没了的折腾,使社会经济濒临崩溃,钱币也就日益轻薄滥恶。钱币中掺杂铅锡较多,颜色就成为白色。《新唐书·食货志》载:

> 隋末行五铢白钱。①

根据近代出土文物,隋末五铢白钱重约 2.7 克(4.7 铢)。②

四、恶钱盛行造成五铢钱制度崩溃

1957 年,西安玉祥门外隋代李静训墓出土了 5 枚隋五铢。③ 1959 年,长沙隋墓清理中发现一墓随葬铜钱 93 枚。④ 这些出土铜钱都是五铢白钱。钱币越轻薄,金属成色越低,铸币的利益就越大。因此,隋末盗铸钱币的活动泛滥成灾。

> 大业已后,王纲驰紊,巨奸大猾,遂多私铸,钱转恶薄。初每千犹重二斤,后渐轻至一斤。或剪铁鍱,裁皮糊纸以为钱,相杂用之。货贱物贵,以至于亡。⑤

大业年间以后,朝廷纲纪松弛紊乱,极其奸滑的人,就大多私自铸钱,钱变得质薄粗劣。开始的时候,每 1000 枚重量还能够达到 2 斤,后来逐渐减少到 1 斤。有的人剪凿铁片,裁皮糊纸作钱,将坏钱与好钱互相掺杂使用。结果发生了通货膨胀,钱币贬值,商品价格昂贵,这种情形一直延续到隋朝灭亡。

1000 枚五铢钱的理论重量是 5000 铢,即 208.3 两,或者 13 斤。理论上 13 斤重量的铜钱,减少到只有 1 斤。并且,在这只有 1 斤重量的金属中,铜金属成分大幅度降低,铅金属成分大幅度上升,铜钱变成了铅钱。百姓不再相信铜钱的真实性,不再接受这些不断减值的

---

① (宋)欧阳修、宋祁:《新唐书》卷五四《食货四》,中华书局 1975 年版,第 1383 页。
② 参见《陕西金融》1990 年第 10 期。
③ 唐金裕:《西安西郊隋李静训墓发掘报告》,载《考古》1959 年第 9 期。
④ 湖南省博物馆:《长沙两晋南朝隋墓发掘报告》,载《考古学报》1959 年第 3 期。
⑤ (唐)魏徵等:《隋书》卷二四《食货志》,中华书局 1973 年版,第 692 页。

钱币。

五铢钱制度彻底败坏，人民无法生活，被迫举旗造反，隋王朝终至灭亡。太原留守李渊乘机起兵，建立唐朝政权，并逐步控制了隋王朝统治的大部分地区。为了支持战争，取得最后的胜利；为了稳定经济秩序，恢复大后方的正常生产和商品流通；为了提高百姓的信任度，唐王朝需要创造一种真实可信的钱币，以支持和巩固新兴政权。于是，唐王朝创建了"开元通宝"钱币制度。随着唐王朝政权的逐步稳定，开元通宝制度逐步地取代了五铢钱制度，成为国家法定的、统一的货币制度。

第三节 日本平安时代铅制的"铜钱"

日本平安时代前期，使用铅金属替代铜金属制造铜钱。铜钱中铅金属越来越多，铜金属越来越少，铜钱就变成了铅钱。百姓不再相信钱币的真实性，不再使用钱币进行交易，日本经济便进入长达600年的无铸币时代。

一、铜钱的金属成色不断降低

公元796年（延历十五年），平安时代初期，桓武天皇铸行隆平永宝，1枚隆平永宝法定兑换10枚旧钱。

公元818年（弘仁九年），嵯峨天皇铸行富寿神宝。富寿神宝的铜金属成色下降，铅金属成分上升。铅金属要比铜金属软很多，容易磨损。所以，富寿神宝中的铅金属成分上升，造成钱币表面字迹模糊不清。于是，有人提出意见。

公元820年（弘仁十一年），嵯峨天皇下诏给大藏省，推动这种新钱的入市，对于字迹不清的新钱，要大家照常使用。

降低金属成色之后，采铜量仍不能满足铸造钱币的需求。所以，日本朝廷只好减少每年铸造钱币的数量。

公元 821 年(弘仁十二年),铸钱使奏称:

从弘仁九年至今,铜矿开采量日趋减少,不足以铸造货币。希望铸造计划由五千六百七十贯减少为三千贯,且今后每年均按此计划执行。①

公元 835 年(承和二年),仁明天皇铸行承和昌宝,铜金属成色进一步下降,铅金属成分进一步上升。

公元 859 年(贞观元年),清和天皇铸行饶益神宝,其重量是日本皇朝十二钱中最轻的,币质更加恶劣,百姓兴起选择钱币之风。

公元 865 年(贞观七年),日本朝廷颁布禁止选钱的命令:

弘仁十一年六月通知大藏省,铸钱司正在铸造的新钱,虽说币面文字不很清晰,但字势尚在。况且,即使存在小瑕疵也不妨碍其流通使用。因此还是应该研究一下予以接受为盼。然而,如有愚昧无知者不明白这个道理,放纵自己的心去选择,或不接受,或者以文字不全为由,在十枚中弃舍二三枚拒收,或者以缺边少角为由,从一百枚中弃舍八九枚拒收。则需要米充饥的人则难以糊口,需要买棉的人则难以御寒暖身。为此,在路头张贴告示,严加禁止。如有违背者,就地施以杖刑。②

公元 870 年(贞观十二年),日本朝廷铸行贞观永宝,继续降低铜金属成色,铜金属成分已经降至接近一半,铸钱的做工也更加粗糙。

公元 872 年(贞观十四年)9 月,据《日本三代实录》③的记载,新铸的贞观永宝钱文就磨毁了,轮廓也不见了,以致在日常交易中大多被放弃不用。日本朝廷对铸钱司进行了严厉的批评,要求其采取有效措施改善铸造工艺。

公元 875 年(贞观十七年),日本朝廷下令禁止百姓采矿冶铜造

---

① [日]久光重平:《日本货币史概说》,孟郁聪译,法律出版社 2022 年版,第 23 页。

② 同上书,第 25 页。

③ 《日本三代实录》:关于清和天皇、阳成天皇、光孝天皇三位天皇生活、工作当时的文字记录。

器,以保护铸造铜钱的铜金属资源:

> 听凭民意滋长而不知管制,私采长门国的铜矿,制造日用杂器,进行商品买卖,日渐成为恶习。这是铜矿收入减少的原因。因此要予以制止。①

二、用铅金属制造的"铜钱"

公元907年(延喜七年),醍醐天皇铸行"延喜通宝"。(见图18-2)根据《钱谱》记载,延喜通宝并没有使用铜金属,而是模仿铜钱制造的铅钱。比较铜钱,铅钱易于磨损。所以,醍醐天皇在发行延喜通宝的诏书中说:

> 如果钱文中有一字能够看明白,大家都应该使用。如果有人进行挑选或者弃之不用,则将追究责任。②

延喜通宝已经不是真的铜钱,而是假铜钱。朝廷造假,百姓信心丧失殆尽,不愿接受这样的假钱。

图18-2 延喜通宝

从此,日本古代的货币经济开始走向衰败。过了半个世纪之后,公元958年(天德二年),村上天皇铸行了皇朝最后一种钱币"乾元大宝"。

这个时候,延喜通宝已经流通了半个多世纪,是个非常糟糕的钱

---

① 久光重平:《日本货币史概说》,孟郁聪译法律出版社2022年版,第26页。
② 同上书,第27页。

币。乾元大宝比延喜通宝更为糟糕,糟糕到什么程度,似乎超出了我们的想象,以至于百姓反应激烈,交易时对钱币进行选择,不接受新钱的流通。于是,日本朝廷进行公卿论奏,商量解决办法。

公元963年(应和三年),日本朝廷进行公卿论奏,议定停止旧钱流通,只准许新钱流通。旧钱退出,只剩下新钱,百姓不接受也不行。不料,百姓仍然不接受新钱。没有了旧钱,百姓又不接受新钱,结果只能让商品交换回到以物易物的原始交换方式。

公元984年(宽和二年),史书记载:

> 从去年九月中旬至今,没有人用钱购买物品,货币不再流通,人民无不叹息。[1]

同时,官方表示要派遣"检非违使",制止不用钱而用物物交换的行为。同时,为了让天下民众使用钱币,朝廷命令15座大寺的80位僧侣进行一个星期的祈祷,却没有任何效果。

三、日本经济进入无铸币时代

罗马帝国前期降低狄纳里银币的白银金属成色,使狄纳里银币的白银成色几乎降低到零,结果造成狄纳里银币制度的终结,代表黄金价值的西力克银币制度代之而起。

中国隋朝降低五铢钱的铜金属成色,加入过多的铅金属,铸行五铢白钱,搞得百姓都不接受这种假钱,五铢钱制度终于崩溃,开元通宝制度代之而起。

日本平安时代前期降低铜钱的铜金属成色,干脆用铅金属制造"铜钱",百姓也不接受这种假钱,铜钱制度崩溃,日本经济进入长达600多年的无铸币时代。

降低铜钱的铜金属成色,只是日本古代经济进入长期无铸币时代的导火索。此事还有另外两个原因:

---

[1] [日]久光重平:《日本货币史概说》,孟郁聪译,法律出版社2022年版,第35页。

第一，提高铜钱的名义价值，以一当十，使百姓手中的钱币大幅度缩水，造成百姓重视商品而不愿使用钱币，则是日本古代经济从钱币媒介的商品交换方式转向以物易物的原始商品交换方式的主要推动力量。

第二，庄园经济的逐步兴起，商品经济的逐步衰败，是日本古代经济进入无铸币时代的根本原因。

自从公元983年9月中旬，日本百姓不再用钱购买商品，钱币就在日本逐步销声匿迹。没有了钱币，取而代之发挥货币作用的是稻谷、布帛等实物货币。

四、无铸币时代流通的钱币

日本百姓使用稻谷、布帛等实物货币的情形持续了100多年，直到中国的宋钱进入日本，日本百姓才开始重新使用钱币进行商品交易。中国的宋钱进入日本，是从王安石变法时开始的。

公元962年(建隆三年)，宋太祖赵匡胤诏令禁止百姓挟钱出境。此后，北宋关于禁止铜钱出境的法令日益严厉。公元1074年，王安石废除钱禁，铜钱大量流入日本，北宋便出现了钱荒。

元朝(公元1271—1368年)实行单一纸币制度，铜钱被放置不用，北宋时期铸造的铜钱继续流向日本。所以，日本钱币流通的恢复，主要使用的是皇朝十二钱和北宋铜钱。同时，日本百姓私铸铜钱逐步兴旺起来。

明朝初期，中国铜钱继续流向日本，其途径主要有三，久光重平先生说：

> 室町时代日本的渡来钱大概是通过朝贡、通商、倭寇三条途径进口的。而且这三者之间也并不一定界限分明。朝贡船只通常是与通商船只相伴来往。朝贡被拒绝时就都变成通商，若通商再被拒绝，则可能又变成倭寇了。还有假通商却实为倭寇的。总

而言之,这三者都是奔着同一个目的——把钱搞到手。[1]

日本的无铸币时代,经历了镰仓幕府时期(公元1192—1333年)和室町幕府时期(公元1336—1573年),直到公元1587年丰臣秀吉掌权时期,日本铸造天正通宝金银币,才正式结束了日本的无铸币时代。

第四节 降低金属成色颠覆钱币制度

将金属货币信用化的三种方式进行比较,最糟糕的方式就是降低金属货币的金属成色。金属货币信用化的核心内容是减少其金属价值,增加其信用价值。使用降低金属成色的方法,虽然减少了钱币的金属价值,但是同时也减少了钱币的信用价值,所以,只能导致钱币被人们废弃,钱币制度因此而被颠覆的恶果。

一、与其他两种信用化方式的比较

金属货币信用化的对象是钱币,实行者便是其发行者——古代国家的朝廷,目的是从民间敛财。金属货币信用化的三种方式,都是朝廷用来敛财的方式。钱币是朝廷垄断制造的,商品是百姓分散生产的。百姓作为被敛财的对象,最直接的对策就是提高商品价格,减少被朝廷敛财造成的损失。

朝廷使用减少金属含量的方式,虽然是逐步进行的,百姓却可以直观到这种变化,采用提高商品价格的方式来对应。朝廷利用实币与虚币并行的方式,抑制商品价格的上升。同时,朝廷接受虚币作为纳税货币,从而维持商品价格的稳定。

朝廷使用提高钱币名义价值的方式,同样可以达到减少钱币中金属价值占比的结果,实现敛财的目的。但是,这种方式与减少金属含

---

[1] [日]久光重平:《日本货币史概说》,孟郁聪译,法律出版社2022年版,第65页。

量的方式有所不同,它不是一个逐步的过程,而是一个突发的过程。百姓的应对,一是提高商品价格,二是收藏实币,支出虚币,结果使市场上出现劣币驱逐良币的现象。同时,不法百姓盗铸虚币,导致市场上货币流通总量的剧增,引发严重的通货膨胀。所以,提高名义价值的方式,往往是朝廷偶尔为之的临时之举,实行后很快就被废黜不用。

降低金属成色不同于前两种方式,主要是百姓无法直观到钱币价值的变化。当人们发行钱币中的金属已经被贱金属所替换,成为"伪币"的时候,不法百姓便铤而走险、盗铸伪币、从中牟取暴利;守法百姓不堪遭受这种掠夺,并且无法分辨钱币的真假,便采用以物易物的原始商品交换方式,不再接受钱币。因此,朝廷使用降低金属成色的方式进行虚币敛财,往往会导致原有货币制度的终结,不得不建立新的货币制度,以恢复百姓对于朝廷铸行钱币的信心。

相对减少金属含量,提高名义价值的方式是一种难以持续的方式,使用一段时间之后就会被废黜不用;相比减少金属含量和提高名义价值,降低金属成色的方式不仅没有能够增加钱币中发行者信用价值的占比,反而会造成钱币信用的丧失,引发钱币制度的崩溃。

二、金属货币信用化所需要的信用支持

如何使钱币的名义价值中发行者的信用占比持续上升,这就需要人们不断增加对钱币价值的信心。政府为了增强人们对于钱币价值的信心,实行了以下的制度和措施:

第一,政府接受信用化的钱币作为纳税货币,作为财政收支的法定货币;

第二,政府设立了实币与虚币并行的制度,确立实币与虚币之间的法定比价,让信用化的虚币代表一定价值的实币发挥货币职能;

第三,政府颁布法令,禁止百姓盗铸钱币,以保证流通中的大小钱币,都是政府制造的、具有无限法偿地位的法定钱币;

第四,禁止百姓销毁钱币,以保证政府铸行的钱币的流通使用;

第五,禁止百姓交易时在实币与虚币之间进行选择;

第六,当商品价格上涨时,政府出售储备商品,平抑物价,以增强市场对于信用化钱币的信心。

于是,百姓相信信用化钱币的价值,不仅将其用作价值尺度、流通手段,而且将其用作财富储藏手段,用于窖藏或者墓葬。

三、降低金属成色就是降低发行者信用

信用化钱币中的一部分价值,是发行者信用的价值。发行者信用的价值,源于百姓对发行者的普遍信任。

降低金属成色,使用者不仅无法分辨钱币的真假,更无法分辨钱币价值的多寡,自然对钱币失去信心,同时对发行者失去信任。

当发行者——朝廷官府将一枚铜币支付给百姓时说:"这是一枚银币。"百姓自然不肯接受,即便接受之后才发现这是一枚铜币,也会不再相信这种钱币的价值。于是,钱币的发行者——朝廷的信用便被降低。

除此之外,针对朝廷偷偷降低钱币金属成色的行为,百姓分成两个群体,一种人采取了违法的对策,另一种人采取了守法的对策。

违法者使用贱金属盗铸假币,充当贵金属钱币使用,从中牟取暴利,造成假币泛滥和通货膨胀;守法者无法分辨钱币金属成色的多寡,无法估计钱币的价值,只好不再使用钱币交易,使商品交换退回到以物易物的原始方式。此时,朝廷不得不寻求新的钱币制度,重新投入成本,以期恢复民众的信心。

在世界货币史中,采用降低金属成色的方式收敛民财的情况并不多见。我们只介绍了罗马帝国、中国隋朝、日本平安时代的三个事例。这三个事例的结果,都结束了原有的、长期稳定的钱币制度:罗马帝国使用铜金属替代银金属制造狄纳里银币,结束了实行500多年的狄纳里银币制度;中国隋朝使用铅金属替代铜金属制造五铢铜钱,结束了实行700多年的五铢铜钱制度;日本平安时代朝廷使用铅金属替代铜金属制造铜钱,并且多次提高钱币的名义价值,造成旧钱名义价值的突升突降,结束了日本封建王朝的鼎盛时期,使日本从此进入长达

600多年的无铸币时代。

四、金属货币信用化最终产生非金属货币

金属称量货币经历了1000多年的发展和演化,产生出金属数量货币——钱币,而钱币则经历了将近两千年的发展和演化,产生出非金属货币——纸币。

在货币发展的历史长河中,从金属货币转为非金属货币,金属货币信用化起到了示范和推动的决定性作用。

在历史的各个时期,世界的各个国度,一次次发生的各种方式的金属货币信用化的实践,为人们展示了一个道理——金属货币的金属价值可以被发行者的信用价值所替代。支撑这种替代的力量,不仅是市场的发展对于货币流通总量存在着日益扩大的需求,而且还需要依靠发行者的经济实力和信用实力。

于是,中国的唐朝出现了"飞钱";中国的宋朝出现了"交子"。这些非金属货币——纸币最初是由百姓分散制造和发行的。由于发行者的经济实力和信用实力不够,到了北宋年间,四川16家富商联合发行交子,仍然不能满足市场对于发行者经济实力和信用实力的要求。所以,公元1023年(宋仁宗天圣元年),北宋王朝成立"交子务",由国家统一发行和管理纸币流通,让纸币代表金属货币发挥货币职能。为了保障纸币的运行,北宋王朝建立了纸币发行限额制度、纸币发行准备制度和纸币流通界兑制度。

当今世界,金属数量货币钱币已经不是货币的主要形态,货币的主要形态已经从金属货币转为非金属货币。不仅如此,纸币的发展又孕育出无形货币的胚胎,有形货币正在向无形货币转化。展望未来,无形货币的运行,则需要更为严谨的法律秩序以及发行主体更为强大的经济实力和可靠的信用实力。

第四编

货币法制的建立

（公元前 3 世纪至公元 13 世纪）

导　　论

从世界货币史的角度看,货币与法律有着共同产生、相辅相成的关系。

货币是价值尺度,法律是行为尺度。法律赋予货币价值尺度的功能,货币又是法律执行过程中的量化尺度。

最早的货币是称量货币。当称量标准在一定国度内被国家法律统一的时候,一般等价物的商品就转化为称量货币。因此,最早的货币产生于法律对称量标准的统一。从另一个角度看,国家法律对于国民行为进行规范,需要奖罚量化尺度。所以,国家法律一经建立,就引用了货币量化尺度。因此,最早的货币和最早的法律几乎同时产生,二位一体,相辅相成,共同发展。而专门的货币立法,则是金属货币信用化的结果。

从历史的角度看,货币法制的建立可以分为三个阶段:

1. 普通法中的量化尺度

称量货币一经出现,便在人类最早的普通法中充当法庭判定奖罚轻重的量化尺度。此时的法律是针对国民行为的普通法,而不是专门的货币法。货币在此时的普通法中,只是作为执法量化尺度,区分奖罚轻重。

2. 普通法中的价值尺度

称量货币时代,称量货币与普通商品或劳务的交换,采用市场价格,遵循等价交换原则。称量货币作为商品交换媒介,发展到一定程度时,除了作为法庭判定奖罚的量化尺度,在普通法中还被用作确定商品价格、劳务工资和租赁、借贷收益等事项的价值量化尺度。

3. 专门的货币立法

称量货币的发展产生出数量货币,数量货币的制造被国家垄断后,国家为了在金属资源有限的条件下制造出更多的数量货币,就大幅度减少金属货币的含金量或者降低金属货币的金属成色,从而创造出信用化的金属货币——虚币。虚币的产生,转变了实币时代货币与商品之间的等价交换原则,产生出货币与商品之间的"非等价交换"关系。为了使这种"非等价交换"关系得以持续、稳定的维系,国家建立了专门的货币立法,从而使货币相关法律从普通法中分离出来。

若干萝卜交换若干白菜,遵循市场上的等价交换原则,不需要专门的立法;虚币与各类商品的交换,不再遵循市场上的等价交换原则,就不得不依赖专门的货币立法。于是,随着货币的发展演化,出现了专门的货币立法。从此,货币的发展和相关法律的发展又在一个新的平衡状态下继续前行。

从货币法制循序渐进的成长过程看,货币法制的建立,要从普通法中的量化尺度开始讲起。

第十九章
Chapter 19

普通法中的量化尺度

货币最初的形态是称量货币，称量货币一经出现，便作为价值尺度被规定在人类最早的普通法中，用来充当法庭判定奖罚轻重的量化尺度。

第一节　奖罚轻重的量化尺度

国家法定统一称量单位和称量单位标准，是称量货币诞生的必要条件。有文字记载的、世界上最早的称量货币，诞生在公元前22世纪末期西亚地区两河流域的乌尔第三王朝。

一、人类最早的成文法典中的条文

迄今为止，我们发现的人类最早的成文法，是公元前22世纪末期至公元前21世纪初期两河流域乌尔第三王朝国王乌尔纳姆（公元前2113年至公元前2096年在位）颁布的《乌尔纳姆法典》。

《乌尔纳姆法典》不是专门的货币立法，而是普通法。在《乌尔纳姆法典》中，法庭判定奖罚轻重量化尺度采用白银称量货币和大麦称量货币。白银称量货币单位是弥那和舍客勒,1 弥那 = 60 舍客勒 = 500 克。大麦称量货币单位是古尔,1 古尔 = 121 升,可以盛 168 千克。

出土的《乌尔纳姆法典》残留文字共计 27 条,其中使用弥那白银称量货币单位的地方 6 处;使用舍客勒白银称量货币单位的地方 8 处,使用古尔大麦称量货币单位的地方 2 处,主要用于赔偿、奖赏、犯罪处罚等[①]。

判处赔偿的条文:

离婚赔偿或者人身伤害赔偿白银,以弥那单位计算。

第 10 条:如果与原为寡妇的妻子离婚,应付她半弥那白银。

第 16 条:如果打坏他人眼睛,应付半弥那白银。

第 18 条:如果在斗殴中用棒打断他人手臂或腿,应付 1 弥那白银。

第 19 条:如果用铜刀割断他人鼻子,应付 2/3 弥那白银。

较轻的人身伤害赔偿白银,以舍客勒单位计算。

第 17 条:如果斩断他人的脚,应付 10 舍客勒白银。

第 20 条:如果打落他人牙齿,应付 2 舍客勒白银。

应该赔付奴隶的,如果没有奴隶,可以赔付白银,如果又没有白银,可以用其他物品赔付。

第 21 条:……如果没有奴隶,应付 10 舍客勒白银。如果没有白银,应付其所拥有的其它物品。

判处犯罪处罚的条文,包括绑架罪、强奸罪、诬告罪等:

第 8 条:如果以暴力强奸他人处女女奴,应罚其 5 舍客勒白银。

第 12 条:如果有人被告发实施巫术,他必须经受河水的验证;如果他被证明无辜,告发者应付 3 舍客勒白银。

第 13 条:如果有人告发人妻通奸,而河水验证后证明她无

---

① 石俊志译注:《乌尔纳姆法典》,载《当代金融家》2019 年第 9 期。

辜,那么告发者应付 1/3 弥那白银。

第 23 条:如果出庭作证出具伪证,应付 15 舍客勒白银。

损坏或者荒芜他人土地,应采用大麦称量货币进行赔偿,而不是采用白银称量货币赔偿。

二、商业中心城邦法典中的条文

公元前 21 世纪,埃什嫩那王国作为两河流域的商业中心城邦,出现了繁盛的货币经济。

两河流域中部,巴比伦城东北方的迪亚拉河谷地区是四通八达的商业要道,经济比较发达。这里是埃什嫩那王国统治地区。公元前 2025 年,埃什嫩那王国脱离乌尔第三王朝宣告独立。埃什嫩那王国的第四任国王俾拉拉马颁布了一部法典——《俾拉拉马法典》,其中记载着称量货币的使用情况。

《俾拉拉马法典》中的大部分条文,都是使用称量货币作为商品价格、劳务工资、租赁和借贷收益等量化尺度的规定,但是其中也有使用称量货币作为法庭判定奖罚轻重尺度的条文[1]:

第 44 条:倘自由民推倒自由民于……而挫伤其手,则彼应赔银二分之一弥那。

第 45 条:倘彼挫伤其足,则应赔银二分之一弥那。

第 46 条:倘自由民殴打自由民而挫伤其……则应赔银三分之二弥那。

第 47 条:倘自由民推撞自由民之……则彼应赔银十舍客勒。

这些条义都是用来保护自由民人身权利的。自由民人身受到其他自由民的伤害,法律规定要用白银称量货币进行赔偿,赔偿数量一般采用弥那作为量化尺度。

奴隶作为自由民的财产,如果因为他人的缘故受到伤害,也要使

---

[1] 《埃什嫩那国王俾拉拉马的法典》,载林志纯主编:《世界通史资料选辑》商务印书馆 1962 年版,第 50—51 页。

用白银称量货币进行赔偿,赔偿的数量远远少于自由民得到的补偿,所以一般采用只有 1/60 弥那价值的舍客勒白银货币单位作为价值量化尺度。

第 57 条:倘狗咬奴而致之于死,则狗之主人应赔银十五舍客勒。

奴隶生命的价值是 15 舍客勒白银,即 1/4 弥那白银。这些白银赔偿给奴隶的主人。

三、军事强盛国家法典中的条文

公元前 21 世纪末期,两河流域军事强盛的国家是伊新王国。

公元前 2020 年,伊什比·埃拉脱离乌尔第三王朝,建立了伊新王国。伊新王国的第五任国王李必特·伊丝达(公元前 1935 年至公元前 1924 年在位)颁布了《李必特·伊丝达法典》。

伊新王国和埃什嫩那王国两者是同时代的王国,但两者在货币经济发展上有着明显的差距。虽然伊新王国军事比较强盛,一度称霸两河流域南部,但其商品经济比较落后,法律上采用称量货币作为补赎量化尺度的方式明显少于埃什嫩那王国。

《李必特·伊丝达法典》现存的 38 个条文中,没有涉及大麦称量货币;涉及白银称量货币的地方有 5 处,货币单位采用弥那和舍客勒两种[1]。

第 9 条:倘自由民入人之园而以盗窃行为被捕,则彼应偿银十舍客勒。

第 10 条:倘自由民砍伐他人园中之树木,则彼应偿银二分之一弥那。

第 12 条:倘自由民之婢或奴逃往一个地方,在另一自由民之

---

[1] 《伊新国王李必特·伊丝达的法典》,载林志纯主编:《世界通史资料选辑》,商务印书馆 1962 年版,第 53 页。

家住居一月,而被揭发,则此自由民应以一头还一头①。

第13条:倘自由民并无一头,则应偿银十五舍客勒。

盗窃自由民的果木,要使用白银称量货币进行赔偿;隐匿自由民的奴隶,可以使用奴隶进行赔偿,也可以使用白银称量货币进行赔偿,一个奴隶的价格是15舍客勒白银。

四、发展成熟国家法典中的条文

公元前18世纪初期,中国夏朝时期,两河流域的古巴比伦王国已经成为相当成熟的国家,有着比较完善的法律。

公元前1894年,两河流域阿摩利人一个名叫苏姆·阿布姆的领袖在两河之间距离较近的一个古老城市建立了一个王国。这个城市名叫巴比伦,苏姆·阿布姆建立的这个王国史称"古巴比伦王国"。

公元前1792年,汉谟拉比即位为古巴比伦王国的第6任国王,颁布了一部法典——《汉谟拉比法典》。《汉谟拉比法典》的成文时间应在公元前18世纪初期。

古巴比伦王国实行大麦称量货币和白银称量货币两币并行的货币制度。大麦称量货币的单位有两个:古尔和卡;白银称量货币的单位有三个:弥那、舍客勒和乌得图。

在《汉谟拉比法典》总共282个条文中,使用大麦称量货币的地方有38处,其中以古尔计量的地方有10处,以卡计量的地方有14处,只说大麦而不说计量单位的地方有14处;使用白银称量货币的地方109处,其中以弥那计量的地方有16处;以舍客勒计量的地方有17处;以乌得图计量的地方有17处;只说白银而不说计量单位的地方有59处②。

古巴比伦王国的法律规定,自由民伤害自由民是要受到同等伤害

---

① 奴隶以"头"来计算。
② 杨炽译:《汉穆拉比法典》,高等教育出版社1992年版,第112—114页。

的,并不能使用补赎的办法来解决。

第 196 条:如果一个人弄瞎了一个人之子的眼睛,那么也应弄瞎他的眼睛。

第 197 条:如果他折断一个人的骨头,那么也应折断他的骨头。

第 200 条:如果一个人打掉了与他地位相同的人的牙齿,那么也应打掉他的牙齿。

如果自由民伤害的人不是自由民,而是穆什钦努,即社会地位处于自由民与奴隶之间的一种人,便可以使用补赎的办法来解决。补赎的轻重,采用白银称量货币来量化。

第 198 条:如果他弄瞎了穆什钦努的眼睛或是折断了穆什钦努的骨头,那么他应付出一弥那银子。

如果自由民伤害的人是奴隶,补赎的金额就只是穆什钦努的一半,也是采用白银称量货币来量化。

第 199 条:如果他弄瞎了一个人的奴隶的眼睛,或是折断了一个人的奴隶的骨头,那么他应交出其价格的一半。

如果伤害他人的人不是自由民,而是穆什钦努,被伤害人也是穆什钦努,也可以使用补赎的办法来解决,并采用白银称量货币来量化。

第 204 条:如果一个穆什钦努打了另一个穆什钦努嘴巴,他应付出十舍客勒银子。

第二节　商品价格的量化尺度

称量货币的发展和繁盛,使成文法中出现了市场普通商品的法定价格,这些法定价格是以称量货币量化的。普通商品不同于特殊商品,普通商品具有很大程度的同质性,一定重量、容量或者度量的普通商品,在价值上大体相似,因此可以在一国之内制订统一的价格。

一、埃什嫩那王国的法律规定

《俾拉拉马法典》中,有以称量货币计量商品价格的规定,其中,使用舍客勒白银称量货币单位的条文有:

第 1 条:

……

(2)上等植物油三卡　　　合银一舍客勒

(3)胡麻油一苏图二卡　　合银一舍客勒

(4)猪油一苏图五卡　　　合银一舍客勒

(5)"河油"四苏图　　　　合银一舍客勒

(6)羊毛六弥那　　　　　合银一舍客勒

(7)盐二古尔　　　　　　合银一舍客勒

(8)……一古尔　　　　　合银一舍客勒

(9)蜜三弥那　　　　　　合银一舍客勒

(10)净蜜二弥那　　　　 合银一舍客勒①

使用大麦称量货币单位卡和苏图的有:

第 2 条:……精选河油一卡,其价为大麦七卡。②

当时市场上的主要普通商品是各种油产品、盐、羊毛、蜜等,这些商品都是有着同质性的普通商品,所以出现了统一的法定价格。

二、赫梯王国的法律规定

公元前 19 世纪,赫梯王国在小亚细亚半岛兴起。公元前 16 世纪后半叶,赫梯王国的国王铁列平进行改革,对内整顿纲纪,对外发动战争,国力日渐强盛。公元前 15 世纪末期至公元前 13 世纪中期是赫梯王国最强盛的时期。《赫梯法典》是古代赫梯王国的基本法,编撰于

---

① 《埃什嫩那国王俾拉拉马的法典》,载林志纯主编:《世界通史资料选辑》,商务印书馆 1962 年版,第 45 页。

② 同上。

公元前 15 世纪。

赫梯王国使用白银货币,基本单位是舍客勒,俄文译本译为"玻鲁舍客勒",意思是"半舍客勒";德文译本及英文译本都译为"舍客勒"。

《赫梯法典》第 1 表和第 2 表共 200 个条文中,使用大麦称量货币的地方有 14 处,使用白银称量货币的地方共有 167 处。其中白银称量货币单位为弥那的地方有 14 处,白银称量货币单位为舍客勒的地方有 153 处。弥那和舍客勒都是重量单位,也都是货币单位。弥那和舍客勒重量制度源于两河流域,逐步传入位于小亚细亚半岛的赫梯王国,与赫梯王国的重量制度相结合,1 弥那等于 40 舍客勒。

在《赫梯法典》中,商品的法定价格一般以白银称量货币进行量化。具有法定价格的商品,主要是牲畜、牲畜皮、油、水果、服装、田地等①。

第 178 条:一头耕牛的价格是十二舍客勒银,一头公牛的价格是十舍客勒银,一头奶牛的价格是七舍客勒银,一头一岁的耕牛或奶牛的价格是五舍客勒银,一头小牛的价格是四舍客勒银,一头怀孕的母牛的价格是八舍客勒银。一匹种马、一匹母马、一头公驴和一头母驴的价格相同。②

第 179 条:若它是一头羊,它的价格是一舍客勒银,三头雏山羊的价格是二舍客勒银,小羊的价格是一舍客勒银,二头小山羊的价格是二分之一舍客勒银。③

第 180 条:若它是一匹挽马,它的价格是二十舍客勒银;一头驴的价格是四十舍客勒银,一匹马的价格是十四舍客勒银,一匹一岁马驹的价格是十舍客勒银,一匹一岁小牝马的价格是十五舍

---

① 李政译注:《赫梯法典》,载《古代文明》2009 年第 4 期。
② 同上。
③ 同上。

客勒银。①

第181条：一匹断了奶的小马或者雌马是四舍客勒银，四弥那铜的价格是一舍客勒银，一瓶上等油的价格是二舍客勒银，一瓶猪油的价格是一舍客勒银，一瓶酥油的价格是一舍客勒银，一瓶蜂蜜的价格是一舍客勒银，二块奶酪的价格是一舍客勒银，三个苹果的价格是一舍客勒银。②

第182条：一件哈普商达服装的价格是十二舍客勒银，一件上等服装的价格是三十舍客勒银，一件蓝色羊毛服装的价格是二十舍客勒银，一件阿都颇里服装的价格是十舍客勒银，一件塔特服装的价格是三舍客勒银，一件[……]服装的价格是四舍客勒银，一件丧服的价格是一舍客勒银，一件薄长短袖束腰外衣的价格是三舍客勒银，一件普通的束腰外衣的价格是[……]舍客勒银，一件重达七弥那的服装的价格是[……]舍客勒银，一大块亚麻布的价格是五舍客勒银。③

第183条：一百五十升小麦的价格是一舍客勒银，二百升[大麦]的价格[是二分之一舍客勒银]，五十升酒的价格是二分之一舍客勒银，五十升的[……]是[……]舍客勒银，一个伊库的灌溉田地的[价格]是三[舍客勒银]，一个伊库田地的[价格]是二舍客勒银。毗邻田地的[价格]是一舍客勒银。④

第185条：一个伊库葡萄园的价格是四十舍客勒银，一个成年牛皮的价格是一舍客勒银，五张断奶了的牛的皮的价格是一舍客勒银，十张小牛皮的价格是一弥那银，有粗毛的羊皮是一舍客勒银。十张小羊皮的价格是一舍客勒银，四张山羊皮是一舍客勒银，十五张断裂的山羊皮是一舍客勒银，二十张羔羊皮的价格是

---

① 李政译注：《赫梯法典》，载《古代文明》2009年第4期。
② 同上。
③ 同上。
④ 同上。

一舍客勒银,二十张小山羊皮是一舍客勒银。无论谁购买了二头成年羊的肉将交出一头羊。①

三、秦国的法律规定

自公元前 336 年秦惠文王始铸半两钱,至公元前 221 年秦始皇统一天下,总计 115 年属于战国后期,秦国的商品价格,已经是市场浮动价格。法律规定的商品固定价格,多是与执法相关的商品价格。

《秦律·司空》规定了犯人伙食用粮的价格:

系城旦舂,公食当责者,石卅钱。②

拘系服城旦舂劳役者,官府给予饭食应收代价的,每石收 30 枚半两铜钱。

市场上粮食商品的价格,是随时波动的。法律规定的粮食价格,只是针对犯人伙食用粮,参照市场上的粮食价格,定出的固定价格。这种法定的固定价格,与市场浮动价格相比较,经常会出现差异。

《秦律·金布律》第 14 条规定了衣服、衣料的价格:

大褐一,用枲十八斤,直(值)六十钱;中褐一,用枲十四斤,直(值)[卄廿]六钱,小褐一,用枲十一斤,直(值)卅六钱。③

大褐衣 1 件,用粗麻 18 斤,价值 60 枚半两铜钱;中褐衣 1 件,用粗麻 14 斤,价值 46 枚半两铜钱;小褐衣 1 件,用粗麻 11 斤,价值 36 枚半两铜钱。

由于当时劳动生产率低下,衣服的整体价值中,主要是衣料的价值,用料多的衣服,价格高于用料少的衣服。在衣服的整体价值中,织

---

① 李政译注:《赫梯法典》,载《古代文明》2009 年第 4 期。
② 《司空》,载睡虎地秦墓竹简整理小组:《睡虎地秦墓竹简》,文物出版社 1978 年版,第 88 页。
③ 《金布律》,载睡虎地秦墓竹简整理小组:《睡虎地秦墓竹简》,文物出版社 1978 年版,第 66 页。

造衣服所用的劳动成本,占比较小。

《秦律·金布律》第 5 条规定,1 枚半两铜钱价值以上的所有商品,都要以半两铜钱的数量标明价格。商品标价采用半两铜钱的数量,也就是用半两铜钱来充当价值尺度的功能。

四、汉朝的法律规定

汉朝的商品价格,已经形成成熟的市场浮动价格,随行就市,随时波动。由于战国晚期及秦汉之际战争的影响,铜钱大幅度减重,难以承担价值尺度的功能,执法计量便采用价值更为稳定的货币——黄金称量货币。但是,尽管使用黄金称量货币计量,实际支付时,多是按照市场浮动比价折算成铜钱进行支付,以减少由于铜钱贬值给政府带来的损失。

关于商品的市场价格,文献中多有记载。譬如,牛用于耕田或运输,是可以作为商品买卖的。《居延汉简》中载有东汉后期牛的价格为 2500 钱。[①] 这只是当时发生过的一个市场价格,并非法定的固定价格。《居延汉简》中载有东汉时期猪肉的价格为 4—7 钱。[②] 这也是偶尔发生的市场价格。关于穿衣使用的布料,是以匹为单位的,价格也是随行就市随时波动的。《汉书·食货志》云:

布帛广二尺二寸为幅,长四丈为匹。[③]

1 匹布帛的宽度是 2 尺 2 寸,长度是 4 丈。

汉代 1 尺为现代 23.1 厘米,2 尺 2 寸为 50.82 厘米,4 丈为 924 厘米。因此,布帛 1 匹的面积为现代 46957.68 平方厘米,折合现代 4.6958 平方米。《居延汉简》所载东汉后期布帛的价格情况如表

[①] 中国社会科学院考古研究所:《居延汉简》(甲乙编),中华书局 1980 年版,第 14 页。

[②] "凡肉五百四十一斤,值二千一百六十四。""肉百斤,值七百。"参见中国社会科学院历史研究所编:《中国古代社会经济史资料》,福建人民出版社 1985 年版,第 41 页。

[③] 《汉书》卷二四下《食货志下》,中华书局 1962 年版,第 1149 页。

19-1 所示。

表 19-1 《居延汉简》(甲乙编)所载东汉后期布帛价格

简文	价格(枚)
帛一匹直九百	450
帛七百九十匹二尺五寸大半寸直钱卅五万四千二百	448
帛卅六匹二丈二尺二寸少半寸直万三千五十八	357
帛一匹直四□钱四百一十	410
帛十八匹二尺少半寸,直万四千四百四十三	800
平均	493

资料来源:《居延汉简》(甲乙编),中华书局1980年版。

秦汉之际战争造成铜钱价值很不稳定,所以汉律中的价值尺度多采用黄金称量货币。譬如《孝文本纪》中讲道:

汉律三人已上无故群饮,罚金四两。[①]

罚金虽然以黄金称量货币计量,但在实际缴纳时,多是按照缴纳时的比价折算成一定数量的铜钱进行支付。

第三节 劳务工资的量化尺度

称量货币被用于劳务工资的量化尺度,有关一般劳务工资的法定标准,被规定在普通法中。

一、《俾拉拉马法典》中的相关信息

公元前20世纪上半叶,两河流域的埃什嫩那王国实行大麦称量

[①] 《史记》卷一〇《孝文本纪》,中华书局1959年版,第417页《史记集解》引文颖言。

货币和白银称量货币两币并行的货币制度。法典中关于劳务工资的规定,一般采用大麦称量货币计量,但也可以采用白银称量货币计量,1 古尔大麦称量货币的价值等于 1 舍客勒白银称量货币。

《俾拉拉马法典》第 7 条规定,雇佣工人刈麦,1 天的法定工资是 2 苏图大麦称量货币,1 古尔等于 30 苏图,2 苏图就是 1/15 古尔。如果不使用大麦称量货币而使用白银称量货币,那么,1 天的法定工资就是 12 色,1 客勒等于 180 色,12 色就是 1/15 舍客勒,1/15 舍客勒与 1/15 古尔的价值是相等的。

第 8 条:簸谷者雇用之费为大麦一苏图。①

刈麦的劳动强度显然高于簸谷。所以,刈麦的工资是 1 天 2 苏图,而簸谷的工资是 1 天 1 苏图。

第 10 条:……而赶驴者之雇用费亦为大麦一苏图,他可以用驴子终日。②

赶驴运输,雇工 1 天工资也是 1 苏图,与簸谷的工资一样。他的驴子的费用也是 1 天 1 苏图。

《俾拉拉马法典》第 11 条规定,雇工的月工资是 1 舍客勒白银,即 180 色,每天饭费 1 色,每月要支付 30 色的饭费,实际月工资 150 色,折合每天 5 色。这个工资水平低于短工每天 1 苏图,即 6 色的工资。其中的原因是,短工不一定每天能够找到工作,月工的工作稳定,所以月工的工资比日工的工资要少一些。

二、《汉谟拉比法典》中的相关信息

公元前 18 世纪初期,古巴比伦王国的法律和货币制度已经十分成熟,法律规定雇佣长工多采用大麦称量货币,但也有使用白银称量货币计量的情况。

---

① 《埃什嫩那国王俾拉拉马的法典》,载林志纯主编:《世界通史资料选辑》,商务印书馆 1962 年版,第 46 页。

② 同上。

第 257 条:如果一个人雇了个雇农,一年他应给他八古尔大麦。①

8 古尔等于 240 苏图,1 年的工资是 240 苏图,1 天的工资便是 2/3 苏图,这个工资水平略低于埃什嫩那王国的工资水平。但是,这个工资是雇农的年工资,长工的平均每天工资低于短工每天工资是正常的。

第 258 条:如果一个人雇了个牛倌,他应一年给他六古尔大麦。②

放牛的劳动强度低于一般雇工的劳动强度,所以,放牛的工资低于一般雇工的工资,1 年的工资是 6 古尔,而不是 8 古尔。

第 261 条:如果一个人雇佣了一个牧人放牧牛群或羊群,他一年应给他八古尔大麦。③

然而,如果放牛的人要照顾一群牛,或者一群羊,他的工资就与一般雇工的工资一样,也是 1 年 8 古尔。

第 273 条:如果一个人雇佣一个雇工,从年初到第五个月,他应每天给六乌得图银币。从第六个月到年终他应每天给五乌得图银币。④

这里讲的工资不是雇农的工资,而是雇工的工资。看上去,雇工似乎比雇农具有更多的技术含量。雇工前 5 个月的工资为每天 6 乌得图,即 18 色,后 7 个月的工资为每天 5 乌得图,即每天 15 色,皆高于雇农每天 12 色的工资水平。

第 274 条:如果一个人要雇一个工匠,他应每天给 [……] 佣金五乌得图银子;给织匠佣金五乌得图银子;给麻 [……] 匠 [……] 乌得图银子;给雕刻匠佣金 [……] 乌得图银子;给弓箭匠

---

① 杨炽译:《汉穆拉比法典》,高等教育出版社 1992 年版,第 134 页。
② 同上。
③ 同上。
④ 同上书,第 140 页。

佣金[……]乌得图银子;给铜匠佣金[……]乌得图银子;给木匠佣金四(?)乌得图银子;给皮匠佣金[……]乌得图银子;给芦苇匠佣金[……];给建筑工佣金[……]乌得图银子。①

不同工匠的技术含量不同,工资水平也有所不同,法律对不同技术种类的各种工匠的工资水平,都有明确的规定。

三、《赫梯法典》中的相关信息

公元前15世纪赫梯王国编撰的法典中,对于商品买卖的计量多采用白银称量货币,对于劳动工资的计量多采用大麦称量货币。

> 第158条:若一个男子在收获的季节受雇捆稻、装车,把(谷子)存放到谷仓并清扫打谷场,他的薪水三个月为三十个帕大麦。若一位妇女在收获的季节受雇,她的薪水三个月是十二个帕大麦。②

农工3个月的工资是30帕,即6古尔,1年便是24古尔,比古巴比伦王国农工的工资高3倍。这说明,相比古巴比伦时代,赫梯时代的劳动生产率已经有了大幅度的提高。赫梯时代,很多妇女已经不再专职家务,而是加入农工行列,但其工资水平是低于男性农工的。

> 第160条:若一位铁匠制造了一个重约一百米那的铜盒,他的薪水是一个麦帕③大麦。如果他造了一把重约二米那的青铜斧,他的薪水是一个帕大麦。④

铁匠的工资是计件工资,而不是及时工资。赫梯王国的法律规定了铁匠计件工资的法定标准,也是以大麦称量货币计量的。铁匠的1件工作是多少,则是以制造品的重量来衡量,计量手段采用弥那重量单位。

---

① 杨炽译:《汉穆拉比法典》,高等教育出版社1992年版,第140页。
② 李政译注:《赫梯法典》,载《古代文明》2009年第4期。
③ 1麦帕等于100帕。
④ 李政译注:《赫梯法典》,载《古代文明》2009年第4期。

四、《秦律》中的相关信息

云梦睡虎地秦墓竹简《司空律》载：

> 有罪以赀赎及有责（债）于公，以其令日问之，其弗能入及赏（偿），以令日居之，日居八钱；公食者，日居六钱。居官府公食者，男子叁，女子驷（四）。[①]

有罪应赀罚以及欠官府债务的，应依判决规定的日期加以询问，若无力缴纳赔债，即自规定日期起使之以劳役抵偿债务，每劳作1天抵偿8钱；由官府给予饭食的，每天抵偿6钱。

这里的钱，指的是秦国的半两铜钱。1人1天劳动的价格为8枚半两铜钱。此外，1人1天的饭食费用为2枚半两铜钱。如果需要官府提供饭食，1个人1天劳动的价格就要减去这两个半两铜钱，剩下6枚半两铜钱。

秦汉时期，劳动人民的饮食，是一日两餐。云梦睡虎地秦墓竹简《仓律》载：

> 免隶臣妾、隶臣妾垣及为它事与垣等者，食男子旦半夕叁，女子叁。[②]

免除肉刑髡剃，徒为隶臣妾，从事筑墙和做其他与筑墙相当的劳作的，给予男子早饭半斗，晚饭1/3斗，女子早饭和晚饭都是1/3斗。

筑墙工作消耗量大，所以伙食量也大些，但仍然是一日两餐。旦半夕叁，即早上半斗，晚上1/3斗，每天吃5/6斗，1个月便是25斗，即2.5斛，大约相当于现代67.5斤。旦半夕叁的饭食水平，可能包含了柴菜油盐的消费价值。

[①]《司空》，载睡虎地秦墓竹简整理小组：《睡虎地秦墓竹简》，文物出版社1978年版，第84页。

[②]《仓律》，载睡虎地秦墓竹简整理小组：《睡虎地秦墓竹简》，文物出版社1978年版，第53页。

第四节　租赁、借贷收益的量化尺度

实物出租或者货币借贷所产生的租金、利息，皆以货币计量支付，其标准被制定在普通法中。

一、《俾拉拉马法典》中的租金

车船是当时主要的出租实物，租金采用货币支付，标准在法典中有具体数额的规定。《俾拉拉马法典》第 3 条规定，租用牛车全套，包括牛和车夫和大车，1 天的租金是大麦称量货币 1 帕尔希克图 4 苏图，即 1/3 古尔。如果不使用大麦称量货币，使用白银称量货币也是可以的，租金的数额也是相同的，即 1/3 舍客勒白银。当时埃什嫩那王国采用大麦称量货币与白银称量货币并行的货币制度。1 古尔大麦价值 1 舍客勒白银。所以，1/3 古尔大麦与 1/3 舍客勒白银的价值是相等的。

《俾拉拉马法典》第 4 条规定，租船的费用是装载每古尔货币，支付租金 2 卡。牛车的租金按车辆计算，而船只的租金要按装载货物多少计算。原因是牛车大小相近，而船只大小差别较大。所以，租用船只可以根据载货量来支付租金。

1 古尔等于 300 卡，2 卡便是 1/150 古尔。也就是说，租用船只的租金，是运载货物价值的 1/150。

除了车船，牲畜也是可以出租使用的：

> 第 10 条：驴子之雇用费为人麦　苏图……他可以用驴子终日。①

使用驴子驮运货物，搭在驴子的背上，便可以不用车，租金相对便

---

① 《埃什嫩那国王俾拉拉马的法典》，载林志纯主编：《世界通史资料选辑》，商务印书馆 1962 年版，第 46 页。

宜。租用 1 头驴子的租金是每天大麦称量货币 1 苏图，即 1/30 古尔。赶驴的人要付工钱，也是每天大麦称量货币 1 苏图。

二、《俾拉拉马法典》中的借贷利息

实物可以出租，货币则是借贷。当时两河流域的货币借贷，大麦和白银两种称量货币的借贷利息是不同的。

《俾拉拉马法典》规定，大麦称量货币借贷的利率是 1 古尔大麦收取 1 帕尔希克图 4 苏图的利息。1 帕尔希克图等于 6 苏图，1 帕尔希克图 4 苏图就是 10 苏图，即 1/3 古尔，大麦称量货币借贷的法定利率就是 33.3%。

如果货币借贷采用白银称量货币进行，《俾拉拉马法典》规定，1 舍客勒白银收取 1/6 舍客勒又 6 色的利息。1 舍客勒等于 180 色，1/6 舍客勒又 6 色就是 36 色。借贷 180 色本金，利息 36 色，利率便是 20%。

俾拉拉马时代，大麦货币借贷，法定利率是 33.3%；白银货币借贷，法定利率是 20%。为什么会存在 13.3% 的差距？分析其原因，贷款人收取大麦利息之后，需要将其兑换成白银，而兑换成本是 13.3%。去掉这 13.3% 的兑换成本，贷款人收取大麦利息所得的实际收益与收取白银利息是一样的，都是 20%。所以说，收取大麦货币利息或收取白银货币利息两种方式的实际收益是相同的。否则，借贷双方就会在两种付息货币之间有所选择，而使其中一种货币的付息方式不被采用。

三、《汉谟拉比法典》中的租金

车船仍是当时主要的出租实物，租金采用货币支付，在《汉谟拉比法典》中，牛车的租金有具体数额的规定：

第 271 条：如果一个人租用牛、大车及车夫，一天他应给一百八十卡大麦。[①]

[①] 杨炽译：《汉穆拉比法典》，高等教育出版社 1992 年版，第 138 页。

俾拉拉马时代租用牛、大车和车夫的租金是 100 卡，即 1/3 古尔；汉谟拉比时代涨到 180 卡，租金上涨了 80%。

第 268 条：如果一个人租牛打场，它的租金应是二十卡大麦。①

大车的租金是 1 天 40 卡大麦，牛的租金则是 1 天 20 卡大麦，那么，车夫的工资就是 120 卡大麦。

除了车辆，船只租用的租金也要以货币进行支付。

第 275 条：如果一个人租（顺流而上的船），他每天的租金是三乌得图银子。②

第 276 条：如果他租逆流的船，他应每天给其租金二又二分之一乌得图银子。③

第 277 条：如果一个人租六十古尔的船，他应每天给其租金十乌得图银子。④

四、《汉谟拉比法典》中的借贷利息

公元前 18 世纪初期的《汉谟拉比法典》中，大麦称量货币仍然作为主要的借贷货币，但其利率出现了大幅度的下降。公元前 20 世纪上半叶的《俾拉拉马法典》规定大麦称量货币的借贷利率是 33.3%，而《汉谟拉比法典》规定大麦称量货币的借贷利率只有 21.3%，即借贷 1 古尔大麦收取 64 卡大麦的利息。1 古尔等于 300 卡，借贷 300 卡大麦，收取 64 卡利息，利率就是 21.3%，大幅度低于公元前 20 世纪上半叶的《俾拉拉马法典》中的关于大麦称量货币借贷利率 33.3% 的规定。

相比大麦称量货币的借贷活动，古巴比伦王国的白银货币借贷活

---

① 杨炽译：《汉穆拉比法典》，高等教育出版社 1992 年版，第 138 页。
② 同上书，第 142 页。
③ 同上。
④ 同上。

动更为活跃。与200多年前的埃什嫩那王国相比较,古巴比伦王国白银称量货币的借贷利率出现了大幅度的上升。

公元前20世纪上半叶的《俾拉拉马法典》规定白银称量货币的借贷利率是20%,而《汉谟拉比法典》规定白银称量货币的借贷利率为26.7%,即借贷1舍客勒白银要收取16乌得图的利息。1舍客勒等于60乌得图,1舍客勒借贷收取16乌得图利息,利率就是26.7%,大幅度高于公元前20世纪上半叶的《俾拉拉马法典》中的关于白银称量货币借贷利率20%的规定。

古巴比伦王国的白银借贷利率比埃什嫩那王国的白银借贷利率上升了6.7%,说明古巴比伦王国经济的发展或商业的发展,使得市场对于白银货币的需求有了明显的上升。与此同时,古巴比伦王国的大麦借贷利率比埃什嫩那王国的大麦借贷利率下降了11.7%,说明大麦的货币功能已经下降,大麦货币的借贷需求减少,大麦货币的借贷利率也就随之大幅度地下降了。

古巴比伦王国时期,人们已经认识到高利贷对社会的危害,所以法律禁止高利贷活动。根据《汉谟拉比法典》的规定,如果贷款收息超过法定利率标准,贷款人将丧失本息。

第二十章
Chapter 20

国家垄断铸币权

货币最初的形态是称量货币,称量货币作为价值尺度被规定在人类最早的法律中,用来充当奖罚轻重量化尺度的功能。

称量货币时代,称量货币与普通商品或劳务的交换,采用市场价格,遵循等价交换原则。称量货币作为商品交换媒介,发展到一定程度时,除了作为法庭判定奖罚的量化尺度,在普通法中还被用作确定商品价格、劳务工资、租金收益和利息收益等事项的价值尺度。

称量货币的长期发展,产生出数量货币。数量货币时代,最初的金属数量货币——钱币是百姓制造的。制造钱币可以从中获取利益。于是,国家政府将铸币权收归国有。国家政府使用较少的金属制造较多的钱币,从中获取巨额利益。为了有效获得制造钱币的利益,国家政府对钱币实行垄断制造,颁布法令禁止百姓制造钱币。

第一节 雅典城邦垄断铸币的《钱币法令》

西方世界最早出现的钱币是地中海东岸小亚细亚半岛上吕底亚王国的琥珀合金币,以及沿海古希腊诸城邦的琥珀合金币。很快,钱币制造和钱币流通便传播到地中海沿岸古希腊各城邦。

古希腊各城邦相互独立,并非现代国家形式,钱币由百姓自由制造。到了波斯帝国攻打古希腊诸城邦的时候,这些城邦便联合为同盟,共同抵御波斯帝国的军队。雅典城邦作为同盟领袖,曾力图将同盟各城邦自由制造的钱币转变为由雅典城邦垄断制造。

公元前 5 世纪,面对波斯帝国的军事入侵,古希腊诸城邦联合起来,建立了提洛同盟。在雅典城邦的领导下,提洛同盟成功地击退了波斯帝国的入侵,取得了希波战争的胜利。于是,雅典城邦乘机颁布"钱币法令",试图垄断古希腊诸城邦的铸币权。雅典城邦的努力遭到以斯巴达城邦为首的许多古希腊城邦的反对。于是,以斯巴达城邦为首形成了伯罗奔尼撒同盟。此后,提洛同盟与伯罗奔尼撒同盟之间爆发了伯罗奔尼撒战争。战争的结果是雅典城邦战败,提洛同盟被迫解散,雅典城邦垄断古希腊诸城邦铸币权的努力也就随之化为乌有。

一、提洛同盟的建立

古代中国进入战国时期的前夕,远在西方的波斯帝国与古希腊诸城邦之间爆发了大规模的战争。

公元前 492 年,波斯帝国的国王大流士向古希腊正式宣战,派遣大军,分海陆两路远征古希腊,拉开了希波战争的大幕。

然而,波斯帝国远征古希腊的战争并不顺利,战争打打停停,胜负难分,持续不断。公元前 486 年,大流士国王去世,他的儿子薛西斯继位。公元前 480 年,薛西斯率领大军远征古希腊,陆军约 50 万人,海军有千余艘战舰,船员近 15 万人。为了应对波斯大军的进攻,雅典城邦联合斯巴达城邦,组建了古希腊多个城邦的军事联盟。

公元前 478 年,以雅典城邦为首的一些古希腊城邦组建了更为紧密的同盟。因为盟址及金库设在提洛岛,故称"提洛同盟",也称"第一次雅典海上同盟"。提洛岛位于爱琴海的中南部,向西遥望雅典,向南遥望克里特岛,向东遥望小亚细亚的米利都,具有重要的军事地位。建立提洛同盟的初衷是为了以集体力量解放遭受波斯帝国奴役的古希腊各城邦和防御波斯帝国的再次入侵。早期加入提洛同盟的是小亚细亚和爱琴海诸岛的古希腊城邦,后来逐步扩大,增至约 200

个城邦。入盟的各城邦可以保持原有的政体,同盟事务由在提洛岛召开的同盟会议决定,按照入盟城邦实力大小,各出一定数量的舰船、兵员和盟捐。

公元前 449 年,雅典海军在塞浦路斯北部的萨拉米城附近大败波斯帝国的军队,取得了希波战争的最后胜利。但是,提洛同盟并没有因此而宣告解散。

早在公元前 5 世纪 60 年代,雅典便开始逐渐将提洛同盟变为它控制和剥削同盟各城邦的工具,并将自己变为事实上的盟主。因此,史书中常将提洛同盟称为"雅典霸国"或"雅典帝国"。公元前 454 年,提洛同盟的金库从提洛岛迁至雅典城,进一步加强了雅典对盟金的控制权和支配权。公元前 449 年希波战争结束后,盟捐成为雅典强令缴纳并随意用于本国需要的贡款。雅典向各城邦派出大批军事殖民者,严厉镇压宣布退盟的城邦,强令各城邦的重要案件交由雅典审理,规定各城邦采用雅典的钱币,并支持各城邦建立亲雅典的民主政体。

二、《钱币法令》对同盟各城邦的管辖

为了使雅典钱币成为提洛同盟各城邦的统一钱币,据以实施对各城邦的经济统治,公元前 5 世纪 50 年代,雅典颁布了《钱币法令》。由于这个法令是由克雷阿尔克斯提议的,所以被称为"克雷阿尔克斯法令"。

《钱币法令》规定,雅典打造的钱币是提洛同盟各城邦唯一合法的钱币。各城邦的钱币应交付雅典造币厂,重新打造成雅典钱币。对此,《钱币法令》规定了八个方面的事情。[①] 其中,前两条是对提洛同盟各城邦的公民和官员的管辖和违法处置方式。

[①] 曾晨宇:《"钱币法令"与雅典的经济霸权》,载《古代文明》2017 年第 3 期。

1. 对于提洛同盟各城邦公民的规定

□□□□□□□□□□各邦无论何人——公民抑或外来人,官员［除外］——若违反本法令行事,将被剥夺公民权,其财产将被充公,其中十分之一归女神所有。

提洛同盟各城邦的公民,若有人不执行雅典颁布的《钱币法令》,应剥夺其公民权,没收其财产。雅典的法令管辖到其他城邦的公民,这一定需要其他城邦政府官员的合作。所以,《钱币法令》的第2条就管辖到其他城邦的官员。

2. 对于提洛同盟各城邦官员的规定

倘若没有雅典官员负责监督实施业已通过的决定,则由诸邦的官员负责实施;倘若未按业已通过的决定行事,这些官员将在雅典被起诉而失去公民权。

提洛同盟各城邦的官员,若负责实施雅典颁布的《钱币法令》,而没有遵照执行,应被送到雅典受审,并失去公民权。从这里看,雅典有权将其他城邦的官员抓到雅典去审问,并且可以剥夺其他城邦官员的公民权。换句话说,执行这项法令,其他城邦的官员要向雅典负责,而不是向各自城邦政府或公民负责。

三、《钱币法令》的内容和执行方法

《钱币法令》的后6条是法令的具体内容和执行方法。

1. 对于雅典造币坊坊主的规定

造币坊主至少要把所收外币之半数打造成雅典币,□□□□□ □□□□□□□,另外半数□□□□□□□□。

外币被送到雅典造币坊,造币坊的坊主应将其至少半数打造成雅典钱币。其余部分钱币如何处理,出土铭文字迹模糊,不能辨认。

2. 对提议使用外币的人处以死刑

倘若有人提议或赞同使用外币或以外币借贷,即将招致十一人委员会的指控,并会被处死;如有异议,可在法庭上申辩。

提议使用雅典钱币以外的钱币进行交易或借贷的人,应被处死。

显然,这条规定不是指提议改变法令,而是指在具体的经济活动中,提议使用其他城邦的钱币,而不使用雅典的钱币,提议者应予以处死。

3. 关于《钱币法令》的颁布方式

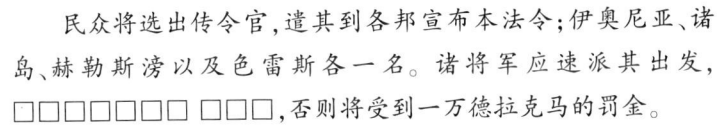

民众将选出传令官,遣其到各邦宣布本法令;伊奥尼亚、诸岛、赫勒斯滂以及色雷斯各一名。诸将军应速派其出发,□□□□□□ □□□,否则将受到一万德拉克马的罚金。

派出传令官4名,分别到伊奥尼亚、诸岛、赫勒斯滂和色雷斯传达《钱币法令》,延误者罚款1万德拉克马。

4. 关于《钱币法令》的公布方式

各邦官员应把本法令勒石刊布,立于[各]邦的广场,造币坊主则要立于作坊前。即使不愿,雅典人亦要强迫如此行事。被派出的传令官将令其按照雅典人的命令行事。

《钱币法令》应勒石刊布于各城邦的广场。造币坊的坊主应将《钱币法令》公布在造币坊前。

5. 提洛同盟各城邦议事会应发誓对违反《钱币法令》者给予处罚

议事会司书将把下文列入各邦议事会的誓言中:

"倘若有人在邦内造银币,不使用雅典币、雅典的币制、而是外币、外币的币制,我们将按照克雷阿尔克斯所提议的上述法令处罚"。

提洛同盟各城邦议事会应发誓,对于不使用雅典钱币、而使用外币者,将根据《钱币法令》给予处罚。这个处罚就是,对于不使用雅典钱币的各城邦公民,没收财产,剥夺公民权,其中提议使用非雅典钱币的一方,予以处死;对于不尽职执行《钱币法令》的各城邦官员,要送到雅典受审,剥夺其公民权。

6. 持外币者应将外币送交造币坊兑换雅典钱币

个人所持有之外币均应交出并以同样方式兑换,城邦将付给兑换过的雅典币□□□□□□□□。每人均可把□□□□□交造币坊。坊主□□□□□,记录□□□□,□□□□在造币坊前,以便他人查验,外币□□□□□□□□□□。

四、提洛同盟的瓦解

希波战争期间,雅典政坛上出现了一位新星——伟大的政治家伯里克利。伯里克利代表大多数雅典人的观点,对内坚持民主政体,对外强化世界霸权。

在对外政策方面,伯里克利奉行雅典利益至上的原则,剥削掠夺其他城邦甚至盟邦。在希波战争后期,提洛同盟实际上已经依附雅典,其金库也受到雅典的控制。伯里克利不遗余力地维护同盟的存在和雅典的霸主地位。当时,萨摩斯城邦想脱离同盟,遭到雅典人的残酷镇压。公元前454年,雅典在埃及惨败于波斯,一些盟邦在波斯支持下脱离提洛同盟,伯里克利一方面召回骁勇善战的老将客蒙对抗波斯,一方面严惩这些城邦,强迫他们再次加盟。他还派出军队和监察官,建立宣誓效忠雅典的民主政体和傀儡政府。同盟会议此后不再召开,由雅典单独发号施令处理有关事务。伯里克利还将提洛同盟的金库从提洛岛直接迁到雅典,使同盟的金库成为雅典的国库,他使用金库里的盟金给雅典人发放福利。

当盟邦对雅典离心离德的时候,斯巴达乘机而动,带领伯罗奔尼撒同盟诸城邦,企图从雅典手中夺取在古希腊世界的霸主地位。公元前431年,以斯巴达为首的伯罗奔尼撒同盟与以雅典为首的提洛同盟之间爆发了战争。

这场战争进行了27年。公元前404年春,雅典处于被封锁的困境之中,往昔的盟国没有一个前来援助,因为雅典的冷酷残暴早已让那些城邦心灰意冷。雅典粮草断绝,只好投降,被迫接受屈辱的合约,取消提洛同盟。

伯罗奔尼撒战争是古希腊历史上的一个转折点,古希腊的黄金时代结束了。雅典的战败,有着复杂的政治、经济、文化原因。雅典对盟邦的经济掠夺,则是雅典战败的重要原因之一。

第二节 秦国垄断铸币的《金布律》

公元前336年的战国时期,秦始皇的高祖父秦惠文王将铜钱铸造集中为国家垄断,确立了半两钱流通制度。战国时期秦国的国家垄断铸造半两钱制度,在秦始皇统一中国后被推广到全国使用。

一、禁止百姓铸造半两钱

秦朝统一全国货币之前,战国时期的秦国就已经实施了禁止百姓铸造铜钱的法令。睡虎地秦墓竹简《封诊式》载:

某里士五(伍)甲、乙缚诣男子丙、丁及新钱百一十钱,容(融)二合,告曰:丙盗铸此钱,丁佐铸。甲、乙捕索其室而得此钱、容,来诣之。①

某里士伍甲、乙捆绑男子丙、丁及新钱110个,钱范两套,告发说:"丙私铸这些钱,丁帮助他铸造。甲、乙将他们捕获并搜查其家,得到这些钱和钱范,一并送官。"

从这个案例中可以看出,《秦律》中有禁止百姓铸造铜钱的法令。出现违法行为,邻居有告发、捕拿并送官的责任和义务。

秦朝统一全国货币之后,继续实行禁止百姓铸造铜钱的法令。汉兴,刘邦以秦钱重、不方便使用为借口,命令开放百姓铸钱。《史记·平准书》言:

汉兴……于是为秦钱重难用,更令民铸钱。②

刘邦命令开放百姓铸钱,说明在此之前,秦朝存在着禁止百姓铸造铜钱的法令,朝廷垄断铜钱的铸造权,百姓是不可以铸钱的。只有

---

① 《封诊式》,载睡虎地秦墓竹简整理小组:《睡虎地秦墓竹简》,文物出版社1978年版,第252—253页。

② (西汉)司马迁:《史记》卷三〇《平准书》,中华书局1959年版,第1417页。

在秦朝法律禁止百姓铸造铜钱的情况下,汉王刘邦才有可能废除这种法律,命令开放百姓铸钱。

二、法律统一铸造半两钱的形重

秦朝规定了铸造铜钱的法定形重。法律规定铜钱表面铸铭文字"半两",并规定其实际重量要与文字标明的重量相符合。

《史记·平准书》对秦朝铜钱制度的描述:

> 铜钱识曰半两,重如其文。①

铜钱铭文"半两",重量与币文相符合。

《汉书·食货志下》对秦朝铜钱的记载是:

> 质如周钱,文曰半两,重如其文。②

形状如同周朝的钱币,币文"半两",重量与币文相符合。

秦始皇统一中国后,要把秦国的半两钱制度推广到全国使用。如何使半两钱在全国都能达到法律规定的重量要求?要做到这一点,首先要将重量标准推广到全国。于是,秦朝采取了以下几个措施来推行重量标准:第一,厘清权衡重量。秦始皇统一天下之后,便颁发了统一度量衡的命令;第二,对度量衡实行严格的定期检验制度;第三,朝廷制造和颁发了大量的权衡器,将秦始皇的命令铸铭在权衡器上发至各地,以利地方贯彻执行。从秦权和秦量的出土地点来看,分布范围极广,由此证明秦始皇在统一度量衡之后的十几年中,已经将统一的法令推广到全国各地。

秦朝不仅规定铸造铜钱的法定形重,而且实现了中央政府集中垄断铸造铜钱。

战国时期,列国官民均可铸币,铸造权不统于天子,也不统于诸侯。秦统一了货币制度,也统一了铜钱的铸造权。但是,秦朝对流通中的铜钱是否有效地实施了由中央朝廷统一铸造的方式,还是由中

---

① (西汉)司马迁:《史记》卷三〇《平准书》,中华书局1959年版,第1442页。
② (东汉)班固:《汉书》卷二四下《食货志下》,中华书局1962年版,第1152页。

央朝廷制定统一形重标准,由各地官府分散铸造？对这个问题,有些学者认为还是存在地方铸造的情况。理由是,考古发现了各地出土的钱范,证明钱币的铸造不仅发生在都城。

从道理上分析,国家垄断铸币权,并不等于由中央朝廷自行制造。即便在现代社会,各国中央银行统一发行国家的纸币,而纸币的印制、库存及发行,也分散在若干城市或中心实施。在现代这种情况下,我们仍然可以判断纸币的制造和发行是国家垄断的,而非地方自治的。秦朝规定铸造铜钱的统一形重,禁止百姓铸造铜钱,设置管理铸造铜钱的专门官署,然后授权或指定中央朝廷部门或地方官府专门机构对铜钱实施制造、发行及管理,即可认定其已经实现了国家垄断铸币权。

三、设置管理半两钱的专门官署

秦朝设置了专门管理货币的官署,主管这个官署的官员是治粟内史。《汉书·百官公卿表》曰：

> 治粟内史,秦官,掌谷、货,有两丞。[①]

治粟内史,是秦时的官职,有两丞,一个管粮食,一个管货币。

有专门官署管理半两钱,并代表朝廷执行货币政策。朝廷垄断了半两钱的铸造,为了节约铸造成本,在铸造半两钱时经常减少铸造铜钱的用铜量,使铜钱达不到法定的重量。因此,自秦始皇统一货币初始,铜钱就已经不是足值的金属货币,而是具有一定信用货币性质的金属货币。当时的铜钱文曰"半两",即 12 铢,而其平均重量已经降低至 8 铢左右,即只有法定重量的 2/3。

人们对于货币的认识,可以分为两种不同的观点,即金属主义和名目主义。金属主义注重货币的金属价值,认为货币是一种商品,其价值即为金属价值所决定,所以强调货币金属的足值。金属主义认为商品交换是等价交换,货币作为一般等价物来媒介商品交换,应具有

[①] (东汉)班固:《汉书》卷一九《百官公卿表》,中华书局 1962 年版,第 731 页。

价值尺度、流通手段、支付手段、储藏手段和世界货币等五种职能,不足值货币难以承担货币职能。名目主义则认为货币不过是一种符号,在某种信用的支持下,不足值货币为人们所广泛接受,即可充当流通手段、支付手段等货币职能。

从世界货币史看,古代的金属货币的发展,是从依靠金属价值向依靠信用价值转变的演化过程。

秦、汉初起的铜钱,表面铭文"半两",属于纪重铜钱,理应保证其重量与币文相符,切实做到法律规定的"重如其文",以保障其货币职能的充分发挥。但是,自我国统一的纪重铜钱流通体系肇建初始,铜钱就出现了不足值或磨损、残坏等问题,需要依靠法律的强制力进入流通。《秦律·金布律》第 1 条规定:

官府受钱者,千钱一畚,以丞、令印印。不盈千者,亦封印之。钱善不善,杂实之。出钱,献封丞、令,乃发用之。百姓市用钱,美恶杂之,勿敢异。①

官府收入钱币,以 1000 枚钱装为一畚,用其丞、令官员的印封缄。钱数不满 1000 枚的,也应封缄。钱质好的和不好的,应装在一起。出钱时,要把印封呈献给丞、令验视,然后启封使用。百姓在使用钱币交易商品时,钱币质量好坏,要一起通用,不准对好坏钱币进行选择。

这就是朝廷通过法令赋予铜钱、特别是不足值或磨损、残坏的劣质铜钱法定流通的职能。官府收取钱时,不得拒绝劣质铜钱。百姓交易用钱,也不得拒绝劣质铜钱。

从这条规定的文字中还可以看出,官府收支铜钱时是封印的。朝廷垄断铜钱的铸造权,并统一铸行铜钱和回收铜钱,便在货币市场流通的循环中具备了中央银行的功能。由此可以推论,朝廷铸造发行铜钱,一定也有严格的程序。铸造出来的铜钱,由中央朝廷统一管理和使用,也可能会基于某种用途调配地方官府使用。地方官府收缴的铜

---

① 《金布律》,载睡虎地秦墓竹简整理小组:《睡虎地秦墓竹简》,文物出版社 1978 年版,第 55 页。

钱，可能会代中央朝廷窖藏或送交中央朝廷。于是，朝廷收支铜钱便产生了铜钱发行和铜钱回笼的循环流动。秦、汉初期，朝廷收支使用铜钱的数额，占全国铜钱收支总和的比例是相当大的。所以，朝廷收支是铜钱流通的重要组成部分。

为了杜绝为官府收取铜钱时出现经手人员贪污或者偷换好钱的行为出现，《秦律·关市律》规定，从事手工业和为官府出售产品，收钱时必须立即把钱投进钱缶里，使买者看见投入，违反法令的罚一甲。

也就是说，官府工作人员在收取铜钱时，必须当着支付人的面，将铜钱投入不能取出的那种罐子里，以避免有关工作人员作弊。货币收支流程有法律规定，各项规定的制度以及随时做出的调整，都由专门的官署管理执行。

第三节 汉朝垄断铸币的《二年律令》

西汉国家垄断铸造半两钱，体现在朝廷禁止百姓铸造钱币以及针对百姓盗铸钱币的防范措施上。

一、汉律禁止百姓铸造半两钱

刘邦的妻子吕雉掌握西汉王朝大权的第二年，颁布法律，称"二年律令"。近代有《二年律令》竹简出土。《二年律令》为铜钱的流通制定了专门的法律——《钱律》。《二年律令·钱律》第 4 条规定：

> 对盗铸钱及佐者，弃市。同居不告，赎耐。正典、田典、伍人不告，罚金四两。或颇告，皆相除。尉、尉史、乡部、官、啬夫、上吏、部主者弗得，罚金四两。①

对盗铸钱者及协助盗铸者，处以死刑。同居不向官府告发，罚款

---

① 《二年律令·钱律》，载张家山二四七号汉墓竹简整理小组：《张家山汉墓竹简》，文物出版社 2006 年版，第 35 页。

并剃去鬓须。主管官员正典和田典，或伍人连坐者不向官府告发，罚金 4 两。上述人员若向官府告发，便免除对他们的处罚。上级相关官员，尉、尉史、乡部、官、啬夫、士吏、部主等未能及时察觉，罚金 4 两。

国家垄断钱币的铸造权，严令禁止百姓铸造钱币。百姓铸造钱币的行为被称之为"盗铸"。汉律规定对盗铸铜钱以及协助盗铸铜钱的行为要处以死刑。在汉朝，"盗"是很重的罪。反秦战争期间，刘邦率军攻入秦都咸阳，废除秦朝全部法律，与关中父老约法三章："杀人者死，伤人及盗抵罪。"刘邦废除秦朝全部法律，仅留"杀""伤""盗"三项，说明天下百姓对社会上发生的这三种罪行具有共识，认为的确需要对这三种罪行实行严厉打击。

二、针对百姓盗铸半两钱的处罚办法

汉律对百姓盗铸半两钱的惩罚十分严厉，不仅对盗铸者要判处死刑，对协助盗铸的人也要判处死刑，对同居者没有能够告发，地方负责人和连保人没有能够告发，地方官员没有能够察觉，都要给予处罚。同居，泛指同一户籍的成员。汉律所说同居，系指包括同居一户的父母妻子儿女之外的亲属。这些亲属是与户主一起生活的。《二年律令·钱律》第 5 条规定：

> 智（知）人盗铸钱，为买铜、炭，及为行其新钱，若为通之，与同罪。①

知道某人盗铸钱，却帮助他买铜材料、炭，或将盗铸的铜钱投入市场流通者，与盗铸的人同罪，也是判处死刑。

为了有效打击百姓盗铸半两钱，汉律还规定对协助官府打击犯法者给予奖励。《二年律令·钱律》第 6 条规定：

> 捕盗铸钱及佐者死罪一人，予爵一级。其欲以免除罪人者，许之。捕一人，免除死罪一人，若城旦舂、鬼薪白粲二人，隶臣妾、

---

① 《二年律令·钱律》，载张家山二四七号汉墓竹简整理小组：《张家山汉墓竹简》，文物出版社 2006 年版，第 35 页。

收入、司空三人以为庶人。①

捕获盗铸钱者 1 人或捕获协助盗铸钱者 1 人,爵位提高 1 级。如果他要求免除罪人,也可以。捕获盗铸钱者 1 人或捕获协助盗铸钱者 1 人,可免除死罪 1 人;或免除城旦舂、鬼薪白粲 2 人;或免除隶臣妾、收入、司空 3 人。

为了提高打击盗铸的效率,法律规定对协助官府打击犯法者给予奖励。这里所讲的城旦舂,指的是男女犯人。男犯为城旦,从事筑城的劳役;女犯为舂,从事舂米的劳役。比城旦舂轻一些的处罚是鬼薪白粲:鬼薪是男犯,砍柴以供宗庙祭祀;白粲是女犯,择米供宗庙祭祀。更轻一级的处罚是隶臣妾、收入司空,司空是指在司空服役的刑徒。奴的意思是罪犯,隶的意思是逮住。男人被判定拘押为隶臣;女人被判定拘押为隶妾。

汉律继承了秦律自首从轻的刑法原则,《二年律令·钱律》第 7 条规定:

盗铸钱及佐者,智(知)人盗铸钱,为买铜、炭、及为行其新钱,若为通之,而颇能行捕,若先自告,告其与,吏捕颇得之,除捕者罪。②

盗铸钱者、协助盗铸钱者、知道有人盗铸钱而为其购买铜材、炭者、将盗铸的钱拿去使用者,若能协助官府去捕捉其他盗铸者或协助盗铸者,若能自首并告发同伙,并捉到同伙犯法者,即能除罪。

汉律还规定对犯罪未遂者的处罚,《二年律令·钱律》第 8 条规定:

诸谋盗铸钱,颇有其器具未铸者,皆黥以为城旦舂,智(知)为买铸钱具者,与同罪。③

---

① 《二年律令·钱律》,载张家山二四七号汉墓竹简整理小组:《张家山汉墓竹简》,文物出版社 2006 年版,第 36 页。

② 同上。

③ 同上。

计划盗铸铜钱,已经准备了器具,但并没有铸造者,处罚为脸上刺字并罚做城旦舂的劳役。知道某人准备盗铸铜钱,帮助该人购买铸钱器具者,同罪处罚。

有谋划动机及器具,尚未实施盗铸者也要判最重的徒刑"黥以为城旦舂",协助购买器具,结果盗铸者并没有实施盗铸,这个协助者也是同罪,即"黥以为城旦舂"。这一法条,体现了商鞅"刑用于将过"[①]思想的延续。但是,汉律中对预备犯或未遂犯的处罚比较秦律还是减轻了一些。云梦睡虎地秦墓竹简《法律问答》载:

甲谋遣乙盗,一日,乙且往盗,未到,得,皆赎黥。[②]

甲主谋派遣乙去盗窃。一天,乙去行盗,还没有走到,就被拿获,甲乙都应判处赎黥。

"赎黥"是秦律对一般盗窃的常刑,犯罪未遂与实施犯罪同等处罚,充分体现了"刑用于将过"的立法思想。而汉律则对预备犯罪的处罚轻于实施犯罪。对盗铸处以死刑,而对谋划盗铸者处以"黥以为城旦舂"。

三、国家垄断铸币制度首次被打破

自公元前 336 年秦惠文王始铸半两钱,至秦始皇统一天下建立秦朝,秦国一直实行国家垄断铸造半两钱的制度。这个制度首次被打破,发生在楚汉战争时期(公元前 206 年至公元前 202 年)。公元前 205 年,汉王刘邦命令开放百姓铸造铜钱。

汉兴,接秦之弊,丈夫从军旅,老弱转粮饷,作业剧而财匮,自天子不能具均驷,将相或乘牛车,齐民无藏盖。于是为秦钱重难用,更令民铸钱,一黄金一斤。[③]

---

① 《开疆》,载《商君书》,严万里校,商务印书馆 1937 年版,第 17 页。
② 《法律答问》,载睡虎地秦墓竹简整理小组:《睡虎地秦墓竹简》,文物出版社 1978 年版,第 152 页。
③ (西汉)司马迁:《史记》卷三〇《平准书》,中华书局 1959 年版,第 1417 页。

汉朝兴起，承接了秦朝的衰弊，壮年男子从军转战，老弱的人去运送粮饷，人们越来越辛苦而财用却越来越匮乏，天子无法用四匹同样毛色的马来驾车，将相有的只能乘牛车，平民百姓流离失所。于是，因为秦朝的钱太重，交易使用不方便，刘邦就命令百姓自由铸造铜钱，黄金一单位重量一斤。

刘邦打破秦朝禁止百姓铸造半两钱的法律，下令允许百姓铸造劣小的半两钱，使汉军获得了必需的军事物资，搞得劣小半两钱泛滥，物价狂飙，半两钱制度土崩瓦解。然而，就在这种情况下，刘邦经过了三年的战争，终于在公元前202年打败项羽，取得了国家政权。

战争结束后，经济需要恢复，货币需要稳定，朝廷需要开支，汉王朝需要把铜钱铸造权收回到朝廷手中。于是，公元前199年，刘邦就恢复了盗铸钱令。

但是，恢复盗铸钱令，并不等于恢复了半两钱的重量。根据昭明、马利清先生对出土实物进行的考证：

> 高帝后期，半两愈铸愈小，重不到一铢，是为"荚钱"。①

"荚钱"在汉高帝刘邦实施盗铸钱令之后继续泛滥，原因主要是朝廷实行虚币敛财政策，百姓继续盗铸也起到了推波助澜的作用。

四、国家垄断铸币制度再次被打破

国家垄断铸造半两钱的制度再次被打破，发生在汉文帝时期。汉文帝前五年（公元前175年），朝廷开放百姓铸造铜钱，史籍多有记载：

> 至孝文时，荚钱益多，轻，乃更铸四铢钱，其文为半两，令民纵得自铸钱。②

到汉文帝时，榆荚钱越来越多，也越来越轻，于是改铸四铢钱，钱表面铭文"半两"，命令百姓自由铸造铜钱。

---

① 昭明、马利清：《古代货币》，中国书店1999年版，第114页。
② （西汉）司马迁：《史记》卷三〇《平准书》，中华书局1959年版，第1419页。

孝文五年,为钱益多轻,乃更铸四铢钱,其文为半两,除盗铸钱令,使民放铸。①

汉文帝前五年,因为钱币越来越多,也越来越轻,于是改铸四铢钱,钱表面铭文"半两",废除禁止百姓铸造铜钱的法令,让百姓自由铸造铜钱。

初,秦用半两钱,高祖嫌其重,难用,更铸荚钱。于是物价腾踊,米至石万钱。夏,四月,更造四铢钱;除盗铸钱令,使民得自铸。②

当初,秦朝行用半两钱,高祖刘邦嫌半两钱过重,使用不便,改铸荚钱。于是,物价暴涨,一石米的价格涨至1万钱。汉文帝前五年夏季四月,因为钱币轻薄滥恶,皇帝下诏,改铸四铢钱,废除禁止百姓铸钱的法令,允许百姓自由铸造铜钱。

为什么汉文帝会允许百姓铸造铜钱,从当时的国民经济发展态势上来分析,可能是发生了整体经济过热的问题,需要采取紧缩的货币政策。汉文帝允许百姓铸造铜钱,规定铜钱的重量为4铢,使流通中铜钱的重量大幅度地上升,其结果是大幅度地减少了货币流通总量。当时流通中的铜钱是吕后掌权时铸行的"五分钱"。根据昭明、马利清先生对出土实物的考证,"五分钱"的重量约为1.9—2.0克③(2.9—3.1铢④),而汉文帝时期铸行的文帝四铢钱,出土实物重量约为2.0—2.8克⑤(3.1—4.3铢)。与"五分钱"相比较,文帝四铢的金属用量增加了大约23%。

---

① (东汉)班固:《汉书》卷二四《食货志下》,中华书局1962年版,第1153页。
② (宋)司马光:《资治通鉴》卷四《文帝前四—五年(前176—175年)》,中华书局1956年版,第463页。
③ 昭明、马利清:《古代货币》,中国书店1999年版,第115页。
④ 西汉1铢折合现代0.651克,此后文中关于出土西汉时期半两钱实测重量若干克之后,均加括号注明折合若干铢,在折算中均采用四舍五入的方法,保留小数点后1位。
⑤ 昭明、马利清:《古代货币》,中国书店1999年版,第115页。

汉文帝允许百姓铸造铜钱,并规定新铸铜钱的重量为4铢,使货币流通总量出现了大幅度的减少。因此,汉文帝时期的物价比较低廉。如果社会青铜金属总量没有显著的增加,流通中的铜钱全部被百姓更铸,铜钱总量减少幅度大约为23%。铜钱增重与铜钱减重不同,如果新旧铜钱兑换率为一比一,铜钱减重可以获得铸币收益,节约的青铜金属可以铸造更多的铜钱;铜钱增重则需要添加增重青铜金属,要付出增重成本。这赔本的买卖,中央朝廷不宜承担。好在当时民间富有,汉文帝就把铜钱增重的工作交给百姓来干。因此,就出现了令民自由铸钱的制度。

汉文帝允许百姓铸造铜钱,对社会经济产生了积极的影响,结果出现了"文景盛世"。

汉文帝允许百姓铸造铜钱,采取了官督民铸的方式,此项政策实行时间持续甚久,自汉文帝前五年(公元前175年)放铸,至汉景帝中六年(公元前144年)恢复禁止百姓铸造铜钱的法令,放任百姓铸造铜钱的法令共持续了31年。

汉景帝中六年(公元前144年),汉王朝恢复了盗铸钱令,规定对盗铸铜钱及伪造黄金者处以死刑。《汉书·景帝纪》载:

> 六年冬十月,行幸雍,郊五畤。十二月,改诸官名。定铸钱伪黄金弃市律。①

中六年冬(公元前144年)十月,汉景帝驾临雍县,郊祭五帝祠。十二月,改诸官名称,制订铸铜钱伪造黄金者处以死刑的法律。

此后,直至东汉末年,朝廷一直坚持实行国家垄断铸造铜钱,再也没有放开铸币权。

---

① (东汉)班固:《汉书》卷五《景帝纪》,中华书局1962年版,第148页。

第四节 罗马共和国垄断铸造阿斯铜币

雅典城邦垄断地中海世界的钱币制造,颁布了《钱币法令》;战国时期秦国垄断钱币制造,颁布了《秦律·金布律》;西汉国家垄断钱币制造,颁布了《汉律·钱律》。然而,迄今为止,我们没有见到罗马共和国垄断制造阿斯铜币的相关法律文献。

尽管没有相关古代法律文献的证据,我们仍然可以推断罗马共和国时期的阿斯铜币是由国家垄断制造的。除了国外货币学家们的考证和观点,阿斯铜币由国家垄断制造这件事还有两个依据:一是罗马共和国时期阿斯铜币发生了大幅度减重,证明阿斯铜币是由国家垄断铸造的,因为只有国家垄断制造的钱币,才有可能在法律的支持下,依靠发行者的信用发挥货币职能,百姓分散自由制造的钱币,不具备大幅度减重的能力;二是屋大维夺取造币权后,在阿斯铜币上刻印铭文"SC"(元老院批准),说明罗马共和国时期个人是不可以自由制造铜币的,即便是国家元首制造阿斯铜币,仍然需要得到国家的批准。

一、阿斯铜币的大幅度减重

钱币大幅度减重,是国家垄断制造钱币的典型特征。只有在国家垄断制造钱币的条件下,钱币才有可能依靠国家信用和法律支持,按照其名义价值或者高于其本身币材金属价值,发挥货币职能。

公元前289年,罗马共和国开始制造阿斯铜币之后,阿斯铜币发生了大幅度的减重,这个大幅度减重过程可以分为两个时间阶段:

第一阶段:自公元前289年罗马共和国开始制造青铜铸币,至公元前211年罗马共和国建立狄纳里银币制度并将阿斯铜币的制造方法从铸造改为打制,共计78年。在此期间,阿斯铜币的重量从327克减低至54.5克,即从12盎司减低至2盎司。

第二阶段:自公元前211年罗马共和国开始打制阿斯铜币,并让狄纳里银币与阿斯铜币并行流通,至公元前 27 年罗马共和国转为罗马帝国,共计 184 年。在此期间,阿斯铜币的重量从 54.5 克减低至 11 克左右,即从 2 盎司减低至半盎司左右。

从 327 克减低到 11 克,这个减重幅度是相当大的。那么,剩下的另一个问题就是,阿斯铜币是否还是按照其名义价值——"1 阿斯青铜",或者高于其本身币材金属实际价值,发挥货币职能?这一点,我们可以参照与其并行的狄纳里银币的比价变动情况。

在第二阶段里,狄纳里银币也有小幅度的减重,从 1/72 罗马磅减低至 1/84 罗马磅,即从 4.54 克减低至 3.89 克,减重幅度显然少于阿斯铜币的减重幅度。尽管阿斯铜币与狄纳里银币的法定比价也发生了变化,即从 10 枚阿斯铜币兑换 1 枚狄纳里银币改变为 16 枚阿斯铜币兑换 1 枚狄纳里银币,阿斯铜币的信用货币性质仍然明显地表现出来。

阿斯铜币的大幅度减重,使得其信用货币性质凸显,能够用较少的铜金属价值,换取较多的银金属价值,以及各种商品的价值。这就使得制造阿斯铜币成为获取暴利的事情。

如果阿斯铜币是百姓自由制造的,个别百姓减少用铜量,会使其制造铜币的市场价值降低;多数百姓减少用铜量,会使其制造铜币的商品购买力减低。所以,在百姓自由制造钱币的条件下,钱币依靠币材金属价值发挥货币职能,不具备信用货币的性质。

只有在政府垄断制造钱币的情况下,在法律的支持下,钱币才有可能发生信用化的转变,即减少钱币名义价值中的金属币材价值,增加钱币名义价值中的发行者信用价值,并依靠法律的支持,按照其名义价值发挥货币职能。

罗马共和国时期,阿斯铜币发生了大幅度的减重,说明当时阿斯铜币的制造是由政府垄断制造的,而不是由百姓自由制造的。

二、元老院批准元首制造阿斯铜币

罗马共和国时期,国家垄断制造阿斯铜币的另一个依据是屋大维获得铸币权之后,需要在阿斯铜币上刻印"SC"(元老院批准)字样。如果阿斯铜币是自由制造的,屋大维就没有必要在阿斯铜币上刻印"元老院批准"字样了。

公元前27年,通过军事胜利而掌握了罗马共和国国家权力的屋大维被元老院授予"奥古斯都"称号,后世史学家们将这个时间确定为罗马共和国转为罗马帝国的转折点。此时,由于阿斯铜币已经大幅度减重,其名义价值远超其金属币材价值,制造铜币便成为一种获得暴利的事情。此前,这个暴利属于国家所有,由罗马元老院代表国家来获取。

屋大维掌权后,巧妙地夺取了元老院的各项权力或者让元老院心甘情愿地将国家权力交到他的手里,其中一项重要的权力就是铜币的铸币权。然而,屋大维制造的铜币,以及他的家族世袭王朝——尤利亚·克劳狄王朝制造的铜币,除了个别例外,都刻印了"SC"(元老院批准)的币文标识。屋大维夺取了元老院的铸币权,为什么还要在阿斯铜币上刻印"元老院批准"的字样呢?

第一,我们可以由此推断,过去的阿斯铜币是元老院代表国家垄断制造的。阿斯铜币作为国家垄断制造的货币,应该是百姓向国家缴纳税赋的法定货币。阿斯铜币已经是不足值的金属货币,依靠国家信用和法律支持按照其名义价值而非金属币材价值进入流通,发挥货币职能。

第二,屋大维制造阿斯铜币,仍然需要它能够作为百姓缴纳税赋的法定货币,在铜币表面刻印"元老院批准",可以提高其信用程度,使市场容易接受。

屋大维在阿斯铜币上刻印"元老院批准"字样,却不在狄纳里银币上刻印"元老院批准"字样,说明当时的狄纳里银币是依靠本身币材金属价值发挥货币职能的"实币",而不是依靠政府信用和法律支持发挥货币职能的"虚币"。此时的狄纳里银币是一种"实币",所以,屋大维制造狄纳里银币时不在银币表面刻印"元老院批准"字样,市场也可以接受。

于是,由国家元首屋大维制造的、被刻印有"元老院批准"字样的阿斯铜币在大幅度减重的条件下,依靠国家垄断的力量,代表一定数量狄纳里实币的价值发挥货币职能。

第二十一章
Chapter 21

虚币与实币之间的法定比价

国家垄断铸币权之后，为了制造更多的钱币，通过减少钱币的金属含量、提高钱币的名义价值、降低钱币的金属成色等方式，使钱币的名义价值中，币材金属价值占比下降，发行者信用价值占比上升，从而产生了虚币。

虚币是相对实币而言的概念，实币是指币材金属价值与钱币名义价值相符的钱币，虚币是币材金属价值达不到钱币名义价值的钱币。

国家让虚币代表一定数量实币的价值发挥货币职能，需要虚币与实币并行流通，并需要有法律的支持才能有效实现。相关的法律，要确定虚币与实币之间的比价。这个比价是价格扭曲的或者说是不符合市场价值规律的。因此，百姓不愿意接受虚币。所以，国家立法禁止百姓拒绝接受虚币。

战国时期的秦国实行铜钱、布币和黄金三币并行的货币制度，因此在铜钱和布币之间制定了固定比价。布币是百姓织造的原始数量货币，以"布"为单位进行交换，同时具有作为衣料的使用价值，与其他商品之间的价格关系由市场决定，所以属于实币。铜钱由国家垄断制造，时大时小，11枚铜钱代表1"布"的价值发挥货币职能，所以属于虚币。

称量货币与数量货币之间的比价，也是虚币与实币之间的关系。汉朝的黄金货币是称量货币，显然是实币，铜钱是数量货币，出现了大幅度的减重,成为虚币。汉朝黄金与铜钱之间的法定比价采用了按年浮动的方法,在一定程度上减少了铜钱贬值给朝廷收入带来损失的风险。

古罗马铜币与银币的比价,则是更为典型的虚币与实币之间的比价,需要法律的支持和维护。罗马共和国后期,狄纳里银币是实币,含银量基本保持长期稳定不变,同时期的阿斯铜币则是虚币,发生了大幅度的减重,两者之间的法定比价出现了明显的扭曲。

古代西方各国大都实行金币与银币并行的货币制度,并且都规定了金币与银币之间的法定比价,这些比价关系,影响着金币和银币两者的盛衰兴替。

第一节　秦国的固定比价制度

秦国的货币制度,建立于战国晚期秦惠文王国家垄断铸造半两钱之后。公元前 221 年,秦始皇统一天下,将战国时期秦国的货币制度推广到全国使用。

战国时期秦国的货币主要有三种:铜钱、布币和黄金。铜钱与布币之间的法定比价,可以在出土成文法文献中看到。战国晚期,秦国颁布成文法,建立了铜钱与布币之间的固定比价制度。这项制度,在秦始皇建立全国统一政权之后仍然被继续使用,直到秦二世胡亥继位才被废除。

一、铜钱的法定形制规格

战国晚期的秦国,实行铜钱、布币、黄金三币并行的货币制度。三种货币性质各自不同:铜钱是数量货币;布币是原始数量货币;黄金是称量货币。

秦国的三币并行,体现了货币发展过程中的三个阶段:称量货币阶段、原始数量货币阶段和数量货币阶段。当新的货币形态被创造出来的时候,旧的货币形态并不消失,而是与新的货币形态并行存在,一起发挥货币职能。于是,秦国就出现了三币并行的货币制度。

一般来说,在这三种货币形态中,称量货币最先出现,原始数量货币次之,数量货币最后产生。但是,战国晚期秦国的布币不同于民间自发产生的原始数量货币,而是国家颁布法令确立法定形制的原始数量货币。所以,秦国布币的产生,是在秦国半两钱出现之后。

公元前336年,秦国开始由国家垄断铸造铜钱,法定重量"半两",形状为圆形方孔。

当时,秦国实行斤、两、铢重量制度,1斤等于16两,1两等于24铢。秦国1斤的重量为253克;1两的重量为15.8125克;1铢的重量为0.6589克。半两钱的重量标准是7.91克(12铢)。

公元前221年,秦始皇灭六国、统一天下,废除了各诸侯国的货币,将半两铜钱推广到全国使用。

二、布币的法定形制规格

战国晚期秦国的货币体系中,有一种具备法定货币形制的布币。这种布币是麻织品,除了作为货币流通,还可以用作平民的衣服材料。所以,这种布币不仅具有商品交换媒介的货币职能,而且还具有日常生活必需品的商品使用职能,属于原始数量货币。《秦律·金布律》第2条规定:

> 布袤八尺,福(幅)广二尺五寸。布恶,其广袤不如式者,不行。[1]

布长8尺,幅宽2尺5寸。布的质量不好,长宽不合标准的,不得作为货币流通。

布币作为货币流通,具有法定的形制规格。战国晚期秦国的一尺相当于现代23.1厘米,8尺相当于现代184.8厘米,2尺5寸相当于

---

[1] 《金布律》,载睡虎地秦墓竹简整理小组:《睡虎地秦墓竹简》,文物出版社1978年版,第56页。

现代 57.75 厘米。因此，具有法定形制规格的布币的面积为现代的 184.8 厘米×57.75 厘米=10672.2 平方厘米，折合 1.06722 平方米。

战国晚期的秦国以及后来秦始皇建立的秦朝，铜钱与布币的主要区别在于：铜钱是朝廷制造的；布币是百姓根据朝廷法定形制规格织造的。朝廷制造的铜钱可以"美恶杂之"，大小轻重不等的铜钱混在一起，被赋予信用货币的性质，劣质轻小的铜钱仍然可以依赖法律的强制力行使货币职能，从而成为虚币；而百姓织造的布币，却不可以降低质量，一定是实币。法律规定，布币的质量不好，长宽不合标准，不得作为货币流通。

不符合法定形制规格的布币，法律禁止其作为货币流通。但是，布币不仅可以作为货币流通，还可以作为衣料使用。所以，不符合法定形制规格的布币，作为一种具有价值和使用价值的商品，在物物交换中仍然会被广泛地接受。因为，在古代商品交换经济中，货币媒介的交换行为与物物交换行为，长期以来都是同时并存的。不符合法定形制规格的布币，也可以作为普通商品用铜钱或者黄金来买卖，就像金属在被铸成钱币之前，可以作为普通商品被买卖一样。

三、铜钱与布币的法定固定比价

《秦律·金布律》第 3 条规定：

钱十一当一布。其出入钱以当金、布，以律。[①]

11 枚铜钱折合 1 块布币。如果出入铜钱来折合黄金或布币，其折算比价，应按法律的规定。

铜钱与布币之间有着固定的法定比价。显然，这里的铜钱指的是半两铜钱；布币则是长 8 尺，幅宽 2 尺 5 寸的法定形制规格的、麻织造的布币。铜钱是典型的数量货币，专作货币使用。麻织造的布币却属于原始数量货币，除了作为货币使用，还可以用作衣料。秦国政府以

[①] 《金布律》，载睡虎地秦墓竹简整理小组：《睡虎地秦墓竹简》，文物出版社 1978 年版，第 56 页。

法律形式确立了铜钱与布币之间的固定的法定比价,就使作为法定货币的铜钱,在价值上与布币挂钩,代表一定数量的布币行使货币职能。以铜钱标价的商品,如果以布币进行交易,就可以直接按照铜钱的价格进行套算,并采用布币进行交易。为了方便半两钱与布币折算,当时商品或财物的价值常见半两钱数量为 11 的倍数。《金布律》第 15 条规定:

> 禀衣者,隶臣、府隶之毋妻者及城旦,冬人百一十钱,夏五十五钱,其小者冬七十七钱,夏卌四钱;春冬人五十五钱,夏卌四钱,其小者冬卌四钱,夏卅三钱;隶臣妾之老及小不能自衣者,如春衣。亡,不仁其主及官者,衣如隶臣妾。①

领取衣服的,隶臣、府隶中没有妻子的以及城旦,冬季每人按 110 枚半两钱的标准给衣,夏季 55 枚半两钱;其中属于小的,冬季 77 枚半两钱,夏季 44 枚半两钱。春,冬季每人缴 55 枚半两钱,夏季 44 枚半两钱;其中小的,冬季 44 枚半两钱,夏季 33 枚半两钱。隶臣妾属于老、小,不能自备衣服的,按春的标准给衣。逃亡或冒犯主人、官长者,按隶臣妾的标准给衣。

四、铜钱与布币法定固定比价的终结

自战国晚期秦国建立布币流通制度开始,秦国便颁布了铜钱与布币之间的固定的法定比价。秦二世胡亥继位时将布币废除,铜钱与布币之间的固定的法定比价便随之终结。

布币主要被用于秦始皇统一天下的战争,为秦国节约了大量的铜材军用物资。秦始皇统一天下,化剑为犁,铜材用于军械的需求大幅度减少。同时,秦始皇重劳役而轻农商,百姓不能专务农商,商品经济迅速衰败,货币需求大幅度下降。

秦始皇大兴土木,修建宫殿陵寝,很少使用货币,而是大量无偿地

---

① 《金布律》,载睡虎地秦墓竹简整理小组:《睡虎地秦墓竹简》,文物出版社 1978 年版,第 67 页。

征用天下劳役。因此,秦始皇没有铸行铜钱,而是任由百姓继续织造布币。布币织造过多,自然引起严重的通货膨胀,百姓生活日益贫苦。秦始皇不顾民间疾苦,实行严刑酷法的高压政策,搞得社会危机四伏,随时可能爆发大规模的人民起义。

公元前 210 年,秦始皇在沙丘平台(今河北邢台市广宗县)去世。《史记·六国表》云:

十月,帝之会稽,琅邪,还至沙丘崩。子胡亥立,为二世皇帝。杀蒙恬,道九原入。复行钱。①

公元前 210 年 10 月,秦始皇去会稽、琅邪巡视,回来路上在沙丘去世。秦始皇的儿子胡亥继位,是为二世皇帝。胡亥下令杀了蒙恬,取道九原回到京师,下令恢复铸行铜钱。

人们都在等待着秦始皇去世。秦始皇去世几个月后,陈胜、吴广揭竿而起,各地纷纷响应,大规模的农民起义爆发。朝廷也在等待着秦始皇去世,秦始皇去世后,朝廷干的第一件事,就是"复行钱",恢复货币经济,恢复正常的经济秩序。

秦二世胡亥下令恢复铸行铜钱,说明秦始皇停止了铜钱的铸造,市场上流通半两旧钱和百姓用麻织造的布币。秦始皇统一天下之后,没有废止布币的货币职能,也没有铸造半两新钱。布币织造过多,自然会发生通货膨胀,造成布币泛滥贬值。胡亥恢复铸行铜钱,目的在于解决布币泛滥的问题,也是为了应对大卜危急的局面。胡亥恢复铸行铜钱之后,为了抑制劣币驱逐良币,以致铜钱被贮藏的隐患,所以废止了布币作为货币职能的使用。从此,布币退出货币流通领域,恢复为普通商品。刘邦建立汉朝后,汉律中不再见到布币作为货币职能的有关规定。

布币不再作为法定货币,布币与铜钱之间的法定比价也就不复存在。

---

① (西汉)司马迁:《史记》卷一五《六国年表》,中华书局 1959 年版,第 758 页。

第二节　汉朝的浮动比价制度

汉朝时期，秦朝的布币已经退出货币流通领域。所以，主要货币只剩下两种：铜钱和黄金。汉朝铜钱与黄金的法定比价，没有采用固定比价制度，而是采用了区域性定期浮动比价制度。

一、区域性浮动比价制度

汉朝采用的区域性浮动比价制度，被规定在《二年律令·金布律》中。

《二年律令·金布律》第6条规定：

> 有罚、赎、责（债），当入金，欲以平贾（价）入钱，及当受购、偿而毋金，及当出金、钱县官而欲以除其罚、赎、责（债），及为人除者，皆许之。各以其二千石官治所县十月金平贾（价）予钱，为除。①

有罚金、赎罪以及其他原因形成的对官府的负债，愿意以官方比价缴纳铜钱的；应当得到奖赏黄金，不要黄金而取铜钱的；应当缴纳黄金、铜钱给官府，用来抵销其罚金、赎罪，以及其他原因形成的对官府的负债的；为他人抵销各种对官府负债的，都允许其缴纳铜钱，不必缴纳黄金。用铜钱代替黄金缴纳时的比价，应采用其所在二千石官治所县地方10月的金平价来缴纳铜钱，抵消黄金标值的债务。

汉朝初期，地方官府实行郡县制。全国共有60个郡，后来增加到100多个郡。郡太守是郡的最高长官，官职被称为"二千石"，即每月可获得俸禄120斛粮谷。"二千石官治所县"指的是郡一级的行政地方。

---

① 《二年律令·金布律》，载张家山二四七号汉墓竹简整理小组：《张家山汉墓竹简》，文物出版社2006年版，第67页。

法律规定黄金折合铜钱的数量要"各以其二千石官治所县"的十月金平价支付。就是说，各郡黄金与铜钱的法定比价可以是不同的，各郡按照当地黄金市场价格确定黄金折算铜钱的本地官方比价。这个比价属于本地管辖范围内的区域性比价，按年度定期浮动。

二、定期浮动比价制度

汉朝制定黄金与铜钱比价的依据是市场比价，即将每年十月市场上黄金与铜钱的平均比价确定为官府在此后一年度使用的比价。这里的市场比价，指的是郡一级行政地方的市场比价，而非全国各地市场比价的平均值。

于是，黄金与铜钱的法定比价就成为郡一级地方的年度比价，每年浮动一次，由于需要统计十月市场的平均比价作为依据，所以一年的法定比价的启始时间在每年的十一月初，一直使用到下年的十一月初。

十月为一年的开始，是秦朝的制度。《秦始皇本纪》云：

> 始皇推终始五德之传，以为周得火德，秦代周德，从所不胜，方今水德之始。改年始，朝贺皆自十月朔。①

秦始皇推算五行终始循环的顺序，认为周朝得火德，秦朝兴起取代周朝，必须采用周朝不能战胜的德行。当时是水德的开始，要更改岁首，朝贺都以十月初一为初始。

秦朝确定水德，改变历法，以十月为岁首。然而，汉朝实行定德改制，没有发生在刘邦建国之时，而是发生在汉武帝的时候。所以，《二年律令》规定黄金与铜钱比价的确定时间和启始时间，仍然以十月为准。岁首制度的改变，发生在82年之后。

汉武帝并非开国之君，定德改制遇到许多质疑，登基30多年之后才正式宣布定德改制，颁布新历法：

---

① （西汉）司马迁：《史记》卷六《秦始皇本纪》，中华书局1959年版，第237页。

> 太初元年……夏五月,正历,以正月为岁首。色上黄,数用五,定官名,协音律。①

太初元年(公元前104年)夏五月,确定新历法,以正月为一年的开始。祭祀时的服装以黄色为上,计数以五为贵,确定官名,协调音律。

此后,岁首改为正月,黄金与铜钱比价的制定办法应有相应的调整,但是我们迄今没有看到有关的文献证据。

三、建立浮动比价制度的原因

战国晚期,秦国布币与铜钱的比价,采用固定比价,即11枚铜钱兑换1块布币。秦国黄金与铜钱的比价,《秦律·金布律》中没有说,只是说应按法律规定折算。法律规定怎样折算黄金与铜钱,我们在《汉律·二年律令·金布律》中找到了相关的信息。

根据上述《汉律·二年律令·金布律》第6条规定,汉朝初期,关于处罚、赎罪及其他原因形成的官府债权,是以黄金计价的,债务人可以用铜钱代替黄金进行缴纳。以钱代金的价格,是根据二千石官治所县十月金平价折算。这说明,汉朝初期黄金与铜钱之间并没有固定的官方比价。官方对黄金与铜钱的折算要依赖民间市场价格。民间市场价格是自由浮动价格,围绕黄金价值和铜钱购买力的比率随市场供求关系波动。汉朝初期以十月为岁首,就相当于现代的年初。所以,黄金与铜钱的官方折算率,以年初市场平均价格为准。因此,黄金与铜钱在不同的年度里应有不同的官方折算率。由此推想,秦《金布律》第3条规定:11枚半两钱折合1布,如出入钱来折合黄金或布,都应按法律规定的比价来计算。

这里面的"以律",并不是指法律规定了铜钱与黄金的固定比价,而是指法律规定了铜钱与黄金的折算方法。譬如说,规定以年初二千

---

① (东汉)班固:《汉书》卷六《武帝纪》,中华书局1962年版,第199页。

石官治所县金平价折算。

为什么布币与铜钱的比价可以采用固定比价,而黄金与铜钱的比价就要采用浮动比价呢？

原因是：布币是一种数量货币,虽然是原始数量货币,但仍然是数量货币,可以按照单位个数进行交易。铜钱也是数量货币,是典型的数量货币。国家在布币与铜钱之间建立法定比价,有利于交易的便利,并以布币作为实币,让铜钱代表布币行使货币职能,从而稳定了不断贬值的铜钱的法定价值。

黄金不同于铜钱。黄金货币是称量货币,比较布币而言,属于更典型的实币。国家立法可以让铜钱代表黄金的价值发挥货币职能,但是当时铜钱轻重大小波动幅度较大,铜钱与黄金比价扭曲,则会导致市场上的套利行为。为了稳定币制,汉朝采用了按年度定期浮动的比价制度。

四、汉朝的黄金计价及铜钱结算

汉朝采用黄金计价的一个重要的原因,就是为了避免因为铜钱价值波动给朝廷造成损失,所以采取了黄金保值措施。黄金计价的情形大量出现在汉律的赀罚条文中。

秦律中,赀罚主要是赀甲、赀盾,这也是为了避免铜钱价值波动给朝廷造成损失而采取的实物保值措施。在秦朝,保值所采用的实物为什么是甲和盾？原因是：秦国属于军事帝国,军事物品是普遍流通的具有类同价值的物品。

汉律却是以罚金为主。《二年律令》中关于罚金的规定甚多,几乎在各篇中都有罚金的法条。《二年律令·贼律》共42条,其中12条适用罚金。《二年律令·盗律》共18条,其中3条适用罚金。《二年律令·具律》共23条,其中3条适用罚金。《二年律令·襍律》共14条,其中2条适用罚金。《二年律令·钱律》共8条,其中2条适用罚金。《二年律令·置吏律》共10条,其中3条适用罚金。《二年律令·田律》共13条,其中2条适用罚金。《二年律令·行书律》共8

条,其中4条适用罚金。《二年律令·户律》共222条,其中5条适用罚金。《二年律令·置后律》共18条,其中2条适用罚金。《二年律令·兴律》共9条,其中2条适用罚金。《二年律令·史律》共6条,其中2条适用罚金。为了便于观察,我们将《二年律令·具律》中的罚金法条列举如下:

吏、民有罪当笞,谒罚金一两以当笞者,许之。①

官吏或百姓有罪,应当处以笞刑的,要求罚金1两来抵销笞刑的,可以允许。

赎死,金二斤八两。赎城旦舂、鬼薪白粲,金一斤八两。赎斩、府(腐),金一斤四两。赎劓、黥,金一斤。赎耐,金十二两。赎迁,金八两。②

缴纳黄金可以抵销罪刑。赎死刑,缴纳黄金数量为2斤8两。赎城旦舂或鬼薪白粲的罪刑,缴纳黄金数量为1斤8两。赎斩、腐刑,缴纳黄金数量为1斤4两。赎劓、黥刑,缴纳黄金数量为1斤。赎剃鬓须刑,缴纳黄金数量为12两。赎流放刑,缴纳黄金数量为8两。

汉朝初期,由于铜钱的购买力不稳定,所以罚金就以黄金计价,但多是按照区域性定期浮动比价收缴铜钱,而不是收缴黄金。

第三节 古罗马铜币与银币的比价

秦朝铜钱与布币的固定比价,在《秦律·金布律》中有规定;汉朝铜钱与黄金的区域性定期浮动比价,在《汉律·二年律令》中有规定。

西方的古罗马铜币与银币的比价属于法定的固定比价,但是我们找不到相关的古罗马成文法文献条目。尽管没有专门的货币立法规

---

① 《二年律令·具律》,载张家山二四七号汉墓竹简整理小组:《张家山汉墓竹简》,文物出版社2006年版,第21页。

② 同上书,第25页。

定古罗马的铜币与银币的比价是法定的固定比价,从银币的名称看,罗马共和国最早建立的银币制度中,银币被称为"狄纳里",意思是10个阿斯铜币的价值,已经说明了阿斯铜币与狄纳里银币的比价关系,即10枚阿斯铜币的价值等于1枚狄纳里银币。

一、狄纳里银币与阿斯铜币的比价

公元前289年,罗马共和国开始由国家垄断制造阿斯铜币。经历了皮洛士战争和第一次布匿战争,阿斯铜币出现了明显的减重。到了第二次布匿战争(公元前218年至公元前201年)初期,罗马共和国庞大的军事开支造成阿斯铜币大幅度减重,阿斯铜币迅速贬值,重量只剩下原来的1/6,已经难以满足战争需要。

罗马市场上阿斯铜币恶币泛滥,商品交换受阻。为了挽救货币危局,支付军费开支,罗马共和国于公元前211年开始发行狄纳里银币,建立了相对阿斯铜币更为可信、更为稳定的狄纳里银币制度。

狄纳里($denarius$)这个词汇源于拉丁文"$deni$"(10),意思是10个,指10枚阿斯铜币的价值。因此,10枚阿斯铜币的价值等于1枚狄纳里银币。

狄纳里银币与阿斯铜币的比价,是根据过去德拉克马银币与阿斯铜币的法定比价制定的。公元前211年以前,罗马已经开始仿照希腊银币的规制制造和使用二德拉克马银币。二德拉克马银币与阿斯铜币的比价是1:20,即1枚二德拉克马银币兑换20枚阿斯铜币。由此推论,1德拉克马银币兑换10枚阿斯铜币。根据这个比价,罗马共和共开始制造本国的银币,采用1德拉克马的重量,制造等于10枚阿斯铜币价值的银币,称之为"狄纳里"。

古罗马的核心重量单位是罗马磅,即1阿斯,标准重量327克;古希腊德拉克马的阿提卡标准是4.37克,罗马磅与德拉克马的比率就是:327克÷4.37克=74.83。即1罗马磅等于74.83德拉克马。于是,罗马共和国建立的狄纳里银币制度,规定1罗马磅白银,除去2.83德拉克马的成本,打制72枚狄纳里银币。1枚狄纳里银币的重量,理论上大约等于 1 德拉克马,即 4.54 克(4.37 克白银 + 制造成本所用白银)。

二、阿斯铜币的持续减重

阿斯原本是重量单位,即 1 罗马磅,折合现代 327 克,可以分割为 12 盎司。罗马王政时期的货币是青铜称量货币,所用的称量单位便是阿斯。

公元前 289 年,在外来民族——希腊殖民者和埃特鲁里亚殖民者长期使用银币的示范下,罗马共和国开始以国家垄断的方式制造本民族的数量货币——阿斯铜币。

在过去的青铜称量货币制度下,青铜按照实测重量进行交易,没有减重问题。当青铜称量货币转变为青铜数量货币时,阿斯便从重量单位转变为货币单位,青铜数量货币的重量就开始脱离过去的重量标准,进入持续下降的过程。

自公元前 289 年罗马共和国国家垄断制造阿斯铜币,至公元前 211 年罗马共和国建立狄纳里银币制度,阿斯铜币流通了 78 年。在此期间,阿斯铜币的重量从最初的 12 盎司降至 2 盎司,即从 327 克降至 54.5 克,只剩下原来重量的 1/6,或者说只剩下原来重量的 16.7%。为什么阿斯铜币的重量出现了如此大幅度的下降,原因是发生了战争,罗马共和国政府需要降低铜币的铜金属含量,制造更多的铜币,用虚币敛财的方式来扩大军费的来源。

公元前 280 年,罗马共和国始铸阿斯铜币仅仅 9 年,就爆发了皮洛士战争。这是一场非常耗费资源的战争。十几年后,到了公元前 264 年,第一次布匿战争爆发,罗马人铸造了轮形纹饰的阿斯铜币,这种阿斯铜币的发行是为了支付罗马舰队的费用。战后,阿斯铜币虽然发生了减重,但其重量仍然能够达到 200 多克。

公元前 218 年,迦太基名将汉尼拔攻打罗马,第二次布匿战争爆发。公元前 216 年,罗马军队在坎尼战役中惨败。公元前 215 年,罗马扩军备战,加征公民税。

在这个阶段里,阿斯铜币发生了更大幅度的减重。克劳福德认为阿斯铜币的标准重量在公元前 217 年减到 6 盎司,此后很快又减到 4 盎司、3 盎司。

公元前 211 年,罗马共和国建立了狄纳里银币制度。战争如此费钱,以致铜钱这种贱金属不方便用来支付军费开支,罗马共和国不得不采用银币来支付军费开支。

与此同时,罗马共和国建立起一整套全新的铜币体系。该体系基于塞克斯坦标准,即 1 阿斯的重量只有 2 盎司,或者 1/6 罗马磅,即 54.5 克。

公元前 211 年罗马共和国创建狄纳里银币制度至公元前 27 年罗马共和国转为罗马帝国,阿斯铜币持续减重,从 54.5 克减至 11 克左右,减少了近 80%。与此同时,狄纳里银币的重量却表现出相对稳定、基本不变的态势。

三、钱币银铜比价和商品银铜比价

将金属制造成为钱币,对于不同金属的两种钱币,政府颁布其相互间的法定比价,由此计算的两种金属的价值比率,可以称为钱币金属比价。

譬如,罗马共和国颁布狄纳里银币与阿斯铜币的钱币兑换率为 1∶10。狄纳里银币使用白银 1/72 罗马磅,即 4.54 克;此时的阿斯铜币重量 1/6 罗马磅,即 54.5 克,两种钱币所用白银和青铜之间的比价为:54.5 克 × 10 ÷ 4.54 克 = 120。即此时的钱币银铜比价为 1∶120。

罗马共和国创建狄纳里银币制度的时候,银币与铜币的法定比价的制定,应该根据当时市场商品银铜比价。若是如此,当时罗马市场上的商品银铜比价,大约是 1 磅白银价值 120 磅青铜。所以,罗马共和国将 10 枚阿斯铜币价值的白银,即 545 克青铜价值的白银,打制成为 1 枚狄纳里银币,其法定重量是:545 克 ÷ 120 = 4.54 克。

商品银铜比价为 1∶120 的时候,罗马共和国政府规定 1 枚 1/72 罗马磅白银的狄纳里银币法定兑换 10 枚 54.5 克青铜的阿斯铜币。

但是,此后的阿斯铜币的重量又出现了大幅度的减少,钱币银铜比价关系随之被打破。

公元前 27 年,罗马共和国转为罗马帝国,阿斯铜币的重量已经减少到 11 克左右,狄纳里银币的重量却还有 1/84 罗马磅,即 3.89 克。狄纳里银币与阿斯铜币的兑换比率已经从 1∶10 调整到 1∶16。此时,钱币银铜比价为:11 克×16÷3.89 克=45.24。

显然,铜币的名义价值中,金属币材价值大幅度下降,信用价值大幅度上升。铜币已经在很大成分上成为信用货币,或者称为"虚币"。银币很少变化,基本保持稳定,所以,银币仍然属于金属货币,依靠本身币材金属发挥货币职能,或者称为"实币"。

罗马共和国实行狄纳里银币与阿斯铜币并行的货币制度,具有非常重要的货币政策意义。狄纳里银币的流通,使商品价格在这种实币的计量下得以稳定;阿斯铜币的流通,是代表一定数量狄纳里银币的价值流通,通过减重,实现了政府的货币政策目标,即使用较少的铜金属,制造了更多的货币。同时,虽然阿斯铜币的用铜量大幅度下降,以阿斯计量的商品价格并没有发生大幅度变化。所以,在没有大的动荡的情况下,阿斯铜币货币总量得到大幅度的增加,满足了战争对于货币的需求,也满足了商品经济发展对于货币总量不断增长的需求。

第四节　古代诸国金币与银币的比价

公元前 7 世纪,小亚细亚半岛上的吕底亚王国发明了西方世界最早钱币的时候,国家还没有实行对钱币制造的垄断。吕底亚王国 1 枚金币兑换 10 枚银币的法定比价关系长期不变,两者各自的金属含量也长期保持不变。

公元前 6 世纪,波斯帝国占领了吕底亚王国,继承了吕底亚王国的钱币制度,国家仍然没有垄断钱币的制造,金币与银币的比价关系继续保持长期不变的局面,两者各自的金属含量也长期保持不变。

公元前4世纪,马其顿王国亚历山大消灭了波斯帝国,将钱币金银比价从1∶13.3改为1∶10,影响了当地后世钱币制度的发展和演变。波斯帝国转为帕提亚帝国(中国古代称其为"安息"),由于银币价值处于高估地位,所以被大量制造,金币价值低估,不被制造。

公元3世纪,萨珊帝国取代了帕提亚帝国,继续制造和使用银币。萨珊帝国又攻占了贵霜帝国的大部分领土,继承了贵霜帝国的第纳尔金币制度,再次建立了金币与银币的法定比价。

公元4世纪,拜占庭帝国兴起,君士坦丁将钱币金银比价从1∶10改为1∶18,大幅度提高了金币的价值。于是,金币被大量制造,银币流通逐步萧条。

一、吕底亚王国金币与银币的比价

公元前640年,阿尔杜斯国王执政时期,吕底亚王国创造了西方世界最早的钱币——琥珀合金币。

琥珀合金币是使用吕底亚王国都城萨迪斯河里的金银合金制造的,金属成分三金一银,名为"斯塔特",重量大约14克。

据说,到了阿尔杜斯的重孙子克洛伊索斯执政时期(公元前560年至公元前546年),吕底亚王国发明了金银分离术,开始铸造纯金币和纯银币。纯金币重量大约8克;纯银币重量大约11克,1枚斯塔特纯金币法定兑换10枚斯塔特纯银币。

吕底亚王国实行纯金币与纯银币并行的货币制度。纯金币作为价值尺度,属于主币,而纯银币代表一定数量金币的价值,属于辅币。然而,在商品经济中,纯银币作为交换媒介、流通手段,在市场上更为活跃。

在地中海沿岸,从埃及人、赫梯人,乃至古希腊的迈锡尼人,都长期使用黄金和白银作为他们的财富储藏手段和商品交换媒介。吕底亚人最早的钱币,是继承了赫梯人舍客勒重量标准的金币。赫梯人舍客勒重量标准源于两河流域苏美尔人的创造,能够证明这一标准的确切数值的出土实物则是波斯帝国的石刻砝码。

公元前 2096 年至公元前 2047 年,乌尔第三王朝的国王舒尔基统一了两河流域的度量衡。公元前 605 年至公元前 562 年,新巴比伦王国国王尼布甲尼撒找到了一个舒尔基两弥那重量的石刻砝码,将其复制,作为新巴比伦的重量标准。公元前 539 年,波斯帝国消灭了新巴比伦王国,继承了新巴比伦王国的重量标准。根据出土石刻砝码考证,一枚名曰"大流士宫殿"的石刻砝码表明,公元前 522 年至公元前 486 年的波斯国王大流士使用的弥那重量标准为 500.2 克。当然,在历史长河中,这个重量标准是在缓慢地变化的。人们普遍认为历史上弥那这个重量单位的标准大体上等于现代的 500 克。

1 弥那重量 500 克,等于 60 舍客勒,1 舍客勒重量就是 8.33 克。这就是吕底亚王国在发明钱币时期 1 斯塔特纯金币的重量标准。

舍客勒重量 8.33 克,扣除成本和铸币税,实际重量大约 8 克左右,这与出土的吕底亚王国斯塔特纯金币的重量基本相符。

此时,黄金和白银的比价是 1∶13.3,即 1 舍客勒黄金兑换 13.3 舍客勒白银。那么,1 斯塔特纯银币的重量应该是多少呢?

吕底亚王国规定,1 枚斯塔特纯金币兑换 10 枚斯塔特纯银币。8.33 克 × 13.3 ÷ 10 = 11.08 克,去掉成本和铸币税,1 枚斯塔特纯银币的重量应在 11 克左右,这与出土的吕底亚王国的纯银币的重量基本相符。

吕底亚王国的金币与银币的比兑换比率:1 枚斯塔特纯金币兑换 10 枚斯塔特纯银币,钱币金银比价是 1∶13.3,这个比价应该与当时的商品金银比价基本相符,金币与银币的重量也长期保持不变。几百年后,钱币制造和钱币流通传播到世界各国,各国政府逐步采用国家垄断制造钱币,有意识地减少钱币的金属含量,并以法律规定金币与银币的兑换比率,钱币金属比价与商品金属比价就逐步地发生了脱离。

二、波斯帝国金币与银币的比价

公元前640年,吕底亚王国创造了西方世界最早的钱币。大约100年后,波斯帝国崛起,吞并了吕底亚王国,继承了吕底亚王国的钱币制度。又过了数十年,波斯帝国的贵族大流士,通过宫廷政变成为国王。为了镇压各地武装起义,大流士国王发行大流克金币,用以支付军费。这些金币是严格依循波斯帝国舍客勒重量标准制造的,重8.33克,比吕底亚王国的斯塔特金币更接近舍客勒重量标准。

从此,在波斯帝国,大流克成为金币的名称,直至波斯帝国灭亡,波斯帝国生产的金币都被称为大流克。大流克金币的形制仿照吕底亚王国的斯塔特金币,重量相近,风格赋以东方色彩,正面的图案是东方国王或武士持弓持矛持刀半跪像,背面为印记,没有币文。大流克金币主要用于发放陆军军饷,流行于小亚细亚半岛。

此外,波斯帝国还发行了银币,主要用于发放海军军饷。银币被称为西格罗斯,即希腊语的舍客勒。1枚大流克金币等于20枚西格罗斯银币。当时黄金和白银的比价仍然是1:13.3,即1舍客勒黄金兑换13.3舍客勒白银。

西格罗斯银币的理论重量是:8.33克×13.3÷20=5.539克,去掉成本和铸币税,1枚西格罗斯银币的平均重量大约5.5克。这个重量,与出土的波斯帝国西格罗斯银币的实测重量大体相符。

就波斯帝国的西格罗斯银币而言,直到波斯帝国灭亡前夕,也仍然是足重的。

波斯帝国的金币与银币的兑换比率:1枚大流克金币兑换20枚西格罗斯银币,钱币金银比价是1:13.3,这个比价应该与当时的商品金银比价基本相符,金币与银币的重量也长期保持不变。到了拜占庭帝国时期,这种稳定就完全被打破了。

三、萨珊帝国金币与银币的比价

公元1—3世纪前后,世界有四大强国并列:东汉帝国(公元25至

220年)、贵霜帝国(公元45至300年)、安息帝国(公元前247年至公元224年)和罗马帝国(公元前27年至公元395年)。

公元224年,萨珊帝国取代安息帝国成为世界强国,从而继承了安息帝国的德拉克马银币制度。公元233年,萨珊帝国的军队攻占了贵霜帝国的大部分领土,从而继承了贵霜帝国的第纳尔金币制度。

萨珊帝国又称波斯第二帝国,也是最后一个前伊斯兰时期的波斯帝国,建立于公元224年,灭亡于公元651年。

早在公元前550年,居鲁士大帝统一波斯,建立了波斯帝国,史称阿契美尼德王朝。公元前330年,亚历山大率领马其顿军团攻入波斯波利斯,波斯帝国灭亡。亚历山大撤军后,波斯地区陷入混乱。公元前247年,帕尔尼首领阿萨克斯取代了刚从塞琉古王朝宣布独立的帕提亚总督安德拉哥拉斯,进驻达赫以南的帕提亚地区,建立了帕提亚帝国,中国古代称其为"安息"。此后,安息帝国不断扩张,形成地域广袤的庞大帝国。

公元224年,在安息帝国衰败及其末代君王阿尔达班五世阵亡之后,一个名叫阿达希尔的波斯人通过战争建立了萨珊帝国。萨珊帝国一直统治到阿拉伯帝国扩张,耶兹格德三世于公元651年被迫逃亡时为止。

萨珊帝国统治时期的领土包括今伊朗、阿富汗、伊拉克、叙利亚、高加索地区、中亚西南部、土耳其部分地区、阿拉伯半岛海岸部分地区、波斯湾地区、巴基斯坦西南部,控制范围甚至延伸到印度。萨珊帝国在当时被称为"埃兰沙赫尔",中古波斯语意指"雅利安帝国"。

波斯帝国所创建的古波斯文化,因为亚历山大的入侵而中断。亚历山大带来的古希腊文化,经历了塞琉古王国和安息帝国,已经与当地文化相融合。萨珊帝国的建立,重新创造了波斯文化的辉煌。

从波斯帝国至亚历山大东征、塞琉古王国、安息帝国,再至萨珊帝国,古波斯文化经历了一个从创建到被否定、再从被否定到被重新肯定的过程。

当地的钱币制度,也经历了一个从继承到演变的发展过程。

萨珊帝国的钱币制度有两个源头:一是安息帝国的德拉克马银币制度;二是贵霜帝国的第纳尔金币制度。

公元224年,萨珊帝国取代安息帝国成为世界强国。安息帝国原本是从希腊化国家塞琉古王国中独立出来的,所以使用希腊化钱币——德拉克马银币和查柯铜币。因此,萨珊帝国继承了安息帝国的银币和铜币制度。安息帝国没有制造金币,萨珊帝国的金币制度源于贵霜帝国的钱币制度。

公元233年,萨珊帝国的国王率军攻占了贵霜帝国的大部分领土。贵霜帝国自公元2世纪初期就建立了金币制度。萨珊帝国入侵时,贵霜帝国的金币流通已有100多年的历史。因此,萨珊帝国攻占贵霜帝国的大部分领土之后,就开始依循贵霜帝国的钱币制度制造第纳尔金币。于是,萨珊帝国出现了德拉克马银币、查柯铜币和第纳尔金币三币并行的货币体系。

第纳尔是贵霜帝国创建的金币,重量标准大约1舍客勒,由阎膏珍国王仿照罗马帝国的奥里斯金币的重量标准所创建。

罗马帝国首任元首屋大维创建的金币制度,1枚奥里斯金币法定重量1/40罗马磅,即8.175克,初期平均重量7.95克,后期逐步下降。贵霜帝国国王阎膏珍比照罗马帝国奥里斯金币创建了第纳尔金币,初期重量7.93克。

萨珊帝国继承了安息帝国的国土,继承了安息帝国的银币制度,并将国土扩张到贵霜帝国部分领土,又继承了贵霜帝国的金币制度,发行了第纳尔金币。截至目前,我们见到最早的萨珊帝国第纳尔金币是其开国国王阿达希尔的儿子沙普尔统治时期制造的。(见图21-1)

图 21-1　萨珊帝国沙普尔第纳尔金币,公元 241—272 年生产,重 7.37 克。正面图案是球髻护耳齿冠国王面右头像,周围是巴列维文字币文"天降的伊朗王中之王。马兹达崇拜者、神圣的沙普尔";背面图案是祭火坛,两祭司手持权杖背对祭火坛站像,周围是巴列维文字币文"沙普尔之火"。

与贵霜帝国的第纳尔金币相比较,尽管经历了一百多年的发展,萨珊帝国生产的第纳尔金币的重量,虽然略有下降,却仍然保持了 7 克多的标准。

萨珊帝国的核心货币是德拉克马银币,而不是第纳尔金币。萨珊帝国的前身安息帝国更是完全不制造金币,而安息帝国的前身塞琉古王国也很少制造金币。为什么会出现这样的情形,原因是马其顿国王亚历山大改变了钱币金银比价,使其与商品金银比价之间出现了明显的差异。

公元前 330 年,亚历山大征服了波斯帝国。然后,他废除了吕底亚 1∶13.3 的钱币金银比价,将钱币金银比价改为 1∶10。

金币法定价值从 13.3 银币价值下降为 10 银币价值,影响了金币的制造。由于制造金币利益大幅下降,此后,位于西亚地区的希腊化国家塞琉古王国金币逐步稀少。从塞琉古王国独立出来的安息帝国,更是完全不制造金币,只有银币和铜币的流通。既然塞琉古王国还存在着金币与银币的并行流通,我们可以针对塞琉古王国的金银钱币制度进行分析。

塞琉古王国实行德拉克马银币与斯塔特金币并行的货币制度。1 枚斯塔特金币兑换 10 枚二德拉克马银币,即 1 枚大约 8.51 克的斯塔特金币法定兑换10枚总重大约85.1克的二德拉克马银币。在这里,德拉克马银币的理论重量就是4.255克,与亚历山大制订的新德拉克马重量标准4.24克非常接近。在金币与银币的兑换比率上,塞琉古王国依据亚历山大的币制,采用了1∶10的钱币金银比价。

然而,商品金银比价还是1∶13.3。于是,在金币与银币的兑换比率上,塞琉古王国就高估了银币的价值。也就是说,将白银制造成为银币,就可以用较少的白银制造出较高的价值,能够换取较多的黄金制造的金币。在这种制度下,制造银币获得的利益高于制造金币获得的利益。因此,塞琉古王国制造金币较少,制造银币较多,德拉克马银币便成为其主要的流通货币。

安息帝国从塞琉古王国中独立出来,便完全不制造金币,只有德拉克马银币和查柯铜币流通。

由于希腊化货币制度不利于金币的制造,所以,贵霜帝国恢复金币制度的时候,就不能采用希腊化货币制度,而是采用罗马帝国的货币制度,比照奥里斯金币制度创建了第纳尔金币制度。

比照罗马帝国的货币制度,奥里斯金币的重量只有7.93克,而不是希腊化斯塔特金币的重量8.51克,两者对德拉克马银币的兑换比率都是1∶10,即1枚金币兑换10枚二德拉克马银币。于是,制造金币就出现了一定的收益。

萨珊帝国继承了贵霜帝国的第纳尔金币制度,制造金币有利可图,于是,金币流通逐步繁荣。

此后,第纳尔金币制度广泛传播,延续久远。直至今天,仍有许多国家还在使用第纳尔作为货币名称。

四、拜占庭帝国金币与银币的比价

拜占庭帝国的货币,主要是君士坦丁创建的索利多金币和西力克银币。

罗马帝国的金币是奥里斯金币。罗马帝国晚期,公元306年,君士坦丁继位后,不再制造奥利斯金币,而是制造索利多金币。索利多金币的法定重量为 1/72 罗马磅,即 4.54 克。

索利多(solidus)意思是"厚重"。实际上,索利多金币并不厚重。戴克里先统治时期,奥里斯金币的重量是 1/60 罗马磅。君士坦丁对金币实行改制,将金币的法定重量调整为 1/72 罗马磅,改称"索利多"。这个货币改制,执行的依旧是一种钱币减重的措施。

公元 325 年,君士坦丁的长子克里斯普斯势力被削弱。君士坦丁立他的儿子君士坦丁二世与克里斯普斯并列为恺撒(相当于中国古代的皇太子),并为君士坦丁二世打制索利多金币。(见图 21-2)

图 21-2　君士坦丁二世索利多金币,公元 325 年克孜柯斯造币厂生产,重 4.47 克。正面图案是君士坦丁二世月桂冠朝右佩甲胸像,周围币文为"CONSTANTINVS·IVN NOB C"(君士坦丁·年轻高贵的恺撒);背面图案是君士坦丁二世正面站像,一手持鹰首军旗,一手持杖,右侧竖另一军旗,周围币文为"PRINCIPI IVVENTVTIS"(年轻的王子),线下币文为"SM·K"(圣币·克孜柯斯)。K 表示克孜柯斯,是造币场地。

君士坦丁发行西力克银币,原因是需要钱,要用钱在古城拜占庭旧址上建立一座新城,为罗马帝国的新首都。这个新首都的名字依旧叫作"罗马城",世人为纪念它的创建者而称它为"君士坦丁堡",现在的名字是"伊斯坦布尔"。

为了大规模从民间收敛钱财,君士坦丁发行了三种虚币:减重的弗里斯(follis)铜币、新创建的索利多金币和西力克银币。

君士坦丁创建的西力克银币的生产标准与狄纳里银币一样,1 罗马磅白银打制 96 枚,每枚重量 3.41 克。狄纳里银币最初的价值等于 1/25 奥里斯金币,而西力克银币则代表 1/24 索利多金币行使货币职能。

西力克银币的理论重量是1/96罗马磅,即3.41克,代表1西力克重量(0.189克)黄金的价值发挥货币职能。根据这个安排,钱币金银比价为:3.41克白银÷0.189克黄金=18。

钱币金银比价为1:18,即1罗马磅黄金制造成为金币的价值等于18罗马磅白银制造成为银币的价值。那么,1枚索利多金币兑换多少枚西力克银币呢?

1/72×18罗马磅白银÷1/96罗马磅白银=24

也就是说,1枚索利多金币价值的白银量,可以打制24枚西力克银币。

此时的商品金银比价,应该还是1:13.3。拜占庭帝国在制造金币和银币时,将钱币金银比价确定为1:18,显然高估了金币的价值。在这个条件下,制造金币可以获得暴利,而制造银币则会亏损。于是,此后的造币多是索利多金币,而很少有银币,金币流通逐步繁荣,银币流通逐渐萧条。

第二十二章
Chapter 22

法律禁止百姓拒收虚币

国家垄断铸币权之后，便依靠国家的信用和法律的支持，逐步开始制造虚币，以图节约金属，获取更多利益，并扩大钱币流通总量，更多地调动社会资源。为了保障虚币能够按照其名义价值发挥货币职能，而不是按照币材金属价值发挥货币职能，古代国家确立虚币与实币并行制度，规定虚币与实币的法定比价，让实币来支持商品价格的稳定，让虚币代表一定数量实币的价值发挥货币职能。同时，古代国家颁布法令，禁止百姓在虚币与实币之间进行选择，特别是对于虚币，不得拒绝接受使用。

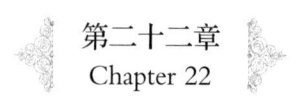

第一节　秦律禁止百姓拒收虚币

秦国禁止百姓拒收虚币的法律条文，在湖北云梦睡虎地秦墓出土的秦律竹简上被发现。秦国立法不仅严禁百姓拒收虚币，而且在律文中还规定了官府收支半两钱的基本操作规程，形成国家财政收付钱币的主体框架，为后世各朝货币运行创建了操作模式。

一、云梦睡虎地的秦律竹简

秦律中的货币立法，我们现在可以看到的最直接的资料是 1975

年在湖北云梦睡虎地秦墓中发现的竹简简文,其中有《金布律》15条,是现存我国最早的货币立法文献。《金布律》不知其订立的确切时间,但可以断定其行用时间在于秦始皇统一六国之前的战国晚期,是战国晚期秦国的立法,秦灭六国后被推行到全国使用。

云梦睡虎地秦墓竹简被整理出1155支,内容大部分是法律、文书,不仅有秦律,而且有解释律文的问答和有关治狱的文书程式。据学者考证,云梦睡虎地秦墓的墓主是墓中发现竹简所载《编年记》中所提到的喜。简中记载,喜生于秦昭王四十五年(公元前262年),秦始皇元年(公元前246年)傅籍,秦始皇三年(公元前244年)进用为史,即从事文书事务的小吏,秦始皇四年(公元前243年)为安陆狱史,秦始皇六年(公元前241年)为安陆令史,秦始皇七年(公元前240年)为鄢令史,秦始皇十二年治狱鄢,即为鄢地狱掾,审理法律案件。简文终于秦始皇三十年(公元前217年),即秦统一全国后第4年,是年喜46岁,与墓中人骨鉴定年龄符合。喜一生在秦始皇治下历任各种与司法有关的职务,经历了秦始皇建立全国统一政权和实现全国法律统一的过程。因此可以相信,云梦睡虎地秦墓竹简所载的秦代货币立法文献,是考证秦代货币流通规则最直接、最可靠的资料。

二、百姓不得拒绝接受虚币

《秦律·金布律》第1条规定,白姓交易时使用铜钱,质量好坏一起通用,不得选择。这就是朝廷通过法令赋予铜钱、特别是不足值的虚钱或磨损、残坏的劣质铜钱法定流通的职能。

大小铜钱作为实币和虚币混合在一起流通,法律规定百姓不得拒绝接受虚币。铜钱和布币也同时在市场上流通,法律又规定百姓不得在铜钱与布币之间进行选择。

《秦律·金布律》第5条规定:

> 贾市居列者及官府之吏,毋敢择行钱、布;择行钱、布者,列伍

长弗告,吏循之不谨,皆有罪。①

市肆中的商贾和官家府库的吏,都不准对铜钱和布币两种货币有所选择;有选择使用的,列伍长不告发,吏检察不严,都有罪。

铜钱是朝廷制造的,大小轻重不一,差距悬殊,法律支持其混合等价流通。足重的铜钱是实币;不足重的铜钱是虚币。

布币是百姓织造的,形制质量规范统一,法律禁止不合格的布币作为货币使用。而合格的布币则被允许在市场上作为货币流通,属于实币。

不足重的铜钱代表 1/12 布币的价值流通,属于虚币。

法律规定,百姓不得在铜钱和布币之间进行选择,不得拒绝接受虚币。如果百姓拒绝接受虚币,列伍长有告发的责任,当地官员有监察的任务,不仅百姓有罪,失责失察的列伍长和当地官员都有罪。

三、法律保护朝廷制造的虚币流通

制定如此严格的法律,目的在于保护朝廷制造的虚币能够在市场顺利流通。

秦国实行的三种货币中,钱币是法定的价值尺度,商品都要以铜钱标价。《秦律·金布律》第 5 条规定商品必须明码标价,并规定要使用铜钱标价,就赋予铜钱法定价值尺度的职能。秦律明文规定,只有价值不足一枚铜钱的商品,才可以不标价,铜钱的价值尺度职能,就被充分地发挥出来。即便现代经济社会,也不可能要求对所有商品明码标价。秦律要求对买卖商品"各婴其贾(价)",在秦代轻罪重罚的立法理念统治下,百姓一定会对商品进行标价,因为当时不按法律行事是十分危险的。

朝廷认为货币是控制天下的工具,如果人们不接受朝廷制造的钱币,朝廷就不能控制天下。所以,中国古代的货币立法特别强调百姓

---

① 《金布律》,载睡虎地秦墓竹简整理小组:《睡虎地秦墓竹简》,文物出版社 1978 年版,第 57 页。

不得拒绝接受虚币。

布币是百姓织造的,劣质的布币受到法律的禁止,不得作为货币流通使用;铜钱是国家垄断铸造的,法律支持劣质轻小的铜钱按照足值的铜钱价值交易使用。看上去,这两种货币在法律上的地位是不同的。但是,两者都是法定流通货币,交易商和官吏均不得对铜钱和布的使用有所选择。因此,可以说当时的法律是在保护,甚至强制实、虚铜钱与合格的布作为法定货币进入流通领域的。这种强制,对百姓、商贾和官府是一视同仁的。秦代法律对于官吏制裁的规定较多。官吏未能履行义务,而没有触犯刑律,可以不通过司法程序而直接实施行政处分。秦代的行政处分有:谇、赀、免、废。谇是斥责;赀是以财自赎;免是免职;废是永远免除官职。官吏触犯了刑律,除了与罪犯同罪刑罚外,还有耐、迁等刑罚方式。耐是剃鬓须的刑罚;迁是流放刑罚。

四、官员不得在经手时偷换实钱

《秦律·金布律》第1条还规定,官府收入铜钱,以1000枚装为1畚,用丞、令的印封缄。钱数不满1000的,也应封缄。钱质好的和不好的,应装在一起。出钱时,要把印封呈献给丞、令验视,然后启封使用。

从这条规定中可以看出,官府收支铜钱时是封印的。朝廷垄断铜钱的铸造权,朝廷统一铸行铜钱和回收铜钱,便在货币市场流通的循环中具备了中央银行的功能。由此可以推论,朝廷铸造发行铜钱,一定也有严格的程序。铸造出来的铜钱,由中央朝廷统一管理和使用,也可能会基于某种用途调配地方官府使用。地方官府收缴的铜钱,可能会代中央朝廷窖藏或送交中央朝廷。于是,朝廷收支铜钱便产生了铜钱发行和铜钱回笼的循环流动。秦、汉初期,朝廷收支使用铜钱的数额,占全国铜钱收支总和的比例是比较大的。所以,朝廷收支是铜钱流通的重要组成部分。

为了杜绝代官府收取铜钱时出现经手人员贪污或者偷换好钱的行为出现,《秦律·关市》规定:

为作务及官府市,受钱必辄入其钱缿中,令市者见其入,不从者赀一甲。①

从事手工业和为官府出售产品,收钱时必须立即把钱投进缿里,使买者看见投入,违反法令的罚一甲。

也就是说,收取铜钱必须当着支付人的面,将铜钱投入不能取出的那种罐子里,以避免收取者作弊。

法律赋予虚钱与实钱等值发挥货币职能的能力,于是,铜钱就不完全依赖其本身币材的金属价值,而是依赖其名义价值,充当价值尺度和流通手段的职能。

第二节 汉律禁止百姓拒收虚币

刘邦建立了汉朝。刘邦去世后,他的妻子吕雉掌握了朝廷大权,史称"吕太后"。为了扭转半两榆荚恶钱流通的不利局面,满足商品经济发展对货币流通总量不断增长的需求,吕太后铸行"八铢钱"。此外,吕太后颁布"二年律令",其中包括"钱律"。《二年律令·钱律》是中国古代早期专门的货币立法,为后世各朝货币立法提供了基本框架。《二年律令·钱律》第1条便明确规定,百姓不得拒绝接受质量不好的虚币。

一、吕太后铸行"八铢钱"

公元前195年,刘邦去世,他的儿子刘盈继位,权力掌握在太后吕雉手里。公元前188年,刘盈去世,吕太后立张皇后养子即皇帝位,帝幼,吕太后临朝,是为高皇后。

高皇后的货币改制共发生两次:一次是高后二年(公元前186

---

① 《关市》,载睡虎地秦墓竹简整理小组:《睡虎地秦墓竹简》,文物出版社1978年版,第68页。

年)"行八铢钱"①;另一次是高后六年(公元前182年)"行五分钱"。②高皇后进行货币改制的原因有三:(1)扭转半两榆荚恶币流通的不利局面;(2)商品交换的发展,需要有更大的货币流通总量来支持;(3)节铜谋利以扩大朝廷收入。

在这里我们只说高皇后的第一次货币改制。这件事发生在高后二年(公元前186年)。《汉书·高后纪》载:

> (高后二年)秋七月,恒山王不疑薨。行八铢钱。③

该处应邵注:

> 本秦钱,质如周钱,文曰半两,重如其文,即八铢也。汉以其太重,更铸荚钱,今民间名榆荚钱是也。民患其太轻,至此复行八铢钱。④

应邵所讲的"本秦钱"几个字,给后人带来了一些迷惑。这句话是指恢复了秦代半两钱的重量标准,还是将秦代铸造的半两钱找出来使用,人们有了不同的理解。有些学者认为,高后二年行八铢钱,是复行秦钱,而非新铸。也有些学者认为,高后二年行八铢钱,是新铸重量为八铢的半两钱。

1955年,沈仲常、王家祐先生在《记四川巴县冬笋坝出土的古印及古货币》一文中提出,高后二年行八铢半两,其实是秦钱的复行,而不是新铸,所以八铢钱均为秦钱。⑤

1987年,陕西省博物馆陈尊祥、路远先生在《首帕张堡窖藏秦钱清理报告》一文中指出:

> 西汉政府为整顿钱制,稳定货币,下令禁止私铸,并以复行秦

---

① (东汉)班固:《汉书》卷三《高后纪》,中华书局1962年版,第97页。
② 同上书,第99页。
③ 同上书,第97页。
④ 同上书,第97—98页。
⑤ 沈仲常、王家祐:《记四川巴县冬笋坝出土的古印及古货币》,载《考古通讯》1955年第6期。

八铢半两作为临时应急措施,是完全可能的。①

南朝顾烜在著作《钱谱》中说:

> 高后时,既患荚钱之轻,又苦秦钱之重,故改铸八铢钱。②

千家驹、郭彦岗先生认为:

> 高后二年(前186),取消自由铸造,改由国家垄断铸币权,另铸八分钱,文曰半两。大样肉薄,文字扁平,其重量比秦半两减重三分之一,又叫八铢半两。③

不过,王献唐、钱剑夫、王雪农、刘建民先生均认为,根据"行八铢钱"一句,"行钱"即指"铸行",是新铸钱币的意思。王献唐先生说:

> 凡《汉书》钱法称"行",均指新铸而言。④

钱剑夫先生说:

> 古书上所说的"行",即为"通行"之意,实际上就是"改铸"或"新铸"。⑤

王雪农、刘建民先生说:

> 汉代文献中有关"行钱"之"行",均是指"铸行"的意思,意指"新铸"、"新行"。⑥

杜维善先生认为,虽然八铢钱属于新铸,但是使用了秦代的钱范。他在《半两考》中说:

> 根据八铢半两和战国半两、秦半两对比表可看出,高后二年曾仿旧钱来铸造八铢半两,这些钱不一定用新范,用旧范的可能性很大,因此无法区分。这些半两定为汉半两是不正确的,因为它不具有西汉本身钱币的风格。⑦

---

① 陈尊祥、路远:《首帕张堡窖藏秦钱清理报告》,载《中国钱币》1987年第3期。
② 王雪农、刘建民:《半两钱研究与发现》,中华书局2005年版,第38页。
③ 千家驹、郭彦岗:《中国货币史纲要》,上海人民出版社1985年版,第32页。
④ 王献唐:《中国古代货币通考》,青岛出版社2005年版,第698—699页。
⑤ 钱剑夫:《秦汉货币史稿》,湖北人民出版社1986年版,第37页。
⑥ 王雪农、刘建民:《半两钱研究与发现》,中华书局2005年版,第39页。
⑦ 杜维善:《半两考》,上海书画出版社2000年版,第89页。

王雪农、刘建民先生认为,行八铢钱,一定是汉代新铸行的钱,与是否用了旧范没有什么关系。他们说:

> 秦以前重八铢的半两与汉铸八铢难以区别,与有没有铸造汉代八铢钱是两回事……无论是从现实,还是从情理方面分析,西汉朝廷在间隔20年、经历了大规模的官民自由铸币之后,居然再依靠残留下来为数有限的前朝旧币,来作为一次国家改行币制的"新币",这完全是不可思议的!也是不可能做到的一件事情。①

二、张家山出土的汉律竹简

1983年底至1984年初,湖北江陵张家山247号汉墓出土了1236枚竹简,其中有久佚的汉律。律令简文中,有一枚简的背面,明文载有"二年律令"四字。

但是,这个"二年"究竟是哪一年,学者们有不同的看法。当时的"二年"共有三个:一是"汉高帝二年";二是"汉高后二年";三是"汉文帝前元二年"。

多数学者经考证认为,二年律令中的"二年"当指汉高后二年(公元前186年)。理由是法条中涉及"吕宣王",而"吕宣王"是吕后之父吕公的谥号,是吕后元年(公元前187年)始有的。因此,二年律令的成文年代不应在吕后元年之前。

但是,也有学者经考证认为,二年律令中的"二年"是指汉高帝二年(公元前205年)。理由是法条中出现惠帝名讳甚多,二年律令的成文年代不应在汉高帝在位之后。因为,惠帝继位后,法律条文中应该避讳惠帝的名讳。汉高帝二年至汉高后二年之间共19年时间,其中汉惠帝在位7年(公元前195年至公元前188年),大权掌握在他的母亲吕太后手里。汉惠帝去世后,吕太后临朝称制,不避讳儿子的名讳,并不是不可能的。

---

① 王雪农、刘建民:《半两钱研究与发现》,中华书局2005年版,第39页。

因此，从法律条文用词上分析，二年律令中的"二年"指的是汉高后二年，而非汉高帝二年。

从半两钱形制演变的角度来考察，《二年律令》的成文年代，也不是汉高帝二年，而是汉高后二年。《二年律令·钱律》第1条规定：

> 钱径十分寸八以上，虽缺铄，文章颇可智（知），而非殊折及铅钱也，皆为行钱。金不青赤者，为行金。敢择不取行钱、金者，罚金四两。①

铜钱达到0.8寸，虽有磨损，铭文可辨，而不是断碎或铅钱，都是流通法币。金不是伪金，就是流通法金。不接受流通法币的，或不接受流通法金的，应接受处罚，罚金四两。

汉期1寸，折合现代的2.31厘米。0.8寸，便是1.848厘米。汉高帝二年正处于楚汉战争时期，汉高帝因"秦钱重难用，更令民铸钱"②。于是，榆荚半两钱流通，充斥市场。榆荚半两钱文曰"半两"，但文重不符，相差悬殊。根据昭明、马利清先生对出土实物的测量，汉初榆荚半两钱，直径只有1厘米左右③，远不达0.8寸的法条规定，其重量大多在2克左右，即约为3.1铢。汉高祖后期，榆荚半两钱愈铸愈小，重不到1铢。从山东临沂银雀山汉墓出土的榆荚半两钱看，一般直径在1—1.1厘米，重1.8—2.1克，穿孔甚大，最轻的只有0.4克（0.6铢）。④ 山东章丘出土榆荚半两钱石范，钱径为0.6厘米；山东博兴出土三件汉文帝以前的榆荚半两钱石范，钱径最小的仅0.4厘米。⑤ 综合目前发现的汉初榆荚半两钱实测资料，可以相信，汉初榆荚半两钱直径为1厘米左右。而《二年律令》要求流通半两钱的直径不得小于1.848厘米。这与汉高帝二年半两钱流通状况是不相符的。

---

① 朱红林：《张家山汉简〈二年律令〉集释》，社会科学文献出版社2005年版，第134页。
② （西汉）司马迁：《史记》卷三〇《平准书》，中华书局1959年版，第1417页。
③ 昭明、马利清：《古代货币》，中国书店1999年版，第114页。
④ 钱剑夫：《秦汉货币史稿》，湖北人民出版社1986年版，第35页。
⑤ 昭明、马利清：《古代货币》，中国书店1999年版，第114页。

流通中的半两钱直径多为1厘米左右,如果法律要求1.848厘米以下半两钱不得流通,岂不是将所有流通中的半两钱都废止了吗?况且,榆荚半两钱的流通一直延续到高皇后二年(公元前186年)"行八铢钱"①之时。从汉高帝二年(公元前205年)到汉高后二年(公元前186年),其中经历了19年榆荚半两钱流通的时期。如果《二年律令》是从汉高帝二年开始实施,直径仅有1厘米左右的榆荚半两钱继续流通19年是不可能的。八铢钱是朝廷统一铸造的文曰"半两"的铜钱,根据昭明、马利清先生对出土实物的测量,汉高后时期铸行的八铢钱直径为2.6—3.1厘米,铭文半两,重约5—7克(7.7—10.8铢),②后期铸造亦有减重。铸行八铢之际,法律要求流通中的半两钱直径不得小于1.848厘米,在逻辑上还是可以解释得通的。

此外,"二年"有无可能是指汉文帝前元二年。判断《二年律令》成文年代不在汉文帝前元二年有两个理由。

其一:《二年律令》中有"连坐"法;汉文帝前元元年,诏曰:

> 法者,治之正也。今犯法已论,而使无罪之父母、妻子、同产坐之,及为收孥,朕甚不取!其除收孥诸相坐律令。③

《二年律令》简文中载有"连作"法,"连坐"法在汉文帝前元元年就被废除了,因此《二年律令》成文应在汉文帝前元元年之前,即不在汉文帝前元二年。

其二:《二年律令》简文中有优待"吕宣王"及其家属的规定:

> 吕宣王内孙、外孙、内耳孙玄孙,诸侯王子、内孙耳孙,彻侯子、内孙有罪,如上造、上造妻以上。④

吕宣王是吕后之父的谥号,始用于高后元年(公元前187年)。

---

① (东汉)班固:《汉书》卷三《高后纪》,中华书局1962年版,第97页。
② 昭明、马利清:《古代货币》,中国书店1999年版,第114页。
③ (宋)司马光:《资治通鉴》卷十三《文帝前元年十一月》,中华书局1956年版,第441页。
④ 《二年律令·具律》,载张家山二四七号汉墓竹简整理小组:《张家山汉墓竹简》,文物出版社2006年版,第21页。

太后临朝称制……追尊吕公为吕宣王。①

汉高后八年(公元前 180 年)诛诸吕,吕宣王家属的优待应该被废止了。吕宣王家属被优待应该在高后元年到八年之间,期间的"二年"就只有"高后二年"。

所以,《二年律令》的成文年代,应该是在高后二年,即公元前 186 年。

三、法律禁止百姓拒收虚钱

汉初期的货币立法,继承秦律的原则,继续保护朝廷铸造的不足值铜钱的流通。《二年律令·钱律》第 1 条规定:铜钱达到 0.8 寸,虽有磨损,铭文可辨,而不是断碎或铅钱,都是流通法币。金不是伪金,就是流通法金。不接受流通法币的,或不接受流通法金的,应接受处罚,罚金四两。

此时流通中的铜钱应是高后二年(公元前 186 年)铸行的八铢钱。八铢钱面文"半两",法重 8 铢。根据昭明、马利清先生对出土实物的测量,多数八铢钱约重 5—7 克(7.7—10.8 铢),直径 2.6—3.1 厘米,体大而薄,通常无郭。汉初期每铢折合现代 0.651 克。所以,汉初期八铢应重 5.208 克。当时铸行的八铢钱,基本上达到了 8 铢的重量。但是,八铢钱面文"半两",应为 7.812 克,所以八铢钱仍然是重文不符的铜钱。汉初期每寸折合现代 2.31 厘米。《二年律令·钱律》要求铜钱直径达到 0.8 寸,即 1.848 厘米。与八铢钱实测中间值 2.85 厘米相比较,《二年律令·钱律》要求的最小直径比实物小了 35.16%。与正常流通半两钱直径有较大的出入,就可以在法律的支持下成为行钱,说明汉代《二年律令·钱律》与秦代《金布律》中规定相同,也以法律强制的手段支持不足值劣质半两钱的流通。此外,金只要不是伪金,就是法定流通货币。赤金是指伪金。《史记·平准

---

① (东汉)班固:《汉书》卷九七上《外戚传上》,中华书局 1962 年版,第 3939 页。

书》曰:

> 金有三等,黄金为上,白金为中,赤金为下。①

黄金是我们现代所讲的金;白金指的是银;赤金指的是丹阳铜。以铜伪金,自然不能算数。而金的成色不足,看来是可以进入流通的。如果有人拒绝接受这些法定流通货币,则将受到处罚,即罚金4两。4两金的价值在汉初期约值2000多枚半两钱,是相当可观的一大笔钱了。但是,与秦律相比较,汉律对于拒绝接受不足值劣币的处罚,似乎还是轻了一些。秦《金布律》对择行钱布者的处罚,累及列伍长和主管的吏,而汉律只是对违犯者处罚金钱。

四、铜钱虚币与黄金实币并行

汉朝法律禁止百姓拒收虚币,实行铜钱数量货币虚币与黄金称量货币实币并行的货币制度。从理论上讲,虚币与实币并行,有利于抑制虚币发生通货膨胀。如果市场上只有虚币,虚币越来越轻小,金属成色越来越低,名义价值越来越高,那么,必然引发严重的通货膨胀。于是,金属数量货币币材金属减少的因素被商品价格上涨的因素所冲抵,朝廷节约金属、扩大钱币流通总量的目标就会落空。所以,世界古代各国在实行虚币政策时,一般都采取虚币与实币并行的货币制度,以抑制制造虚币可能发生的通货膨胀。

西汉的黄金称量货币是法定货币,《二年律令·钱律》第1条中规定,不接受法定流通铜钱的,或者不接受法定流通黄金的,应接受处罚,罚金四两。

中国汉朝时期,铜钱数量货币和黄金称量货币两者都是法定货币,被称为"行钱"和"行金",意思是流通法币和流通法金,具有无限法偿的性质。黄金称量货币作为奖罚轻重量化尺度,被规定在成文法条文中,属于法定的价值尺度。西汉时期,采用黄金计量的事项,一般

---

① (西汉)司马迁:《史记》卷三〇《平准书》,中华书局1959年版,第1426页。

要折算成铜钱进行实际支付。

汉律规定,黄金称量货币与铜钱数量货币的折算率采用区域性定期浮动比价,即采用各郡年初市场价格作为当地全年的黄金铜钱法定比价。

这种区域性定期浮动比价制度对于抑制虚币通货膨胀的作用十分有限。因此,在这种制度下,国家实行虚币政策会引发通货膨胀。所以,五铢钱流通跨越了几个朝代,长期保持重量稳定,各王朝皆未对其实行虚币政策。

第三节 日本天皇令百姓不得拒收虚币

日本古代封建王朝商品经济的鼎盛时期在奈良时代(公元710—794年)和平安时代上半叶(公元794—958年)的总共大约250年里。在此期间,日本朝廷铸行了12种铜钱,史称"皇朝十二钱"。其中最早出现的钱币是仿照中国唐朝开元通宝制造的"和同开珎",是名义价值与币材金属价值一致的实币。此后,日本朝廷开始铸行虚币。

日本朝廷铸行虚币的方式主要是提高钱币的名义价值。一般都是铸造与旧币大小相近的新币,法定价值为10枚旧币。同时,日本朝廷制造虚币还采用降低钱币金属成色的方式,即对铜钱减少铜金属的使用,增加铅金属的使用。

日本天皇令百姓不得拒收虚币,但是百姓往往将实币收藏,以待未来升值,从而使市场上的铜钱流通总量长期处于严重不足的状态。而日本朝廷则不得不发行更多名义价值更大的虚币,以补充市场上铜钱流通总量的不足。当日本朝廷对新造钱币同时采取降低金属成色和提高钱币名义价值两种方式时,钱币的滥恶程度便达到了极致,终于使百姓无法使用钱币进行商品交易。于是,日本便进入长达600多年的"无铸币时代"。

一、日本古代最早的金属实币

日本古代始铸钱币发生在奈良时代前夕的公元708年,最早的钱币铭文为"和同开珎",是仿照中国唐朝"开元通宝"的形重标准制造的。

公元621年,唐高祖李渊创建开元通宝钱币制度。开元通宝法定重量2铢4絫,10枚总重1两。近代中国学者对唐高祖李渊武德年间铸造的开元通宝进行实物测量,确定其为中国近代重量的0.09两,即4.5克。① 唐朝开元通宝铜钱的法定重量,逐步成为民间约定俗成的重量单位"钱",意思是1/10两。

公元708年(日本元明天皇庆云五年),就在唐高祖李渊始铸开元通宝的87年之后,武藏国秩父郡进献和铜,日本从此有了自己采矿冶炼的铜金属。于是,元明天皇大赦天下,改年号"庆云"为"和铜",意思是大和民族有了铜金属。当年,元明天皇命人模仿中国唐朝的"开元通宝",铸行"和同开珎"。这是日本历史上官方铸行的第一种铜钱。近代日本学者对和同开珎进行实物测量,确定其为日本近代重量的1.2匁,即4.5克(日本近代1匁的重量为3.75克),与早期开元通宝的重量完全一致。

日本古代的"匁",是比照中国唐朝的"钱"所制定的重量单位,其标准在历史发展过程中逐渐变化。

同时,元明天皇命人模仿中国唐朝的都城长安,建筑平城京(今奈良)。公元710年(和铜三年),元明天皇迁都平城京,开启了奈良时代。

二、提高名义价值的虚币

日本朝廷铸造虚币的第一种方式是铸造提高名义价值的铜钱,新

---

① 昭明、马利清:《古代货币》,中国书店1999年版,第161页。

铸铜钱的轻重大小与流通中的旧钱大体相近,法律却规定新铸铜钱的名义价值是流通中铜钱名义价值的10倍。

公元760年,始铸和同开珎铜钱52年之后,日本朝廷又铸行"万年通宝"。这是日本历史上第一次铸行金属虚币。万年通宝采用铜金属铸造,用铜量与和同开珎一样,1枚万年通宝法定兑换10枚和同开珎。很明显,万年通宝并不是依靠币材本身铜金属价值发挥货币职能,而是依靠发行者——日本朝廷的信用和法律的支持发挥货币职能。万年通宝的铸行,开启了日本朝廷制造虚币的先河。日本朝廷铸行万年通宝,仿照的是中国唐高宗铸行的虚币——"乾封泉宝"和唐肃宗铸行的虚币——"乾元重宝"。中国唐朝的这两种虚币都是1枚法定兑换10枚开元通宝的铜钱。

公元765年(称德天皇神护元年),日本朝廷铸行神功开宝铜钱,重量1匁5厘,与旧钱万年通宝并行。神功开宝与万年通宝并行,意思是与万年通宝等价,也是法定兑换10枚和同开珎。

7年之后,到了公元772年(光仁天皇宝龟三年),日本朝廷下令废除上述比价,和同开珎依照朝廷法令改变为与万年通宝及神功开宝等价流通。

公元794年,桓武天皇将首都从奈良迁至平安京(现在的京都),开始了平安时代(公元794—1192年)。平安时代上半叶(公元794—958年),日本朝廷又陆续发行了9种钱币,多是以一当十的虚币。经历了160多年各种虚钱流通的过程,日本终于将自己的货币经济彻底搞垮,进入长达600年的无铸币时代。

三、降低金属成色的虚币

日本朝廷铸造虚币的第二种方式是降低钱币的金属成色,即铸造新的铜钱时减少使用铜金属,增加使用铅金属。这种方式的使用,发生在平安时代前半叶。并且,降低钱币金属成色的措施是与提高钱币名义价值的措施同时一起实施的。

公元796年(延历十五年),即迁都平安京的第三年,桓武天皇诏令铸行隆平永宝。隆平永宝比前次奈良朝廷铸造的万年通宝略小一些，1枚隆平永宝小钱法定兑换10枚万年通宝大钱。这实在是一种挑战世俗理念、强化法律威力的措施。百姓自然不肯使用10枚大钱去兑换1枚小钱，所以私自藏匿大钱，以待未来升值，只使用小钱在市场交易，市场钱币流通总量愈加不足。于是，日本朝廷在铸造铜钱中加入铅金属，以求铸造更多钱币，满足市场对钱币的需求。

公元818年（嵯峨天皇弘仁九年），日本朝廷铸行"富寿神宝"，重量0.8匁（3.0克）。相比旧钱，富寿神宝含铜比例下降，含铅比例上升。

公元835年（仁明天皇承和二年），日本朝廷铸行"承和昌宝"，重量0.7匁（2.625克）。承和昌宝的直径和重量继续下降，含铅比例进一步上升。因1枚承和昌宝法定兑换10枚旧钱，具有明显的虚币性质，所以引发了百姓盗铸的泛滥。

公元848年（嘉祥元年），仁明天皇铸行"长年大宝"，重量0.5匁（1.875克）。长年大宝的重量已经不足和同开珎的一半，然而，1枚长年大宝法定兑换10枚旧钱，新旧钱币并行流通。

公元859年（清和天皇贞观元年），日本朝廷铸行"饶益神宝"，重量0.5匁（1.875克）。这是皇朝十二钱中最轻的一种。1枚饶益神宝法定兑换10枚旧钱，新旧钱币并行流通。日本朝廷下令严禁百姓在良、劣钱币之间进行选择，违背法令者要处以杖刑。

公元870年（清和天皇贞观十二年），日本朝廷铸行"贞观永宝"，重量0.6匁（2.25克），采用铜铅合铸，含铜量只有50%。1枚贞观永宝法定兑换10枚旧钱，新旧钱币并行流通。

公元907年（醍醐天皇延喜七年），日本朝廷铸行"延喜通宝"，重量0.6匁（2.25克）。这是使用铅金属模仿铜钱铸造的钱。1枚延喜通宝法定兑换10枚旧钱，新旧钱币并行流通。

公元958年（村上天皇天德二年），日本朝廷铸行"乾元大宝"，重量0.6匁（2.25克），也是使用铅金属模仿铜钱铸造的钱。

日本平安时代天皇政府降低金属成色制造钱币是世界上最为彻

底的，铜钱的金属成色被降低至零，完全使用铅金属来制造铜钱，结果是百姓不再使用钱币进行商品交易，商品交易从钱币媒介转为以物易物的原始方式。

四、法律禁止百姓拒收虚币

无论是朝廷提高名义价值制造的虚币，还是朝廷降低金属成色制造的虚币，或者是即提高名义价值又降低金属成色制造的虚币，百姓都必须接受，法律禁止百姓拒收虚币。这一点，我们可以在一些天皇的诏书中看到。

公元818年，日本朝廷铸行富寿神宝的时候，铜金属材料已经开始短缺，新铸铜钱的铜金属成色已经下降，含铅成分开始上升。铅金属比铜金属软些，币文易被磨灭。公元820年，有人提出铅钱字迹模糊，嵯峨天皇在给大藏省的批示中说：新铸的钱字迹不清晰，但大家还是应该使用。

公元859年（贞观元年），清和天皇铸行饶益神宝，其重量是日本皇朝十二钱中最轻的，币质更加恶劣，百姓兴起选择钱币之风。

公元865年（贞观七年），日本朝廷颁布禁止选钱的命令，实际上就是不许百姓拒绝接受质量较差的虚币，在这个命令中主要针对降低金属成色的铅钱，百姓违法这个法律，不接受这些铅钱，就地施以杖刑。

公元870年（贞观十二年），日本朝廷铸行贞观永宝，继续降低铜金属成色，铜金属成分已经降至接近一半，铸钱的做工也更加粗糙。

公元872年（贞观十四年）9月，据《日本三代实录》[1]的记载，新铸的贞观永宝钱文已磨毁，轮廓也模糊了，以致在日常交易中大多被弃而不用。日本朝廷对铸钱司进行了严厉的批评，要求其采取有效措施改善铸造工艺。

---

[1] 《日本三代实录》：关于清和天皇、阳成天皇、光孝天皇三位天皇生活、工作当时的文字记录。

公元907年(延喜七年),醍醐天皇铸行"延喜通宝"。根据《钱谱》记载,延喜通宝并没有使用铜金属,而是模仿铜钱制造的铅钱。比较铜钱,铅钱易于磨损。所以,醍醐天皇在发行延喜通宝的诏书中说:如果有人在钱币中挑选好钱,将坏钱弃之不用,要追究责任。

朝廷造假,百姓不愿接受这样的假钱。天皇令百姓不得拒收这些虚币,违反者要追究责任。

从此,日本古代的货币经济开始走向衰败。过了半个世纪之后,公元958年(天德二年),村上天皇铸行了皇朝最后一种钱币"乾元大宝"。乾元大宝比延喜通宝更为糟糕,百姓反应激烈,交易时对钱币进行选择,不接受新钱的流通。于是,日本朝廷进行公卿论奏,商量解决办法。

公元963年(应和三年),日本朝廷进行公卿论奏,议定停止旧钱流通,只准许新钱流通。不料,百姓仍然不接受新钱。

公元984年(宽和二年),史书记载:自公元283年9月,日本百姓已经不再用钱购买商品。此时,日本官方表示要派遣"检非违使",制止不用钱而用物物交换的行为。同时,为了让天下民众使用钱币,朝廷命令15座大寺的80位僧侣进行一个星期的祈祷,却没有任何效果。从此,日本进入长达600多年的"无铸币时代"。

第二十三章
Chapter 23

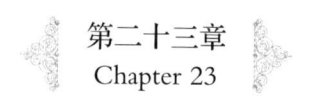

古代诸帝国的货币体系

纪元前后数百年中,世界上有四大帝国:大汉帝国(公元前202年至公元220年)、罗马帝国(公元前27年至公元395年)、安息帝国(公元前247年至公元224年)和贵霜帝国(公元45—300年)。我们以这四大帝国为例,介绍古代国家货币体系的概貌。

第一节 大汉帝国的货币体系

大汉帝国的货币体系继承秦朝的货币体系,经历了汉朝初期的改变,形成为以铜钱为核心货币、黄金为大额支付和财富保藏手段的二币并行的货币体系。在这个货币体系中,铜钱和黄金都是法定货币。铜钱是商品交换中法定的价值尺度和流通手段,是核心货币。黄金也是法定的价值尺度,在成文法中被规定用作奖罚轻重的量化尺度,而在实际支付时,往往要折算成一定数量的铜钱,用铜钱进行支付。

一、在秦朝货币体系的基础上建立

大汉帝国的货币体系是在秦朝货币体系基础上建立的,废黜了秦朝的布币,只剩下黄金和铜钱两种货币并行。

秦朝实行黄金、布币和铜钱三币并行的货币体系。

公元前221年,秦王政消灭六国、统一天下,建立了秦朝政权,将战国时期秦国的货币制度推广到全国使用,形成了三币并行的货币体系。在这个货币体系中,半两铜钱是金属数量货币,发挥核心货币职能;黄金是金属称量货币,用于大额支付、朝廷赏赐和财富保藏;百姓用麻织造的布币是原始数量货币,可以作为衣料使用,同时又具有法定货币职能。

司马迁在《史记·平准书》中说:到了秦朝,把全国的货币统一为三(二)等,黄金以"镒"为单位,称为上币;铜钱铭文"半两",重量与文字相符合,称为下币。

司马迁的意思是说,秦王朝下令废除了各诸侯国的铜钱,统一为秦国的三种货币:黄金称量货币、布币原始数量货币和铜钱数量货币。有些版本的《史记·平准书》中说,秦朝货币种类统一为三种,上币为黄金,下币为铜钱,没有提到中币。因此,当《史记》被抄誊整理时,很容易被改写成"中一国之币为二等"。文渊阁四库全书影印版《史记》中记载的是:"及至秦,中一国之币为三等。"[1]《史记正义》中记载的又是:"及至秦,中一国之币为三等。"[2]中华书局出版《史记》的现行版本记载为"及至秦,中一国之币为(三)[二]等",综合体现了各种版本之间差异。除了在抄誊整理时将"三"抄成"二"之外,更重要的是文中只说了两种货币,即"黄金"与"铜钱",很自然地让人们认为这里应该是"二",而不是"三"。更有《汉书·食货志》曰:

秦兼天下,币为二等:黄金以镒为名,上币;铜钱质如周钱,文曰"半两",重如其文。[3]

《汉书》与《史记》记载不同,使人们对这一问题更加难以判断。因此,在学者们中间出现了不同的观点。

1975年,湖北云梦睡虎地秦墓竹简《金布律》的出土,解答了这一

---

[1] (西汉)司马迁:《史记》卷三〇《平准书》,文渊阁四库全书影印版。
[2] 同上。
[3] (东汉)班固:《汉书》卷二四下《食货志下》,中华书局1962年版,第1152页。

疑案。《金布律》中规定有布币作为货币流通的幅宽标准、铜钱与布币的法定比价,并规定官府收支、民间交易均不得在铜钱和布币两者中进行选择。因此说,布币作为货币流通,在秦代是在法律强制力支持下进行的。

同时,《金布律》中也提到半两钱与黄金的折算,要按照法律规定的比率。这说明,黄金同样是法定的货币,黄金与半两钱的折算,也有法律规定的比率。因此,战国晚期的秦国实行的是黄金、布币和半两钱三币并行流通的货币体系,这种货币体系在秦灭六国时被推广到全国使用。

二、二币并行的货币体系

公元前 202 年,楚汉战争结束,刘邦即皇帝位,建立了大汉帝国。此时,布币已经被人们废弃不用,半两铜钱轻劣滥恶,黄金的价值尺度作用有所加强。秦朝的黄金、布币和铜钱三币并行的货币体系,从此转为铜钱和黄金二币并行的货币体系。《汉律·二年律令·钱律》第 1 条规定:铜钱达到 0.8 寸,虽有磨损,铭文可辨,而不是断碎或铅钱,都是流通法币。金不是伪金,就是流通法金。不接受流通法币的,或不接受流通法金的,应接受处罚,罚金 4 两。

这条法律规定,朝廷铸造的铜钱是法定流通货币,黄金不是假的,也是法定流通货币,不接受这两种法定流通货币者是有罪的。

此时流通中的铜钱应该是高后二年(公元前 186 年)铸行的八铢钱。八铢钱面文"半两",法定重量 8 铢。根据昭明、马利清先生对出土实物的测量,当时八铢钱重约 5—7 克(7.7—10.8 铢),直径 2.6—3.1 厘米,体大而薄,通常无郭。西汉初期每铢折合现代 0.651 克。所以,汉初期八铢的重量应该是 5.208 克。当时铸行的八铢钱,基本上能够达到 8 铢的重量。但是,八铢钱面文"半两",应为 7.812 克,所以八铢钱仍然属于重文不符的铜钱。西汉初期每寸折合现代 2.31 厘米。《钱律》要求铜钱直径达到 0.8 寸,即 1.848 厘米。与八铢钱实测中间值 2.85 厘米相比较,《钱律》要求的最小直径比实物小了 35.16%。

与正常流通半两钱直径还有较大的差距,就可以在法律的支持下成为行钱,即法定流通货币。这说明,《汉律·二年律令·钱律》与《秦律·金布律》的规定相同,同样以法律强制的手段支持不足值劣质半两钱的流通。此外,黄金只要不是伪金,就是法定流通货币。赤金是指伪金。《史记·平准书》曰:"金有三等,黄金为上,白金为中,赤金为下。"黄金是我们现代所讲的金;白金指的是银;赤金指的是丹阳铜。以铜金属假装为黄金,自然不能算数。而金的成色不足,看来是可以进入流通的。布币在《汉律》中消失不见,说明布币已经不再是法定流通货币,大汉帝国的货币体系已经从秦朝的三币制转为二币制,即转为铜钱和黄金二币并行的货币体系。

三、铜钱的核心货币地位

货币是起着一般等价物作用的商品,在商品经济中,发挥着价值尺度、流通手段、储藏手段、支付手段和世界货币的五种职能。货币在表现商品的价值并衡量商品价值大小时,发挥价值尺度的职能。根据商品价值与货币价值所形成的价格,是商品价值的指标,受市场供求关系的影响而波动。但是,我们仍然可以通过价格制定方法来探讨货币体系中各种货币的地位和职能。

秦朝实行的三币并行货币体系中,黄金贵重,不易用来对一般商品交易进行标价;布币在使用中,也需要以"十一钱一布"进行折算。因此,铜钱被最多地用来对商品、劳务、债等进行标价。

《秦律·金布律》第5条规定,商品都要以铜钱标价,价格不足1枚铜钱的商品可以不标价。商品价值不到1枚铜钱的不用标价,就意味着超过1枚铜钱价值的商品必须明码标价。法律要求商品以铜钱标价,也就是说,法律赋予铜钱作为价值尺度的职能。铜钱在货币体系中,自然就占据了核心的地位。

大汉帝国继承秦朝的货币法律,铜钱仍然处于核心货币地位。

四、黄金货币地位的提高

相比秦朝,大汉帝国黄金的价值尺度功能更多地被规定在成文法的奖罚轻重量化尺度方面。

汉律中处罚黄金的例子很多,譬如,"汉律三人已上无故群饮,罚金4两"。

大汉帝国时期,黄金多用作奖罚轻重量化手段,属于法定的价值尺度。然而,奖罚轻重量化虽以黄金计量,但缴纳时往往会折合成一定数量的铜钱。为什么在法律条文中量化手段使用黄金称量货币而不使用铜钱数量货币?其原因可能是秦汉之际战争频繁,铜钱价值很不稳定。所以,朝廷为了避免财政损失,采用了黄金计量保值的措施。

西汉初期,黄金充当货币的职能相当完整,具有价值尺度、流通手段、支付手段、储藏手段和世界货币的职能。彭信威先生认为:

> 西汉盛行黄金,为汉以后千多年间的定论。其实黄金在当时仍不能说是十足的货币。在货币的各种职能中,黄金具有价值尺度、支付手段、储藏手段和世界货币几种职能,如果能够证明它是购买手段或流通手段,它就是十足的货币了。[①]

西汉初期的黄金在法律上是具备流通手段职能的。《汉律·二年律令·钱律》第1条中就规定,西汉的黄金称量货币是法定流通货币,不接受法定流通铜钱的,或者不接受法定流通黄金的,应接受处罚,罚金4两。

大汉帝国的法律,针对民间经济活动,规定在交易中不接受法定货币黄金的人,要受到法律制裁。这说明,黄金是流通手段,并且是被法律保护的、不可拒绝的流通手段。

大汉帝国的黄金不仅是法定的流通手段,而且在价值尺度的功能方面,相比秦朝也有所加强。

---

① 彭信威:《中国货币史》,上海人民出版社2007年版,第141页。

黄金作为价值尺度,一般被用来计量贵重财物的价值。譬如,汉文帝时期:

> 欲作露台,召工匠计之,直百金。上曰:"百金中民十家之产,吾奉先帝宫室,常恐羞之,何以台为。"①

汉文帝曾经打算建造露天平台,召来工匠计算,要花费 100 斤黄金。文帝说:"百斤黄金相当于十户中等人家的产业。我享有先帝的宫室,还常担心会辱没先帝,要露台干什么?"

用黄金来计量一项工程的价值,或者用黄金来计量一家财产的价值,是黄金作为价值尺度的表现。

第二节 罗马帝国的货币体系

罗马帝国采用铜币、银币和金币三币并行的货币体系。与大汉帝国相同,罗马帝国也实行国家垄断铸币权的法律。因此,钱币金属比价与商品金属比价之间出现了较大的差距。由于钱币金属比价的扭曲,制造银币可以获得造币利益,而制造金币则是亏损的,所以罗马帝国时期的政府很少打造金币。到了罗马帝国末期,钱币金属比价得到调整,制造金币可以获得造币利益,所以金币制造增多,金币流通逐步走向繁盛。

一、从铜币为主转向银币为主

罗马共和国的货币体系以阿斯铜币为主要货币。到了罗马帝国时期,其货币体系转向以狄纳里银币为主要货币,阿斯铜币退居辅币地位。

公元前 509 年,罗马人民将暴君小塔克文赶出罗马城,罗马的王

---

① (西汉)司马迁:《史记》卷一〇《孝文本纪》,中华书局 1959 年版,第 433 页。

政时代结束,共和国时代开始。

在罗马共和国前期,罗马人在商品交易中使用以阿斯为重量单位的青铜称量货币,作为外来居民的希腊人则使用德拉克马银币。公元前289年,罗马共和国开始由国家垄断铸造阿斯铜币。阿斯是重量单位,即罗马磅,重量12盎司,折合现代327克。从此,阿斯铜币成为罗马共和国的核心货币。

经历了皮洛士战争(公元前280年至公元前279年)和第一次布匿战争(公元前264年至公元前241年),阿斯铜币的平均重量从12盎司下降至10盎司左右。到了第二次布匿战争(公元前218年至公元前202年)期间,阿斯铜币的平均重量下降至2盎司左右。

公元前211年,罗马市场上阿斯铜币恶币泛滥,商品交换受阻。为了挽救货币危局,支付军费开支,罗马共和国开始发行狄纳里银币,建立了相对阿斯铜币更为可信、更为稳定的狄纳里银币制度。狄纳里银币的理论重量为1/72罗马磅,即4.54克。狄纳里银币的出现,替代了过去外来居民使用的德拉克马银币。于是,阿斯铜币与狄纳里银币并行的货币体系出现了。

金币的大量制造,发生在罗马共和国末期的将帅时代(公元前82年至公元前27年)。罗马共和国的金币被称为"奥里斯",理论重量1舍客勒,即8.33克,扣除制造成本和铸币税,实际平均重量在8克左右。奥里斯金币进入流通,标志着罗马地区铜币、银币和金币三币并行货币体系构建的完成。

二、铜币、银币和金币并行

罗马共和国时期,阿斯铜币完成了从实币向虚币的转化过程,狄纳里银币和奥里斯金币相继产生。到了罗马帝国时期,阿斯铜币已经是典型的虚币,与狄纳里银币、奥里斯金币一起构成三币并行的货币体系。

罗马帝国的货币体系建立在阿斯铜币的基础上,而阿斯铜币的价值则在很大程度上基于发行者——国家政府的信用。

显然，罗马在一定程度上总是基于信用来打制青铜币，但这并未妨碍它们被窖藏。①

英国货币学家克劳福德指出，屋大维的铜币是基于信用制造的，而不是基于青铜的金属价值制造的。为了说明这一点，他指出当时银、铜的比价是扭曲的。

在采用了安息重量标准后的钱币中，银对铜的比率为1∶110，而奥古斯都的狄纳里和阿斯所隐含的银对铜的比率则为1∶55。②

根据有关文献的记载，相比克劳福德的计算，屋大维阿斯铜币的信用性质更加明显。我们以公元前211年罗马共和国阿斯铜币和狄纳里银币的重量为基数，当时阿斯铜币的重量为2盎司，即54.5克，狄纳里银币的价值是10枚阿斯铜币，即价值545克青铜，其币材含银量为1/72罗马磅，即4.54克白银。钱币银铜比价为：

(54.5克×10)÷(327克÷72)=120

这个结果与克劳福德所述接近。

到了屋大维统治时期，阿斯铜币的重量降至11克左右，而狄纳里银币的重量则降至1/84罗马磅，阿斯铜币与狄纳里银币的兑换比率改为16∶1，钱币银铜比价为：

(11克×16)÷(327克÷84)=45

这个结果与克劳福德所述接近。

根据克劳福德的计算，公元前211年，110单位的铜打造成为钱币的价值，等于1单位白银打造成为钱币的价值；公元前27年，这个比例发生了较大的变化，55单位的铜打造成为钱币的价值，等于1单位白银打造成为钱币的价值，铜的价值上升到原来的2倍。

我们的计算则是：公元前211年，120单位的铜打造成为钱币的价值，等于1单位白银打造成为钱币的价值；公元前27年，45单位的

---

① [英]迈克尔·H.克劳福德：《罗马共和国货币史》，张林译，法律出版社2019年版，第298页。

② 同上。

铜打造成为钱币的价值，等于1单位白银打造成为钱币的价值，铜的价值上升到原来的2.7倍。

无论如何，在此期间，阿斯铜币的信用化程度远远高于狄纳里银币。铜币作为核心货币被罗马共和国政府变成了虚币，而狄纳里银币仍然保持着实币的性质。阿斯铜币作为虚币，代表1/10狄纳里银币的价值，后来又改为代表1/16狄纳里银币的价值，行使货币职能，为罗马共和国节约铜材，支持战争做出了贡献。

在罗马帝国的铜币、银币和金币三币并行的货币体系中，狄纳里银币的货币作用逐步上升，阿斯铜币逐步退为辅币，金币仍然非常稀缺。

三、金币稀缺的主要原因

罗马帝国货币体系中的奥里斯金币很少被打造，其主要原因是打造金币并不能带来铸币利益，而打造银币却可以带来巨额利益。

公元前201年，第二次布匿战争结束时，狄纳里银币的标准重量从1/72罗马磅减少到1/84罗马磅，即从4.54克减少到3.89克。此后，狄纳里银币的重量保持了相当一段时期的稳定。

公元64年，已经是罗马帝国初期，罗马城被大火焚毁，罗马帝国元首尼禄为了重建罗马城，通过减少银币中的金属含量来收敛钱财，将狄纳里银币的法定重量从1/84罗马磅降至1/96罗马磅，即3.41克。

此时，阿斯铜币的重量已经降低到11克左右，继续减重的空间不大；狄纳里银币更为轻小，只有3克多的重量，减重空间更小。所以，罗马帝国只有通过降低狄纳里银币的白银成色来铸造更多的狄纳里银币，通过让百姓手中狄纳里银币的价值缩水，来实现虚币敛财的目的。于是，尼禄以后的罗马帝国各代元首在制造狄纳里银币时，总是减少白银的使用，更多地加入铜金属，以便制造更多的狄纳里银币。狄纳里银币最初的成色在90%左右，到了戴克里先建立君主制、成为罗马皇帝的时候（公元284年），狄纳里银币的成色已经降到大约3.6%。

到了这个时候,狄纳里银币已经基本上是使用青铜打造的,只是外表镀了一层白银。我们可以想象,如果可以使用青铜铸造银币,那么有谁会使用青铜铸造铜币呢?于是,罗马帝国政府不再铸造阿斯铜币,阿斯铜币越来越少,即便只用作辅币,也不敷使用了。罗马帝国政府使用青铜铸造银币,使得铸造银币的利益巨增。因此,政府制造金币的意愿进一步被打击,金币的制造也就随之衰亡,金币变得越来越稀缺。

四、金币流通逐步走向繁盛

罗马帝国末期,罗马国家政府调整钱币金银比价,使制造金币成为获取造币利益的事情。于是,金币被大量制造,金币流通便逐步走向繁盛。

罗马帝国末期,君士坦丁皇帝实行了全面的货币改革,建立了由减重的弗里斯铜币、代表黄金价值的西力克银币和米拉伦斯银币、索利多金币三种金属钱币组成的货币体系。

第一,君士坦丁继续发行戴克里先创建的弗里斯铜币,并使其金属含量逐年下降,以此大规模掠夺人民。公元307年至325年,君士坦丁发行的弗里斯铜币的重量,从10克左右降低至2克左右,将用铜量下降至初期的20%。

第二,君士坦丁不再制造奥里斯金币,而是改制索利多金币。他将1/60罗马磅重量的奥里斯金币,改为1/72罗马磅重量的索利多金币,使其代表1/60罗马磅黄金行使货币职能。索利多金币比奥里斯金币的黄金用量减少16.7%。

第三,君士坦丁开始发行西力克银币和米拉伦斯银币(*miliarens*)。西力克银币的生产标准与当时的狄纳里银币的重量一致,1罗马磅白银打制96枚西力克银币,每枚重3.41克,代表1西力克重量——0.189克,黄金的价值行使货币职能。根据这个标准,钱币金银比价为:

3.41克白银÷0.189克黄金=18

钱币金银比价为1∶18。

公元325年,君士坦丁又生产了一种高纯度的新银币:米拉伦斯,生产标准为1/72罗马磅,即4.54克。此时,索利多金币的重量标准也是1/72罗马磅,法定1枚索利多金币兑换18枚米拉伦斯银币,钱币金银比价也是1∶18。

公元前6世纪,古希腊的钱币金银比价为1∶13.3,这个比价与商品金银比价基本相符。公元前4世纪,亚历山大在西亚地区将钱币金银比价改为1∶10,这个比价与商品金银比价之间有出入,银币价值被高估,所以银币被大量制造,金币流通逐渐萧条。公元4世纪,君士坦丁将钱币金银比价改为1∶18,这个比价与商品金银比价存在另一方向的出入,金币价值被高估,所以金币被大量制造,银币流通逐渐萧条。

在君士坦丁制定的钱币金银比价制度下,制造银币的利益明显低于制造金币的利益。所以,罗马政府不再愿意制造银币,银币便逐渐退出流通。在此制度下,制造索利多金币可以获得巨大的造币利益。于是,索利多金币越来越多。在此后的拜占庭帝国时期,索利多金币的流通逐步走向繁盛。

第三节 安息帝国的货币体系

公元前330年,马其顿国王亚历山大率领军队攻陷波斯波利斯,波斯帝国灭亡。公元前323年,亚历山大去世,他的部将塞琉古夺得了希腊帝国版图内的最大份额。公元前305年,塞琉古称王,建立了塞琉古王国,都城设在安条克(今土耳其境内),版图包括小亚细亚、两河流域、叙利亚、伊朗高原和部分印度地区。公元前247年,帕尔尼首领阿萨克斯取代刚从塞琉古王国宣布独立的帕提亚总督安德拉哥拉斯,进驻达赫以南的帕提亚地区,建立了帕提亚王国。阿萨克斯在中国古语中读作"安息",中国古代称帕提亚王国为"安息"。安息帝国是从希腊化王国中独立出来的国家,货币体系继承古希腊雅典城邦的制度风格。

一、安息帝国之前的金币制度

安息帝国主体位于伊朗高原,这里曾经属于波斯帝国的疆界。安息帝国之前的伊朗高原上通行波斯帝国的金币与银币并行制度。

波斯帝国的货币体系源于小亚细亚半岛上的吕底亚王国。吕底亚王国是西方世界最早使用钱币的国家,在它占据的小亚细亚半岛上,有许多古希腊殖民城邦。

公元前550年,居鲁士推翻了米底王国,建立了波斯帝国。公元前547年,波斯帝国与吕底亚王国之间爆发了战争。居鲁士率领军队攻入小亚细亚半岛,吕底亚王国灭亡。吕底亚王国实行斯塔特金币与斯塔特银币并行的货币制度。波斯帝国占领了吕底亚王国的地界,就继承了吕底亚王国的货币制度。

吕底亚王国的斯塔特金币采用舍客勒重量标准,理论重量为8.33克,扣除制造成本和铸币税,实际平均重量在8克左右。吕底亚王国的斯塔特银币代表1/10枚斯塔特金币的价值行使货币职能,当时的黄金与白银的比价是1:13.3,所以,1/10斯塔特黄金的价值即8克÷10×13.3=10.64克白银。1枚斯塔特银币的重量大约在11克左右。

波斯帝国继承了吕底亚王国的货币制度,也实行金币与银币并行的货币体系,也采用银币代表一定数量金币的价值行使货币职能的方式。

波斯帝国吞并吕底亚王国后,波斯人就开始打造钱币。公元前522年,大流士发动宫廷政变,成为波斯帝国的国王。就在这一年,为了筹集镇压各地起义所需的军费,大流士开始制造自己的金币"大流克"。大流克金币是严格依循波斯帝国的舍客勒重量标准制造的,理论重量8.33克,实际平均重量与理论重量非常接近。

大流克金币主要用于发放陆军军饷,流行于小亚细亚半岛。为了渡过地中海攻打古希腊诸城邦,波斯帝国还建立了强大的海军。为了给海军发放军饷,波斯帝国发行了银币。这种银币被称为西格罗斯,即希腊语的舍客勒。西格罗斯银币代表 1/20 大流克金币行使货币职能。"西格罗斯"这个词在这里的意思是 1/20 舍客勒黄金。当时的黄金与白银的比价仍然是 1∶13.3。所以,1/20 大流克金币的价值即 8.33 克÷20×13.3＝5.54 克。1 西格罗斯银币的重量在 5.5 克左右。

到了马其顿王国入侵、亚历山大改革当地货币制度的时候,波斯帝国的金币制度就走到了尽头,金币流通逐步衰败。以至于安息帝国兴起之时,金币已经消失不见,希腊化德拉克马银币制度在安息帝国得到全面实施。

二、马其顿王国入侵的影响

公元前 330 年,马其顿国王亚历山大率领军队攻陷波斯波利斯,波斯帝国灭亡。

在这里,亚历山大废除了 1∶13.3 的钱币金银比价,建立了 1∶10 的钱币金银比价。同时,他还确立了 4.24 克的新的德拉克马重量标准。亚历山大在这里实行的货币制度,对西亚地区后来的货币制度产生了深远的影响。

采用 1∶10 的钱币金银比价来取代 1∶13.3 的钱币金银比价,主观提高银币的价值,降低金币的价值,造成此后相关王国制造金币亏损,制造银币获利的局面。因此,金币日渐稀少,银币成为主要货币。

公元前 305 年,亚历山大的部将塞琉古建立了塞琉古王国。塞琉古王国实行金币、银币和铜币三币并行的货币体系,金币采用斯塔特重量标准,理论重量为 1 舍客勒,即 8.33 克;银币采用亚历山大德拉克马重量标准,即 4.24 克,常见银币为四德拉克马;铜币处于辅币地位。

自公元前 305 年塞琉古建立塞琉古王国,至公元前 247 年安息帝国从塞琉古王国中独立出来,塞琉古王国的四德拉克马银币一直保持足值稳定,并且持续了很久。

三、安息帝国的希腊化货币体系

安息帝国采用希腊化货币制度，主要货币是德拉克马银币，有德拉克马银币、四德拉克马银币、奥波银币、二奥波银币、三奥波银币。1德拉克马等于6奥波。安息帝国还生产铜币，铜币也采用希腊化货币制度，单位为查柯，重2克左右。1奥波银币的价值等于8查柯铜币；1德拉克马银币的价值等于48查柯铜币。铜币有查柯、二查柯、四查柯。

安息帝国的货币体系是银币和铜币并行的货币体系，其中银币为主要货币，铜币代表一定数量的银币发挥货币职能。

1枚2克重的查柯铜币代表1/48德拉克马银币的价值发挥货币职能。钱币银铜比价就是：

4.24克白银÷48＝2克青铜

4.24克白银＝96克青铜

1克白银＝22.64克青铜

从这个比价看，亚历山大时期的青铜价值远高于后来罗马帝国的青铜价值。

四、从安息帝国转向萨珊帝国

公元224年，在安息帝国衰败及其末代君王阿尔达班五世阵亡之后，一个名叫阿达希尔的波斯人通过战争建立了萨珊帝国。萨珊帝国又称波斯第二帝国，它的统治一直延续到阿拉伯帝国扩张，耶兹格德三世于公元651年被迫逃亡的时候为止。

萨珊帝国取代安息帝国成为世界四大帝国之一，并继承了安息帝国的德拉克马银币和查柯铜币并行的货币制度。公元233年，萨珊帝国的军队攻占了贵霜帝国的大面积领土，又继承了贵霜帝国的第纳尔金币制度，形成了德拉克马银币、查柯铜币和第纳尔金币三币并行的货币体系。

第纳尔金币是贵霜帝国创建的货币，重量标准为1舍客勒，由阎膏珍国王仿照罗马帝国奥里斯金币的重量标准所创建,并将其命名为"第纳尔"(dinar)。第纳尔是古波斯语对拉丁词汇"狄纳里"的称谓,意思是"由 10 个构成"。阎膏珍将金币命名为"第纳尔",意思是价值 10 个四德拉克马银币。在贵霜帝国,金币价值明显高估,制造金币可以获得巨额利益,而制造银币是亏损的。所以,贵霜帝国盛行金币。

罗马帝国首任元首屋大维创建的金币制度,1 枚奥里斯金币法定重量 1/40 罗马磅,即 8.175 克,初期平均重量是 7.95 克,后期逐步下降。贵霜帝国国王阎膏珍比照罗马帝国奥里斯金币创建的第纳尔金币,初期平均重量是 7.93 克。此后,第纳尔金币重量逐步下降。萨珊帝国早期制造和使用的第纳尔金币重量在 7.37 克左右。萨珊帝国中期,第纳尔金币的重量被下调至 4.24 克左右。

萨珊帝国的核心货币是德拉克马银币,而不是第纳尔金币,查柯铜币也很少见。萨珊帝国的前身安息帝国更是完全不制造金币,而安息帝国的前身塞琉古王国也很少制造金币。为什么会出现这样的情形,原因是马其顿国王亚历山大改变了钱币金银比价,即从 1∶13.3 改为 1∶10,从而使其与商品金银比价之间出现了明显的差异。

萨珊帝国德拉克马银币的理论重量仍然是亚历山大标准 4.24 克。萨珊帝国前期,尽管接受了贵霜帝国的第纳尔金币制度,萨珊帝国却没有使用贵霜帝国的钱币金银比价,而是继续使用亚历山大的 1∶10 的钱币金银比价。萨珊帝国与贵霜帝国的钱币金银比价是不同的。贵霜帝国 1 枚第纳尔金币兑换 10 枚四德拉克马银币;而萨珊帝国第纳尔金币与德拉克马银币的兑换率仍然使用亚历山大的 1∶10 的钱币金银比价来折算。这种兑换比率与当时贵霜帝国的金银钱币兑换比率之间存在很大的差距。到了萨珊帝国中期,贵霜帝国已经不复存在,萨珊帝国第纳尔金币的重量被调整到 4.24 克左右。显然,萨珊帝国早期与当时的贵霜帝国两国有着不同的钱币金银比价制度。所以,萨珊帝国虽然引进了贵霜帝国的第纳尔金币制度,但是制造第纳尔金币仍然是亏损的,所以金币很少。在第纳尔金币、德拉克马银币和查柯铜币三币并行的货币体系中,德拉克马银币是萨珊帝国的主要货币。

第四节　贵霜帝国的货币体系

贵霜帝国建国之前，当地流行古希腊货币制度，采用银币与铜币并行的货币体系。贵霜帝国建国之后，继续实行这种制度，直到阎膏珍国王创建第纳尔金币制度，德拉克马银币迅速消失，形成第纳尔金币为主、标准重量铜币为辅的货币体系。

一、贵霜帝国建国前的货币体系

根据《后汉书》记载，月氏被匈奴所灭，迁到大夏，将大夏分为休密、双靡、贵霜、肸顿、都密共五部翕侯管理。100多年以后，贵霜翕侯丘就却攻灭另外四部翕侯，自己成为国王，建立了贵霜帝国（公元45—300年）。从此，丘就却攻打各地邻国，贵霜帝国日益强大。丘就却活了80多岁，去世后，他的孙子阎膏珍继承王位。

贵霜帝国建国前期（公元前130年至公元30年），五翕侯时期，当地流行古希腊货币制度，采用银币与铜币并行的货币体系。当地的银币主要有四德拉克马银币、1/2德拉克马银币、奥波银币。德拉克马理论重量为亚历山大4.24克重量标准。此外，当地的铜币主要有查柯铜币、四德拉克马铜币、二德拉克马铜币等。德拉克马铜币的重量只有德拉克马银币的一半，即2.12克。

贵霜帝国的开国君主是丘就却。丘就却的父亲是贵霜翕侯赫拉俄斯（公元1—30年在位）。赫拉俄斯打制的货币主要是四德拉克马银币和四德拉克马铜币。（见图23－1、图23－2）

图 23-1　赫拉俄斯四德拉克马银币,公元 1—30 年生产,重 16 克。正面图案是束头带国王头像,背面图案是国王骑像,身后有奈克女神手持花环为其加冕,周围有变写的古希腊文"TYPANNOYNTOC HPAOY KOÞANOY"(贵霜的英勇君主赫拉俄斯),马腿间有古希腊文"ΣAKA"(塞克)。

图 23-2　赫拉俄斯四德拉克马铜币,公元 1 世纪上半叶生产,重 7.29 克。正面图案是束头带国王头像,周围有希腊文"ΒΑΣΙΛΕΩΣ ΣΤΗΡΟΣΣV EPMAIOV"(大王赫拉俄斯·救世主);背面图案是赫拉克勒斯手持棍棒及狮皮站像,周围是佉卢文"丘就却·卡德菲塞斯·贵霜翕侯·信法"。

有学者认为,这种四德拉克马铜币应该是四查柯铜币。

二、阎膏珍创建第纳尔金币制度

贵霜帝国的主要货币是第纳尔(dinar)金币。

阎膏珍在位时期(公元 105—140 年)创建了第纳尔金币制度。他创建的金币名叫 διναρο,中文译作"第纳尔"。第纳尔是古波斯语对拉丁词汇狄纳里(*denarius*)的称谓。狄纳里是罗马共和国时期银币的名称,源于拉丁文"*dini*"(10),意思是 10 个阿斯铜币的价值。罗马共和国时期,1 狄纳里银币等于 10 阿斯铜币。屋大维时期,狄纳里的法定重量为 1/84 罗马磅,即 3.89 克。从金属类别和重量上看,阎膏珍创建的金币第纳尔,虽然与罗马共和国狄纳里银币的名称相同,却不是按照罗马共和国的狄纳里银币的标准重量打制的,而是采用了舍客勒重量标准和西方世界最早的金币——吕底亚王国斯塔特金币的重量标准,即 8 克左右。

除了舍客勒重量标准和斯塔特金币重量标准,阎膏珍创建第纳尔金币制度的另外两个来源是波斯帝国国王大流士制定的大流克金币制度和罗马帝国元首屋大维制定的奥里斯金币标准。

公元前 547 年,波斯帝国国王居鲁士攻灭吕底亚王国,俘虏了克洛伊索斯国王,继承了吕底亚王国的重量制度和货币制度。公元前 522 年,波斯帝国国王大流士创建了"大流克"金币制度,大流克金币的重量标准为 1 舍客勒,最初重量 8.33 克。

公元前 27 年,罗马元老院授予屋大维"奥古斯都"称号,开启了罗马帝国的历史。屋大维将罗马奥里斯金币的重量标准定为 1/40 罗马磅。1 罗马磅的重量是 327 克,1/40 罗马磅就是 8.175 克。

阎膏珍统治时期,贵霜王朝开始采用第纳尔这个名称发行金币。从此,第纳尔作为货币名称在世界各地广泛传播。阿拉伯帝国兴起后,继续使用第纳尔作为货币单位,第纳尔向更为广阔的地区传播。蒙古人打败了阿拉伯人,建立了伊尔汗国,不再使用第纳尔作为货币单位。但是,仍有许多王国和地区继续使用第纳尔作为货币单位。直到目前,使用第纳尔作为货币单位的国家仍有:阿尔及利亚、伊拉克、科威特、塞尔维亚、巴林、突尼斯、马其顿、约旦、利比亚等。

三、德拉克马银币迅速消失

阎膏珍创建第纳尔金币制度之后,德拉克马银币迅速消失,贵霜帝国出现了以第纳尔金币为主、标准重量铜币为辅的二币并行的货币体系。

阎膏珍创建第纳尔金币制度的时候,贵霜帝国统治地区制造和使用四德拉克马银币。第纳尔金币一经出现,价值就等于当时的 10 枚四德拉克马银币。

贵霜帝国与罗马帝国是同时存在的两个帝国。贵霜帝国的第纳尔不同于罗马帝国的狄纳里。第纳尔是金币，而不是银币。此外，第纳尔金币的重量与狄纳里银币也不相同。此时，罗马帝国的狄纳里银币理论重量是 1/96 罗马磅，即 3.41 克，而贵霜帝国的第纳尔金币的理论重量却与罗马帝国屋大维的奥里斯金币相同，理论重量是 1/40 罗马磅，即 8.175 克。扣除成本及铸币税，贵霜帝国的第纳尔金币初期平均重量是 7.95 克，后期逐步下降。（见图 23-3）

图 23-3　贵霜王朝第纳尔金币，公元 105—140 年生产，重 7.93 克。正面图案是国王戴冠面左半身像，手持权杖或斧头，肩头有火焰，下方有浮云，周围币文为希腊文"ΒΑCΙΛΕΥC ΟΟΗΜΟ ΚΑΔΦΙCΗC"（维玛·卡德费西斯国王）；背面图案是湿婆手持三叉戟和狮皮裸身站像，左方为国王徽记，右方为佛教三宝徽记，周围是佉卢文。维玛·卡德费西斯是贵霜帝国国王阎膏珍的名字。

阎膏珍在仿照罗马帝国奥里斯金币创建贵霜帝国的金币时采用"第纳尔"（狄纳里）这个名称，是因为贵霜帝国实行德拉克马银币与第纳尔金币并行的货币制度，为了表示金币的价值，就将金币的名称确定为第纳尔，意思是价值 10 枚四德拉克马银币。正是这个比价，使得制造银币出现了巨额亏损，贵霜帝国不再制造德拉克马银币，第纳尔金币成为贵霜帝国的主要货币。

四、德拉克马银币消失的原因

世界古代金属货币主要是由三种金属制造的三种钱币：金币、银币和铜币。三种金属和三种钱币之间的比价被分为两种类型：商品金属比价、钱币金属比价。相同时间、相同地点的商品金属比价往往与钱币金属比价不同,原因是商品金属比价取决于市场定价,而钱币金属比价取决于政府对不同金属钱币之间规定的兑换比率。

商品金属比价又可以分为三种:商品金银比价、商品金铜比价、商品银铜比价。钱币金属比价也可以分为三种:钱币金银比价、钱币金铜比价、钱币银铜比价。

贵霜帝国建国之前,当地沿袭希腊化货币制度,德拉克马银币的理论重量使用亚历山大4.24克的重量标准。而在公元前4世纪,亚历山大建立这种4.24克德拉克马重量标准的时候,废除了吕底亚王国1∶13.3的钱币金银比价,建立了1∶10的钱币金银比价。在亚历山大钱币金银比价条件下,制造银币可以获得巨大利益,制造金币则出现亏损,所以西亚地区银币流通逐步繁盛,金币很少被制造。

阎膏珍废除了亚历山大1∶10的钱币金银比价,建立了新的钱币金银比价,并在此基础上建立第纳尔金币制度。在阎膏珍建立的钱币金银比价条件下,制造金币成为获得巨大利益的手段,制造银币则出现亏损。于是,金币流通逐步繁盛,银币逐步消失不见。

在贵霜帝国的货币体系制度下,第纳尔金币的平均重量为7.93克,出土较多;四德拉克马银币的平均重量为17.0克,非常稀少。1枚第纳尔金币法定兑换10枚四德拉克马银币。钱币金银比价就是:

$4.24 \text{克} \times 4 \times 10 \div 7.93 = 21.39$

在这种钱币金银比价条件下,相比吕底亚王国1∶13.3的钱币金银比价,制造金币可以获得21.39 – 13.3 = 8.09单位白银的利益;相比亚历山大1∶10的钱币金银比价,制造金币可以获得21.39 – 10.0 = 11.39单位白银的利益。因此,在这种情形下,制造银币会出现巨大亏损。所以,贵霜帝国的银币迅速消失,金币充斥市场,少量铜币则成为金币的辅币。

第二十四章
Chapter 24

保障货币流通总量的法律措施

货币法制的建立,表现在国家颁布专门的货币立法。专门货币立法的核心内容:(1)规定由国家垄断铸造钱币,禁止百姓制造钱币;(2)在虚币与实币之间建立法定比价,从而虚币与实币并行的货币制度;(3)禁止百姓拒收虚币,法律支持虚币的流通,让虚币与商品之间的"非等价交换"得以持续、稳定的运转;(4)禁止百姓将钱币销毁、转移境外、储藏,以保障货币流通总量能够满足市场商品交换和国家财政收支的需要。

第一节　法律禁止百姓销毁铜钱

迄今为止,我们见到出土的古代成文法中关于禁止百姓销毁钱币的最早的法律,是记载在湖北江陵张家山汉墓竹简上的《二年律令·钱律》中的律文。《二年律令》是高后二年(公元前186年)刘邦的妻子吕雉颁布的法律。

一、汉律禁止百姓销毁铜钱

西汉初期《二年律令·钱律》第2条规定:

故毁销行钱以为铜、它物者,坐臧(赃)为盗。①

故意销毁法定流通的铜钱,将其熔为铜材料或制造成其他铜器物者,要按"盗"的罪名处罚。

虽然汉朝已经扭转了秦朝重刑主义的立法思想,但是,对盗的处罚依然十分严厉。反秦战争时期,刘邦率军攻入秦都咸阳时,废除了秦朝苛法,与关中父老约法三章,对杀人者处以死刑,对伤人者及盗者治罪。

杀人者死,伤人及盗抵罪。②

刘邦与关中父老约法三章,便定位在杀、伤、盗上。随着汉王朝政权的确立,政治经济形势发生了变化,只对三种犯罪给予制裁,已经不足以抵御社会上的犯罪问题。

三章之法,不足以御奸。③

于是,相国萧何制定《九章律》,确立了汉王朝的法律制度。《二年律令》应是在萧何《九章律》基础上建立的法律。《二年律令·盗律》规定:

盗臧(赃)直(值)过六百六十钱,黥为城旦舂。六百六十钱到二百廿钱,完为城旦舂。不盈二百廿十到百一十钱,耐为隶臣妾。不盈百一十钱,到廿二钱,罚金四两。不盈廿二钱到一钱,罚金一两。④

盗窃赃物的价值超过 660 钱,脸上刺字,罚做修筑城墙或舂米的劳役;660 钱至 220 钱,免去肉刑,剃去头发和鬓须,罚做修筑城墙或舂米的劳役;不足 220 钱至 110 钱,剃去鬓须,罚做隶臣妾;不足 110 钱至 22 钱,罚金 4 两;不足 22 钱至 1 钱,罚金 1 两。

---

① 《二年律令·钱律》,载张家山二四七号汉墓竹简整理小组:《张家山汉墓竹简》,文物出版社 2006 年版,第 35 页。
② (西汉)司马迁:《史记》卷八《高祖本纪》,中华书局 1959 年版,第 362 页。
③ (东汉)班固:《汉书》卷二三《刑法志》,中华书局 1962 年版,第 1096 页。
④ 朱红林:《张家山汉简〈二年律令〉集释》,社会科学文献出版社 2005 年版,第 54 页。

销毁法定流通的铜钱,坐赃为盗,即按照销毁铜钱数量,依据盗律量刑。销毁铜钱 110 枚,按照《盗律》的量刑,便达到了"耐为隶臣妾"的处罚,即剃去鬓须,罚做隶臣妾。汉初法律对销毁法定流通钱币为铜给予了如此严厉的打击,说明当时存在着一定程度的钱荒。高皇后二年(公元前 186 年),战争已经结束大约 20 年了。经历了一段和平时代的休养生息,社会生产和社会财富得到大幅度的增加,而青铜铸币的流通增量可能跟不上社会财富的增量,因而出现了铜钱流通总量不足的问题。此外,上述法条中的数字均为 11 的倍数。用 11 的倍数作为法条中半两铜钱的数量,源于战国时期秦国《金布律》中关于 11 钱兑换 1 布的法定钱布比价。经历了反秦战争和楚汉战争的长期动荡和铜钱减重,又经历了西汉初期的经济恢复和废黜布币,11 枚铜钱兑换 1 块布币的比价已经不存在。由此推论,这种情形应该是萧何制定《九章律》时,吸收了《秦律》的法条,维持了铜钱数量采用 11 倍数的习惯。

二、唐律禁止百姓铸造铜器

唐朝出现铜材不足的问题时,为了保障铸造铜钱的铜材供应,唐朝实行禁止百姓铸造铜器的法律。唐朝下令禁止百姓铸造铜器,发生在唐代宗大历七年(公元 772 年):

大历七年,禁天下铸铜器。①

唐代宗大历七年(公元 772 年),法律禁止全国铸造铜器。

此时的唐王朝刚刚从安史之乱的困境中走出来,战争消耗了大量的铜钱,军械更是消耗了大量的铜材。市场上铜材短缺,铜器昂贵。所以,百姓销毁铜钱铸造铜器可以获得暴利。朝廷禁止百姓铸造铜器,铜器稀缺,价格更加昂贵,带动了铜材价格的上升。当铜材价格超过铜钱价格时,朝廷铸造铜钱就出现了亏损。

---

① (宋)欧阳修、宋祁:《新唐书》卷五四《食货四》,中华书局 1975 年版,第 1388 页。

公元 779 年,唐代宗去世,他的儿子李适继位,是为唐德宗。安史之乱造成地方藩镇权力扩大,为加强中央集权,唐德宗决定加强军事,打击那些不服从中央命令的藩镇。加强军事需要钱,宰相杨炎建议实行"两税法",收缴国税的方式从收缴粮帛改为收缴铜钱。

公元 780 年,唐德宗诏令实行"两税法",并发动了攻打藩镇的战争。此时,唐王朝改"量入为出"的财政收支原则为"量出为入",战争开支多少钱,朝廷便从民间收缴多少钱。于是,只用了一年时间,民间的铜钱便被朝廷收缴一空。然而,铜钱稀缺,铜材价格更贵,朝廷长期限制铸造铜器,铜器价格暴涨,进一步扭曲了铜钱与铜材之间的比价。

唐德宗贞元九年(公元 793 年),大臣张滂奏曰:

> 诸州府公私诸色铸造铜器杂物等。伏以国家钱少,损失多门。兴贩之徒,潜将销铸,钱一千为铜六斤,造写器物,则斤直六百余。有利既厚,销铸遂多,江淮之间,钱实减耗。伏请准从前敕文,除铸镜外,一切禁断。①

关于各州府公私铸造铜器杂物等事,窃以国家钱少,其损耗是多方面的。贩卖钱币的一伙人,暗中销毁钱币铸造铜器,每 1000 枚铜钱合铜 6 斤,而铸造铜器,则每斤值 600 余钱,获利既厚,销毁铜钱铸造铜器的就多,江淮地区间,钱币实际上减损了。谨请依照以前的旨令,除铸镜外,其他一切器物禁止铸造。

销毁 1000 枚铜钱,可以得到 6 斤铜,打造成为铜器,每斤铜器可以卖得 600 枚铜钱,6 斤铜器就可以卖得 3600 枚铜钱。因此,销毁 1000 枚铜钱铸造铜器,可以获利 2600 枚铜钱,销钱铸器的利益如此巨大,自然屡禁不止。

三、唐律规定销毁铜钱者处死

汉律规定百姓销毁铜钱要用盗律进行处罚,销毁铜钱与盗窃同

---

① (后晋)刘昫等:《旧唐书》卷四八《食货上》,中华书局 1975 年版,第 2101 页。

罪。唐朝则规定销毁铜钱者处死,唐朝对于销毁铜钱的处罚明显比汉朝更加严厉。

上文讲到,《旧唐书》记载,大臣张滂的建议是严格遵守过去的法令,除了铸造铜镜之外,禁止铸造一切铜器。对此,《新唐书》也有记载:

> 销千钱为铜六斤,铸器则斤得钱六百,故销铸者多,而钱益耗……诸道盐铁使张滂奏禁江淮铸铜为器,惟铸鑑而已。十年,诏天下铸铜器,每器一斤,其直不得过百六十,销钱者以盗铸论。然而民间钱益少,缯帛价轻,州县禁钱不出境,商贾皆绝。①

销熔1000枚官钱可得铜6斤,再铸成器物每斤可得600枚铜钱,所以销官钱铸器物的人很多,钱币日益减少。各道盐铁使张滂奏请朝廷禁止江淮地区用铜铸器,只许铸造铜镜。贞元十年(公元794年),唐德宗命令全国允许铸造铜器,每器限一斤,价格不得超过160钱,销毁钱币的以盗铸论处。但民间的钱还是越来越少,缯帛价格很低,各州县都禁止带钱出境,商人绝迹。

唐德宗下令销毁铜钱者比照盗铸治罪,即处以死刑,打击力度之大,说明当时销钱铸器的问题已经严重到朝廷无法容忍的程度。除了以死刑相威胁,唐德宗还命令天下铜器的价格每斤不得超过160枚铜钱,即与铜钱价格相等,1斤铜器重量16两,价格160钱。此时唐朝的法令禁止铸造铜器,铜器已经成为十分稀缺的奢侈品,市场价格昂贵,法律规定这种奢侈品的价格上限,法定价格远低于市场价格,自然有行无市。

四、宋律禁止百姓销毁铜钱

到了宋朝,铜器的价格仍然远远高于铜钱。

唐德宗时期钱荒爆发以后,唐王朝一直贯彻禁止百姓铸造铜器的

---

① (宋)欧阳修、宋祁:《新唐书》卷五四《食货四》,中华书局1975年版,第1388页。

法令。所以,直到宋朝,民间铜器十分稀少,成为供不应求的奢侈品,每斤铜器的价格远高于每斤铜钱的价格。因此,百姓销毁铜钱铸造铜器,可以获得巨大利益。宋初期,百姓销毁铜钱的问题十分严重,宋王朝不得不采取非常严厉的措施。宋太宗淳化二年(公元991年),皇帝诏曰:

> 京城先是无赖辈相聚蒱博,开柜坊、屠牛马驴狗以食、私销铸铜钱为器用杂物,并令开封府严戒坊市捕之,犯者斩,隐匿而不以闻及居人邸舍僦与恶少为柜坊者,并同其罪。①

近期以来,京城里流氓无赖聚集赌博、开柜坊、杀牛马驴狗吃肉、私自销毁铜钱铸造铜器杂物,现命令开封府严查市场搜捕,犯法者处以死刑,藏匿犯人不报,将房屋租给这些流氓无赖开办柜坊者,同罪处罚。

北宋初期太宗年间,皇帝诏令,对销毁铜钱铸造铜器者处以死刑,藏匿不报或提供房屋处所者,也处以死刑。《宋刑统》亦规定,对销毁铜钱铸造铜器者要"依格敕处断":

> 将铜钱销铸,别造物色,捉获勘鞫不虚,并依格敕处断。②

将铜钱销毁,铸造其他物器,捉获审查罪名核实之后,便依有关法律惩处。

由此可以看出,宋朝对销毁铜钱铸造铜器者的惩罚是相当严厉的。南宋时期对销毁铜钱者的惩罚增加了结保、连坐的规定。宋高宗绍兴五年(公元1135年):

> 五月十九日,户部言:"禁戢私铸铜器,已有见行条法罪赏,若私置炉烹炼、缸销磨错剪錾钱宝,铸造铜器,乞以五家结为一保,自行觉察。除犯人依条外,若邻保内不觉察,亦乞依私铸钱邻

---

① (清)徐松:《宋会要辑稿》卷一六五《刑法二》,第4段,中华书局1957年版,第6497页。

② (宋)窦仪等:《宋刑统》卷二六《私铸钱》,中华书局1984年版,第408页。

保知而不纠法。"诏依。①

绍兴五年(公元1135年)五月十九日,户部奏曰:"禁止私铸铜器,法律已有现行赏罚条文。若有人私自置炉冶炼,或销磨剪凿铜钱,取铜屑铸造铜器,请令五家结保,互相监督。除了犯法者要按照法律处罚之外,若结保户未能察觉,请按照私铸钱邻保不告发的法律惩处保户。"皇帝诏令依此建议办理。

皇帝批准了户部的建议,百姓五家结为一保,互相监督毁钱铸器行为,一家违法,邻保不告发也要被治罪。宋高宗绍兴六年(公元1136年)诏曰:

自今铸熔钱宝及私以鍮铜制造器物及买卖新贩之人,一两以上并徒二年,本罪重者,自从重,偿钱三百千,许人告。邻保失察铸造者,偿钱二百千。②

从今以后,销毁铜钱、私自用鍮石制造铜器及买卖铜材铜器者,交易1两徒刑2年。违犯两种罪行,按照重的种类处罚,罚钱30万文,允许百姓告发。邻居保户未能察觉也要处罚,罚钱20万文。

对销毁铜钱或用铜材铸造铜器,涉及铜材1两以上者,其处罚为徒刑2年,罚款30万文铜钱。邻保的责任也很重,销毁铜钱或用铜材铸造铜器,涉及铜材1两以上,邻保没有觉察,没有告发,就要罚款20万文铜钱,罚款金额比犯罪金额高达2万倍。宋宁宗庆元二年(公元1196年)法律规定,对于销毁铜钱铸造铜器者终身流放:

禁销钱为铜器,买者科违制之罪,仍以匿隐论。其炉户决配海外,永不放回,仍许告捕。③

禁止销毁铜钱铸造铜器。买铜器者按照违制的条例治罪,并按照

---

① (清)徐松:《宋会要辑稿》卷一六五《刑法二》,第148段,中华书局1957年版,第6569页。

② (宋)李心传:《建炎以来系年要录》卷一〇一《绍兴六年》,中华书局1956年版,第1663页。

③ (宋)李心传:《建炎以来朝野杂记》甲集卷一六《铸钱诸监》,中华书局2000年版,第358页。

匿隐的量刑处罚。设置铸炉的人家要发配海外,永远不许放回。对此类犯罪行为,允许百姓告发并协助捕捉。

第二节 法律禁止百姓挟带货币出境

为了保障货币流通总量充足,避免货币流失,中国古代设有禁止百姓挟带货币出境,甚至禁止百姓挟带币材金属出境的法律。

一、汉律禁止百姓挟带黄金、铜材出境

《二年律令·津关令》中有3条涉及铜和黄金出入关隘的管理事宜。《津关令》第2条规定:

> 制诏御史,其令扞关、郧关、武关、函谷[关]、临晋关,及诸其塞之河津,禁毋出黄金,诸奠黄金器及铜,有犯令……①

御史大夫命令,扞关(今重庆市奉节县东)、郧关(今湖北省十堰市郧阳区东北)、武关(今陕西商洛市商州区东)、函谷关(今河南灵宝市西南)、临晋关(今陕西渭南市大荔县朝邑镇东北),以及各河津要塞,禁止黄金、各种黄金器皿和铜出境,有违犯命令者……

据此,我们知道,汉初期黄金和黄金装配的器皿以及铜材、铜器等,都是法禁出境的。法条中所讲述的关,从北向南连成一线,扼守着西汉通向西域主要道路的关隘。我们现在看到的该法条只残存半条,下文应是对违禁者的处罚办法。由于下文佚失,我们不知道对违禁者规定了何种处罚。但是,我们可以从《津关令》中其他关于违令处罚规定中发现一些信息。《津关令》对擅自出关者有如下的处罚办法。《津关令》第1条规定:

> 御史言,越塞阑关,论未有□,请阑出入塞之津关,黥为城旦

---

① 《二年律令·津关令》,载张家山二四七号汉墓竹简整理小组:《张家山汉墓竹简》,文物出版社2006年版,第83页。

春;越塞,斩左止(趾)为城旦;吏卒主者弗得,赎耐;令、丞、令史,罚金四两。①

御史大夫说,没有批件出入关塞者,要论罪处罚。没有批件出入津关,处以脸上刺字,罚做城旦舂的劳役;出入要塞,斩左脚趾,罚做城旦。有关负责官吏未能及时察觉,罚款并剃鬓须。上级官员,令、丞、令史,处罚黄金4两。

从上述法条看,各类人等出关越塞,都需要有朝廷的批件。

二、挟带黄金、铜材出境要有官方批文

无符传出入为阑。②

没有批件便出关越塞,称之为"阑"。

越塞阑关,是违法犯罪的,要受到严厉的处罚。违令者的主管及相关官员,都要受到牵累和处罚。比较而言,越塞比阑关的处罚更重。

《津关令》中另一项法条规定了金器入关复出的合法程序。

《津关令》第3条规定:

制诏御史,其令诸关,禁毋出私金器□□。其以金器入者,关谨籍书,出复以阅,出之。籍器,饰及所服者不用此令。③

御史大夫命令,各关隘禁止金器出境。有人带金器入关,要填写携带金器入关表格,待出关时检阅,情况属实则可将金器携带出境。已有登记的金器、首饰、身上佩戴的金饰,不在此命令管辖之内。

金、铜是不能出境的。但是,如果有人带金入关,可以登记,出关时凭登记带出。身上饰物金,不登记便可带进带出。由此可见,在汉朝初期,商品经济的发展,需要更多的货币金属。因此,黄金及铜都是

---

① 《二年律令·津关令》,载张家山二四七号汉墓竹简整理小组:《张家山汉墓竹简》,文物出版社2006年版,第83页。
② (西汉)司马迁:《史记》卷一二〇《汲黯传》,中华书局1959年版,第3110页,《史记集解》,引臣瓒言。
③ 《二年律令·津关令》,载张家山二四七号汉墓竹简整理小组:《张家山汉墓竹简》,文物出版社2006年版,第84页。

限制输出而不限制输入的。黄金及铜过关,不仅受到严格的限制,而且可能要纳税。《九章算术·均输章》第15题:

> 今有人持金十二斤出关。关税之,十分而取一。今关取金二斤,偿钱五千。问金一斤值钱几何?答曰:六千二百五十。①

有人带黄金12斤出关,关税是1/10。交给关隘黄金2斤,退还铜钱5000枚。问:黄金1斤值铜钱多少?回答:黄金1斤值铜钱6250枚。

《九章算术》给我们传递的信息是,如果带金出关具备朝廷的批文,也是要征税的,其税率是10%。《九章算术》给我们的信息与《津关令》中的规定之间存在矛盾。根据《津关令》,黄金与铜是不能出关的。《九章算术》却说黄金出关要缴纳10%的关税。究竟如何,是否秦、汉初期相关法规有过一些变化,还需要进一步的考证。

三、唐律禁止百姓挟带铜钱出境

唐德宗贞元初年(公元785年),朝廷开始在骆谷、散关禁止过关者挟钱出境,挟带1枚铜钱出境都是犯禁的行为:

> 贞元初,骆谷、散关禁行人以一钱出者……然而民间钱益少,缯帛价轻,州县禁钱不出境,商贾皆绝。浙西观察使李若初请通钱往来,而京师商贾赍钱四方贸易者,不可胜计。诏复禁之。二十年,命市井交易,以绫、罗、绢、布、杂货与钱兼用。②

但是,民间的钱还是越来越少,缯帛价格很低,各州县都禁止带钱出境,商人绝迹。浙西观察使李若初请求朝廷开放铜钱过境,于是京城商人带钱往各地做买卖的尤计其数。唐德宗便又下诏禁止。贞元二十年(公元804年),唐德宗下令市场交易,绫、罗、绢、布、杂物和钱都可以作为货币并行使用。

各项法令面面俱到,钱荒的问题仍然得不到解决。于是,唐德宗

---

① 郭书春译注:《九章算术》,辽宁教育出版社1998年版,第359页。
② (宋)欧阳修、宋祁:《新唐书》卷《食货四》,中华书局1975年版,第1388页。

又出新政,强调布帛的法定货币地位。贞元二十年(公元804年),唐德宗诏令市场商品交换支付货币时,要支付部分铜钱和部分布帛、杂货。元和六年(公元811年),唐宪宗诏令公私交易,10贯以上者需兼用布帛:

> 六年二月,制:"公私交易,十贯钱已上,即须兼用匹段。"①

元和六年(公元811年)二月,唐宪宗命令说:"公私交易,10贯钱以上的,就要兼用布帛作为货币。"

然而,钱荒日益严重,物价持续下降,严重伤害了生产。谷贱伤农,帛贱伤工,朝廷还得继续想办法。唐宪宗元和八年(公元813年)、十二年(公元817年),朝廷两次出内库铜钱50万贯收买布帛,以遏制物价的下跌:

> 八年四月,敕:"以钱重货轻,出内库钱五十万贯,令两市收市布帛,每匹估加十之一。"②

元和八年(公元813年)四月,唐宪宗诏令说:"由于铜钱的价格贵重而商品的价格低贱,令内库拨出50万贯铜钱,命令东西两市收购布帛,每端匹加价十分之一。"

> 十二年正月,敕:"泉货之设,故有常规,将使重轻得宜,是资敛散有节,必通其变,以利于人。今缯帛转贱,公私俱弊。宜出见钱五十万贯,令京兆府拣择要便处开场,依市价交易,选清强官吏,切加勾当。"③

元和十二年(公元817年)正月,唐宪宗又诏令说:"货币的发行,自古以来就有一定的规律,要想使币值贵贱适当,这就得对回收和发行加以调节,还必须了解它的变化规律,才能对百姓有利。现在绢帛的价钱反而变贱,这对公私都有害。应当拨出现钱50万贯,令京兆尹选择要冲而又方便的地方开设市场,按市价交易,选派清正干练的官

---

① (后晋)刘昫等:《旧唐书》卷四八《食货上》,中华书局1975年版,第2102页。
② 同上书,第2103页。
③ 同上。

吏,切实加以管理。"

唐宪宗元和十年(公元815年)发兵讨伐淮西吴元济,元和十二年(公元817年)平定淮西。就在平定淮西战争的前后,朝廷两次用50万贯现钱收购布帛,抬高物价,应属战争中的亲民表示,目的在于收买人心。不过用50万贯现钱来抬高物价,对于战争频繁、钱荒严重的大唐朝,实在是杯水车薪。

四、宋律禁止百姓挟带铜钱出境

禁止百姓挟带铜钱出境,是宋朝货币法规中最为重要的内容。宋朝以前,关于禁止百姓挟带铜钱出境的法律较少,唐朝钱荒爆发之后,此类法律规定增多。宋朝对百姓挟带铜钱出境制定了非常严格的处罚办法:

> 太祖建隆三年敕:"如闻近日缘边州府,多从蕃部将钱出界,枉钱销熔。许人告捉,不以多少,并给与告人充赏。其经历地分应干系兵校,并当重断,十贯已上处死。"①

建隆三年(公元962年),宋太祖敕令:"据报告近日边境州府地区,有许多人携带铜钱从蕃部出境,将钱销熔。对此违法行为,允许百姓告发和协助捉捕。无论违法者携带铜钱多少,全部赏给告发人。其携带铜钱出境所经地区,沿路军人应该负责,严厉打击犯罪行为,携带多于10贯铜钱出境者,处以死刑。"

挟钱10贯出境,罪至处死,此法可谓十分严厉。然而,不久之后,宋太祖开宝元年(公元968年),朝廷加大了对挟钱出境的打击力度,将挟钱10贯以上处死,改为挟钱5贯以上处死:

> 九月壬午,诏曰:"旧禁铜钱无出化外,乃闻沿边纵驰,不复检察。自今五贯以下者,抵罪有差;五贯以上,其罪死。"②

---

① (宋)章如愚:《群书考索》卷六〇《财用铜钱》,广陵书社2008年版,第805页。
② (宋)李焘:《续资治通鉴长编》卷九《开宝元年》,中华书局1992年版,第207页。

开宝元年(公元968年)九月壬午日,宋太祖诏令:"过去法律禁止铜钱出境,近期据报告延边地区执法松弛,对行人不加检查。自今以后,携带少于5贯铜钱出境者,按其携带数量治罪,携带超过5贯铜钱出境者,处以死刑。"

宋仁宗康定元年(公元1040年),宋夏战争爆发,宋军大败于三川口。第二年,宋朝再次修订对挟钱出境者的刑罚律条:

乙卯,诏:"以铜钱出外界,一贯以上,为首者处死;其为从、若不及一贯,河东、河北、京西、陕西人决配广南远恶州军本城,广南、两浙、福建人配陕西。其居停资给者,与同罪。"①

庆历元年(公元1041年),乙卯日,宋仁宗诏令:"携带铜钱1贯以上出境,为首者处死;为从者或携带铜钱1贯以下出境者,河东、河北、京西、陕西人,发配到广南远恶州或军的本城;广南、两浙、福建人,发配到陕西。为这些人提供居住、停留、路费者,同罪处罚。"

此次修订刑罚律条,将挟钱5贯出境者处死,改为挟钱1贯以上出境者处死,法令愈加严酷。南宋时期相关法律有所宽松,绍兴二十八年(公元1158年),南宋朝廷颁布《铜钱出界罪赏》:

诸以铜钱与蕃商博易者,徒二年,千里编营;二贯流二千里,二十贯配广南,出中国界者,递加一等,三千贯配远恶州,许人捕。②

凡以铜钱与番商交易者,处以徒刑两年,到千里之外服刑;交易金额达到2贯者,流放2000里,交易金额达到20贯,发配到广南。交易铜钱出中国境者,罪加一等,交易金额达到3000贯者,发配远恶州,允许百姓协助捉捕。

文中"三千贯配远恶州"应为"三十贯配远恶州"。与"一贯以上,

---

① (宋)李焘:《续资治通鉴长编》卷一三二《庆历元年》,中华书局1992年版,第3122页。

② (宋)李心传:《建炎以来系年要录》卷一八〇《绍兴二十八年》,中华书局1956年版,第2984页。

为首者处死"的法条相比较,南宋法律对挟钱出境者的处罚明显减轻,其中缘由是南宋时期的货币需求量已经远不如北宋时期那样巨大和迫切了。

第三节 法律禁止百姓储藏铜钱

唐德宗实行两税法引发了钱荒,经久不息的钱荒以及朝廷征收铜钱,使得百姓不敢将铜钱花掉,蓄钱之风骤起。然而,人人蓄钱,钱荒益加严重,所以朝廷又出台禁止蓄钱之令。唐宪宗颁布法令禁止百姓储藏铜钱。这个法律执行效果不佳,权贵们阳奉阴违,变着法子逃避法令的制约,百姓也偷藏铜钱,搞得朝廷无计可施。结果,唐宪宗颁布的禁止百姓储藏铜钱的法令便以失败告终。

一、唐律禁止百姓储藏铜钱

元和三年(公元808年),百姓蓄钱之势凸显,唐宪宗抛出颁布禁蓄钱令之前的告示:

> 泉货之法,义在通流。若钱有所壅,货当益贱。故藏钱者得乘人之急,居货者必损己之资。今欲著钱令以出滞藏,加鼓铸以资流布,使商旅知禁,农桑获安,义切救时,情非欲利。若革之无渐,恐人或相惊。应天下商贾先蓄见钱者,委所在长吏,令收市货物,官中不得辄有程限,逼迫商人,任其货易,以求便利。计周岁之后,此法遍行,朕当别立新规,设蓄钱之禁。所以先有告示,许有方圆,意在他时行法不贷。[①]

货币的作用,其意义在于促进流通。如果钱币积滞不流通,货物就会更贱。因此,贮藏钱币的人就会趁着人家困难急迫的时候来侵害

[①] (后晋)刘昫等:《旧唐书》卷四八《食货上》,中华书局1975年版,第2101—2102页。

他们的利益,积存货物的人就一定要亏损自己的资金。现在,一方面要申明关于钱的禁令,使积藏的钱币拿出来用;另一方面,要增加铸钱,以应对流通需要,使商人行旅知道禁令,农桑民户得以安心,其本意是出于补救当前局势的急需,动机不是想要谋利。如果改革不是逐步地进行,深恐百姓会互相惊扰。全国商人凡原先贮藏现钱的,着由当地长官命令他们将钱收购货物,官府不得任意规定期限以逼迫商人,听凭他们买卖,以求便利。预计1年之后,这种办法普遍施行,朕当另行制定新的法规,允许酌情权益办理,用意在于它日实行法令时,就不予宽贷了。

二、禁止百姓储钱法令的颁布

皇帝诏示百姓,晓之以理,动之以情,要求蓄钱的人将钱拿出来购买货物。元和十二年(公元817年),唐宪宗正式下令禁止蓄藏铜钱:

> 近日布帛转轻,见钱渐少,皆缘所在壅塞,不得通流。宜令京城内自文武官僚,不问品秩高下,并公郡县主、中使等,下至士庶、商旅、寺观、坊市,所有私贮见钱,并不得过五千贯。如有过此,许从敕出后,限一月内任将市别物收贮。如钱数较多,处置未了,任于限内于地界州县陈状,更请限。纵有此色。亦不得过两箇月。若一家内别有宅舍店铺等,所贮钱并须计用在此数。其兄弟本来异居曾经分析者,不在此限。如限满后有违犯者,白身人等,宜付所司,决痛杖一顿处死。①

近日来布帛价格转贱,现钱渐少,都因为当地积滞,不能流通。应令京城内上自文武官员,不问爵禄高低,以及公郡县主、中使等,下至士人、平民、商旅、寺观、坊市,所有私藏现钱,一律不得超过5000贯。如超过此数,准于命令发出后,限1个月内听凭购买其他物品收藏。如钱数较多,处理不了,听凭于限期内向当地州县报告,再请展期。但

---

① (后晋)刘昫等:《旧唐书》卷四八《食货上》,中华书局1975年版,第2103—2104页。

即使有此种情况,也不得超过 2 个月。如一家内另有宅舍店铺等,所藏现钱,一律要算在这个数目内。至于兄弟曾经分产本来不在一处居住的,不在此限。限期届满后如有违犯的,平民应交所管部门,判处痛杖一顿后处死。

三、禁止储钱法令遭到权贵们的抵制

唐宪宗禁止百姓蓄藏铜钱的法律十分清楚,其颁布实施过程,可谓有理、有力、有节。唐宪宗先是发布告示,勿谓言之不预,然后才颁布命令。为了使法令具备可操作性,唐宪宗的法令规定对蓄钱处置给予宽期限,宽期限内可以用蓄钱购买任何货物,若时间不够,还可以申请再次宽限,最后顽固违法不遵者才予以处死,处死之前还要痛杖一顿。但是,法律虽然清楚,仍然有人不遵守。有的人依靠权贵,想方设法不处置蓄钱,官府也无可奈何:

> 时京师里闾区肆所积,多方镇钱,王锷、韩弘、李惟简,少者不下五十万贯。于是竞买第屋以变其钱,多者竟里巷佣僦以归其直。而高赀大买者,多依倚左右军官钱为名,府县不得穷验,法竟不行。①

当时京城里里巷与市肆集藏的多是方镇,如王锷、韩弘、李惟简等人的钱,少的不下 50 万贯。此时便争着购买房屋,以便把钱变换掉,买的多的竟把全里巷都包了,用这些房产出租来收回本钱。而拥有大量资产的大商人,多托各左右神策军的官钱,府县不敢彻底检查,法令终于无法执行。

四、禁止储钱法令最终宣告失败

这些大户依附权贵,官府没有办法查验。小户人家则将钱埋藏,官府查验起来也很困难。所以,禁止百姓蓄钱的法令,没有收到预期

---

① (后晋)刘昫等:《旧唐书》卷四八《食货上》,中华书局 1975 年版,第 2104 页。

的效果。大和四年(公元830年),唐文宗又颁布禁止百姓蓄钱的命令,其中增设了告发奖赏的办法:

> 四年十一月,敕:"应私贮见钱家,除合贮数外,一万贯至十万贯,限一周年内处置毕;十万贯至二十万贯以下者,限二周年处置毕。如有不守期限,安然蓄积,过本限,即任人纠告,及所由察觉。其所犯家钱,并准元和十二年敕纳官,据数五分取一分充赏。纠告人赏钱,数止于五千贯。应犯钱法人色目决断科贬,并准元和十二年敕处分。其所由觉察,亦量赏一半。"事竟不行。①

唐文宗大和四年(公元830年)十一月,诏令说:"凡私家贮藏现钱的,除符合规定的贮藏数额外,那些贮藏1万贯至10万贯的,限1年内处理完毕;10万贯至20万贯以下的,限2年内处理完毕。如有不遵守这个期限,毫无顾忌地蓄积现钱的,超过本规定期限,就任凭他人检举告发,以及由经办吏役检查。所有违章蓄积的家钱,一律依照元和十二年(公元817年)命令缴交官府,按钱数1/5作为赏金。检举人的赏金,最高额以5000贯为限。凡违犯钱法的人,各种名目的处罚和贬斥,一律依照元和十二年(公元817年)诏令办理。其有承办差使查获的,也酌量给一半的赏金。"此事最终也无法实行。

这次敕令重申要继续执行元和十二年的敕令,即一户人家的铜钱不得超过5000贯,超过部分勒令限期处置,违犯者痛杖一顿处死。元和十二年的敕令中并无奖赏告发者的条文。这一次敕书的规定具体详细,增设了对告发者奖赏的办法。但是,不知道为什么,这一敕令最终并没有被执行。

---

① (后晋)刘昫等:《旧唐书》卷四八《食货上》,中华书局1975年版,第2105—2106页。

第四节　补充货币流通总量的法令

唐朝实行禁止百姓储藏铜钱的法律遭到失败,到了宋朝,铜钱短缺的问题仍然很严重。于是,宋朝采取了垄断铸币所需铜材、增加铸造铜钱数量、提高铜钱的名义价值和实行货币多元化等方式,大量补充货币流通总量。

一、国家垄断铸币所需的铜材

铜钱流通总量不能满足市场商品交易和国家财政收支的需求,而国家垄断铸币权,国家就应该增加铸造铜钱的数量。国家增加铸造铜钱的数量,需要更多的铸币铜材,就要通过扩大采矿冶炼来解决。因此,唐朝颁布法令:(1)国家垄断采矿冶铜,禁止百姓采矿冶铜;(2)国家占有全部铜材,禁止百姓占有铜材。

1. 禁止百姓采矿冶铜

开宝九年(公元 976 年),赵匡胤去世,他的弟弟赵光义即位,是为宋太宗。此时,北方还有北汉的政权,东方还有吴越的政权,国家还没有完全统一,兼并各地军事割据政权的战争还在继续。赵光义即位之后,很快就下达了禁止百姓采矿冶铜的诏令:

> 平广南、江南,亦听权用旧钱,如川蜀法。初,南唐李氏铸钱。一工为钱千五百,得三十万贯。太宗即位,诏昇州置监铸钱,令转运使按行所部,凡山川之出铜者悉禁民采,并以给官铸焉。[①]

平定广南、江南以后,像川蜀地区的做法一样,也暂准使用旧钱。当初,南唐李氏铸钱,一个人工可以造钱 1500 枚,当时共铸钱 3 亿枚。宋太宗即位后,诏令升州设监铸钱,命令转运使巡行所辖地区,凡是山

[①] (元)脱脱:《宋史》卷一八〇《食货志下二·钱币》,中华书局 1985 年版,第 4376—4377 页。

川出铜的地方一概禁止百姓采掘,并用所出铜料供官府铸钱。

在关于北宋时期历史的文献中,我们没有见到更多关于禁止百姓采矿冶铜的诏令。然而,从各方面的记载来看,禁止百姓采矿冶铜的法律,直至南宋末期都没有放松。南宋庆元年间(公元 1195—1200 年),朝廷颁行《庆元条法事类》,继续强调禁止百姓采矿冶铜:

> 诸出产铜、铅、锡界内耆长失觉察,私置炉烹炼而为他人告、捕获,并同保父保正长知而不纠者,并依界内停藏、贸易、透漏榷货法。①

各出产铜、铅、锡的地方,若当地耆长未能察觉,有人私自设炉冶炼并被他人告发而被捕获,连同当地保父、保正长知情不举报者,都要按照界内停藏法、贸易法、透露榷货法治罪。

2. 禁止百姓占有铜材

宋朝法律禁止百姓采矿冶铜,同时又禁止百姓占有铜材或铜矿石。北宋徽宗大观四年(公元1110年):

> 七月七日诏:"勘会私有铜、鍮石等,在法自许人告。如系贩卖,即许人捕。若私铸造,亦有邻保不觉察断罪之法。况私有铜、鍮石昨虽曾降指挥立限首纳,而无知之人玩法无所畏惮。今已增立罪赏,尚虑民间将同常事,以不应存置之物依旧隐藏,不行首纳。可限今来指挥到日,于州县镇寨散出晓示,仍限一月内许人经所在官司首纳,依实直支还偿钱,过月不纳或收藏隐匿,听邻保诸色人纠告,勾收入官,知而不告,事发同罪。兼虑官司不切奉行,诸州仍委通判、县委知令,专切警察督责施行,无致灭裂弛慢。候限满,令本路转运司具诸州县首纳到名数申尚书省。"②

大观四年(公元 1110 年)七月七日,宋徽宗诏令:"审查私自占有

---

① (清)薛允升等编:《唐明律合编·庆元条法事类·宋刑统》事类二十八《铜鍮石铅锡铜矿》,中华书局 1990 年版,第 215 页。

② (清)徐松:《宋会要辑稿》一六五册《刑法二》,第 52 段,中华书局 1957 年版,第 6521—6522 页。

铜材、鍮石者,法律允许百姓告发。若有人贩卖铜材、鍮石等,可以捉捕。若有人私自铸造铜器,以及邻居联保人未能察觉,目前已有相关的惩罚条例。此前,朝廷曾经降旨派任指挥宣告百姓,违法者限期自首交纳其私自占有的铜材、鍮石等。但是,有些无知的人玩忽法令,无所畏惧。现在,我们增设相关的罪赏法条。考虑到许多人认为占有铜材、鍮石为普通平常的事情,所以将不该存放的铜材、鍮石等依旧隐藏,不来自首交纳,现确定于指挥到达之日,在州县镇集等地发出告示,限期1个月之内,允许违法者在所在地官府自首。对于其交纳的铜材、鍮石等,官府按照其价值对自首者偿付款项。如果过了1个月的限期,违法者仍不交纳或收藏隐匿,邻居联保人可以告发,将其捕入官府。邻居联保人知情不告,事发时则与违法者同罪。此外,考虑到官府若不切实奉行上述旨令,各州要委派通判、各县要委派知令,专职督办此事,以避免执行失败。待到期限满时,命令本路转运司将各州县收缴到的铜材、鍮石等有关数据,报送尚书省。"

禁止百姓占有铜和鍮石,其中"铜"指的是已经冶炼成材的原铜,"鍮石"指的是未经冶炼的天然铜矿石或黄铜矿石。"鍮"由"金"和"俞"二字组成,"俞"含有"直接"的意思。所以,"鍮"应该是指天然金属矿石。在现代字典中,"鍮"是"黄铜"。黄铜是铜和锌的合金,明朝开始被人们广泛使用,北宋时期黄铜尚未被广泛使用。但是,唐宋时期,已经出现了从西域贩运来的"鍮石"。这些贩运来的"鍮石"是某种铜锌合金,制作铜器比铜铅锡合金更为美观,是当时人们使用的奢侈品。中原百姓可能也已经知道使用炉甘石与铜合炼,可以产生更为美观的黄色铜金属。但是,北宋法律中讲到的"鍮石",应该是指未经冶炼的、成色较高的天然铜矿石。南宋时期,也有禁止百姓占有铜材或铜矿石的法律,《庆元条法事类》载:

诸私有铜及鍮石者(原注:铜矿及夹杂铜并烹炼净铜计数其盗,人许存留之物者免,烹炼每两除豁三钱),一两杖八十,一斤加一等,十五斤不刺面配邻州本城。为人造作器物者,与物主同罪,配亦如之,作具没官。①

凡私自占有铜材及鍮石者(铜矿石及夹带杂铜,并冶炼铜汁,根据其所涉数量,按照盗窃的罪名处治。法律允许存留的数量不在处罚之列。冶炼1两可免除3钱),1两杖刑八十,1斤罪加一等,15斤不刺面发配邻州本城。为他人造作铜器者,与物主同罪,处治量刑一样,铸造工具没收入官。

法律对于百姓占有铜材或铜矿石的打击力度是很大的,占有1两铜材便要打80杖。并且,协助造作器物者,与物主同罪。主从不分,同等治罪,充分体现了相关法律的严厉。

二、增加铸造铜钱的数量

唐末至五代,商品经济衰败,钱币流通萎缩。北宋初期,战争频繁,自然经济特征依然明显。宋真宗时期(公元998—1003年),经历了一段和平年代,商品经济逐步复苏,铜钱的铸造数量就出现了大幅度的增加,每年铸造数量达到十几亿枚甚至几十亿枚。(见表24-1)

表24-1 北宋铜钱年度铸造数额

年份(公元)	年铸额	人均	所据
太平兴国六年(981年)	50万贯	—	《宋史》
至道中(996年)	80万贯	40文	《宋史》
咸平三年(1000年)	125万贯	—	《宋会要辑稿》
景德中(1006年)	183万贯	90文	《宋史》
大中祥符九年(1016年)	125万贯	58文	《玉海》
天禧末(1021年)	105万贯	53文	《宋史》
天圣间(1030年)	100余万贯	—	《群书考索》

---

① (清)薛允升等编:《唐明律合编·庆元条法事类·宋刑统》事类二十八《铜鍮石铅锡铜矿》,中华书局1990年版,第214页。

续表

年份(公元)	年铸额	人均	所据
庆历间(1045 年)	300 万贯	131 文	《梦溪笔谈》
皇祐年间(1050 年)	146 万贯	—	《玉海》
治平年间(1066 年)	170 万贯	58 文	《宋史》
熙宁末年(1077 年)	373 万贯	121 文	《宋会要辑稿》
元丰间(1080 年)	506 万贯	203 文	《文献通考》
崇宁五年(1106 年)	289.4 万贯	—	《玉海》
大观(1107—1111 年)	290 万贯	66 文	《宋史》
宣和二年(1120 年)	约 300 万贯	—	《宋史》

资料来源:彭信威:《中国货币史》,上海人民出版社 2007 年版,第 329 页。古人讨论铜钱流通总量时,经常采用万贯为单位。万贯即千万枚铜钱,或 0.1 亿枚铜钱。

宋代铸造铜钱的数量远高于唐代。唐代商品经济发展的顶峰是唐玄宗天宝年间(公元 742—756 年),而天宝年间每年铸钱只有 3.27 亿枚铜钱,"天下岁铸三十二万七千缗",[1]尚不及北宋初年最少的铸币量。北宋时期每年铸造铜钱数量大体上呈现递增的态势。宋仁宗庆历年间(公元 1041—1048 年),每年铜钱铸造数量出现了激增,其原因是宋夏战争消耗了大量的铜钱。宋神宗时期(公元 1068—1085 年),每年铸造铜钱的数量达到宋代的最高峰,其原因是王安石实行了免役法,以钱代役,从民间收敛了许多铜钱用于军备,造成铜钱需求量大幅度上升。

唐朝实行两税法之后,唐文宗大和年间(公元 827—835 年),全国铜矿只有 50 处,年产铜量只有 26.6 万斤,"天下铜坑五十,岁采铜二十六万六千斤"。[2] 全部用来铸造铜钱,也只能铸造 0.4256 亿枚。

---

[1] (宋)欧阳修、宋祁:《新唐书》卷五四《食货四》,中华书局 1975 年版,第 1386 页。

[2] 同上书,第 1390 页。

唐朝当时岁铸造铜钱数量,尚不及宋朝元丰年间(公元1078—1085年)岁铸钱量的百分之一。

彭信威先生经过考证,提出了一个问题:

> 北宋铸钱的数量,既然二十倍于唐,而丰稔的频数和程度,也不见得超过盛唐。至于垦田的面积,在仁宗时还远不如盛唐。唐开元时全国户数为八百多万,垦田一千四百三十多万顷。宋仁宗时全国户数为七百三十多万,垦田只有二百十五万顷。虽然在熙丰年间,垦田数大有增加,但无法证明总面积超过盛唐。那么为什么熙丰年间的物价,并不比盛唐的物价高几十倍呢?[1]

根据黄冕堂先生的考证,唐代"粟米石价经常在400—800文",[2]而"整个两宋时期的粮价石米仅在500—1000文",[3]宋代的量器比唐代的量器大17%。考虑到量器的差距,宋代的粮食价格与唐代的粮食价格十分接近。手里的钱比唐代人多了20倍,粮食价格却并不比唐代高,宋朝人吃饱了饭,开始怀念大唐盛世的光荣与伟大,埋怨当朝国弱民穷,咒骂当朝君臣昏庸腐败。为什么会这样?宋朝不尚杀戮,又特别尊重读书人,任由读书人言说,就给人们留下了宋朝积贫积弱的形象。

南宋的铸钱数量与北宋相比大幅度减少。绍兴初年,岁铸钱0.8亿枚,铸造1000钱,成本2400钱。绍兴六年(公元1136年),朝廷收敛民间铜器,铸造4亿枚铜钱。由于铜产量减少,南宋时期每年铸造铜钱一般不过1亿—2亿枚。

三、提高铜钱的名义价值

国家要铸造更多的铜钱,但是铜材供应不足。于是,剩下的办法就是提高铜钱名义价值,让一枚铜钱当作两枚铜钱甚至多枚铜钱使

---

[1] 彭信威:《中国货币史》,上海人民出版社2007年版,第332页。
[2] 黄冕堂:《中国历代物价问题考述》,齐鲁书社2008年版,第40页。
[3] 同上书,第46页。

用,也能达到扩大铜钱流通总量的目的。

中国宋朝大量制造折二、折三、当五、当十铜钱,并且经常制造,随时立制,提高铜钱名义价值成为一种常态,从而让各种虚钱与实钱——小平钱并行流通。

铜钱总量不足,铸铁钱以补充;平钱总量不足,铸虚钱以补充,这就是宋代钱币流通的基本状况。小平钱是基础货币,持久流通,虚币大钱作为补充,根据随时的需要,确定其与小平钱的法定兑换比率,与小平钱并行流通。小平钱是实币,在商品交易中具有稳定商品价格的作用。折二、折三、当五、折十等虚币大钱代表一定数量的小平钱发挥货币职能,既扩大了铜钱流通总量,又节约了铸造铜钱使用的铜材。宋朝虚币大钱种类繁多,并不是特殊时期偶而为之,而是随时立制,经常铸造。虚币大钱与小平钱并行流通,成为宋代钱币流通的一种常态。

宋神宗熙宁二年(公元1069年),王安石开始实行变法,史称熙宁变法。宋神宗熙宁四年(公元1071年),北宋王朝大规模铸行折二钱。此后,国家铸造铜钱数量激增。到了宋神宗元丰年间(公元1078—1085年),每年铜钱产量50亿文,达到中国古代封建社会的最高峰。

王安石去世后,他的女婿蔡卞的哥哥蔡京成为改革派领袖,继续提高铜钱的名义价值,大量铸造当十钱,终于引发了严重的通货膨胀,米价涨到每石大约400—1500文,比北宋初期米价每石100—300文的价格上涨了大约3—5倍。绢价涨到每匹大约2000文,较北宋初期绢价每匹1000文左右的价格上涨了大约2倍。严重的通货膨胀使百姓的生活日益艰难,朝野反对蔡京的呼声也就日益高涨。待到金兵进犯,围攻太原、逼近京师,宋徽宗禅位给宋钦宗时,太学生们就奏请朝廷杀蔡京以谢天下了。

宋钦宗即位之后,将蔡京一贬再贬,几个月之后就将蔡京贬至海南岛去了。但是,蔡京没有能够走到海南岛,行至长沙中途就病死了。蔡京死后数月,金兵攻入开封,将宋徽宗、宋钦宗掳去北国。于是,北宋王朝灭亡,当十钱的流通最终宣告结束。

四、推动货币的多元化发展

严刑峻法禁止百姓销毁铜钱、禁止百姓挟带货币出境、禁止百姓蓄藏铜钱、禁止百姓采矿冶铜和占有铜材，国家大幅度增加铸造铜钱的数量、提高铜钱的名义价值，铜钱仍然不够使用。于是，宋朝开始推动货币的多元化发展。

宋朝货币种类的创新，多出自四川。乾德三年（公元965年），宋军攻入四川，后蜀帝孟昶上表投降，后蜀地区纳入宋王朝版图。蜀地原已流通铁钱，宋灭后蜀之后，由于铜材及铜钱都很缺乏，就允许蜀地继续使用铁钱，并下令在雅州百丈县置监铸造铁钱。开宝七年（公元974年），宋军攻克江宁，消灭了南唐政权，宋王朝下令允许南唐地区比照后蜀的办法使用铁钱。此后，铁钱流通时盛时衰，流通区域亦常有变化。铁钱与铜钱同时流通，便成为宋代货币流通中的一个特色。

宋代的纸币流通，也兴起于四川，其早期的形式是交子。交子是中国古代官方最早发行的纸币。西汉的白鹿皮币，是贵族使用的礼品。唐代的飞钱，是民间使用的商业汇票。只有交子系由官方发行，可以多次流转使用，是真正意义上的官方发行纸币。

北宋时期，商品经济空前繁盛，成为继东汉、中唐之后，中国古代商品经济发展的又一次高峰。在中国古代历史上，北宋是铸造铜钱最多的朝代，但相对于高速增长的商品经济来说，货币总量仍然严重不足。因此，北宋的货币立法，摒弃了过去延续千年的基本方向，开始走向反面，即从千年以来各王朝限制百姓盗铸铜钱，抑制铜钱过多引发的通货膨胀，转向限制百姓毁钱铸器、限制铜钱流出境外，抑制铜钱过少引发的经济萧条。这一变化，标志着中国古代的商品经济，已经从初级阶段步入前所未有的高级阶段。货币总量严重不足的另一个结果是出现了纸币的流通。北宋初期，四川民间出现了纸币——交子，用来代表铁钱流通。

当时，四川流通铁钱。铁钱沉重，不便携带，所以在北宋初期，四川百姓便创造了纸币交子，代替铁钱流通。四川的交子，经过益州知州张咏的整顿，官方指定由16户富民联合办理发行及兑付，逐步形成气候。后来,富民们产业渐败,无力偿付债务,出现了诉讼。宋真宗大中祥符末年(公元 1016 年),益州转运使薛田奏请设置交子务,将交子收归官营,但是未能获得朝廷的批准。朝廷论证许久,直到宋仁宗天圣元年(公元 1023 年),朝廷才正式设置益州交子务,统一经营和管理交子的发行和兑换。

自发行交子初始,北宋朝廷便设置了类似于现代纸币管理的基本规则,规定有发行界兑制度、发行限额制度、发行准备制度和流通区域限定制度。交子的发行,每两年发行一界。每界交子流通使用满两年时,持币人可以用旧币换取下一界新币。界满的交子,有一年的兑换期,即自第二年界满后一年之内,可以兑换新币,满三年方才作废。交子每界发行限额 125.634 万缗,每缗 1000 文钱,一界总额 12.5634 亿文钱。应对该发行金额,官方设置发行准备 36 万缗,即 3.6 亿文铜钱,用于备付交子的兑现,发行准备率约为 28%。当时的制度规定,各界发行交子数额不变,发行准备也保持不变。这种制度维持了 80 多年,对北宋时期商品经济的发展,特别是四川地区商品经济的发展起到了积极的支持作用。初期,交子的流通区域被限制在四川,后来多次扩展到陕西,又多次被收缩回四川。宋徽宗时,交子的流通区域从四川扩展到陕西、京西北、淮南等路。

宋徽宗即位后,用兵西夏,军费开支庞大,交子发生了严重的通货膨胀。为了提高交子的信用,宋徽宗下令将交子改为钱引。此后,钱引在四川流通直至南宋灭亡。南宋初期,东南地区民间兴起纸币会子。宋高宗绍兴三十年(公元 1160 年),朝廷将会子收归官营。最初,会子由临安府印造发行,后来由户部印造发行,从此形成了南宋纸币会子法定流通的局面。

与此同时,白银也出现了明显的货币化趋势。朝廷征收税赋大量折输白银,使朝廷收支白银数量渐增,国际贸易中白银的使用也大幅度上升。白银日多,百姓便将白银作为财富储藏手段和大额支付手段,用来宝藏或购买田宅或贸易支付。宋代纸币制度中,代表白银流通的银会子也是纸币的一种,并长期在西北地区流通。

附　　录

一、世界货币史大事记

时间(公元前)	大事纪要
43世纪—35世纪	苏美尔人掌握了农业灌溉技术,逐步进入文明
35世纪—31世纪	苏美尔出现楔形文字,并进入铜器时代
31世纪—27世纪	两河流域南部出现许多城邦
24世纪	萨尔贡建立人类历史上第一个中央集权君主专制的国家——阿卡德王国
22世纪末	乌尔纳姆建立乌尔第三王朝,颁布乌尔纳姆法典。称量单位出现在文献上,大麦容量单位是古尔和西拉;白银重量单位是弥那和舍客勒
21世纪初	舒尔基即位为乌尔第三王朝的国王,统一两河流域的度量衡。有了全国统一法定的称量标准,人类最早的货币——白银称量货币由此诞生
15世纪—10世纪	两河流域进入亚述黑暗时代,货币经济衰败。此时,东方中国处于商周时朝,青铜称量货币逐步发展

续表

时间(公元前)	大事纪要
9世纪末	中国西周晚期晋国生产出人类最早的金属数量货币——空首布,这是一种铲形农具形状的青铜货币,是从单位重量1寽的青铜称量货币发展而来,重1寽,即105.42克
7世纪中	小亚细亚半岛的吕底亚王国生产出古代西方世界最早的金属数量货币——琥珀合金币,重14克左右。不久,又生产出纯金币,8克左右;纯银币,11克左右
6世纪中	波斯帝国消灭了吕底亚王国,继承了吕底亚王国的钱币生产和钱币制度。不久,波斯帝国国王大流士发行大流克金币,理论重量8.33克,以及西格罗斯银币,理论重量5.54克
6世纪	小亚细亚半岛上的钱币制度传入地中海沿岸的古希腊诸城邦,出现各种重量标准的德拉克马银币,对后世影响最大的德拉克马重量标准是雅典城邦所在的阿提卡地区的重量标准——4.37克
6世纪	古印度摩揭陀王国开始铸行四边不规则方形卡夏帕纳银币,重3.4克左右;古印度犍陀罗王国开始铸行弯条形萨塔马纳银币,重11克左右
6世纪末	波斯帝国入侵埃及,将希腊化德拉克马钱币制度引入埃及
509—289年	意大利半岛上的希腊人使用德拉克马银币,埃特鲁里亚人使用努米银币,罗马人仍旧使用青铜称量货币,重量单位是阿斯。1阿斯即1罗马磅,重量327克
336年	中国秦惠文王开始国家垄断铸造半两钱,重7.9克

续表

时间(公元前)	大事纪要
221 年	中国秦始皇废除各诸侯国各种货币,只留黄金、布币和半两铜钱三币并行流通
289—211 年	罗马铸币时期。罗马共和国国家垄断青铜铸币的发行。在此期间,1 枚阿斯铜币的重量从初期的 327 克降至末期的 54.5 克
211—27 年	公元前 211 年,罗马停止铸造铜币,开始打制铜币,并建立狄纳里银币制度,1 罗马磅白银打制 72 枚狄纳里银币。铜币和银币二币并行。国家继续垄断铜币的发行。在此期间,1 枚阿斯铜币的重量从初期的 54.5 克降至末期的 11 克左右。在此期间,出现打制金币,单位是奥里斯
113 年	中国汉武帝废除半两钱和其他旧钱,专行五铢钱,重 3.26 克

时间(公元)	大事纪要
1—395 年	罗马帝国时期,罗马银币成色持续下降
621 年	中国唐朝铸行"开元通宝"
708—958 年	日本发行"皇朝十二钱"
960—1279 年	中国两宋时期,铸行年号铜钱

二、专业词汇表

名称	属性	说明
弥那	两河流域重量单位	折合现代 500 克
舍客勒	两河流域重量单位	折合现代 8.33 克
乌得图	两河流域重量单位	折合现代 0.14 克
色	两河流域重量单位	折合现代 0.0463 克

续表

名称	属性	说明
古尔	两河流域容量单位	折合现代121升,盛大麦168千克
帕尔希克图	两河流域容量单位	折合现代24.2升,盛大麦33.6千克
苏图	两河流域容量单位	折合现代4升,盛大麦5.6千克
卡、西拉	两河流域容量单位	折合现代0.4升,盛大麦560克
斯塔特	吕底亚王国钱币单位	琥珀合金币14克,金币8克,银币11克
大流克	波斯帝国金币	重8.33克
西格罗斯	波斯帝国银币	重5.54克
德拉克马	古希腊银币	重4.37克
奥波	古希腊银币	重0.728克。1德拉克马=6奥波
查柯	古希腊铜币	1奥波银币的价值=8查柯铜币
阿斯	古罗马铜币	从327克下降到11克
狄纳里	古罗马银币	成色从90%下降到3.6%
奥里斯	古罗马金币	依靠本身币材黄金价值流通
卡夏帕那	古印度银币	重3.4克
萨塔马纳	古印度银币	重11克
半两	中国秦汉铜钱	重7.91克
五铢	中国汉朝至隋朝铜钱	重3.26克
开元通宝	中国唐朝铜钱	重4.5克